Hauke Rath · Wirtschaft, Geld und Börse in der Zeitung

HAUKE RATH

Wirtschaft, Geld und Börse in der Zeitung

GABLER

Die Deutsche Bibliothek – CIP-Einheitsaufnahme

Rath, Hauke:
Wirtschaft, Geld und Börse in der Zeitung /
Hauke Rath. – Wiesbaden : Gabler, 1991
ISBN 3-409-14403-X

Der Gabler Verlag ist ein Unternehmen der Verlagsgruppe Bertelsmann International.

Lektorat: Karlheinz Müssig

Dieses Buch ist auf säurefreiem und chlorarm gebleichtem Papier gedruckt.

Umschlaggestaltung: Schrimpf und Partner, Wiesbaden
Satz: Publishing 2000, Angela Fromm, Idstein
Druck: Wilhelm & Adam, Heusenstamm
Buchbinder: Osswald & Co., Neustadt/Weinstraße
Printed in Germany

ISBN 3-409-14403-X

Unseren Söhnen Jan und Jens

Es ist nicht genug zu wissen,
man muß auch anwenden.
Goethe

Inhaltsübersicht

Inhaltsverzeichnis

1. Vorwort

Ob wir arbeiten oder unsere Freizeit verbringen, Geld ausgeben oder sparen, etwas kaufen oder verkaufen: die Wirtschaft beeinflußt uns heute ständig. Umgekehrt beeinflussen wir die Wirtschaft, z. B. als Arbeitgeber und Arbeitnehmer, Produzent und Konsument, Hausbesitzer und Mieter, Sparer und Kreditnehmer. Täglich haben wir eine Vielzahl wirtschaftlicher Entscheidungen zu treffen und werden von wirtschaftlichen Entscheidungen anderer beeinflußt. Für uns ist es daher notwendig, daß wir wirtschaftliche Zusammenhänge verstehen und über aktuelle Wirtschaftsinformationen verfügen. Das Lesen und Verstehen des Wirtschaftsteils in Zeitungen ist dafür eine wichtige Voraussetzung.

Nach Untersuchungen des Instituts für Demoskopie Allensbach liest nur jeder vierte Zeitungsleser den Wirtschaftsteil. Befragungen dazu ergaben, daß zwar großes Interesse an Wirtschaftsinformation besteht, aber der Wirtschaftsteil für die meisten Leser zu wenig verständlich und transparent ist. Der erfolgreiche Umgang mit dem Wirtschaftsteil kann – wie meine Seminarerfahrungen zeigen – gelernt werden.

Im vorliegenden Buch werden der Aufbau des Wirtschaftsteils in Zeitungen erläutert sowie die Inhalte und häufig vorkommenden Begriffe erklärt. Der Schwerpunkt liegt auf dem Börsenteil mit seinen Berichten und Notierungen über Aktien, festverzinsliche Wertpapiere, Devisen und Waren. Die zum Verständnis der Zahlen und Angaben des Börsenteils erforderlichen Kenntnisse werden vermittelt. Den Textteil ergänzen Originalberichte aus den Wirtschaftsteilen verschiedener Zeitungen.

Die einzelnen Kapitel des Buches können unabhängig voneinander gelesen werden. Durch die umfangreiche Gliederung und das ausführliche Register kann das Buch auch als Nachschlagewerk benutzt werden.

Ziel meines Buches ist, Sie als Zeitungsleser in die Lage zu versetzen, den Wirtschaftsteil zu verstehen, damit Sie ihn in Ihrem Privatleben und Berufsleben erfolgreich anwenden können. Dabei wünsche ich Ihnen viel Erfolg!

Hauke Rath

2. Wirtschaftsteil in Zeitungen

2.1 Tages- und Wirtschaftszeitungen

Presse, Zeitungen

Nach der Erfindung des Buchdruckes durch Gutenberg werden alle Druckerzeugnisse mit *Presse* bezeichnet, die mit der Druckerpresse hergestellt werden. Seit Mitte des vorigen Jahrhunderts werden nur noch periodisch erscheinende Zeitungen und Zeitschriften – oft nur die Tages- und Wochenzeitungen – unter dem Begriff Presse zusammengefaßt. Gleichzeitig ist die Presse heute auch ein Sammelbegriff für Journalisten.

Als erste Tageszeitung in Deutschland erschien 1650 in Leipzig die *Einkommenden Zeitungen.* In Leipzig kreuzten sich viele Postlinien, dadurch lag ständig ein großes Nachrichtenangebot vor. Das Wort Zeitung bedeutete damals Nachrichten. Einkommende Zeitungen waren *neue* Nachrichten.

Zeitungsverlage

In der Bundesrepublik gibt es keine Staatspresse. Die *Zeitungsverlage* gehören Privateigentümern wie der Verlegerfamilie von Holtzbrink (u. a. *Handelsblatt*) oder Aktionären wie die Axel-Springer Verlag AG (u. a. *Die Welt*). Die Verlage sind auf Gewinn ausgerichtet. Ihre wichtigste Einnahmequelle ist das Anzeigengeschäft, nur rund ein Drittel der Erlöse stammt aus dem Abonnement- und Einzelverkauf.

An der Spitze eines Zeitungsverlages steht der *Verleger*. Er ist Eigentümer oder Geschäftsführer und bestimmt die publizistischen und wirtschaftlichen Richtlinien. Bei großen Verlagen sind die Aufgaben getrennt: Die redaktionelle Verantwortung hat der *Herausgeber* oder Chefredakteur, die kaufmännische Leitung ein Manager.

Überregionale Zeitungen

Zeitungen lassen sich einteilen nach

- ihrer Erscheinungshäufigkeit in Tageszeitungen (*Stuttgarter Zeitung*), Wochenzeitungen (*Die Zeit*) und Sonntagszeitungen (*Welt am Sonntag*);
- ihrem Verbreitungsgebiet in Lokalzeitungen (*Berliner Morgenpost*), Regionalzeitungen (*Trierischer Volksfreund, TV*) und überregionale Zeitungen;
- ihrem Verkauf in Abonnementzeitungen und Straßenverkaufszeitungen, sogenannte Boulevardzeitungen (*Bild*).

Überregionale Zeitungen müssen mindestens 15 Prozent ihrer Auflage außerhalb ihres Kernverbreitungsgebietes verkaufen. Nach der Verbreitung und dem Umfang ihrer eigenen Berichterstattung – speziell im Wirtschaftsteil – sowie ihrer Anerkennung im Ausland gibt es in der Bundesrepublik nur wenige überregionale Tageszeitungen.

In der Reihenfolge ihrer Auflage sind dies

- die *Süddeutsche Zeitung (SZ)*
- die *Frankfurter Allgemeine Zeitung (FAZ)*
- *Die Welt (DW)*
- die *Frankfurter Rundschau (FR)*
- *Die Tageszeitung (TAZ)*, eine alternative Zeitung aus Berlin.

Wirtschaftszeitungen

Zu den überregionalen Wirtschaftszeitungen der Bundesrepublik gehören

- das *Handelsblatt (HB)*, deren Abonnementgebühren – im Gegensatz zu anderen Tageszeitungen – vom Finanzamt als Werbungskosten anerkannt werden;
- die *Frankfurter Zeitung – Blick durch die Wirtschaft*, herausgegeben von der Frankfurter Allgemeinen Zeitung GmbH und redigiert von der Wirtschaftsredaktion der FAZ, eine komprimierte achtseitige Wirt-

schaftszeitung ohne Anzeigen, die nur im Abonnement bezogen werden kann;
- die *Börsen-Zeitung*, das Publikumsorgan der deutschen Wertpapierbörsen, eine reine Börsenzeitung mit sehr ausführlichem Kursteil.

Journalisten

Der Beruf des Journalisten kennt keine gesetzlich vorgeschriebene Berufsausbildung. Journalisten sind alle, die mit dem Schreiben von aktuellen Beiträgen für Zeitungen, Zeitschriften, Hörfunk, Fernsehen und Öffentlichkeitsarbeit ihr Geld verdienen, egal ob als festangestellte Redakteure oder als freie Mitarbeiter. In der Bundesrepublik gibt es über 30.000 Journalisten, von denen etwa ein Drittel bei Tageszeitungen arbeitet. Die Ausbildungswege zum Zeitungsjournalisten führen heute entweder über ein zweijähriges Volontariat, den Besuch einer öffentlichen bzw. privaten Journalistenschule oder ein Journalistikstudium. Zwei Drittel der Berufsanfänger kommen von den Universitäten und machen anschließend ein verkürztes Volontariat. Wirtschaftsjournalisten haben heute in der Regel ein Hochschulstudium in Volks- oder Betriebswirtschaftslehre und ein zusätzliches Volontariat absolviert.

Rechtliche Stellung der Presse

Die rechtliche Stellung der Presse ist in entsprechenden Gesetzen und Verordnungen festgelegt. Im Grundgesetz ist die *Meinungs-, Informations- und Pressefreiheit* gesichert. Danach hat „jeder das Recht, seine Meinung in Wort, Schrift und Bild frei zu äußern und zu verbreiten und sich aus allgemein zugänglichen Quellen ungehindert zu unterrichten". Beide Rechte stehen in engem Zusammenhang: der Bürger kann sich nur entsprechend informieren, wenn die Presse es ihrerseits als Verfassungspflicht ansieht, ihn entsprechend zu unterrichten.

Presseveröffentlichungen können zivilrechtlich zu Schadensersatzansprüchen führen, wenn sie – nach Abwägung gegen das *Grundrecht der freien Meinungsäußerung* – eine gravierende Verletzung der persönlichen Freiheitsrechte (Art. 2 GG) darstellen. Das gilt auch für die Veröffentlichung von Karikaturen. Im *Impressum*, dem gesetzlich vorgeschriebenen Druckvermerk, sind der Verleger (= Herausgeber) und die juristisch verantwortlichen Redakteure der einzelnen Ressorts sowie der für den Anzeigenteil Verantwortliche aufgeführt. Pressegesetze einzelner Bundesländer verlangen zusätzlich, daß vierteljährlich die Besitzverhältnisse der Zeitung im Impressum offengelegt werden.

Innere Pressefreiheit

Neben der sogenannten *äußeren Pressefreiheit* unterscheidet man noch die *innere Pressefreiheit*. Sie bezieht sich auf das Abhängigkeitsverhältnis der Redakteure vom Verleger, Chefredakteur und von Anzeigenkunden. Besonders im Zuge der Pressekonzentration besteht die Gefahr, daß wenige Verleger durch Ihren Einfluß auf die Redakteure die Meinungsvielfalt einschränken können. In Arbeitsvereinbarungen oder Satzungen können Redakteuren bestimmte Grundhaltungen verbindlich vorgeschrieben werden, wie z. B. das Eintreten für die soziale Marktwirtschaft. Oft werden zur Sicherung der inneren Pressefreiheit *Redaktionsstatute* zwischen Verlagen und Redaktionen ausgehandelt, die die Kompetenzen der Verleger und Herausgeber gegenüber den Redakteuren festlegen.

Veröffentlichungen

Die Pressegesetze der einzelnen Bundesländer verpflichten die Presse u. a. „alle Nachrichten vor ihrer Verbreitung mit der nach Umständen gebotenen Sorgfalt auf Inhalt, Wahrheit und Herkunft zu überprüfen" und bei falschen Tatsachenmeldungen *Gegendarstellungen* zu veröffentlichen. Die Gegendarstellung muß im gleichen Teil der Zeitung und in der gleichen Schriftgröße erscheinen wie der beanstandete veröffentlichte Beitrag. Einem *Widerruf* geht voraus, daß die beanstandete Zeitungsmeldung nachweisbar wahrheitswidrig gewesen ist. Er wird durch die richtige Darstellung des Sachverhaltes ergänzt. Zum *Recht am eigenen Bild* heißt es im Gesetz: „Bilder dürfen nur mit der Einwilligung des Abgebildeten verbreitet und veröffentlicht werden". Das gilt allerdings nur für Privatpersonen und nicht für „Personen der Zeitgeschichte" wie Politiker, Manager, Wissenschaftler, Künstler usw. *Entgeltliche Veröffentlichungen* sind, soweit sie nicht bereits durch Plazierung und Gestaltung als Anzeigen zu erkennen sind, deutlich mit dem Wort „Anzeige" zu kennzeichnen.

Die Strafprozeßordnung sieht ein Zeugnisweigerungsrecht für Journalisten vor, nach dem sie vor Gericht nicht preisgeben müssen, von wem sie ihre Informationen erhalten haben, außer wenn es um Fragen der inneren Sicherheit der Bundesrepublik geht.

Presserat

Neben den verfassungsrechtlichen, presserechtlichen, zivilrechtlichen und strafrechtlichen Vorschriften gibt es ein Organ der freiwilligen Selbstkontrolle der Presse: den *Deutschen Presserat*. Träger des Presserates sind die Verbände der Zeitungs- und Zeitschriftenverleger, der Journalisten und der IG Druck und Papier. Sie haben gemeinsame publizistische Grundsätze – den Pressekodex – festgelegt.

Nachrichtenmanipulation

Wie andere Massenmedien unterliegen Zeitungen auch der Gefahr der Manipulation, indem sie versuchen, ihre Leser in eine bestimmte Richtung zu beeinflussen. Unbewußte Manipulation wird es immer geben. Keine Zeitung kann alle täglich anfallenden Nachrichten vollständig drucken. Die Verantwortung des Redakteurs beginnt bereits mit der Auswahl der Nachrichten, weil nur weniger als 10 Prozent der eingehenden Meldungen veröffentlicht werden können. Täglich hat die Redaktion neu zu entscheiden: was soll, auf welcher Seite, an welcher Stelle gebracht werden? In welchem Umfang und mit welcher Schlagzeile soll die Nachricht gedruckt werden?

Gefahr besteht, wenn Redakteure zu *bewußter Manipulation* greifen. Dies ist der Fall, wenn Nachrichten bewußt verfälscht werden, oder wenn mit Nachrichten in mehr oder minder gut getarnter Absicht Interessenpolitik betrieben wird. Wirtschaftsredakteure unterwerfen sich teilweise freiwillig den *Händler- und Beraterregeln* der Kreditinstitute. Nach diesen *Insiderregeln* dürfen keine unlauteren Empfehlungen gegeben werden, um eigene Wertpapierbestände abzubauen oder aufzustocken.

Der Leser sollte die Zeitung kritisch daraufhin lesen, ob Nachrichten und Kommentare voneinander getrennt sind, oder die Redaktion bestimmte Absichten verfolgt, weil sie einer Partei oder einer Interessengruppe nahesteht. Um diese kritische Urteilsfähigkeit zu schulen, sollte der Zeitungsleser neben „seiner Zeitung" von Zeit zu Zeit noch andere überregionale Zeitungen lesen.

Pressekonzentration

Bis Mitte der siebziger Jahre wurde mehr als ein Drittel der nach dem Krieg gegründeten Zeitungsverlage vom Markt verdrängt. Gleichzeitig stieg im selben Zeitraum die verkaufte Auflage um ein Drittel. Der Trend zu größeren, wirtschaftlich arbeitenden Verlagen hat sich bis heute fortgesetzt. Um die Presse-Konzentration, die eine Gefahr für die Pressefreiheit darstellt, einzudämmen, wurde 1976 eine gesetzliche *Pressefusionskontrolle* eingeführt. Das Bundeskartellamt muß Beteiligungen ab 25 Prozent sowie Zusammenschlüsse genehmigen, wenn eine marktbeherrschende Stellung auf einem regionalem Markt zu erwarten ist.

Zukunft der Zeitungen

Die steigenden Auflagezahlen der letzten Jahre zeigen, daß auch in der zukünftigen Medienlanschaft mit öffentlichen und privaten Rundfunk- und Fernsehprogrammen sowie Bildschirm- und Videotext die Zeitung ihren festen Platz haben wird. Zur Zeit werden täglich in der Bundesrepublik über 400 Tageszeitungen angeboten mit einer Gesamtauflage von über 24 Millionen Exemplaren, davon ca. 14 Mio. Exemplaren im Abonnement und 10 Millionen im Einzelverkauf. Da die Tageszeitungen meistens von mehreren Lesern gelesen werden, sind sie die wichtigste Informationsquelle des Bürgers. Das gilt speziell für den Lokalteil, an dem besonders die Leser der Lokal- und Regionalzeitungen interessiert sind, und für den Wirtschaftsteil, der ein Schwerpunkt in den überregionalen Zeitungen ist. Politische Nachrichten werden dagegen von Rundfunk und Fernsehen aktueller verbreitet.

Tageszeitungen: Auflage, Einnahmen

Tageszeitungen bleiben Hauptinformationsquelle

Die Zeitungen sind nach Angaben des Bundesverbandes Deutscher Zeitungsverleger (BDZV) vor allem im lokalen und regionalen Bereich nach wie vor die Informationsquelle Nummer eins für die Bundesbürger.

Diesen Aspekt berücksichtigt der zweite BDZV-Zeitungskongreß in Bremen am 10. und 11. Oktober mit dem Motto „Täglich von den Zeitungen: Die Informationen für Stadt und Land". Zu der Tagung werden rund 400 Verleger, Journalisten und Fachleute aus Wirtschaft, Politik, Kultur und Wissenschaft erwartet.

(Ausschnitt)Quelle: TV

Tageszeitungen weiter im Aufwind

Auflagenzuwachs der regionalen Presse – Einbußen bei Illustrierten

Das Jahr 1988 hat den traditionellen Illustrierten erneut Auflageneinbußen gebracht. Nach einer Auswertung der IVW-Zahlen durch den Informationsdienst „text intern" verloren die „bunten Hefte" im Jahresverlauf zwischen 10 000 und 100 000 Käufer.

Das sind zwischen knapp drei Prozent („Bunte") bis zu sechs Prozent („Quick") der verkauften Auflage. Der „stern" als Marktführer (1,35 Millionen Auflage) hatte ein Minus von 4,2 Prozent. Die „Neue

Die Tageszeitungen liegen laut „text intern" „trotz – oder wegen – der elektronischen Medien" fast alle im Aufwind. Die regionalen Tageszeitungen in der Bundesrepublik legten im großen und ganzen um ein Prozent, teilweise auch mehr, zu.

Die überregionalen Zeitungen konnten ihre Position weiter festigen. „Die Welt" legte um knapp ein Prozent auf 220 000 zu. Die größte verkaufte Auflage hatten die „Süddeutsche Zeitung" mit 368 000 und die „Frankfurter Allgemeine Zeitung"

(Ausschnitt)Quelle: TV

Handelsblatt
WIRTSCHAFTS- UND FINANZZEITUNG
Industriekurier

Amtliches Publikationsorgan der
Berliner Börse
Rheinisch-Westfälischen Börse zu Düsseldorf
Frankfurter Wertpapierbörse
Bremer Wertpapierbörse
Hanseatischen Wertpapierbörse Hamburg
Niedersächsischen Börse zu Hannover
Bayerischen Börse zu München
Baden-Württembergischen Börse zu Stuttgart

Herausgeber
Klaus Bernhardt †, Dieter von Holtzbrinck.

Redaktion
4000 Düsseldorf 1, Kasernenstraße 67, Postfach 1102, Telefon 0211/8870, Telex 8581815 hbl d, Teletex 211 391 HBl Red, Telefax 02 11 / 32 99 54.

Chefredaktion:

Hans Mundorf, Rainer Nahrendorf, Waldemar Schäfer.

Leitende Redakteure:

Bert Hagelstein, Dr. Gerd Janßen, Hermann Kutzer (Frankfurt), Hans-Georg Müller (Frankfurt), Dietrich Zwätz (Washington).

Chef vom Dienst:

Gerhardt Koop.

Wirtschaft und Politik:

Wirtschaft: Hans Mundorf (Ltg.), Rudolf Eickeler, Helmut Kipp, Peter Thelen.

Politik: Rainer Nahrendorf (Ltg.), Norbert Middeke, Jutta Vossieg.

Nachrichtenredaktion:

Paul Gerhardt.

Weltwirtschaft:

Dr. Gerd Janßen (Ltg.), Josef Abaffy, Sabine Haupt, Renate Peltzer, Christoph Rabe, Ewald Stein.

Redakteurin vom Dienst für Wirtschaft und Politik/Weltwirtschaft: Ulrike Grünrock

Geld und Kredit:

Bert Hagelstein (Ltg.), Angelika Buchholz, Andrea Jocham, Paul Kellenbenz, Nina von der Ropp.

Finanzzeitung:

Redaktionen Inland
O-1026 Berlin, Märkisches Ufer 54, Telefon 00372 / 27 82 41 00 und 2 79 39 51, Telefax 030 3 12 63 94: Christa Meyer-Koester, Heinz Boschek, Frank Matthias Drost, Markus Ziener. **W-1000 Berlin 15**, Knesebeckstraße 50, Telefon 8 82 20 82 und 8 82 20 83, Telefax 8 82 50 89, Telex 184 637: Dieter Fockenbrock — **Bonn**, Dahlmannstraße 9, Telefon 21 44 21/21 44 22, Telefax 21 44 89: Katharina Olbertz, Hans Jörg Sottorf, Dr. Heinz Schmitz, Reinhard Uhlmann — **Bremen 1**, Bahnhofstraße 37, Telefon 1 47 41 Telekopierer30 23 95: Hildegunde Krawinkel — **Essen**, Gärtnerstraße 23, Telefon 23 40 42: Heiner Radzio (Energie/Montan) — **Frankfurt/Main**, Große Eschenheimer Str. 16-18, Telefon 9 20 19 - 0, Telefax 28 42 70: Hans-Georg Müller (Ltg.) Dr. Wolfgang Hilger, Fritz Kral, Marietta Kurm, Gerhard Kutscher, Hartmut Schumacher — Finanzzeitung: Hermann Kutzer, Franz-Josef Ebel, Ingo Narat, Udo Rettberg — **Hamburg 1**, Burchardstraße 17, Telefon 33 62 15, Telekopierer 32 67 80: Lutz Beukert, Hans Lüdke — **Hannover**, Marienstraße 22, Telefon 81 40 86, Telekopierer 85 54 86: Bernd von Stumpfeldt — **Köln 50**, Hauptstraße 89, Telefon 35 10 87: Karlheinz Voß — **Ludwigshafen**, Rathausplatz 10 + 12, Telefon 52 40 74: Siegfried Hofmann — **München 2**, Josephspitalstraße 15, Telefon 55 19 720: Gerhard Wagner, Ursula Maurer — **Stuttgart**, Königstraße 22, Telefon 29 49 28 und 29 49 29, Telefax 22 10 68: Georg Heller, Dr. Hans Schulte.

Redaktionen Ausland
Brüssel: Eberhard Wisdorff (Ltg.), Michael Bergius, International Press Center (IPC), 1 Bd. Charlemagne, Bte 52, Telefon: 00322 / 230 48 92 und 00322 / 230 62 15, — **Frankreich:** Rolf H. Fricke, 400, rue St. Honoré, F-75001 Paris, Telefon: 00331 / 42 60 27 26 — **Großbritannien:** Werner Benkhoff, Yvonne Esterhazy, 3/4 Holborn Circus, GB-London EC 1N2HB, Telefon: 00441 / 353 37 15 — **Israel:** Joseph Canaan, Rabbi-Friedmann-Str. 51, Tel Aviv, Telefon: 009723 / 44 38 91 — **Italien:** Friedhelm Gröteke, Casa Adamoli, 21020 Besozzo/sup., Telefon:

(Ausschnitt)Quelle: HB

2.2 Gestaltung und Inhalt der Zeitung

Redaktion

Die Gestaltung der Zeitung in bezug auf ihren Inhalt und ihr äußeres Erscheinungsbild obliegt der *Redaktion*. Sie setzt sich zusammen aus dem *Chefredakteur* und den *Redakteuren*. In der Redaktionskonferenz werden aus der Fülle der Nachrichten die ausgewählt, die „gebracht" werden sollen und festgelegt, wie sie „aufgemacht" werden. Redaktionen sind in verschiedene Ressorts wie Politik, Wirtschaft, Kultur, Sport und Lokales unterteilt, die den entsprechenden Teil der Zeitung bearbeiten und von *Ressortleitern* geführt werden.

Ressortleiter werden ebenso wie der Chefredakteur im Impressum als verantwortliche Redakteure ausgewiesen. In größeren Redaktionen gibt es weitere selbständige Ressorts, z. B. für Innenpolitik, Außenpolitik, Technik, Wissenschaft, Reisen. Der *Chef vom Dienst* koordiniert die Aufgaben von Redaktion, Anzeigenabteilung und technischer Herstellung.

Nachrichten und Berichte gehen den Zentralredaktionen von *Nachrichtenagenturen* und eigenen Mitarbeitern zu. Bei den Redakteuren unterscheidet man *Reporter* (= örtliche Berichterstatter) und *Korrespondenten* (= auswärtige Berichterstatter). Überregionale Zeitungen unterhalten eigene Korrespondentennetze mit Redaktionen im In- und Ausland, die den Zentralredaktionen aktuelle und exklusive Meldungen und Kommentare liefern.

Nachrichtenagenturen

Neben den vier Weltagenturen: der amerikanischen *Associated Press (AP)*, der französischen *Agence France Presse (AFP)*, der *Reuters Ltd*, London (*Reuter* oder *rtr*) und der sowjetischen *Telegrafnoje Agentstwo Sowjetskowo Sojussa (TASS)* bieten in der Bundesrepublik noch die Nachrichtenagenturen *Deutsche Presseagentur (dpa)* und der *Deutsche Depeschendienst (ddp)* ihre Dienste an.

Daneben arbeiten noch Agenturen, die nur über bestimmte Bereiche berichten wie der *Sport-Informationsdienst (sid),* der *Springer Auslandsdienst (SAD)* und die auf Wirtschaftsnachrichten spezialisierten *Vereinigten Wirtschaftsdienste (vwd).* Die Deutsche Presseagentur ist die größte Nachrichtenagentur in der Bundesrepublik und die fünftgrößte der Welt. Sie ist eine GmbH, deren Gesellschafter zu zwei Drittel Zeitungsverlage sind. Der tägliche Basisdienst der *dpa* umfaßt über 300 Meldungen, die u.a. von ihren eigenen Korrespondenten in 67 verschiedenen Ländern stammen. Überregionale Zeitungen haben die Nachrichtendienste mehrerer Agenturen abonniert, die Frankfurter Allgemeine Zeitung z. B. dpa, sid, vwd, AP, AFP und Reuter. Die amerikanische Agentur *United Press International (UPI)* bietet ihre Dienste nicht in der Bundesrepublik an. Die größte Nachrichtenagentur der westlichen Welt, *AP,* beliefert 85 Prozent der westdeutschen Zeitungsverlage.

Reuters ist der führende Nachrichtendienst in den Bereichen Finanz, Industrie, Handel, Börsen und Warenmärkte. Reuter setzte Mitte des vorigen Jahrhunderts von Aachen nach Brüssel Brieftauben ein, um die Lücke zwischen den Telegrafenlinien Berlin – Aachen und Brüssel – Paris zu schließen. Seine Tauben waren sechs Stunden schneller als der Postzug und sicherten seinen Börseninformationen einen zeitlichen Vorsprung.

Nachrichten, Meldungen, Berichte

Eine Nachricht kann in Form einer Wortnachricht als *Meldung* und – in der erweiterten Form – als *Bericht* oder als Foto übermittelt werden. Eine Nachricht muß vollständig, objektiv und verständlich sein. Anforderungen an die *Vollständigkeit* werden durch die Beantwortung der folgenden W-Fragen erfüllt: Was geschah (Ereignis)?, Wo geschah es (Ort)?, Wann geschah es (Zeit)?, Warum geschah es (Grund)?, Wie geschah es (Begleitumstände)?, Wer und was waren beteiligt (z. B. Personen)?.

Verständlichkeit kann durch eine allgemein verständliche Sprache erreicht werden, die klar, kurz und treffend im Ausdruck ist und nicht ständig ein Nachschlagewerk beim Lesen erfordert. Besonders für die Wirtschaftsjournalisten ist diese Forderung nicht leicht zu erfüllen, da sie oft komplizierte wirtschaftliche Sachverhalte darzustellen haben und sich bestimmter feststehender Fachausdrücke bedienen müssen, die nicht täglich neu erklärt werden können. Die *Objektivität* einer Meldung ist gewährleistet durch sachliche, wahrheitsgemäße Aussagen, die frei von Wertungen sind.

Im *Bericht* werden einer kurzen Nachricht weitere – für das Thema wichtige – Informationen hinzugefügt, Zusammenhänge hergestellt und Hintergründe aufgezeigt.

Aufbau einer Nachricht

Früher wurden Nachrichten dem Zeitungsleser ausschließlich in der Form einer – dem zeitlichen Ablauf folgenden – Schilderung dargeboten. Heute ordnet der Redakteur den Inhalt der Nachricht nach der Wichtigkeit in Form einer umgedrehten Pyramide. Im ersten Absatz, der oft optisch herausgehoben wird, ist der Inhalt der Nachricht in wenigen Sätzen zusammengefaßt. Hier ist die Informationsdichte am größten. Die folgenden Absätze beinhalten weitere Einzelheiten und Erläuterungen. Für den Zeitungsleser bietet dieser sogenannte *Lead-Stil* den Vorteil, daß er sich zuerst schnell über den wichtigsten Inhalt informieren kann.

Eine besonders wichtige Rolle spielen die *Überschriften*. Zeitungsleser wählen bereits anhand der Überschrift aus, ob sie einen bestimmten Beitrag lesen oder nicht. Oft besteht eine Überschrift aus mehreren Teilen: einer *Dachzeile*, einer *Hauptzeile* (= Schlagzeile) – die als Blickfang dient und möglichst treffend auf den Inhalt hinweisen soll – sowie einer *Unterzeile*, in der bereits wichtige Einzelheiten genannt werden.

Kommentare

Zeitungen sollen nicht nur Nachrichten übermitteln, sondern auch Ursachen, Hintergründe, Zusammenhänge, Folgen und Querverbindungen aufzeigen und Denkanstöße geben. Dazu ist es notwendig, kritisch Stellung zu nehmen zu den Nachrichten, sie zu erläutern und zu bewerten.

Dies geschieht im *Kommentar*, in dem der Redakteur seine Meinung zu einem bestimmten Thema oder einer Nachricht vertritt.

Kurze Kommentare, die auch polemisch abgefaßt sein können, bezeichnet man als *Glossen*. Die *Kolumne* ist ein kurzer Meinungsartikel, der regelmäßig unter gleicher Überschrift und an gleicher Stelle erscheint.

Der umfangreiche Kommentar zum wichtigsten Tagesthema ist der *Leitartikel*. Er ist die wichtigste Meinungsäußerung der Zeitung und wird mit vollem Namen gekennzeichnet. Eine *Reportage* kann Nachricht und Kommentar beinhalten und gibt neben Fakten auch Stimmungen wieder. Der wichtigste Bericht einer Zeitung wird als *Aufmacher* bezeichnet. Er steht auf der ersten Seite oben und behandelt das Thema des Tages.

Der Wert einer Zeitung kann u.a. daran gemessen werden, ob eine einwandfreie Trennung zwischen Nachrichten und Kommentaren vorgenommen wird. Einige Zeitungen trennen Nachrichten und Kommentare bereits äußerlich sichtbar voneinander, wie die F.A.Z. mit einer senkrecht über die ganze Seite verlaufenden Linie zwischen der vierten und fünften Spalte auf der ersten Wirtschaftsseite. Aus einer Nachricht soll auch hervorgehen, ob sie von einer Nachrichtenagentur (Abkürzung) oder von einem eigenen Mitarbeiter (Autorenkennzeichen) stammt.

Schaubilder

Während Tabellen nur Zahlenwerte enthalten, werden Werte in *Schaubildern* (= Diagrammen) mit Säulen, Feldern oder Linien (= Graphen) optisch anschaulich dargestellt. Dafür verwendet man in Zeitungen Kreise oder Systeme mit zwei Achsen:

Flächenstreifen-Schaubilder, auch Säulen- oder Balkenschaubilder genannt, zeigen gut zeitliche Änderungen wirtschaftlicher Größen an. Soll eine Veränderung besonders herausgestellt werden, beginnt der Maßstab auf der senkrechten Achse nicht bei Null, sondern höher oder tiefer.

Kreis-Schaubilder eignen sich vor allem zur übersichtlichen Darstellung der Aufteilung eines Ganzen in seine Anteile. Die Größe der Kreissektoren wird entsprechend den gegebenen Prozentsätzen berechnet:

100 Prozent – 360 Grad (Vollkreis)
52 Prozent – 187,2 Grad

Linien-Schaubilder zeigen Funktionen. In der Wirtschaft sind Größen oft voneinander abhängig. Diese Abhängigkeit bezeichnet man als Funktion. Funktionen werden im Koordinatensystem dargestellt, die waagerechten und senkrechten Achsen werden dabei mit entsprechenden Maßstäben versehen.

Charts

Charts sind spezielle Börsenschaubilder, die in grafischer Form die Entwicklung von Wertpapierkursen – speziell Aktien – aufzeigen. Charts sind meistens so aufgebaut, daß auf der waagerechten Achse der Zeitablauf dargestellt wird und auf der senkrechten Achse die Kurshöhe. Wenn langfristige Kursbewegungen von Interesse sind, wird die Zeiteinheit entsprechend groß gewählt, z. B. Monate oder Vierteljahre. Bei Charts unterscheidet man Liniencharts und Balkencharts. *Liniencharts* berücksichtigen nur einen Kurs und ergeben daher eine durchgehende, übersichtliche Linie. In *Balkencharts* können mehrere verschiedene Kurse wie Eröffnungs-, Höchst-, Tiefst- und Schlußkurse gleichzeitig dargestellt werden.

Für die Analyse und Prognose von Kursverläufen benötigt man Chartbilder, die uneinheitliche und unübersichtliche Kursbewegungen im Trend klarer anzeigen. Hierzu werden *gleitende Durchschnitte* aufgetragen, die aus Mittelwerten berechnet werden. Durch die fortlaufende Eintragung der Mittelwerte – berechnet aus der Summe der Kurswerte dividiert durch die Anzahl der Kurse – ergibt sich eine Linie mit entsprechendem Trend für eine Zeitperiode, z. B. 200 Tage.

Karikaturen, Cartoons

Karikaturen und *Cartoons* sollen den oft nüchternen Inhalt der Zeitung – insbesondere den des Wirtschaftsteils – auflockern. Mit ihnen werden Sachverhalte oder das Verhalten von Personen zeichnerisch witzig oder satirisch dargestellt. Sie werten und übertreiben, sie verzerren bewußt, z. B. in Form von disproportionierten Porträts.

Beispiele aus Wirtschaftsteilen

Kurzberichte

(gekennzeichnet als eigene Meldungen oder Agenturberichte)

Irland sucht Partner in der Bundesrepublik

Bl. **München** (Eigener Bericht) - Irland biete nicht nur traumhafte Landschaften und eine gesunde Landwirtschaft sondern habe in den letzten zehn Jahren auch eine industrielle Revolution vollzogen, sagte der Direktor der Irischen Außenhandelsstelle in Düsseldorf, Michael O'Neill, vor der Presse in München. Insbesondere in den Sektoren Elektronik, Engineering, Chemie und Pharmazie sei das Land führend und ein idealer Partner für die bundesdeutsche Industrie. Irland verfüge über ein großes Reservoir gut ausgebildeter und junger Arbeitskräfte. Die Verkehrs-...ungen per Schiff ... und Lkw

(Ausschnitt) Quelle: SZ

Zigarettenabsatz wieder höher

DORTMUND, 22. September (vwd). Der Zigarettenabsatz in der Bundesrepublik ist nach einem Tief im ersten Quartal 1989 wieder gestiegen. Von April bis Juni des laufenden Jahres setzten die deutschen Hersteller rund 29,8 Milliarden Zigaretten ab, in den ersten drei Monaten waren es nur 27,9 Milliarden Stück. Diese Zahlen nannten Vertreter der Zigarettenindustrie im Vorfeld der Ausstellung „Inter-tabac" in Dortmund. Der Anstieg geht den Angaben zufolge weitgehend auf die Steuererhöhung zum 1. Mai zurück, da viele Raucher im April einen Vorrat an Zigaretten zum alten ... angelegt ...

(Ausschnitt) Quelle: FAZ

Nachricht

(von mehreren Agenturen verbreitet und in der Zentralredaktion redigiert)

US-Dollar überspringt die Zwei-Mark-Grenze

Finanzexperten befürchten als Folge höhere Preise

FRANKFURT A. M./PARIS, 22. Mai. (FR/dpa/VWD/Reuter). Der Wechselkurs des US-Dollars hat am Montag trotz Interventionen von Notenbanken erstmals seit dem 19. Dezember 1986 die Zwei-Mark-Grenze übersprungen. Bei der amtlichen Kursfestsetzung in Frankfurt wurde er mit 2,0173 Mark notiert, gut vier Pfennig höher als am Freitag.

Seit Anfang dieses Jahres ist der Wert der US-amerikanischen Währung um 25 Pfennig geklettert. Gegenüber dem Rekordtief vom Jahresende 1987 machte der Dollar gegenüber der Mark 43 Pfennig oder 26 Prozent gut. Einige Notenbanken, darunter die japanische, stemm...n si...

Er machte darauf aufmerksam, daß der starke Dollar den Abbau internationaler Zahlungsbilanz-Ungleichgewichte erschwere. „Wir würden deshalb eine gegenüber dem Dollar stärkere Mark gern sehen", sagte Pöhl. Die Bunde...

(Ausschnitt) Quelle: FR

Aufbau einer Nachricht

Dachzeile → Verteilungseffekte öffentlicher Kredite:

Hauptzeile (Schlagzeile) →

Schiefe Zinslast

Zum Parteienstreit über die „unsoziale“ Staatsverschuldung

Zusammenfassung → (SZ) *Die Vollendung der deutschen Einheit ist zwar keine Rechenaufgabe, aber sie stellt Bonn und die Bürger doch (auch) vor schwierige Finanzierungsfragen. Einen Kernpunkt der aktuellen Diskussion bildet die stark steigende Staatsverschuldung und die Verteilung ihrer Folgelasten. Sie droht die ohnehin schon starke Einkommens- und Vermögenskonzentration weiter zu verschärfen.*

VON ELMAR KOWALSKI

Der Streit um die Finanzierung der deutschen Einheit schlägt hohe Wellen. Soll der Staat zugunsten der neuen Bundesbürger (Ost) vor allem andere Ausgaben einsparen oder die Steuern erhöhen oder weitere Kredite aufnehmen? Das ist die Frage dieser Tage. Sie erregt manch' kampferprobten Recken in der finanzpolitischen Arena – zumal die ersten gesamtdeutschen Wahlen kurz bevorstehen.

Die deutschen ... tlichen Hände mußten in ...

Umverteilungsthese, weniger hingegen das *Ergebnis*, so das Tübinger *Institut für angewandte Wirtschaftsforschung.*

Die „hintergründigere“, moderne Theorie beruht auf folgenden Überlegungen: Öffentliche Kreditaufnahme ist kein Selbstzweck, sondern Mittel, um zusätzliche Staatsausgaben zu finanzieren und/oder Steuererhöhungen zu vermeiden. Deshalb darf man nicht nur die Verteilung der Zinsen auf ... Staatsschuld und der St...

(Ausschnitt) Quelle: SZ

Kolumne

Der Gnom aus Zürich

„Das ist nicht das Ende. Das ist nicht einmal der Anfang vom Ende. Aber es ist wahrscheinlich das Ende vom Anfang“. Winston Churchill

Grüezi mitenand,

ein Jahr neigt sich dem Ende zu, und wer als Economist glaubt, etwas zu sagen zu haben, der kann dieser Tage buchstäblich die Tinte nicht mehr halten. Wieder einmal werden die Prognosen auf das Papier gekleckst, von denen man von vornherein weiß, daß sie eigentlich ...icht die teure holzfrei-gestrichene

einem Jahr ausgehen. Eine wirtschaftliche Prosperität in ganz Europa würde neue Kursrekorde bedeuten. Schon konnten sich kühne Auguren vorstellen, daß sich Europa in den goldenen 90er Jahren von den abdriftenden Vereinigten Staaten vollständig abnabeln würde.

Zwölf Monate später sehen die Realitäten allerdings anders aus. Die Vereinigten Staaten sind bereit in der Rezession. Andere müssen eine latente Konjunkturschwä... ...ieren. Die Osteuphorie

(Ausschnitt) Quelle: HB

BASF AG / Ergebnisrückgang im 3. Quartal beschleunigt –

Anhaltend negative Ertragsentwicklung

HANDELSBLATT, Montag, 19.11.1990

shf LUDWIGSHAFEN. Die BASF-Gruppe, Ludwigshafen, verzeichnet bei anhaltend guter Mengenkonjunktur einen unverändert rückläufigen Ergebnistrend. Maßgebliche Ursache sind deutliche Kostensteigerungen auf der Rohstoffseite, von denen die Ludwigshafener Gruppe aufgrund ihrer Struktur in besonderem Maße getroffen wird. Auch für die kommenden Monate geht man, wie auf der gestrigen Herbstpressekonferenz deutlich wurde, nicht von einer wesentlichen Änderung der derzeitigen Sit...

len 1990 lediglich um 3,3 % auf 34,68 (35,85) Mrd. DM vermindert. Dieser Rückgang entspricht praktisch den Einbußen aufgrund von Wechselkursänderungen, die der Vorstand mit 1,2 bis 1,3 Mrd. DM beziffert. Der Umsatzrückgang im Gesamtjahr wird nach Erwartung Strubes dabei nicht über die bisherige Veränderung hinausgehen.

Hinter dem Gesamtbild verbirgt sich eine differenzierte Entwicklung in den maßgeblichen Arbeitsgebieten. Über eine positive Entwicklung berichtete Strube insbesondere für die Bereiche Verbraucherprodukte sowie für das A... Rohstoffe

(Ausschnitt) Quelle: HB

Dauerhafte Gasaktivitäten

Von SIEGFRIED HOFMANN

Zuversichtlich und entschlossen zeigt sich der Vorstand der BASF im Hinblick auf das deutsche Gasengagement der Tochter Wintershall. Vieles deute darauf hin, so BASF-Vorstandsvorsitzender Dr. Jürgen Strube, daß man den angestrebten Anteil von mindestens 25 % an der Verbundnetz Gas AG erhalten werde und ein Gegengewicht zur Ruhrgas AG bilden könne.

Vorstandsmitglied Dietmar Werner konnte ausdrücklich die Lieferbereit- ... über ein

Strube verwies auf die Möglichkeit einer Kapitalerhöhung unter Ausschluß des Bezugsrechts bei der VNG, um den vielfältigen Beteiligungswünschen an der ostdeutschen Gasversorgungsgesellschaft entsprechen zu können. Auf diese Weise könne der Anteil von Ruhrgas und BEB auf unter 45% zurückgeführt werden.

Auch auf die Auseinandersetzungen mit der Saar Ferngas AG und der Rhein-Neckar AG ging Strube noch ...

(Ausschnitt) Quelle: HB

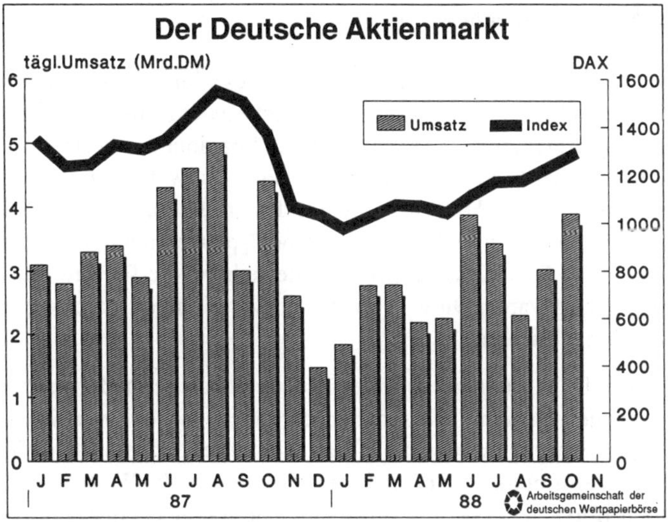

Quelle: HB

Kreis- und Balkendiagramm

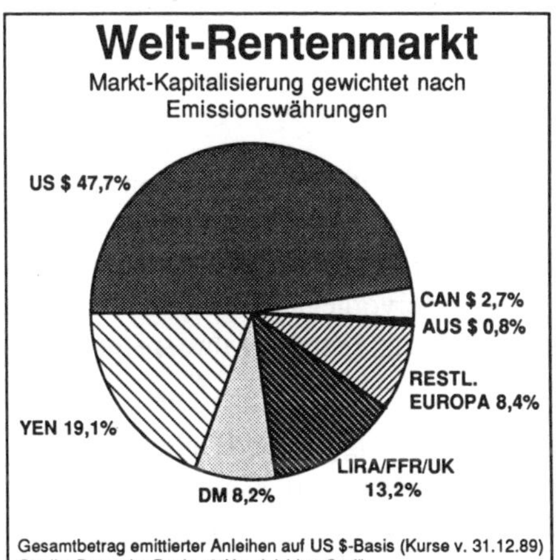

Quelle: HB

Liniendiagramm

(Linienchart) mit gleitenden Durchschnitten

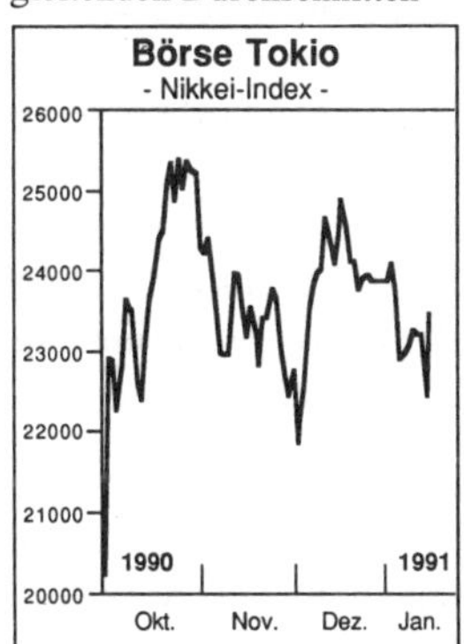

Quelle: HB

2.3 Entstehung und Aufbau des Wirtschaftsteils

Erste Wirtschaftsnachrichten

Grundlage des Wirtschaftsteils in den Tageszeitungen sind die Wirtschaftsnachrichten. „... und sind diese Woche zwei Häuser der Genuesen bankrott gegangen, und zwar Grimaldi und Spaniola ..." berichtete 1570 ein Agent aus der Niederlassung der Fugger in Antwerpen in einem Brief an sein Stammhaus in Augsburg. Auch andere große Handelshäuser ließen sich im Mittelalter laufend von allen Handelsplätzen über politische und wirtschaftliche Ereignisse schriftlich unterrichten, die für ihre Entscheidungen wichtig waren. Diese schriftlichen Mitteilungen waren die ersten Wirtschaftsnachrichten.

Anfang des 17. Jahrhunderts standen in den ersten regelmäßig erscheinenden Zeitungen einzelne Wirtschaftsnachrichten. In der *Frankfurt Oberpostamts-Zeitung* wurden von 1815 an Kurszettel der Münz- und Wechselbörsen veröffentlicht. Später kamen Kurszettel für Wertpapiere, wöchentlich Börsenberichte und Informationen von ausländischen Börsenplätzen hinzu. Mit dem Ausbau der Telegrafenlinien wurden die Wirtschaftsnachrichten schneller – und damit aktueller – übermittelt.

Wirtschaftszeitungen, Wirtschaftsteile

Neben den vor allem politisch orientierten Zeitungen erschienen als erste spezielle Wirtschaftsblätter 1854 der *Frankfurter Actionär* und 1855 die *Berliner Börsenzeitung*. Auch die *Frankfurter Handelszeitung*, aus der die heutige Frankfurter Allgemeine Zeitung hervorgegangen ist, war bei ihrer Gründung 1856 eine reine Wirtschaftszeitung. Erst drei Jahre später wurde eine politische Redaktion eingerichtet.

Heute haben alle Tageszeitungen – bis auf einige große Boulevardzeitungen – einen mehr oder minder großen Wirtschaftsteil. Kleine Zeitungsverlage ohne eigene Wirtschaftsredaktion bedienen sich dafür der Nachrichtenagenturen. Die überregional erscheinenden Zeitungen unterhalten umfangreiche Wirtschaftsarchive. Sie haben eigene Wirtschaftskorrespondenten und freie Mitarbeiter an den wirtschaftlich wichtigen Plätzen des In- und Auslandes.

Redaktionskonferenz

Die Arbeit im Ressort Wirtschaft beginnt morgens mit einer internen Redaktionskonferenz. Hierzu liegt bereits der sogenannte *Spiegel* der Zeitung vor, aus dem der Gesamtumfang und der Umfang des Wirtschaftsteils hervorgehen sowie die Plazierung der Anzeigen auf den Wirtschaftsseiten.

Zu diesem Zeitpunkt liegen auch bereits Berichte und Nachrichten der Agenturen, der eigenen Korrespondenten und freien Mitarbeiter vor. Außerdem Vorankündigungen für Nachrichten, die erst im Laufe des Tages eintreffen, weil sie noch bearbeitet werden oder die Ereignisse erst zu einem späteren Zeitpunkt stattfinden.

Übermittelt werden diese Nachrichten heute mit modernen Kommunikationsmitteln wie Telefon, Fernschreiber (= Teletex), Fernkopierer (= Telefax) oder EDV-Fernübertragung aus den Agenturzentralen und den Redaktionen im In- und Ausland. Mittels Akustikkoppler kann der Redakteur seinen vor Ort verfaßten Bericht direkt von der nächsten Telefonzelle aus übermitteln.

Nachrichtenauswahl

Die Redaktionskonferenz trifft eine Vorauswahl aus den vorliegenden Nachrichten und teilt sie auf die zu füllenden Seiten auf. Diese Aufteilung geschieht so, daß das äußere Erscheinungsbild des Wirtschaftsteils gleich bleibt, damit der Leser seine bevorzugten Nachrichten und Berichte immer an der gleichen Stelle wiederfindet.

Darum stehen auf der ersten Wirtschaftsseite an bestimmten Stellen der *Wirtschaftsleitartikel*, der *Wirtschaftsaufmacher* und die *Wirtschaftsglosse*. Die nächsten Seiten sind z. B. den *volks-* und *weltwirtschaftlichen*

Berichten und *Kommentaren* vorbehalten. Es folgen mehrere Seiten mit *Branchen-* und *Firmennachrichten* bzw. *Berichten*. Zum Schluß kommt der *Börsenteil* mit dem *Börsenbericht* und den *Börsennotierungen*.

Nach der Wichtigkeit der Meldung wird festgelegt, wie sie „aufgemacht" wird: als Kurzmeldung, Bericht oder Kommentar, in welchem Umfang (einspaltig oder mehrspaltig), an welcher Stelle des zur Verfügung stehenden Platzes und mit welcher Schlagzeile sie scheinen soll.

Redaktionsarbeit

Sofort nach der Redaktionskonferenz wird mit der redaktionellen Arbeit begonnen. Diese Arbeit geschieht heute meistens nicht mehr am Schreibtisch, sondern am Computerterminal. Am Bildschirm werden die aus dem EDV-System abgerufenen Nachrichten und Berichte *redigiert*, d. h. druckreif gemacht. Die EDV-Systeme sind mit speziellen Programmen ausgestattet zur Texterfassung, Textverarbeitung, Silbentrennung und zum Setzen von Texten, Tabellen und Anzeigen.

Neben dieser Redigierarbeit werden in den Zentralredaktionen auch eigene Berichte, Kommentare und Glossen geschrieben. Es werden Recherchen betrieben und entsprechende Fotos und Karikaturen besorgt.

In einer am späteren Vormittag stattfindenden Gesamtredaktionskonferenz unter Leitung des Chefredakteurs berichten die einzelnen Ressortleiter und Redakteure, was und in welchem Umfang sie in „ihrem" Zeitungsteil bringen werden. Hier erfolgt die Gesamtabstimmung der Zeitung. Es wird entschieden, ob besonders wichtige Wirtschaftsberichte auf die erste Zeitungsseite vorgezogen werden.

In einigen Zentralredaktionen gibt es zusätzlich noch Mittagskonferenzen, um noch aktuelle Nachrichten und Berichte aufzunehmen, oder Spätkonferenzen, in denen die Ausgabe für den übernächsten Tag bereits vorbereitet wird.

Technische Herstellung

Bis zum Redaktionsschluß am späten Nachmittag oder frühen Abend werden alle fertig redigierten Nachrichten und Berichte in der Umbruchredaktion mit den entsprechenden Tabellen, Diagrammen, Fotos und Anzeigen zu druckfertigen Seiten zusammengesetzt. Die endgültige Gestaltung der Zeitungsseiten wird heute am Bildschirm vorgenommen.

Anschließend werden die fertigen Seiten mittels Fernübertragung ins Druckzentrum übermittelt. Die Zentralredaktion des *Handelsblattes* ist z. B. in Düsseldorf, die Druckerei in Neu-Isenburg bei Frankfurt. Im Druckzentrum werden mit modernen technischen Verfahren wie Lichtsatz die erforderlichen Filme und Kunststoffdruckplatten hergestellt. Der Andruck muß pünktlich beginnen, damit die Leser am nächsten Morgen zur gewohnten Zeit ihre Zeitung vorliegen haben.

Aufbau des Wirtschaftsteils

In den überregionalen Zeitungen sind die Wirtschaftsseiten zum sogenannten *Wirtschaftsteil* zusammengefaßt. Dieses separate „Paket" liegt oft hinter dem politischen Teil und kann mit einem Griff herausgenommen werden.

Alle Zeitungen versuchen, ihren einmal gewählten Zeitungsaufbau im Wirtschaftsteil beizubehalten, damit der Leser die für ihn wichtigen Nachrichten und Notierungen – ohne lange zu suchen – auf Anhieb findet. Das schließt nicht aus, daß die Redaktionen sich bemühen, ihren Wirtschaftsteil von Zeit zu Zeit zu aktualisieren, zu ergänzen und optisch übersichtlicher zu gestalten. Der Aufbau des Wirtschaftsteils einer überregionalen Zeitung wird exemplarisch an der Frankfurter Allgemeinen Zeitung (FAZ) gezeigt.

Wirtschaftsteil der FAZ

Erste Seite:
Auf der ersten Seite stehen die wichtigsten Nachrichten, Berichte und Kommentare zum *aktuellen Wirtschaftsgeschehen*, zur *Wirtschafts-* und *Währungspolitik* und zur *Konjunktur*. Die Trennung zwischen Nachrichten und Meinungen ist konsequent durchgeführt: links zweispaltig Glossen und Leitartikel, rechts daneben vierspaltig – mit einer durchgehenden Linie abgetrennt – die Nachrichten.

Volks- und Weltwirtschaftliche Seiten:
Die Seiten zwei und drei sind in der FAZ der *allgemeinen Wirtschaftsberichterstattung* und der *Volks- und Weltwirtschaft* vorbehalten. Auf diesen Seiten erscheinen einmal wöchentlich Berichte über die internationalen Finanzmärkte und Wirtschaftsberichte der Auslandskorrespondenten sowie Informationen über Wirtschaftsbücher und Berufe.

Unternehmens-Seiten:
Ab Seite vier beginnt die mehrseitige *privatwirtschaftliche Berichterstattung* mit Berichten und Nachrichten über Firmen und Branchen. Am Samstag erscheint ein halb- oder ganzseitiger Wirtschaftsbericht eines prominenten Wirtschaftswissenschaftlers oder eines namhaften Praktikers. In der Rubrik *Wer* bzw. *Was* werden Persönlichkeiten und Einrichtungen aus der Wirtschaft vorgestellt. Anschließend beginnt der mehrseitige Börsenteil.

Börsen-Seiten:
Auf der ersten Seite des Börsenteils stehen Berichte von den internationalen Finanzmärkten und die Investment-Preise. Es folgen die Börsenberichte über die wichtigsten Börsenplätze der Bundesrepublik, Europas, Asiens und Amerikas, Börsenstatistiken und Indizes sowie die *Kurszettel* der in der Bundesrepublik gehandelten Aktien. Eine weitere Seite berichtet über die Renten- und Optionsmärkte mit dem Rentenmarktbericht und den *Notierungen* für festverzinsliche Wertpapiere. Den Abschluß des Börsenteils bilden die Devisen-, Termin- und Rohstoffmärkte sowie die ausländischen Aktienkurse. Ähnlich wie der FAZ-Wirtschaftsteil sind die Wirtschaftsnachrichten bei anderen überregionalen Zeitungen gegliedert.

Eine Ausnahme bildet als reine Wirtschaftszeitung das Handelsblatt.

Aufbau des Handelsblatts

Der politische Teil im Handelsblatt ist kürzer und zu *Wirtschaft und Politik* zusammengefaßt. Umfangreicher und ausführlicher sind dagegen die Zeitungsteile *Geld und Kredit, Weltwirtschaft, Unternehmen und Märkte* sowie der Börsenteil als separates Paket *Finanzzeitung*.

In der Finanzzeitung stehen auf Seite 1 Berichte über Börsen, Finanz-, Devisen- und Geldmärkte. Es folgen Investmentpreise, Kurse und Indizes. Auf weiteren Seiten werden Kurse von Aktien und Anleihen veröffentlicht sowie Berichte von deutschen und ausländischen Börsen. Den Abschluß bilden die Termin-, Options- und Rohstoffmärkte. Dazwischen jeweils Hintergrundberichte und Reportagen.

In der Freitag/Samstag-Ausgabe erscheinen im Handelsblatt zusätzlich 2 Seiten „Für den privaten Anleger“ mit aktuellen Tips, Trends und Anlageempfehlungen. Die Wochenendausgabe enthält als zusätzliche Pakete die Teile „Signatur der Zeit“ sowie „Karriere“ mit einem Textteil und Stellenanzeigen.

Frankfurter Allgemeine Zeitung

Wirts

Wirtschaftsglossen

In der Verantwortung

enn. DDR-Arbeitsministerin Regine Hildebrandt wird ungeduldig. Sie ruft nach zusätzlichen Mitteln „in Milliardenhöhe" aus Bonn. Bei der Aufstellung des Haushalts hat das Ost-Berliner Finanzministerium eine durchschnittliche Arbeitslosenzahl von 440 000 im zweiten Halbjahr 1990 unterstellt. Jetzt sind schon 250 000 Menschen ohne Beschäftigung, fast doppelt so viele wie Ende Juni. Die endgültigen Juli-Zahlen sollen in den nächsten Tagen veröffentlicht werden. Zum September stehen nur 100 000 Umschulungsplätze zur Verfügung. Viele DDR-Bürger werden zum ersten Mal im Leben offiziell „arbeitslos" sein und in den nächsten Monaten eine Durststrecke überwinden müssen. Die Ministerin kann die psychologische Situation ihrer Landsleute nachempfinden, sie fühlt sich ihnen auch persönlich verantwortlich. Ihr geht die wirtschaftliche Genesung der DDR nicht schnell genug. Doch während sie sich vor kurzem noch gegen Bemerkungen des DDR-Wirtschaftsministers Gerhard Pohl über einen „heißen Herbst" verwahrte, neigt sie nun selbst mehr und mehr zum Dramatisieren. So warnt sie nun, darauf zu warten, daß „150 000 auf dem Alexanderplatz stehen und Scheiben einschmeißen". Schönfärberei ist tatsächlich nicht angebracht. Doch Frau Hildebrandt sollte den Menschen auch das vermitteln, was sie selbst bisher auszeichnete: ihren Optimismus.

Wer zahlt, schafft an

gl. Krach im Hause Thurn und Taxis. Nach längeren Auseinandersetzungen über die Unternehmenspolitik scheiden drei von fünf Vorstandsmitgliedern der Unternehmensgruppe aus. Es war der in Familiengesellschaften immer wiederkehrende Konflikt zwischen dem Eigentümer und familienfremden Managern. Bei Thurn und Taxis stand der in der Tradition verwurzelte Erbe, der nur eine behutsame Neuorientierung bei seinem zum Teil wenig ertragreichen unternehmerischen Vermögen einleiten wollte, Führungskräften gegenüber, die eine Expansion in größerem Stil wagen wollten. Die Manager wollten auch nicht nur Verwalter sein, sondern suchten Freiräume. Wie forsch sie dabei zu Werke gingen, das beobachtete der 64 Jahre alte Fürst mit Unbehagen. Als er gar den Verdacht hegte, ihm und seiner Familie könne bei der fälligen Regelung seiner Nachfolge Einfluß genommen werden, war das gegenseitige Vertrauen zerstört. Der Fürst schaltete den bekannten Schweizer Unternehmensberater Nicholas Hayek ein und sucht nun neue Vorstände. Inzwischen ist die Gruppe Thurn und Taxis so groß und vielseitig, zum Teil wohl auch so risikoreich geworden, daß es um grundsätzliche Entscheidungen geht. Wer zahlt, schafft an, sagt man in Bayern. Bevor der Fürst eine neue Führung bestellt, wird er sich jedoch entscheiden müssen, wohin sie seine Gruppe führen soll.

Meinung

Aufmacher

Bonn sieht DDR

Carstens antwortet Rombe

Kg. BONN, 1. August. In der Bundesregierung und den Koalitionsparteien wächst die Kritik am Finanzgebaren der DDR-Regierung und an den in der Öffentlichkeit vorgetragenen Forderungen nach zusätzlichen Milliarden-Beträgen, die von der Bundesrepublik bereitgestellt werden müßten. Befremdet zeigt man sich auch darüber, daß die Forderungen nach höheren Zuschüssen aus dem Bundeshaushalt nur sehr vage begründet und auch gegenüber der Regierung bislang nicht im einzelnen dargelegt worden sind. Die Kritik bezieht sich vor allem auf Äußerungen der DDR-Sozialministerin Regine Hildebrandt und des DDR-Finanzministers Walter Romberg (beide SPD). Die Stimmungslage im Bundesfinanzministerium schlägt sich in einer Erklärung des Parlamentarischen Staatssekretärs Manfred Carstens nieder, in der es wörtlich heißt: „Gegenwärtig sind öffentliche Zahlenspielereien über zusätzliche Defizite im DDR-Staatshaushalt unseriös und politisch unredlich."

Wie bereits berichtet, hatte Frau Hildebrandt gesagt, daß die Mittel der Bundesrepublik nicht ausreichten, um den Übergang zur Marktwirtschaft erträglich zu gestalten (F.A.Z. vom 1. August). Romberg hat auch am Mittwoch wieder für das zweite Halbjahr einen Nachtragshaushalt angekündigt und dabei darauf hingewiesen, daß dieser mindestens ein Volumen von 10 bis 12 Milliarden DM haben werde, zusätzliche Mittel für die Arbeitslosenversicherung nicht berücksichtigt. Romberg trat aber zugleich Berichten entgegen, daß die DDR zahlungsunfähig sei.

Nachricht

Carstens wies darauf hin, daß der Haushalt der DDR für die zweite Jahreshälfte 1990 in Höhe von 64,2 Milliarden DM erst vor neun Tagen in der Volkskammer verabschiedet worden sei. Er werde unter anderem durch Zuschüsse aus der Bundesrepublik in Höhe von 25 Milliarden DM finanziert. Bisher fehle es an exakten und gesicherten Erkenntnissen über die Finanzlage der DDR, sagte Carstens. Zu gegebener Zeit werde eine Zwischenbilanz der DDR-Haushaltsentwicklung zu ziehen sein. Carstens räumte ein, daß vor allem ein möglicherweise schnellerer Anstieg der Arbeitslosenzahlen in der DDR einen Ausgabenmehrbedarf

Leitartikel

Europa auf zwei Geleisen

Von Peter Hort, Brüssel

Mancher hat es noch gar nicht gemerkt: Schon in Kürze werden die einen Deutschen im europäischen Schnellzug, die anderen Deutschen im europäischen Bummelzug sitzen. Denn die bevorstehende Eingliederung der DDR in das Rechtssystem der Europäischen Gemeinschaft ist nur mit zahlreichen Ausnahmen und Übergangsregeche Währung vorsieht. Bei der jetzt beginnenden engeren Abstimmung in den wichtigsten wirtschafts-, finanz- und geldpolitischen Fragen werden die Zwölf noch einigermaßen beisammenbleiben; spätestens mit Beginn der Regierungskonferenz im Dezember – sie soll die vertraglichen Voraussetzungen für die Europäische Zentralbank erar-

-Finanzforderungen als unseriös an

rg und Frau Hildebrandt / Mehr Klarheit erst Ende September

die „Anschubfinanzierung" der Sozialversicherung ergeben kann.

Im Finanzministerium wird hervorgehoben, daß ein erster Überblick über die Finanzlage der DDR erst Ende September, also zwei Monate nach der Einführung der Währungs- und Wirtschaftsunion, zu gewinnen sei. In Bonn wird auch Spekulationen widersprochen, daß die DDR in den ersten Wochen nach der Währungsumstellung lediglich 30 Millionen DM an Beiträgen und Steuern eingenommen habe. Die Einnahmen aus den Sozialbeiträgen, den Besitz- und Verkehrssteuern werden mit mehreren hundert Millionen DM beziffert. Dabei handele es sich zum Teil noch um Einnahmen nach altem Recht. Die Finanzbehörden könnten heute auch noch nicht übersehen, was an Verbrauch und Umsatzsteuern eingehe. Die erste Umsatzsteuerveranlagung werde überhaupt erst zum 10. August fällig. Derzeit seien alle Schätzungen spekulativ.

Carstens sagte, daß die DDR-Regierung nach dem Staatsvertrag bis zur Herstellung der Einheit ihren Haushalt in eigener Verantwortung führe. Es sei deshalb ihre Aufgabe, zunächst den Mehrbedarf zu präzisieren und im Haushalt nach entsprechenden Einsparungsmöglichkeiten zu suchen. Erst danach könne über einen Nachtragshaushalt der DDR nachgedacht werden. Nicht hilfreich sei es, wenn DDR-Minister, die für die Finanzen nicht zuständig seien, mit immer neuen Äußerungen Unsicherheit verbreiteten. Diese Bemerkung zielt offensichtlich auf Frau Hildebrandt. Auch das Bundesarbeitsministerium warnt vor Panikmache. Was Frau Hildebrandt öffentlich gesagt habe, sei in den Kontaktgesprächen zwischen den Arbeitsministerien in Ost-Berlin und Bonn bisher nicht thematisiert worden, sagte der Sprecher des Ministeriums, Ludger Reuber. „Krisen können auch herbeigeredet werden." Konkrete Vorschläge wären besser als nebulöse Andeutungen und Forderungen in Pressekonferenzen, sagte Reuber. Im Arbeitsministerium wird auch kritisch vermerkt, daß es für die Arbeitsverwaltung in der DDR noch keinen rechtskräftigen Haushalt gebe.

Vielfach wüßten die einzelnen Arbeitsämter nicht, über wieviel Geld sie verfügen könnten, um Arbeitsbeschaffungs- und Umschulungsmaßnahmen einzuleiten. In Bonn wurden am Mittwoch Berichte dementiert, daß die DDR-Krankenversicherung aus dem Bundeshaushalt einen Zuschuß von 1,2 Milliarden DM erhalten habe. Tatsächlich hat die DDR-Regierung der Krankenversicherung einen Betriebsmittelkredit über 1,2 Milliarden DM eingeräumt.

Ost-Wohnungen für West-Berliner

Kurze Meldung

enn. BERLIN, 1. August. West-Berliner können sich vom 1. September an auch in Ost-Berlin eine Wohnung suchen. Da das Wohnraumlenkungsgesetz in der DDR zu diesem Zeitpunkt wegfällt, steht es privaten Eigentümern in Ost-Berlin frei, an wen sie ihre Wohnungen vermieten. Der Kündigungsschutz für bestehende Mietverhältnisse bleibt gewährleistet. Die Zahl privater Wohnungen in Ost-Berlin wird auf 40 000 bis 50 000 geschätzt. Hinzu kommen etwa 75 000 Wohnungen, die noch unter treuhänderischer Verwaltung stehen. Für öffentlich geförderten Wohnraum sollen alle Berliner unabhängig vom Einkommen einen Wohnberechtigungsschein erhalten, der mit einem Dringlichkeitsvermerk versehen werden soll, wenn der DDR-Antragsteller für das zweite Halbjahr 1990 schon auf der Vergabeliste stand.

Auf einen Blick

Inhalts-Kasten

Börsentendenz:	1. August 1990
Aktien und Renten schwächer	

Finanzdaten:	1. August	31. Juli
F.A.Z.-Index	809,76	817,56
Dow Jones	2895,79 *	2905,20
F.A.Z.-Renten-Rendite (Öffentliche, 10 Jahre)	8,57 %	8,50 %
US-Staatsanl.-Rendite (10 Jahre Laufzeit)	8,28 % *	8,35 %
Tagesgeld Frankfurt	8,05 %	8,05 %
Gold-Unze (Lond./Doll.)	370,65	372,30
1 Dollar	1,5904	1,5960
100 Yen	1,0850	1,0875
100 Schweizer Franken	117,58	117,88
1 Pfund	2,9550	2,9580
100 franz. Franc	29,825	29,835

* Ortszeit 14 Uhr

Unternehmensmeldungen des Tages:	
Holzmann: Neue Niederlassungen in der DDR	Seite 12
Hypo-Bank: Teilbetriebsergebnis wächst nur um ein Prozent	Seite 13
United Airlines: Übernahme der Fluglinie droht zu scheitern	Seite 13

400 Millionen DM für die Regionalförderung

In der DDR neue Haftpflichtverträge für Kraftfahrzeuge erforderlich

enn. BERLIN, 1. August. Der Ministerrat der DDR hat am Mittwoch in Ost-Berlin beschlossen, die grenznahen Räume der DDR mit 400 Millionen DM zu fördern. Die Mittel, die schon im Staatsvertrag vorgesehen sind, sollen je zur Hälfte aus den Haushalten des Bundes und der Länder der Bundesrepublik sowie aus dem DDR-Etat kommen. Mit dem Geld sollen Industrie- und Gewerbeflächen infrastrukturell erschlossen werden, außerdem sollen Tourismus und Fremdenverkehr gefördert werden (siehe auch Seite 11).

Das Kabinett verabschiedete ferner eine Verordnung zur Pflichtversicherung stellvertretenden Regierungssprecherin Angela Merkel ist damit zu rechnen, daß die Versicherungsbeiträge steigen werden. Als Grund nannte sie die als Folge eines vermehrten Verkehrsaufkommens in der DDR höhere Zahl der Schadensfälle und höhere Schadenssummen.

Die Grundlage für ein privates Apothekenwesen bildet die am Mittwoch beschlossene Verordnung über das Apothekenwesen. Sie sieht neben der Neugründung privater Apotheken auch den Verkauf bisher staatlicher Einrichtungen vor. Bei der Realisierung des Prozesses, der auch die vorübergehende Verwaltung

(Ausschnitt)Quelle:FAZ

Wirtschafts-Leitartikel

Das Anlagerisiko wächst

Von Heinz Brestel, Zürich

Die Preise steigen wieder; in der ganzen Welt wachsen die Inflationsbefürchtungen. Die Zentralbanken sehen sich gezwungen, das Geld zu verknappen und zu verteuern. In den Vereinigten Staaten scheint dies auf die Konjunktur durchzuschlagen. Der Kurseinbruch in dieser Woche in Wall Street ist ein Hinweis darauf gewesen. Für viele geht es nur noch darum, ob es nach siebenjährigem Aufschwung eine „weiche“ oder eine „harte“ Landung geben wird. Wenn Aufträge und Produktion zurückgehen, sind auch Unternehmensgewinne gefährdet. Zahlreiche amerikanische Unternehmen sind ...

Finanzmärkten habe zu einer so engen Verflechtung der Weltwirtschaft und der Geld- und Kapitalmärkte geführt, daß heute große Geld- und Kapitalströme in Sekundenschnelle von einem Finanzplatz zum anderen geleitet werden könnten. Dies wirke ausgleichend.

Solche Überlegungen sind vor allem in Amerika im ersten Halbjahr angestellt worden und haben zuweilen zu einem geradezu paradoxen Verhalten der New Yorker Börse geführt. Wall Street jubelte geradezu über jede Verschlechterung der Konjunkturzahlen. Die New York Stock Exchange ...

(Ausschnitt)Quelle: FAZ

Wirtschafts-Glossen

THEMA DES TAGES

Steuerliche Spielbude

(SZ) An dem Recht, Wertpapiere auf Termin kaufen oder verkaufen zu können, sprich den Optionen, ist manchmal ein schönes Stück Geld zu verdienen. Doch was sagt das Finanzamt dazu? Offenbar nicht immer Erfreuliches; denn die im Zentralen Kreditausschuß vereinigten Banken wollen dem Bundesfinanzminister folgende Argumentationskette nahebringen: Es spreche vieles dafür, daß Optionen als verdeckte Differenzgeschäfte laut dem Bürgerlichen Gesetzbuch anzusehen seien. Nur äußerlich gehe es um die Lieferung von Waren; in Wahrheit seien die Vertragspartner nur auf einen Differenzgewinn aus.

Nach Paragraph 764 BGB ist dies aber ein Spiel und der Bundesfinanzhof hat Erträge aus Differenzgeschäften für nicht steu... So vorzugehen dürfte ...

(Ausschnitt)Quelle: SZ

Rücksicht auf Süchtige

(SZ) Was hören wir da? Die öffentliche Reaktion ist extrem geteilt? Da muß es sich in unserer auf Harmonie getrimmten Gesellschaft doch um etwas drehen, wo höhere Werte im Spiel sind. Und siehe da, die Lufthansa – das war zu erwarten! Kaum hat sie im Flugbetrieb ein paar Mark verloren, da fürchtet sie auch schon, daß ihr die letzten Raucher davonlaufen. Prompt zieht sie einen Beschluß zurück, der nun wirklich einmal ausnahmsweise unseren ungeteilten Beifall gefunden hatte. Dabei ist der unseres Wissens letzte Kettenraucher aus ihrem Management, der frühere Cheftechniker Reinhardt Abraham, längst ausgeschieden. (Ganz abgesehen davon, daß der ja ohnehin immer in der 1. Klasse flog, die sowieso ziemlich leer ist!)

Die Geschichte hat einen dramatischen Hintergrund: Zum 28. Oktober wollte die Gesellschaft im Inlandsverkehr Nichtraucherflüge einführen. Wie es sich gehört legte ... die Stim...

(Ausschnitt)Quelle: SZ

KARRIERE: Erfolg der Terminbörse bringt Banken in Personalnot

Handelsblatt

WIRTSCHAFTS- UND FINANZZEITUNG

BON

Beratung un
Betreuung
mit System

17. 3. 1990 / Nr. 54 / 11 • Verlagsorte Düsseldorf und Frankfurt DM 2,50

in bedeutendes Joint Venture

ligt sich am

BÖRSE / Rentenmarkt in freundlicher Verfass

Kursschub bei den Akti

Wirtschaft und Politik

Nr. 54 HANDELSB

Auftritt des Bundeskanzlers vor der Volkskammerwahl in Leipzig — Grenzenloser Jubel bei Massenkundgebung — Störmanöver nur Randerscheinungen

r Allianz sehen Kohl als

BUNDESREG

SPD krit
PR-Arbe

Weltwirtschaft

Nr. 54 / Freitag / Samst

LATEINAMERIKA / Die Präsidenten haben einen Zeitplan zur Beseitigung der Binnenzölle vereinbart, aber der Weg zur Integration ist noch weit

Auf dem Subkontinent müssen noch viele Grenzen fallen

Von CHRISTOPH PAULY

Geld und Kredit

/ Nr. 54 HANDELSB

rschützer warnen vor forcierter europäischer Integration

veau wird die Ressourcen
-Aufbau verfügbar machen

KREDITRISIKEN / Umfrage bei rund 100 internationalen Banken: Institute geben Ländern Osteuropas s

Die Bulgaren und C
führen die Verlustlis

Unternehmen und Märkte

/ Nr. 54 HANDELSBI

steirischen Graz soll in der Endausbaustufe bis zu 125000 Großraum-Pkw pro Jahr bauen — 33% der Investitionssumme von der öffentlichen Hand

n mit Österreichs

INHALT

3M Deutschlan
Aero Engines

Handelsblatt

Finanzzeitung

Nr. 54 Börsen — Kurse — Rohstoffmärkte HANDELSBLA

bei Deutsche Bank

nbörsen

Deutscher Aktienindex (Dax)

DEVISENMARKT / Bank von England stützt den Yen

Der Kurs des US-Dollars

KURZ BE

Lambsdorff

Quelle: HB

Aufbau eines Wirtschaftsteils

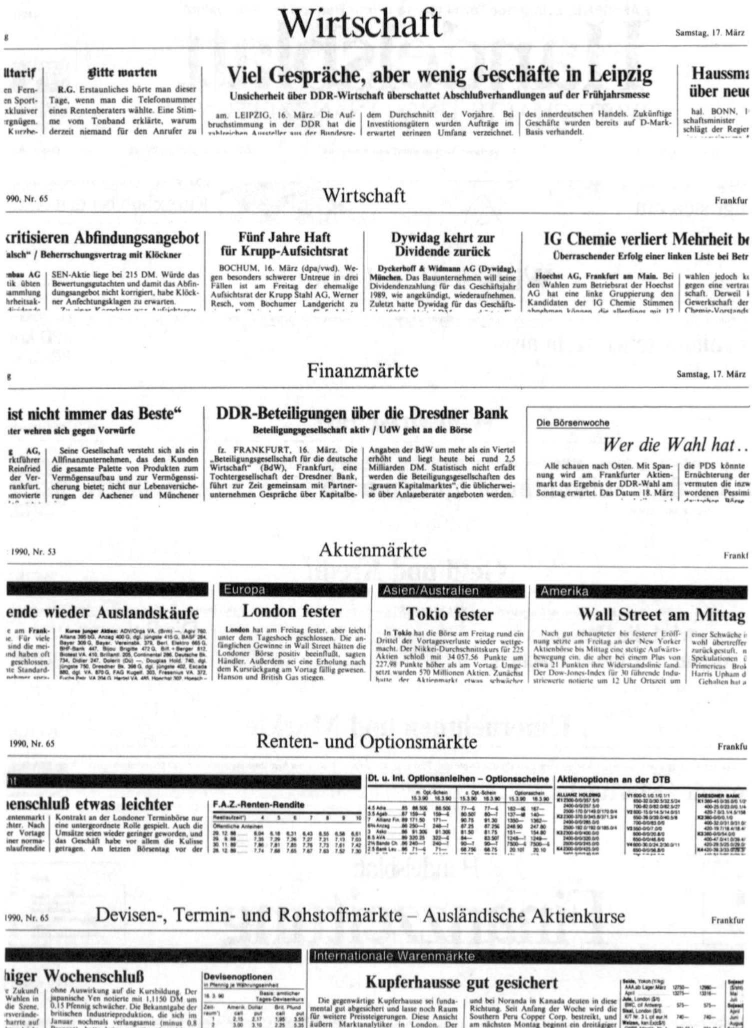

Wirtschaft

Samstag, 17. März

Bitte warten

R.G. Erstaunliches hörte man dieser Tage, wenn man die Telefonnummer eines Rentenberaters wählte. Eine Stimme vom Tonband erklärte, warum derzeit niemand für den Anrufer zu

Viel Gespräche, aber wenig Geschäfte in Leipzig

Unsicherheit über DDR-Wirtschaft überschattet Abschlußverhandlungen auf der Frühjahrsmesse

am. LEIPZIG, 16. März. Die Aufbruchstimmung in der DDR hat die zahlreichen Aussteller aus der Bundesre- dem Durchschnitt der Vorjahre. Bei Investitionsgütern wurden Aufträge im erwartet geringen Umfang verzeichnet. des innerdeutschen Handels. Zukünftige Geschäfte wurden bereits auf D-Mark-Basis verhandelt.

Haussma über neue

hal. BONN, schaftsminister schlägt der Regier

1990, Nr. 65 — Wirtschaft — Frankfur

kritisieren Abfindungsangebot

alsch" / Beherrschungsvertrag mit Klöckner

SEN-Aktie liege bei 215 DM. Würde das Bewertungsgutachten und damit das Abfindungsangebot nicht korrigiert, habe Klöckner Anfechtungsklagen zu erwarten.

Fünf Jahre Haft für Krupp-Aufsichtsrat

BOCHUM, 16. März (dpa/vwd). Wegen besonders schwerer Untreue in drei Fällen ist am Freitag der ehemalige Aufsichtsrat der Krupp Stahl AG, Werner Resch, vom Bochumer Landgericht zu

Dywidag kehrt zur Dividende zurück

Dyckerhoff & Widmann AG (Dywidag), München. Das Bauunternehmen will seine Dividendenzahlung für das Geschäftsjahr 1989, wie angekündigt, wiederaufnehmen. Zuletzt hatte Dywidag für das Geschäfts-

IG Chemie verliert Mehrheit be

Überraschender Erfolg einer linken Liste bei Betr

Hoechst AG, Frankfurt am Main. Bei den Wahlen zum Betriebsrat der Hoechst AG hat eine linke Gruppierung den Kandidaten der IG Chemie Stimmen wahlen jedoch gegen eine vertrau schaft. Derweil Gewerkschaft der Chemie-Vorstands

Finanzmärkte — Samstag, 17. März

ist nicht immer das Beste"

iter wehren sich gegen Vorwürfe

Seine Gesellschaft versteht sich als ein Allfinanzunternehmen, das den Kunden die gesamte Palette von Produkten zum Vermögensaufbau und zur Vermögenssicherung bietet; nicht nur Lebensversicherungen der Aachener und Münchener

DDR-Beteiligungen über die Dresdner Bank

Beteiligungsgesellschaft aktiv / UdW geht an die Börse

fz. FRANKFURT, 16. März. Die „Beteiligungsgesellschaft für die deutsche Wirtschaft" (BdW), Frankfurt, eine Tochtergesellschaft der Dresdner Bank, führt zur Zeit gemeinsam mit Partnerunternehmen Gespräche über Kapitalbe- Angaben der BdW um mehr als ein Viertel erhöht und liegt heute bei rund 2,5 Milliarden DM. Statistisch nicht erfaßt werden die Beteiligungsgesellschaften des „grauen Kapitalmarktes", die üblicherweise über Anlageberater angeboten werden.

Die Börsenwoche

Wer die Wahl hat ..

Alle schauen nach Osten. Mit Spannung wird am Frankfurter Aktienmarkt das Ergebnis der DDR-Wahl am Sonntag erwartet. Das Datum 18. März die PDS könnte Ernüchterung der vermuten die inzw wordenen Pessimi

1990, Nr. 53 — Aktienmärkte — Frankf

ende wieder Auslandskäufe

Europa — London fester

London hat am Freitag fester, aber leicht unter dem Tageshoch geschlossen. Die anfänglichen Gewinne in Wall Street hätten die Londoner Börse positiv beeinflußt, sagten Händler. Außerdem sei eine Erholung nach dem Kursrückgang am Vortag fällig gewesen. Hanson und British Gas stiegen.

Asien/Australien — Tokio fester

In Tokio hat die Börse am Freitag rund ein Drittel der Vortagesverluste wieder wettgemacht. Der Nikkei-Durchschnittskurs für 225 Aktien schloß mit 34 057,56 Punkte um 227,98 Punkte höher als am Vortag. Umgesetzt wurden 570 Millionen Aktien. Zunächst

Amerika — Wall Street am Mittag

Nach gut behaupteter bis festerer Eröffnung setzte am Freitag an der New Yorker Aktienbörse bis Mittag eine stetige Aufwärtsbewegung ein, die aber bei einem Plus von etwa 21 Punkten ihre Widerstandslinie fand. Der Dow-Jones-Index für 30 führende Industriewerte notierte um 12 Uhr Ortszeit um

1990, Nr. 65 — Renten- und Optionsmärkte — Frankfu

enschluß etwas leichter

Kontrakt an der Londoner Terminbörse nur eine untergeordnete Rolle gespielt. Auch die Umsätze seien wieder geringer geworden, und das Geschäft habe vor allem die Kulisse getragen. Am letzten Börsentag vor der

F.A.Z.-Renten-Rendite

Dt. u. Int. Optionsanleihen – Optionsscheine

Aktienoptionen an der DTB

1990, Nr. 65 — Devisen-, Termin- und Rohstoffmärkte – Ausländische Aktienkurse — Frankfur

higer Wochenschluß

ohne Auswirkung auf die Kursbildung. Der japanische Yen notierte mit 1,1150 DM um 0,15 Pfennig schwächer. Die Bekanntgabe der britischen Industrieproduktion, die sich im Januar nochmals verlangsamte (minus 0,8 Prozent), hatte keine negative Auswirkung auf den Kurs des Pfundes. Im Gegenteil, die Notiz zog um 0,5 Pfennig auf 2,765 DM an.

Devisenoptionen

Internationale Warenmärkte — Kupferhausse gut gesichert

Die gegenwärtige Kupferhausse sei fundamental gut abgesichert und lasse noch Raum für weitere Preissteigerungen. Diese Ansicht äußern Marktanalytiker in London. Der Preis für das rote Metall ist seit Januar um fast 450 Dollar je Tonne gestiegen und hat mit 2590 Dollar je Tonne im offiziellen und bei Noranda in Kanada deuten in diese Richtung. Seit Anfang der Woche wird die Southern Peru Copper Corp. bestreikt, und am nächsten Montag beginnt ein dreitägiger Ausstand sämtlicher peruanischer Bergarbeiter. Einige Analytiker meinen aber, man sollte die Auswirkungen dieser Streiks nicht

Quelle: FAZ

3. Allgemeiner Wirtschaftsteil

Im *allgemeinen Wirtschaftsteil* der Zeitung wird über wichtige wirtschaftliche Vorgänge einzelner Volkswirtschaften – vor allem natürlich über die der Bundesrepublik – und der Weltwirtschaft berichtet. Dazu gehören z. B. Berichte und Kommentare über einzelne Branchen und Märkte, nationale und internationale Konjunkturen, Sozialprodukte, Steuern und Zölle, Handels- und Zahlungsbilanzen sowie Entwicklungshilfe.

Die Berichterstattung über einzelne Firmen mit ihren Produkten, Entwicklungen, Marktanteilen, Geschäftsberichten, Konkursen, Fusionen, Übernahmen und personellen Veränderungen wird dabei in der Regel ausgeklammert. Sie erfolgt im gesonderten *Unternehmensteil* oder auf sogenannte *Firmenseiten*.

3.1 Volks- und Weltwirtschaft

Hauswirtschaft, Tauschwirtschaft

Die Entwicklung der Wirtschaft zur heutigen Volks- und Weltwirtschaft hat sich in mehreren Entwicklungsstufen vollzogen. Ursprünglich erfolgte die wirtschaftliche Versorgung durch den einzelnen in *Eigenversorgung* (= Autarkie) als Jäger, Fischer und Sammler. In der nächsten Stufe wurden die Menschen seßhaft und betrieben mit den Familienmitgliedern Ackerbau und Viehzucht. Es entstand die erste Arbeitsteilung. Güterherstellung und Güterverbrauch spielten sich nur innerhalb der Hausgemeinschaft (= *geschlossene Hauswirtschaft*) ab. Die Arbeitsteilung wurde weiter gesteigert bis zur Spezialisierung. Handwerker eröffneten Werkstätten in den Städten, das Landvolk betrieb Ackerbau und Viehzucht. Dadurch wurde die *Tauschwirtschaft* notwendig. Einzelne Bürger spezialisierten sich auf diese Tauschwirtschaft und wurden so zu Kaufleuten. Durch die immer weiter fortschreitende Arbeitsteilung und Spezialisierung nahm die Eigenversorgung weiter ab, die Betriebe wurden immer größer, es folgte die Trennung zwischen Betrieb und Haushalt.

Volkswirtschaft

Betriebe und Haushalte waren kein Nebeneinander von *Einzelwirtschaften*, sondern wurden verflochtene Gebilde, die erst zusammen lebensfähig waren. Die Wirtschaftsräume dehnten sich bis an die Staatsgrenzen aus. Es entstanden einzelne *Volkswirtschaften* mit einheitlichen Rechts-, Maß- und Münzsystemen. Später wurden die Landesgrenzen überschritten und außenwirtschaftliche Beziehungen mit Ein- und Ausfuhren aufgebaut. Dadurch entstanden *Großraumwirtschaften*.

Weltwirtschaft

Heute gibt es wirtschaftliche Verflechtungen über Kontinente hinweg: eine echte *Weltwirtschaft* auf der Grundlage von internationalen politischen und wirtschaftlichen Vereinbarungen und Verträgen. Die am Welthandel maßgeblich beteiligten Länder haben sich dabei auf bestimmte Güter und Dienstleistungen spezialisiert, die sie aufgrund ihrer natürlichen, technischen und wirtschaftlichen Bedingungen gut und preisgünstig anbieten können. Dabei verzichten sie bewußt auf die eigene Herstellung von bestimmten – auch lebensnotwendigen – Gütern und importieren diese. Dadurch entsteht eine höhere gegenseitige Abhängigkeit und die Gefahr weltweiter Wirtschaftskrisen, ausgelöst durch politische und wirtschaftliche Störungen in einzelnen Ländern.

Die Bundesrepublik ist als rohstoffarmes, exportorientiertes Land sehr eng in die heutige Weltwirtschaft eingebunden. Über ein Drittel der produzierten Waren und Dienstleistungen werden exportiert. In wichtigen Industriezweigen wie im Fahrzeug- und Maschinenbau sowie in der chemischen und optischen Industrie liegt der Exportanteil bei über 40 Prozent.

Dienstleistungsgesellschaft

In der Bundesrepublik hat sich die Erwerbsstruktur in den letzten Jahrzehnten grundlegend geändert. Der Anteil der Beschäftigten in der Land- und Forstwirtschaft (= primärer Sektor) hat ständig abgenommen. Auch in der Industrie und im Handwerk (= sekundärer Sektor) ging die Zahl der Beschäftigten zurück. In den letzten 20 Jahren gingen in der Industrie und im Handwerk ca. zwei Millionen Arbeitsplätze verloren, während im Dienstleistungssektor über zwei Millionen neu geschaffen wurden. Dieser Trend wird sich fortsetzen, die Bundesrepublik befindet sich auf dem Weg von der Industrie- zur *Dienstleistungsgesellschaft*. Dieselbe Tendenz zeigt auch die Zahl der Firmengründungen: ca. 40 Prozent aller Neugründungen erfolgen zur Zeit in der Dienstleistungsbranche, nur 15 Prozent in der Industrie.

Beispiele aus allgemeinen Wirtschaftsteilen

Aufbau eines Wirtschaftsteils

Rußland auf dem Weg zum Markt

Teilrepublik beginnt ein radikales Reformprogramm

MOSKAU. Als größte Teilrepublik der UdSSR hat Rußland am 1. November die Schwelle von der Plan- zur Marktwirtschaft überschritten und die Verwirklichung des radikalen Reformprogramms des Ökonomen Schatalin eingeleitet.

Mit der Annahme des Schatalinkonzepts ging der Oberste Sowjet Rußlands unter Parlamentspräsident Jelzin auf deutliche Distanz zur Zentralregierung. Der Plan einer „regulierten Marktwirtschaft" des sowjetischen Ministerpräsidenten Ryschkow und die von Sowjetpräsident Gorbatschow unterstützten und vom Parlament der [illegible] ...genommenen [illegible] einander existieren, die Planwirtschaft soll sich nach einer mehrjährigen Übergangsphase verabschieden. Reformökonom Schatalin setzt dagegen voll auf das Privateigentum. In den kommenden Wochen will Rußland mit der Schaffung von Aktiengesellschaften unter Einbeziehung ausländischen Kapitals und der Privatisierung erster Großbetriebe beginnen.

In den ersten neun Monaten dieses Jahres erhöhten sich laut der sowjetischen Nachrichtenagentur Tass zwar im Vergleich zum Vorjahreszeitraum die Konsumgüterproduktion um 5,8 und das Nettoeinkommen [illegible]

(Ausschnitt) Quelle: TV

Erstmals seit 1985 Handelsdefizit mit der Dritten Welt

DW. **Wiesbaden**

Die Bundesrepublik hat im vergangenen Jahr erstmals seit 1985 wieder mehr Waren von Entwicklungsländern abgenommen als an sie verkauft. Aus einer gestern in Wiesbaden veröffentlichten Bestandsaufnahme des Statistischen Bundesamts geht zugleich hervor, daß davon die sogenannten Schwellenländer wie Südkorea, Taiwan oder Brasilien überproportional profitiert haben.

Der Wert der Einfuhren aus Entwicklungsländern stieg den Angaben zufolge 1988 um 9,1 Prozent auf 54,8 Milliarden Mark. Während die Importe aus den Mitgliedsstaaten des Opec-Kartells wegen des Verfalls der Rohölpr[illegible] um 2,5 Prozent

(Ausschnitt) Quelle: DW

WELTHANDEL

Hartnäckiges Ungleichgewicht

HANDELSBLATT, Sonntag, 18.6.1989

vwd BRÜSSEL. Die kräftige Zunahme des Welthandels, die 1988 zu verzeichnen war, setzte sich in den wichtigsten Industrieländern auch in den ersten beiden Monaten 1989 fort. Jedoch sei der Abbau des Ungleichsgewichts ihrer Außenhandelsbilanzen inzwischen fast zum Stillstand gekommen, schreibt Eurostat. Nach vorläufigen Schätzungen sei das Handelsdefizit der EG in den ersten beiden Monaten 1989 auf 7,9 (5,8) Mrd. Ecu gestiegen. Der Fehlbetrag der USA verringerte sich im gleichen Zeitraum auf 17,7 (19,9) Mrd. Ecu, während der Handelsüberschuß Japans [illegible] (6,8) Mrd. [illegible]

(Ausschnitt) Quelle: HB

3.2 Wirtschaftliche Zusammenschlüsse

Nach der Weltwirtschaftskrise und während des letzten Weltkrieges war der Welthandel aus politischen und wirtschaftlichen Gründen stark eingeschränkt. Nach dem 2. Weltkrieg wollten die großen Welthandelsländer den Welthandel neu beleben durch internationale Abkommen und Zusammenschlüsse.

IWF, Weltbank

Seit der Weltwährungskonferenz in Bretton Woods (USA) 1944 gibt es den *Internationalen Währungsfond IWF* (International Monetary Found, IMF) und die *Internationale Bank für Wiederaufbau und Entwicklung* (International Bank for Reconstruction and Development), kurz *Weltbank* genannt. Fast alle Länder der Welt gehören heute dem IWF und der Weltbank an. Der IWF stellt den Notenbanken der Mitgliedsländer kurzfristige günstige Kredite zur Verfügung zur Behebung ihrer aktuellen Zahlungsbilanzdefizite und Schuldenprobleme.

Die Weltbank vergibt längerfristige Kredite für spezielle Projekte in Entwicklungsländern. Die Stimmrechte richten sich in beiden Organisationen nach dem Kapitalanteil (Bundesrepublik zur Zeit ca. 6 Prozent, USA 20 Prozent), den ein Mitgliedsland bei seinem Beitritt einzuzahlen hat. Diese Einzahlungsquoten orientieren sich an der Wirtschafts- und Finanzkraft der einzelnen Länder. Die Mittel des IWF stammen einmal von den Mitgliedsländern direkt, zum anderen aus Krediten, die der IWF bei seinen finanzstarken Mitgliedsländern aufnimmt. Die Weltbank refinanziert sich dagegen an den internationalen Kapitalmärkten.

Der IWF hat für seinen Zahlungsverkehr ein Kunstgeld – ähnlich dem ECU – geschaffen: die *Sonderziehungsrechte SZR* (Special Drawing Rights, SDR), die in normale Devisen umgetauscht werden können. Der Wert eines SDR wird täglich neu berechnet anhand der aktuellen Kurse der Währungen der USA (Anteil 42 Prozent), Bundesrepublik (19 Prozent), Japan (15 Prozent), Großbritannien und Frankreich (je 12 Prozent).

Im September 1988 fand die gemeinsame Tagung von IWF und Weltbank in Berlin statt. An dieser Konferenz nahmen 151 Mitgliedsländer teil.

GATT, OECD

Das 1947 abgeschlossene *Allgemeine Zoll- und Handelsabkommen GATT* (General Agreement on Tarifs and Trade) verfolgt als Hauptziel die Förderung des internationalen Güteraustausches durch den Abbau von Zöllen. Heute sind mehr als 90 Länder dem Abkommen beigetreten, die zusammen über 90 Prozent des Welthandels bestreiten.

Die *Organisation für wirtschaftliche Zusammenarbeit und Entwicklung OECD* (Organisation for Economic Cooperation and Development) wurde 1961 mit Sitz in Paris gegründet. Ihr Ziel ist die Förderung des Wirtschaftswachstums in den Mitglieds- und Nichtmitgliedsländern – speziell der Entwicklungsländer – durch gezielte Entwicklungshilfe. Mitglieder der OECD sind die 24 führenden Industrienationen der Welt.

EWG, EG

Im Jahr 1957 schlossen Belgien, die Bundesrepublik, Frankreich, Italien, Luxemburg und die Niederlande in Rom den Vertrag zur *Europäischen Wirtschaftsgemeinschaft (EWG)*, nachdem bereits vorher die *Europäische Atomgemeinschaft (EURATOM)* und die *Europäische Gemeinschaft für Kohle und Stahl (Montanunion)* gegründet waren. Die gemeinsamen Organe der EWG: der Ministerrat, die Kommission, der Gerichtshof und das Europäische Parlament existieren seit 1972. Seit dieser Zeit spricht man deshalb auch von der *Europäischen Gemeinschaft (EG)*. Die wichtigsten Ziele der EG sind der wirtschaftliche und politische Zusammenschluß der Mitgliedsländer.

Der wirtschaftliche und soziale Fortschritt in der EG hat dazu geführt, daß die ehemaligen Mitglieder der *Kleinen Freihandelszone EFTA* (European Free Trade Association) Großbritannien, Dänemark und Portugal inzwischen der EG beigetreten sind. Außerdem wurden Irland, Griechenland und Spanien in die EG aufgenommen. Damit bilden die 12 europäischen Mitgliedsländer mit über 320 Millionen Einwohnern den größten wirtschaftlichen Zusammenschluß der westlichen Welt.

Zollunion, Wirtschaftsunion

Da der politische Zusammenschluß nicht so schnell zu erreichen ist, bemühen sich die Regierungen um eine *Wirtschaftsunion*. Bis jetzt bildet die EG nur eine *Zollunion*. Seit 1968 sind im gewerblichen und seit 1970 auch im landwirtschaftlichen Bereich die Zölle zwischen den Mitgliedsländern aufgehoben. Gegenüber Nichtmitgliedern besteht ein einheitlicher Zolltarif. Die Kontrollen der Zollbeamten an den Grenzübergängen dienen nicht der Zoll-, sondern der Steuererhebung für die unterschiedlichen Steuern (Mehrwertsteuer, Tabaksteuer usw.). Erst wenn das Steuerrecht in den Mitgliedsstaaten vereinheitlicht ist, können diese Kontrollen wegfallen. Eine Wirtschaftsunion setzt neben einem einheitlichen Steuerrecht ein einheitliches Arbeits- und Sozialrecht, ein gemeinsames Währungssystem und eine einheitliche Währungspolitik voraus.

Ein großer Schritt in dieser Richtung wird die Verwirklichung des *Europäischen Binnenmarktes* bis 1992 sein, zu der sich die Mitgliedsländer 1987 verpflichtet haben. Binnenmarkt bedeutet danach „ein Raum ohne Binnengrenzen, in dem der freie Verkehr von Waren, Personen, Dienstleistungen und Kapital gemäß den Bestimmungen des EWG-Vertrages garantiert ist".

Bereits bis 1990 mußten die acht wirtschaftlich stärksten EG-Länder sämtliche Kapital- und Devisenkontrollen abschaffen, Spanien und Irland bis 1992, Portugal und Griechenland bis 1994. Danach können alle EG Bürger im Ausland Konten unterhalten und Kredite aufnehmen, zur Zeit ist das nur möglich für Einwohner der Bundesrepublik, Großbritanniens und der Beneluxländer.

EFTA, COMECON

Der Vertrag über die *Europäische Freihandelszone EFTA* (European Free Trade Association) trat 1960 in Kraft. Mitgliedsstaaten sind heute nur noch Norwegen, Schweden, Schweiz, Österreich und Island, Finnland ist assoziiert.

Im Gegensatz zur EG sieht die EFTA nur den Zollabbau zwischen den Mitgliedsländern vor, gegenüber Drittländern bleibt die Selbständigkeit der Staaten erhalten.

Der *Rat für gegenseitige Wirtschaftshilfe RGW* (Council of Mutual Economic Aid, *COMECON*) entstand 1949 als Gegenstück zur heutigen OECD. Ihm gehören fast alle Ostblockländer an. Ziele sind die Verflechtung der Volkswirtschaften durch Arbeitsteilung, gegenseitige Kredithilfen, gemeinsame Forschung und einheitliche Normung. Mit der politischen und wirtschaftlichen Auflösung des „Ostblocks" verliert er an Bedeutung.

OPEC

In der *Organisation erdölexportierender Länder* (Organization of Petroleum Exporting Countries, OPEC) haben sich seit 1960 alle bedeutenden Förderländer – außer USA, Kanada und UdSSR – in Form eines Kartells zusammengeschlossen, um gegen die Preisdiktate der großen Mineralölkonzerne (= Ölmultis) die Preise auf dem Weltmarkt zu bestimmen. Die Mitgliedsländer liefern heute nur noch ca. ein Drittel der gesamten Rohölexporte, sie verfügen aber nach derzeitigen Schätzungen über dreiviertel der Welterdölreserven.

G-Gruppen

Die Länder der sogenannten *G-Gruppen* spielen heute in der internationalen Finanzwelt eine dominierende Rolle. Die folgenden Abkürzungen tauchen deshalb im Wirtschaftsteil der Zeitungen immer wieder auf:

G-5: zu ihr gehören die fünf wichtigsten Industrieländer der Welt: USA, Japan, Bundesrepublik, Großbritannien und Frankreich. Sie beraten sich bei wichtigen Währungs- und Wirtschaftsproblemen.

G-7: die Gruppe umfaßt neben den G-5 Mitgliedern Italien und Kanada. Die sieben Länder nehmen am jährlichen *Weltwirtschaftsgipfel* teil.

G-10: zu den G-7 Ländern kommen noch Benelux, Schweden und Schweiz. Die Mitglieder haben sich verpflichtet, dem IWF bis zu 17 Milliarden Dollar zu leihen, wenn seine Mittel bei akuten Schulden- und Zahlungsproblemen nicht ausreichen.

G-24: die Gruppe vertritt auf internationalen Konferenzen die Interessen von über 100 Entwicklungsländern.

Deutsch-deutsche Wirtschaftsunion

Als Voraussetzung für die im Oktober 1990 vollzogene staatliche Einheit trat bereits am 1. Juli aufgrund eines Staatsvertrages zwischen der BR Deutschland und der DDR eine *Währungs-, Wirtschafts- und Sozialunion* in Kraft.

In der *Währungsunion* wurde als gemeinsame Währung die DM eingeführt und die Deutsche Bundesbank als Zentralbank bestimmt. Durch die *Wirtschaftsunion* waren von der DDR die Voraussetzungen zu schaffen für die Einführung der sozialen Marktwirtschaft (Privateigentum, freie Preisbildung, Wettbewerb, Gewerbefreiheit ...), für ein entsprechendes Steuer- und Finanzsystem und für die Eingliederung der Landwirtschaft in das EG-Agrarsystem. Die *Sozialunion* verpflichtete die DDR, Sozialversicherungseinrichtungen zu schaffen (Renten-, Kranken-, Arbeitslosen- und Unfallversicherung), Sozialhilfe einzuführen und entsprechend der Bundesrepublik-Tarifautonomie, Streikrecht, Mitbestimmung und Kündigungsschutz zu gewährleisten.

Bundesbank zieht positive Bilanz:

Währungsunion lief einwandfrei

Schwierigkeiten im Zahlungsverkehr werden 1991 gelöst

FRANKFURT. Eine nüchterne, aber positive Bilanz zur Einführung der D-Mark in der ehemaligen DDR hat die Deutsche Bundesbank nach einem halben Jahr gezogen. Direktoriumsmitglied Johann Wilhelm Gaddum, der die Notenbank-Geschäfte in den fünf neuen Bundesländern leitet, sagte in einem Gespräch mit dpa: „Wir können in unserem Bereich zufrieden sein." Rein technisch habe die Einführung der D-Mark sehr gut geklappt. Die größten aktuellen Schwierigkeiten gebe es im Zahlungsverkehr. Derzeit stecke Ostdeutschland mitten im erwarteten Anpassungsprozeß.

Der Geldpolitiker führte die langen Überweisungszeiten auf zwei Ursachen zurück. Erstens habe in der frühe- Jahreshälfte 1991 umgestellt haben. Für die Sparkassen, auf deren Schultern die Hauptlast der Währungsumstellung liegt, sei jedoch weitere Hilfe aus dem Westen sehr wichtig. „Es ist notwendig, daß die Sparkassen gegenüber den Konkurrenten wettbewerbsfähig werden", meinte er. Dies könnten sie aus eigener Kraft nicht schaffen. Auffällig am Geldumschlag sei die nach wie vor hohe Nachfrage nach Bargeld in Ostdeutschland. Normalerweise hätte sie sich im Laufe der letzten sechs Monate einpendeln müssen. Für die Bundesbank sei dies kein Problem, weil dieses Bargeld in der alten Bundesrepublik ausgegeben werde und somit innerhalb des Währungsgebietes bleibe. Gaddum de...

(Ausschnitt) Quelle: TV

MEXIKO / Weltbank beschließt Kreditpaket über 1,5 Mrd. $

Erstmals Schuldenreduzierung

HANDELSBLATT, Dienstag, 13.6.1989

zz WASHINGTON. Nach dem Internationalen Währungsfonds (IWF) hat auch die Weltbank einen neuen Kredit für Mexiko beschlossen. Erstmals macht sie bei dem Paket von 1,5 Mrd. $ von ihren Richtlinien zur Schuldenreduzierung Gebrauch. Danach können bis zu 25 % von neuen Krediten für die Schuldenreduzierung verwendet und bis zu 15 % für Schuldendiensterleichterungen eingesetzt werden. Der IWF hatte Mexiko Ende Mai 2,797 Mrd. Sonderziehungsrechte (SZR) als erweitertes Kredit-Arrangement und zusätzlich 453,2 Mill. SZR gewährt. Von den IWF-Krediten der nächsten drei Jahre kann Mexiko 30 % für die Schuldenreduzierung und bis zu 40 % seiner IWF-Quote (sie beträgt 1,165 Mrd. SZR) für die Schuldendiensterleichterung einsetzen. Damit stehen Mexiko aus Weltbank- und IWF-Krediten annähernd 5,6 Mrd. $ kurzfristig zur Verfügung.

In den Verhandlungen zwischen den privaten Banken und Mexiko sind nach Informationen aus der Weltbank „die Fronten noch weit auseinander". Doch haben beide multinationalen Währungsinstitutionen ihre Vorstellungen bereits in die jüngsten Gespräche zum Schuldenabbau auf der Madrider Bankenkonferenz eingebracht.

Quelle: HB

Milliarden-Kredite für Osteuropa

Internationaler Währungsfonds stellt Hilfe in Aussicht

Washington (AP) – *Der* Internationale Währungsfonds (IWF) *wird den osteuropäischen Staaten in diesem Jahr voraussichtlich Kredite in Höhe von mindestens fünf Milliarden Dollar (7,5 Milliarden DM) zur Verfügung stellen. Dies kündigte IWF-Exekutivdirektor Michel Camdessus in Washington an. Nach den Kreditzusagen an Polen, Ungarn und die Tschechoslowakei seien in nächster Zukunft auch Kreditvereinbarungen mit Rumänien und Bulgarien zu erwarten.*

Nach Berechnungen der Deutschen Bank sind diese Staaten bei westlichen Gläubigern bereits mit rund 79 Milliarden Dollar verschuldet. Die Auslandsschuld der Sowjetunion wird von der Deutschen Bank auf 51 Milliarden Dollar geschätzt. In diesen Tagen hatte der IWF der ČSFR einen Beistandskredit von 1,783 Milliarden Dollar zugesagt.

Mit einer baldigen Bewerbung Albaniens zu Beratung und technischer Hilfe berechtigen würde. Eine „assoziierte Mitgliedschaft ist in den IWF-Statuten bisher nicht vorgesehen. Wenn die UdSSR zu einer Marktwirtschaft übergehen und bessere Wachstumsraten erzielen wolle, werde sie ihre Preise liberalisieren, mit der Privatisierung beginnen und die Geldpolitik restriktiver handhaben müssen. Aus wirtschaftlicher Sicht gebe es nur eine mögliche Emp-

(Ausschnitt)Quelle: SZ

EG-EFTA

Minister-Treffen in der Schweiz

HANDELSBLATT, Montag, 15.8.1988

ap BONN. Die Wirtschaftsminister der Bundesrepublik, Österreichs und der Schweiz kommen am Donnerstag und Freitag auf dem Mont Pelerin am Schweizer Kanton Waadt zu ihrem alljährlichen informellen Treffen zusammen. Gastgeber Jean-Pascal Delamuraz und seine Amtskollegen Martin Bangemann und Robert Graf werden dabei die konjunkturelle Lage und die wirtschaftlichen Perspektiven der drei Länder sowie der Weltwirtschaft erörtern. Als weitere Themen nannte das Bundeswirtschaftsministerium Fragen der europäischen Integration.

Quelle: HB

Krisensitzung bei Gatt

BRÜSSEL. In intensiven Verhandlungen haben die Unterhändler aus den 107 Ländern des Gatt am Mittwoch versucht, den drohenden Zusammenbruch der Uruguay-Runde zu verhindern. „Wir sind in einer äußerst besorgniserregenden Lage", sagte ein EG-Sprecher am dritten Tag der Brüsseler Ministerkonferenz des Gatt (Allgemeines Zoll- und Handelsabkommen). Nach Angaben der deutschen Delegation war die EG mit ihrem Angebot zu einer 30prozentigen Kürzung der Agrarsubventionen isoliert. Die Handels- und Agrarminister der EG-Staaten wollten noch am Abend in einer Krisensitzung entscheiden, ob die Gemeinschaft den Amerikanern entgegenkommen und so die völlig blockierten Verhandlungen wieder flottmachen sollte.

Quelle: TV

3.3 Sozialprodukt und Zahlungsbilanz

Sozialprodukt

Der am häufigsten verwendete Maßstab zur Beurteilung der wirtschaftlichen Entwicklung einer Volkswirtschaft ist das *Sozialprodukt*. Damit ist der Ausdruck Sozialprodukt auch einer der Begriffe, der im Wirtschaftsteil der Zeitung viel verwendet wird. Das Sozialprodukt ist die Summe aller Sachgüter (= Konsumgüter und Produktionsgüter) und Dienstleistungen, die in einer Volkswirtschaft in einem Jahr erstellt werden.

Da Äpfel, Autos und Arztoperationen nicht zu einer Summe addiert werden können, faßt man den *Wert* dieser Güter und Dienstleistungen zusammen. Da alles mit Marktpreise bewertet wird, spricht man auch vom *Sozialprodukt zu Marktpreisen*. Verschiedene Leistungen werden im Sozialprodukt nicht erfaßt: Hausfrauenarbeit, Nachbarschaftshilfe, Schwarzarbeit, freiwillige und ehrenamtliche Tätigkeiten.

Volkseinkommen

Die Einkommen (= Löhne, Mieten, Zinsen, Gewinne ...) in einer Volkswirtschaft entsprechen insgesamt den Marktpreisen der erzeugten Güter und Dienstleistungen. Man kann also das Sozialprodukt auf zweifache Weise berechnen: einmal indem man die Werte aller Güter und Dienstleistungen addiert (= reale Methode), zum anderen indem man alle Einkommen zusammenzählt (= personelle Methode). Im zweiten Fall spricht man vom *Volkseinkommen*, das in seiner Höhe genau dem Sozialprodukt entspricht.

Bruttosozialprodukt, Nettosozialprodukt

Bei der Güterherstellung werden Werkzeuge, Maschinen und Produktionsanlagen abgenutzt. Sie müssen ständig ersetzt werden. Diese Ersatzinvestitionen sind Teil des Sozialproduktes. In der Buchhaltung werden sie als *Abschreibungen* bezeichnet. Das Sozialprodukt, von dem diese Abschreibungen noch nicht abgezogen sind, ist das *Bruttosozialprodukt* (zu Marktpreisen), bei entsprechendem Abzug das Nettosozialprodukt (zu Marktpreise). Dieses Nettosozialprodukt zu Marktpreisen entspricht noch nicht dem Volkseinkommen. In den Marktpreisen sind indirekte Steuern enthalten wie Mehrwertsteuer und Mineralölsteuer, die kein Einkommen sind, sondern an den Staat abgeführt werden müssen. Umgekehrt stellen Subventionen für die Empfänger zusätzliche Einkommen dar.

Will man aus dem Nettosozialprodukt zu Marktpreisen das Volkseinkommen ableiten, muß man die indirekten Steuern subtrahieren und die Subventionen addieren:

  Bruttosozialproktdukt
– Abschreibungen

= Nettosozialprodukt
– indirekte Steuern
+ Subventionen

= Volkseinkommen

Wirtschaftswachstum

Das Sozialprodukt der Bundesrepublik wird jedes Jahr vom Statistischen Bundesamt in Wiesbaden berechnet. Die Bundesregierung ist nach dem Stabilitätsgesetz verpflichtet, für ein „angemessenes, stetiges Wirtschaftswachstum" zu sorgen. Ob diese wachsende Wirtschaftsleistung erreicht wurde, oder ob die Wirtschaft gleichblieb bzw. sogar schrumpfte, läßt sich durch den Vergleich mit den Vorjahreswerten feststellen. Dabei wird zwischen einem nominalen und einem realen Wachstum unterschieden. Das *reale Wachstum* läßt sich nur ermitteln, indem die Sozialprodukte verschiedener Jahre mit den Marktpreisen ein und desselben Jahres (zur Zeit Basisjahr 1976) verglichen werden. Durch die jährlichen Preissteigerungen würde sonst der Vergleich verfälscht werden.

Die Bundesrepublik benötigt ein reales Wirtschaftswachstum, um die anstehenden sozialen und wirtschaftlichen Probleme zu lösen: hohe Arbeitslosenquote, kürzeres Erwerbsleben durch späteren Eintritt infolge längerer Ausbildung und früheres Ausscheiden durch vorgezogene Pensionierung, Ausgleich der öffentlichen Haushalte, finanzielle Aufwendungen für das ehemalige DDR-Gebiet.

Handelsbilanz

Der jährliche Warenverkehr mit dem Ausland wird in der *Handelsbilanz* erfaßt. Sie ist die wertmäßige Gegenüberstellung der Warenausfuhr und Wareneinfuhr einer Volkswirtschaft. Importe und Exporte stimmen meistens nicht überein. Ist der Wert der Exporte größer als der der Importe, spricht man von einer *aktiven Handelsbilanz*. Sind umgekehrt die Importe höher als die Exporte, ist die Handelsbilanz *passiv*. Die Handelsbilanz der Bundesrepublik ist seit vielen Jahren aktiv, die der USA passiv. Neben dem Warenverkehr besteht auch ein Dienstleistungsverkehr mit dem Ausland. Darunter fallen z. B. Auslandsreisen, Transportleistungen und der Unterhalt der Botschaften. Alle diese Leistungen werden jährlich in einer *Dienstleistungsbilanz* erfaßt.

Im Gegensatz zur Handelsbilanz ist die Dienstleistungsbilanz der Bundesrepublik seit Jahren passiv aufgrund der hohen Ausgaben der Deutschen für Reisen und Urlaub im Ausland.

Daneben wird jedes Jahr eine *Übertragungsbilanz* erstellt, in der die unentgeltlichen Leistungen zusammengefaßt werden, wie Überweisungen an Familienmitglieder oder Organisationen im Ausland. Auch die Übertragungsbilanz der Bundesrepublik ist ständig passiv, hervorgerufen durch die Gastarbeiterüberweisungen in ihre Heimatländer und die hohen EG-Beiträge.

Leistungsbilanz, Zahlungsbilanz

Handels-, Dienstleistungs- und Übertragungsbilanz werden zur *Leistungsbilanz* zusammengefaßt. Für die zwischen den einzelnen Volkswirtschaften im Laufe eines Jahres erfolgten Kapitalleistungen für Geldkredite, Geldanlagen usw. wird eine gesonderte Bilanz – die *Kapitalbilanz* – erstellt.

Den zwischen Inland und Ausland fließenden Waren-, Dienstleistungs- und Kapitalströmen fließt jeweils ein Geldstrom aus ausländischen Zahlungsmitteln (= Devisen) entgegen. Wenn Güter exportiert werden strömen Devisen ins Inland, beim Export werden Devisenzahlungen fällig. Diese Geldströme werden in der *Devisenbilanz* erfaßt.

Die *Zahlungsbilanz* eines Landes setzt sich zusammen aus der Leistungsbilanz, der Kapitalbilanz und der Devisenbilanz:

Handelsbilanz
\+ Dienstleistungsbilanz
\+ Übertragungsbilanz

= Leistungsbilanz
\+ Kapitalbilanz
\+ Devisenbilanz

= Zahlungsbilanz

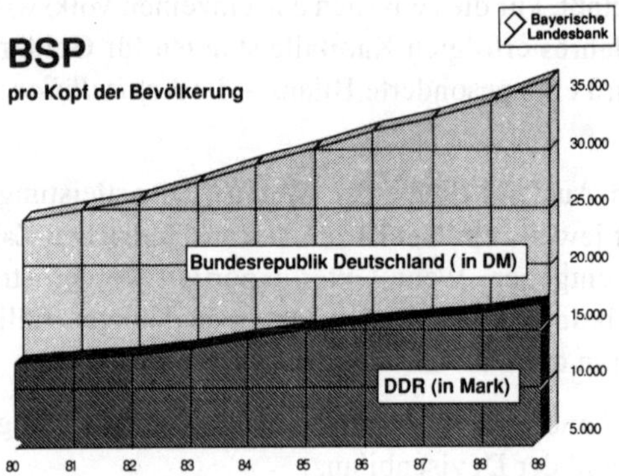

Jenseits der Elbe wurde je Einwohner in den achtziger Jahren nur knapp halb so viel erwirtschaftet wie in der Bundesrepublik. Zudem blieb das Wachstum weit hinter dem der Bundesrepublik zurück. Den Ausschlag für das im Vergleich schlechte Abschneiden gibt die unzureichende Produktivität der DDR-Wirtschaft. Dies stellt die Bayerische Landesbank fest. Die statistischen Bezugsgrößen sind allerdings nur bedingt vergleichbar. Während das produzierte Nationaleinkommen in der DDR die Dienstleistungen weitgehend vernachlässige, würden sie im Bruttosozialprodukt der Bundesrepublik voll berücksichtigt. Dennoch falle der Befund eindeutig aus, wird betont.

Quelle: HB

UdSSR-Wirtschaft weiter auf Talfahrt

Außenhandelsvolumen und Bruttosozialprodukt stark gesunken

MOSKAU. Die wirtschaftliche Krise der Sowjetunion hat sich nach Angaben staatlicher Statistiker 1990 noch verschärft. „Die Krisenerscheinungen nahmen weiter zu und haben alle Bereiche der Wirtschaft erreicht“, meldete die amtliche sowjetische Nachrichtenagentur Tass unter Berufung auf den Jahresbericht des Staatlichen Statistischen Komitees der UdSSR. Die zentralen volkswirtschaftlichen Größen seien durchweg um einige Prozente gesunken. Nur die Produktion von Konsumgütern sei um 4,4 Prozent gegenüber 1989 gesteigert worden.

Vor allem Streiks und Nationalitätenkonflikten in der Sowjetunion hätten Arbeitszeit ausfallen lassen. Beide Ursachen hätten volkswirtschaftlichen Schaden in Höhe von einer Milliarde Rubel angerichtet. Im Vergleich zum Vorjahr sank das Bruttosozialprodukt der UdSSR den Angaben zufolge um zwei Prozent. Das Außenhandelsvolumen von 131,2 Milliarden Valuta-Rubel (zum offiziellen Kurs 354,24 Milliarden Mark) sei um fast sieben Prozent geringer ausgefallen als 1989. Das Haushaltsdefizit habe allerdings vor allem mit Kürzungen im Militärhaushalt und bei staatlichen Investitionen um 22,6 Milliarden auf 58,1 Milliarden Rubel gesenkt werden könne, schreibt Tass.

Auch die Arbeitsdiziplin sei gesunken. Insgesamt gingen 1990 rund 50 Millionen Arbeitstage verloren, was einer Abwesenheit von etwa 200 000 Menschen täglich von ihrem Arbeitsplatz entspreche.

Quelle: TV

USA größter Exporteur

Die USA waren 1989 weltweit der größte Exporteur und haben damit nach drei Jahren die Bundesrepublik wieder auf Platz zwei verwiesen. An dritter Stelle stand wieder Japan. Diese Angaben sind in einem vorläufigen Welthandelsbericht des Allgmeinen Zoll- und Handelsabkommens (GATT) enthalten, der in Genf veröffentlicht wurde. Danach führten die USA im Vorjahr Waren im Wert von 364,4 Milliarden Dollar aus und kamen damit auf 11,8 Prozent der gesamten Exporte. Die Bundesrepublik schaffte 341,4 Milliarden (11 Prozent) und Japan 275,2 Milliarden Dollar (8,9 Prozent).

Quelle: TV

Geringeres Leistungsbilanzdefizit

WASHINGTON, 14. Dezember (Reuter). Das Leistungsbilanzdefizit der Vereinigten Staaten ist im dritten Quartal 1989 deutlich gesunken. Der Fehlbetrag habe sich saisonbereinigt auf 22,69 Milliarden Dollar von revidiert 32,08 Milliarden im zweiten Quartal und 30,39 Milliarden Dollar im ersten Vierteljahr 1989 verringert, teilte das Handelsministerium in Washington mit. Damit sei das niedrigste Defizit in einem Quartal seit dem von 20,9 Milliarden Dollar im ersten Quartal 1984 erreicht worden. Der Rückgang spiegele höhere Einnahmen aus amerikanischen Direktinvestitionen im Ausland wider.

Quelle: Reuter/FAZ

Höherer Außenhandelsüberschuß

WIESBADEN, 3. November (Reuter). Der Überschuß im Außenhandel der Bundesrepublik Deutschland ist im September 1989 weiter gestiegen. Wie das Statistische Bundesamt in Wiesbaden mitteilte, erhöhte sich der Aktivsaldo der Handelsbilanz auf 12,4 (Vormonat 11,2) Milliarden DM und der Überschuß der Leistungsbilanz auf 8,2 (6,9) Milliarden DM. Im September 1988 war in der Handelsbilanz ein Plus von 11,3 Milliarden DM verzeichnet worden, in der Leistungsbilanz ein Überschuß von 6,2 Milliarden DM. Für die ersten neun Monate 1989 wies das Statistische Bundesamt einen Handelsbilanzüberschuß von 104,6 (Vorjahresperiode: 90,9) Milliarden DM und ein Leistungsbilanzplus von 76,0 (57,1) Milliarden DM aus.

Quelle: Reuter/FAZ

Zahlungsbilanz schloß mit 1,8 Mrd. Überschuß

Die Zahlungsbilanz der Bundesrepublik hat 1985 mit einem Überschuß abgeschlossen. Er erreichte 1,843 Milliarden DM nach einem Fehlbetrag von knapp 3,1 Milliarden DM im Vorjahr. Das gab die Deutsche Bundesbank am Montag in Frankfurt bekannt.

Der Überschuß der Leistungsbilanz, in die der Außenhandel, die Dienstleistungen und die Übertragungen eingehen, nahm um mehr als das Doppelte von 17,807 Milliarden DM auf 38,64 Milliarden DM zu. Allein im Außenhandel stieg das Plus von 53,966 Milliarden DM auf 73,28 Milliarden DM.

Dagegen stieg das Defizit in der Kapitalbilanz, vor allem auf Grund der erheblich höheren Abflüsse im kurzfristigen Kapitalverkehr, von 31,406 Milliarden DM auf 49,953 Milliarden DM. Der Überschuß der Zahlungsbilanz von 1,843 Milliarden DM resultiert aus den Salden von Leistungs-und Kapitalbilanz mit dem Saldo der statistisch nicht aufgliederbaren Transaktionen.

Quelle: TV

3.4 Konjunkturen

Konjunkturschwankungen

In keiner Volkswirtschaft verläuft der Wirtschaftsprozeß ohne Störungen. Die wirtschaftliche Gesamtlage, die *Konjunktur*, wird von einer Vielzahl von Entscheidungen der privaten Haushalte, der Wirtschaftsunternehmen und des Staates beeinflußt. Die Vergangenheit zeigt, daß Wirtschaftsprozesse mit kleineren oder größeren Schwankungen ablaufen. Dabei spielen neben saisonalen Schwankungen – wie sie im Baugewerbe, in der Landwirtschaft und im Fremdenverkehr auftreten – vor allem konjunkturelle Faktoren eine Rolle. Konjunkturschwankungen betreffen nicht einzelne wirtschaftliche Teilbereiche, sondern die gesamte Wirtschaft.

Die Konjunkturforschung hat Zyklen unterschiedlicher Länge festgestellt: kurzfristige mit einer Dauer von vier bis fünf Jahren, mittelfristige mit ungefähr zehn Jahren und langfristige mit 50 bis 60 Jahren.

Neben den saisonalen und konjunkturellen Schwankungen lassen sich auch grundsätzliche Entwicklungen feststellen, sogenannte *Trends*. In einer expandierenden Wirtschaft hat dieser Trend eine positive Steigung, bei einer rückläufigen Entwicklung eine negative.

Konjunkturphasen

Der Konjunkturverlauf läßt sich mit einer Wellenbewegung vergleichen: der Bewegungsablauf vollzieht sich vom Wellental ansteigend zum Wellenberg, von hier wieder abfallend ins Wellental. Man unterscheidet vier *Konjunkturphasen*:

- das *Konjunkturtief* (= *Depression*) mit einem wirtschaftlichen Tiefstand, gleichbleibenden Löhnen und Preisen, sinkender Nachfrage, geringeren Umsätzen, Entlassungen und Arbeitslosigkeit;
- den *Konjunkturaufschwung* (= *Expansion*) mit verstärkter Nachfrage, Ausweitung der Produktion, Rückgang der Arbeitslosigkeit und einem Anstieg der Löhne und Preise;

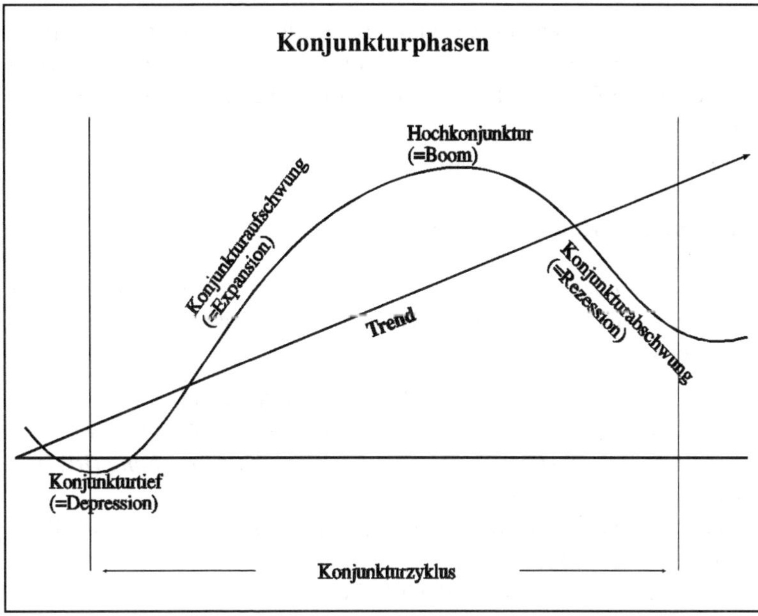

- die *Hochkonjunktur* (= *Boom*) mit einer Steigerung der Nachfrage und Produktion, Vollbeschäftigung, steigenden Löhnen und Preisen;
- den *Konjunkturabschwung* (= *Rezession*) mit einer nachlassenden Nachfrage, Drosselung der Produktion und Entlassungen von Arbeitskräften.

Konjunkturverlauf

Der Konjunkturverlauf ist von vielen Entscheidungen abhängig. Dazu zählen die Millionen Verbraucher mit ihren Kauf- und Sparentscheidungen, die Hunderttausende Unternehmer mit ihren Produktions- und Investitionsentscheidungen, der Staat mit seinem Einnahme- und Ausgabeverhalten sowie die Bundesbank mit ihrer Geld- und Kreditpolitik. Durch die internationale Verflechtung der Volkswirtschaften spielen auch Wirtschaftsentscheidungen des Auslands eine Rolle, wie Import- und Exportentscheidungen. Neben diesen rein rationalen Entscheidungen beeinflussen auch psychologische Faktoren wie Stimmungen und Meinungen den Konjunkturablauf.

Konjunkturforschung

Die fünf führenden wirtschaftswissenschaftlichen Institute zur Konjunkturforschung und Erstellung von Konjunkturprognosen sind in der Bundesrepublik

- das *Institut für Wirtschaftsforschung (Ifo)* in München
- das *Deutsche Institut für Wirtschaftsforschung (DIW)* in Berlin
- das *Rheinisch-Westfälische Institut für Wirtschaftsforschung (RWI)* in Essen
- das *HWWA Institut für Wirtschaftsforschung am Hamburger Welt-Wirtschafts-Archiv* und
- das *Institut für Weltwirtschaft (IfW)* in Kiel.

Konjunkturprognosen

Die Forschungsinstitute haben sich zu einer Arbeitsgemeinschaft zusammengeschlossen und veröffentlichen jeweils im Frühjahr und Herbst ein *Gemeinschaftsgutachten* über die wirtschaftliche Lage in der Bundesrepublik. Als Grundlagen für ihre Prognosen dienen Untersuchungen über die Entwicklung der Verbrauchernachfrage und Investitionsgüternachfrage, die Entwicklung der Staatseinnahmen und -ausgaben, die Entwicklung der Lagerbestände, die Unternehmererwartungen, die Geldpolitik der Bundesbank und die Entwicklung des Außenhandels.

Um wirtschaftspolitische Entscheidungen zu erleichtern, gibt es das *Gesetz über die Bildung eines Sachverständigenrates zur Begutachtung der gesamtwirtschaftlichen Entwicklung*. Dieser Rat von fünf unabhängigen Sachverständigen – in der Presse oft als die „fünf Weisen" bezeichnet – faßt seine Prognosen jährlich zu einem *Herbstgutachten* zusammen.

Die Bundesregierung veröffentlicht ihre Zielvorstellungen jährlich im *Jahreswirtschaftsbericht*. Darin werden konkrete Angaben gemacht, wie sich das Bruttosozialprodukt, der Beschäftigungsgrad, die Löhne und der Geldwert verändern werden. Diese Orientierungsdaten sind für die Unternehmen, Arbeitgeberverbände und Gewerkschaften gedacht.

Konjunktursteuerung

In der Sozialen Marktwirtschaft muß der Staat gegebenenfalls in das Marktgeschehen eingreifen. Das Gesetz zur *Förderung der Stabilität und des Wachstums der Wirtschaft (= Stabilitätsgesetz)* verpflichtet die Bundesregierung und die Länderregierungen, ihre wirtschafts- und finanzpolitischen Entscheidungen so zu treffen, „daß sie im Rahmen der marktwirtschaftlichen Ordnung gleichzeitig zu Stabilität des Preisniveaus, zu einem hohen Beschäftigungsgrad und außenwirtschaftlichem Gleichgewicht bei stetigem und angemessenem Wirtschaftswachstum beitragen“.

Eines dieser vier Ziele läßt sich separat gut erreichen. Zwei oder drei Ziele gleichzeitig zu erreichen, ist bereits sehr schwierig, alle vier Ziele gleichzeitig zu verwirklichen, grenzt an Zauberei. Man spricht daher vom „Magischen Viereck“ (Abbildung folgende Seite). In der Praxis ist es daher erforderlich, in der jeweiligen konjunkturellen Situation einzelne Ziele vorrangig zu behandeln, notfalls auf Kosten anderer. Eine hohe Arbeitslosenquote kann z. B. beschäftigungspolitische Maßnahmen erfordern, die zeitweise die Geldwertstabilität gefährden.

Theorien zur Konjunktursteuerung

In der Sozialen Marktwirtschaft besteht kein Zweifel daran, daß der Staat eingreifen muß, um Konjunkturschwankungen auszugleichen. Dabei kommt der Stabilität des Geldwertes und der Beschäftigung eine besondere Bedeutung zu. Über die richtige Methode zur Überwindung wirtschaftlicher Krisen gibt es verschiedene Theorien, die sich teilweise widersprechen:

Das „magische Viereck" der Konjunktursteuerung

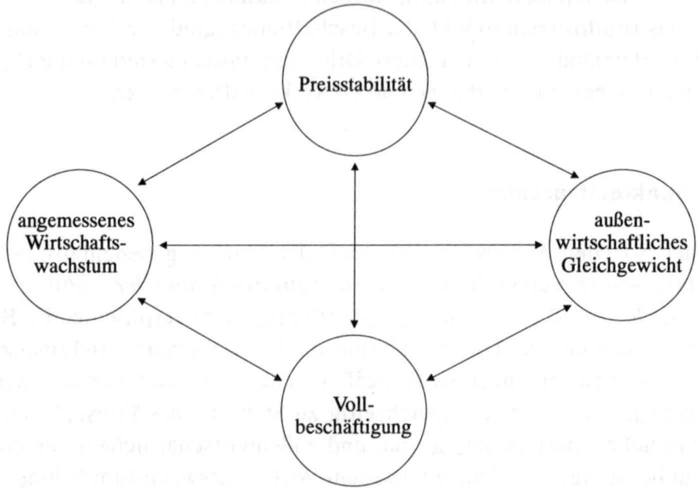

Die Pfeile zeigen die gegenseitigen Abhängigkeiten und möglichen Zielkonflikte.

Die *Monetaristen* unter Führung des 1976 mit dem Nobelpreis für Wirtschaft ausgezeichneten Amerikaners Friedman (geboren 1912) unterstellen, daß Konjunkturschwankungen ausschließlich auf geldliche (= monetäre) Ursachen zurückzuführen sind. Die Zyklen werden durch Zu- oder Abnahme der Geldmenge und der Kreditausweitung und -einschränkung erklärt. Um die Wirtschaft eines Landes zu steuern, muß die Geldmenge durch die Zentralbank entsprechend gesteuert werden.

Die *Fiskalisten* stellen nach der Theorie des englischen Volkswirtschaftlers Keynes (1883–1946) den Konsum und damit die Nachfrage in den Mittelpunkt. Konjunkturschwankungen sind über eine Anpassung der Staatsnachfrage zu regeln. Der Staat (= Fiskus) hat die Aufgabe, die Nachfrage zu drosseln oder auszuweiten, notfalls auch durch die Aufnahme zusätzlicher Kredite (= deficit spending).

Konjunkturberichte

Zeitungen informieren in ihrem Wirtschaftsteil laufend über die Konjunkturentwicklung im In- und Ausland in Form von Berichten, Tabellen und graphischen Darstellungen. Als Grundlage dienen ihnen dazu die Unterlagen und Daten der Konjunkturforschungsinstitute sowie die Zahlen des Statistischen Bundesamtes und der Bundesbank.

Schwerpunkte der *Konjunkturberichte* sind die vergangene und die aktuelle konjunkturelle Entwicklung, entsprechende Veränderungen und Prognosen. Oft werden einzelne konjunkturelle Bereiche wie Lohnentwicklung und Exportentwicklung besonders hervorgehoben.

Eine Schlüsselzahl ist der Auftragseingang der Industrie, denn heute eingehende Bestellungen bestimmen die weitere Konjunkturentwicklung. Ist der aktuelle Auftragsbestand höher als die Produktion, nehmen die Lieferfristen zu. Ist der Auftragsbestand kleiner als die Produktion, nehmen die Auftragspolster ab und die Lieferfristen werden kleiner. Oft wird in Konjunkturberichten mit sogenannten *Indexzahlen* gearbeitet, die verschiedene Preise, Löhne, Produktionsmengen zusammenfassen und in Relation zu einem Ausgangswert (Basis und Basisjahr) setzen. Es gibt verschiedene Indexziffern, z. B. für den Auftragseingang aus dem Ausland, die Produktion von Verbrauchsgütern und die Lebenshaltungskosten. Wichtig ist, bei allen Zahlen darauf zu achten, auf welche Vergleichsbasis sie bezogen und in welchen Einheiten (Tonnen, Stück, DM ...) sie angegeben sind.

Konjunkturindikator

Die Frankfurter Allgemeine Zeitung veröffentlicht seit Ende 1989 einen Frühindikator zur Erkennung konjunktureller Wendepunkte, den sogenannten *FAZ-Konjunkturindikator*. In den USA werden solche Indikatoren seit über 40 Jahren berechnet, in der Bundesrepublik ist er der erste Frühindikator.

Das Prinzip beruht darauf, daß bestimmte statistische Werte, wie Aktienkurse, Auftragseingänge und Zinsen – die normalerweise einen Vorlauf vor der gesamtwirtschaftlichen Entwicklung haben – zu einem Gesamtwert zusammengefaßt und im Vergleich zur Industrieproduktion aufgezeichnet werden. Dabei werden die Durchschnittswerte von 1985 gleich 100 gesetzt, weil die Industrieproduktion vom Statistischen Bundesamt auf der Basis 1985 = 100 veröffentlicht wird.

Der FAZ-Konjunkturindikator wird aus folgenden sechs Einzelwerten berechnet: FAZ-Aktienindex, FAZ-Renten-Rendite (öffentliche Anleihen mit 10 Jahren Laufzeit), Zahl der Stellenangebote in der FAZ, Geldmenge M1 (umlaufendes Bargeld sowie Sichteinlagen inländischer Nichtbanken bei Banken), Auftragseingang im verarbeitenden Gewerbe und Einfuhrpreise für Rohstoffe.

Lebenshaltungskosten, Preisindex

Die Entwicklung der Verbraucherpreise ist für alle Konsumenten in bezug auf die Kaufkraft ihres Einkommens wichtig. Das Statistische Bundesamt in Wiesbaden hat dafür als zuverlässigen Maßstab den *Preisindex für die Lebenshaltung* entwickelt. Ausgangspunkt für die Berechnung ist ein bestimmtes Basisjahr (zur Zeit 1980). Aus der Vielzahl der Waren und Dienstleistungen werden die herausgesucht, die den durchschnittlichen Verbrauchergewohnheiten entsprechen. Dieser *Warenkorb* umfaßt etwa 900 verschiedene Einzelpreise, die in neun Ausgabengruppen zusammengefaßt werden. Der Warenkorb wird von Zeit zu Zeit den veränderten Verbrauchergewohnheiten angepaßt.

Aus den monatlichen Einnahmen und Ausgaben von ausgewählten Haushalten errechnen die Statistischen Ämter die Durchschnittswerte und vergleichen sie mit den Basiswerten (= 100 Prozent). Die Zusammensetzung des Warenkorbes ist stark abhängig von der Höhe des Einkommens und von der Größe der Familie. Deshalb werden vom Statistischen Bundesamt neben dem *Preisindex für alle privaten Haushalte* unterschiedlicher Größe und Einkommen – gewichtet nach ihrem Bevölkerungsanteil – noch weitere Preisindizes ermittelt: für die Lebenshaltungskosten von

Vier-Personenhaushalten mit mittleren und höheren Einkommen und für Zwei-Personen-Rentnerhaushalte. Die Lebenshaltungskosten aller privaten Haushalte sind auf einen Haushalt mit – nur statistisch vorkommenden – 2,4 Personen bezogen. Außerdem wird der Preisindex für die Lebenshaltung eines Kindes berechnet.

Verbraucherpreisberichte

Neben dem Preisindex für die Lebenshaltung berechnet das Statistische Bundesamt den Index der Einzelhandelspreise, der Erzeugerpreise industrieller Produkte, der Grundstoffpreise, der Einkaufspreise für Auslandsgüter und weitere Indizes.

Aus den Preisindizes kann die Inflationsrate berechnet werden. Wenn der Preisindex eines Jahres bei 148,2 liegt und im Vorjahr 146,3 war, beträgt die Inflationsrate

$$\frac{148{,}2 - 146{,}3}{146{,}3} = 0{,}0129 \equiv 1{,}3\ \%$$

Die Tageszeitungen veröffentlichen und kommentieren in ihrem Wirtschaftsteil diese Angaben. Im „monatlichen Bericht der FAZ über die Verbraucherpreise" werden die Preise für 60 Waren und Dienstleistungen aufgelistet. Der Bericht gliedert sich in einen Textteil und einen Tabellenteil. Andere Zeitungen stellen die Veränderungen der Preisindizes graphisch dar zur schnelleren und übersichtlichen Information ihrer Leser.

Ifo: Doppelt gespaltene Konjunktur

Wirtschaftsforscher rechnen mit über drei Millionen Arbeitslosen

MÜNCHEN. Für das Ifo-Institut für Wirtschaftsforschung, München, läuft nicht nur die Wirtschaftsentwicklung in Ost- und Westdeutschland völlig auseinander, sondern auch die Binnenkonjunktur und die Außenhandelskonjunktur. Die Konjunktur sei „doppelt gespalten“, beschrieb Ifo-Präsident Prof. Karl Heinrich Oppenländer am Mittwoch in München die Lage.

In Westdeutschland halte die Hochkonjunktur an. In Ostdeutschland schrumpfe die Produktion weiter. Das Tempo werde sich jedoch ermäßigen. So rechnet Ifo für die neuen Bundesländer im Durchschnitt mit einem Produktionsrückgang um zehn bis 15 Prozent 1991 nach 18 bis 20 Prozent 1990.

Zur Binnen- und Außenkonjunktur wird festgestellt: Während die Inlandsnachfrage, vor allem der private Verbrauch und die Investitionen, weiter wachsen werden, wenn auch langsamer als bisher, stagnierten die Auftragseingänge aus dem Ausland. Die Exporte der westdeutschen Wirtschaft dürften 1991 real nur noch um drei Prozent wachsen gegenüber acht bis neun Prozent 1990.

Die Arbeitslosenzahl werde im gesamten Deutschland „auf jeden Fall über drei Millionen“ liegen. Zu den erwarteten 1,85 (1,89) Millionen in Westdeutschland kämen 1,3 Millionen in Ostdeutschland hinzu, wobei noch die Frage wäre, wie viele der 1,5 Millionen Kurzarbeiter in den neuen Bundesländern dazuzurechnen seien.

Die Entwicklung des Wirtschaftswachstums wird jetzt etwas anders als im Herbstgutachten der Wirtschaftsforschungsinstitute beurteilt. Ifo geht für Westdeutschland jetzt von 2,5 bis drei (1990: 4,5) Prozent anstelle von zuvor drei Prozent aus.

Quelle: TV

Prognosen für 1989

Veränderungen gegenüber Vorjahr in Prozent)

	Sachverständigenrat	DIW	Ifo-Institut	Institut für Weltwirtschaft	HWWA[1])	WSI	IW
Privater Verbrauch	2,5	2,0	2,5	2,5	2,0	1,5	2,5
Staatsverbrauch	0,5	1,0	0,5	0,5	0,5	1,5	1,0
Ausrüstungen	6,5	6,0	6,0	7,5	6,0	4,5	5,5
Bauten	2,5	2,5	2,5	2,0	2,5	2,5	2,5
Export	5,0	5,5	5,0	4,0	4,5	4,5	4,5
Import	4,5	5,0	4,5	5,0	4,5	5,0	5,0
Bruttosozialprodukt	2,5	2,5	2-2,5	2,5	2,0	1,5	2,5
Verbraucherpreise	2,0	2,5	2,5	3,0	2,5	2,5	2,0

Quelle: Institutsberichte [1]) iwd

Quelle: HB

Kapazitätsgrenzen

Der monatliche Konjunkturbericht der Frankfurter Allgemeinen Zeitung

Jl. Die Konjunktur läuft ausgezeichnet, die Aussichten sind glänzend. Die Leipziger Messe hat gezeigt, welches Potential an Impulsen in den Umwälzungen in der DDR steckt – würden sie denn konsequent weiter betrieben. Die Entwicklungen in Osteuropa, der näher kommende europäische Binnenmarkt, eine insgesamt weiter lebhafte Konjunktur in den westlichen Industrieländern. Es gibt mithin Gru[illegible] Zuv[illegible] über- [illegible]

die Aufträge im vergangenen Jahr real um 11 Prozent gewachsen, damit deutlich stärker als die Produktion. Als eine Folge hat der Auftragsbestand bereits zum Ende des vergangenen Jahres deutlich über sieben Monaten Reichweite gelegen. Weitere Branchen mit einer überdurchschnittlichen Kapazitätsauslastung sind die Mineralölverarbeitung, die Papiererzeugung, Spinnerei und Weberei, Glas und Gl[illegible] und Pappewar[illegible]

Daten zur Konjunkturentwicklung

Konjunkturdaten	Jan. 1990	Veränd. in % zu Dez. 89	Jan. 89
F.A.Z.-Konjunkturindikator[8])	115,3	− 0,5	+ 1,4
Auftragseingang[8]) (nominal)			
→ Gesamt	124,1	+ 1,1	+ 7,7
Inland	124,6	+ 3,3	+ 8,6
Ausland	123,4	− 2,5	+ 6,3
Grundstoffe	110,5	+ 14,0	+ 0,9
Investitionsgüter	131,8	− 7,0	+ 11,3
Verbrauchsgüter	122,7	+ 15,0	+ 7,1
Produktion[8])			
→ Gesamt	108,4	− 3,4	+ 4,3
Grundstoffe	106,8	+ 5,5	+ 1,6
Investitionsgüter	110,6	− 10,7	+ 7,5
Verbrauchsgüter	108,3	+ 2,8	+ 2,7
Baugewerbe o. Ausbau	94,0	+ 1,2	+ 1,6
Stahlproduktion (in 1000 t)	3158	− 8,25	+ 13,97
Autoprod. (in 1000 Einh.)	444	+ 4,47	+ 26,86
Fachhandelsumsatz[1])	106	− 34	+ 4
Tariflohnniveau[1]) (Std.-Basis)	143,0	+ 0,1	+ 4,6
Einfuhrpreise[8])	82,5	− 1,7	− 0,6
Ausfuhrpreise[8])	101,7	+ 0,3	+ 0,1
Lebenshaltungspreise[8])	105,8	+ 0,6	+ 2,7
ohne Saisonwaren	105,7	+ 0,4	+ 2,5
Industrie-Erzeugerpreise[8])	100,1	+ 0,1	+ 1,9
Investitionsgüter	111,2	+ 0,6	+ 2,5
Verbrauchsgüter	101,4	+ 0,3	+ 3,2

Konjunkturdaten	Febr. 1990	Jan. 1990	Febr. 1989
Arbeitsmarkt (in 1000 Pers.)			
Arbeitslose	2153	2191	2335
offene Stellen	301	287	196
Kurzarbeit	105	91	170
Erwerbstätige	—	27775	27175
	28.2.90	31.1.90	28.2.89
Rohstoffpreise HWWA[2])	165,30	166,50	155,10
Reuters Index[3])	1831,40	1770,60	1960,00
F.A.Z.-Aktienindex[4])	756,80	761,48	543,03
F.A.Z.-Renten-Rend. 10 J.	8,61	7,74	6,96
Dow Jones (Industrie)	2627,25	2590,54	2258,39
BB-Ausweis (Mrd. DM)			
Gold u. Devisen netto	51,80	51,60	62,80
Einlagen d. öff. Hand	0,89	2,29	0,89
Einlagen d. Kreditinst.	67,43	59,09	60,70
Refinanzierung d. Banken	170,59	169,50	140,54
Bargeldumlauf	156,01	155,74	151,75
	Jan. 90	Dez. 89	Jan. 88
Sichteinlagen (Mrd. DM)[5])	276,10	303,71	267,47
Kurzfr. Kredite (Mrd. DM)[6])	381,72	384,62	348,78
Mittel- u. langfristige Kredite (Mrd. DM)	1944,60	1938,30	1840,07
Außenhandel (in Mrd. DM)			
Einfuhr	43,08	42,85	38,61
Ausfuhr	55,91	52,88	50,44
Saldo[7])	+ 12,83	+ 10,03	+ 11,83

Auftragseingang und Produktion betreffen das verarbeitende Gewerbe. [1]) Index 1980 = 100; [2]) 1975 = 100; [3]) 18. 9. 31 = 100; [4]) 1958 = 100; [5]) Nach der Definition der Bundesbank; [6]) Kredite der Banken (ohne Bundesbank) an Unternehmen, Privatpersonen und öffentliche Haushalte; [7]) + = Exportüberschuß, − = Importüberschuß; [8]) 1985 = 100. Quellen: Statistisches Bundesamt, Deutsche Bundesbank.

(Ausschnitt)Quelle: FAZ

	Jan. 90	Dez. 89
Auftragseingang	124,1 %	123,0 %
– Produktion	108,4 %	111,8 %
Auftragsbestand und Lieferfristen nehmen zu um 4,5 %	15,7 %	11,2 %

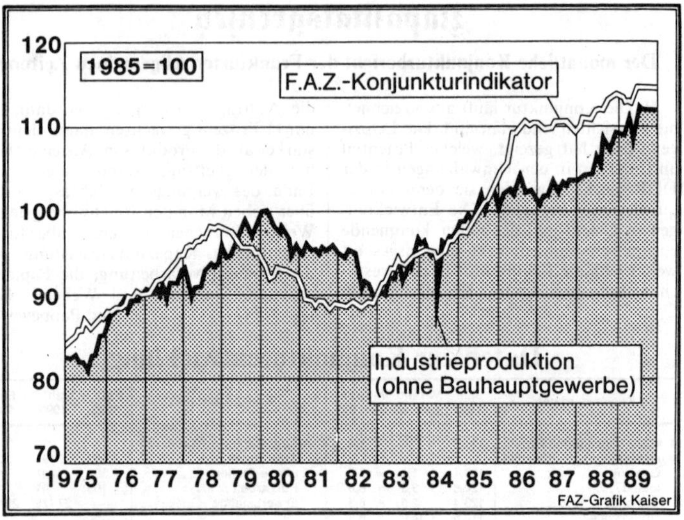

Quelle: FAZ

Konjunkturindikator auf Höchststand

F.A.Z. FRANKFURT, 6. Februar. Der F.A.Z.-Konjunkturindikator hat im Dezember 1989 ebenso wie die Industrieproduktion einen neuen Höchststand erreicht. Mit 115,8 Punkten lag der Index um 1,5 Prozent höher als im Vormonat. Zu dem Anstieg trugen alle sechs Komponenten des Index bei. Besonders kräftige Anstöße gingen von der Erhöhung des F.A.Z.-Aktienindex um 12,4 Prozent sowie dem Anstieg der Geldmenge, des Auftragseingangs im Verarbeitenden Gewerbe und den F.A.Z.-Stellenangeboten aus. Im Januar wird der F.A.Z.-Konjunkturindikator den Jahresendstand wohl etwas unterschreiten. Die Aktienkurse sind zwar gestiegen, jedoch hat sich auch die F.A.Z.-Rentenrendite wegen der Kursverluste am Rentenmarkt kräftig erhöht. Bei den Auftragseingängen ist nach der kräftigen Zunahme im Dezember zu Jahresbeginn ebenfalls mit einer technischen Korrektur nach unten zu rechnen.

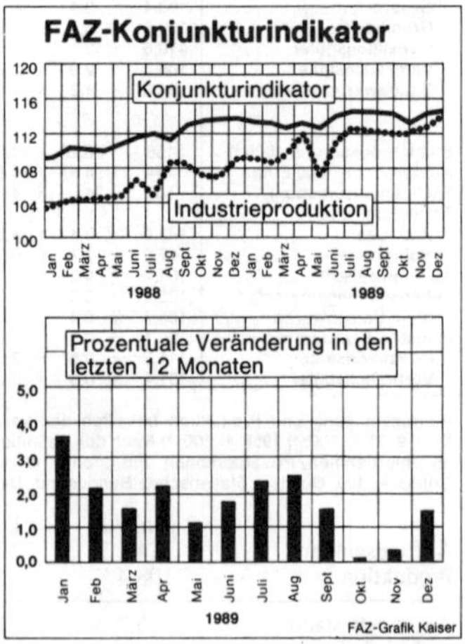

Quelle: FAZ

Preistrend in wichtigen EG-Ländern

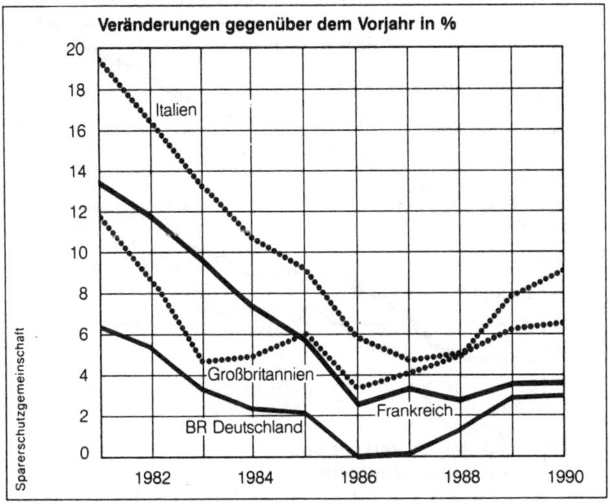

Verbraucherpreise nach Angaben des IWF und des Statistischen Bundesamtes, 1990 eigene Schätzungen.

Quelle: HB

Schmalfilm raus, Video rein

Statistiker drücken mit neuem Warenkorb Inflationsrate

Das Statistische Bundesamt hat den Warenkorb mit 751 Waren und Dienstleistungen von „Otto Normalverbraucher“ neu gepackt und damit die Inflationsrate in der Bundesrepublik gedrückt. Veränderte Verbrauchsgewohnheiten und das Vordringen neuer Produkte zwangen die Statistiker, den Preisindex für die Lebenshaltung der privaten Haushalte zu aktualisieren. So wurden Tennisschläger, bleifreies Benzin, Diätmargarine und Leihgebühren für Videofilme neu aufgenommen. „Out“ sind hingegen Herrenschlafanzüge, Haarwasser sowie Schwarzweiß-Fernsehgeräte und Schmalfilmprojektoren. Das Statistische Bundesamt berichtete am Dienstag, die Inflationsrate im September betrage nach dem alten Schema 3,1 Prozent, nach der modernisierten Fassung des Warenkorbs nur 2,9 Prozent.

Quelle:TV

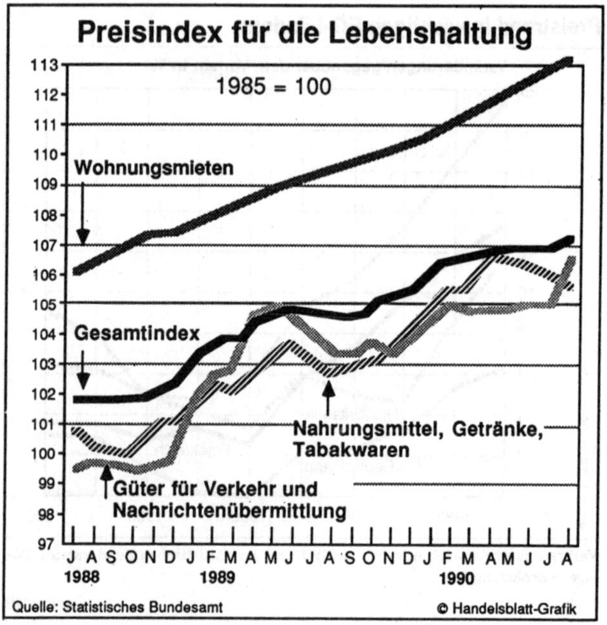

Quelle: HB

Lebenshaltung 2,7 Prozent teurer

Jl. FRANKFURT, 11. Februar. Der Preisindex für die Lebenshaltung aller privaten Haushalte hat sich von Dezember 1989 auf Januar 1990 um 0,6 Prozent auf 105,8 (1985 = 100) erhöht. Die Lebenshaltung ist dadurch, wie das Statistische Bundesamt weiter mitteilt, 2,7 Prozent teurer gewesen als im Januar 1989. Diese Teuerungsrate gegenüber dem Vorjahr hatte in den beiden vorangegangenen Monaten bei 3,0 und 2,9 Prozent gelegen. Unter den Nahrungsmitteln haben sich gegenüber dem Vorjahr besonders stark Kartoffeln, Frischgemüse, Frischobst, aber auch Schweine- und Rindfleisch verteuert. Kräftig gestiegen sind die Preise auch für leichtes Heizöl sowie für Kraftstoffe. Rundfunk- und Fernsehgebühren haben sich binnen Jahresfrist um 15 Prozent erhöht.

Quelle: FAZ

Lebenshaltung teurer

WIESBADEN. Die Lebenshaltungskosten in den alten Bundesländern lagen im November drei Prozent höher als ein Jahr zuvor. Gegenüber Oktober sank die Teuerungsrate jedoch um 0,2 Prozent, meldete das Statistische Bundesamt in Wiesbaden am Freitag. Ohne Berücksichtigung von Heizöl und Kraftstoffen lag der Gesamtindex 0,2 Prozent höher als im Oktober und 2,5 Prozent höher als im Vorjahresmonat.

Quelle: TV

Das Preisklima bleibt warm

Der monatliche Bericht der F.A.Z. über die Verbraucherpreise

bak. Auf den ersten Blick gibt es Anlaß zur Freude. Im ersten Monat dieses Jahres sind die Verbraucherpreise weniger schnell als im Vorjahr gestiegen, die Teuerungsrate ist gesunken. Die Lebenshaltung hat sich im Januar 1990 gegenüber Januar 1989 um 2,7 Prozent verteuert. In den beiden vorangegangenen Monaten war der Anstieg der Lebenshaltungskosten im Vergleich zum Vorjahr mit 3 beziehungsweise 2,9 Prozent höher.

Insgesamt sind die Preise im Jahresdurchschnitt 1989 schneller als in den beiden vorangegangenen Jahren gestiegen. Der Preisindex für die Lebenshaltung aller privaten Haushalte kletterte 1989 um 2,8 Prozent auf 104,2. Im Vorjahr lag die Inflationsrate noch bei 1,3 und 1987 bei 0,2 Prozent. Gemessen am guten bis sehr guten Konjunkturverlauf sei die Preissteigerung im Jahr 1989 „recht moderat", meint der Präsident des Statistischen Bundesamtes, Egon Hölder.

Von einer Rückkehr zu – am Preisniveau gemessen – wirklich stabilen Verbraucherpreisen ist nichts zu sehen. Es gibt im Gegenteil einige Vorboten dafür, daß die Preise weiter im Aufwind sind. Auf den den Lebenshaltungskosten vorgelagerten Stufen sind die Preisindizes gestiegen. Der Index der Einzelhandelspreise kletterte im Januar 1990 im Vergleich zu Dezember 1989 um 0,2 Prozentpunkte auf einen Stand von 122,5. Der Abstand zum entsprechenden Vorjahresmonat betrug plus 2,3 Prozent. Die Verkaufspreise des Großhandels sind im Dezember 1989 um 0,4 Prozent höher als im November 1989 gewesen. Sie liegen im Jahresvergleich um 3,4 Prozent über dem Stand von Dezember 1988. Die Erzeugerpreise für gewerbliche Produkte sind zwar im Dezember 1989 gegenüber dem Vormonat unverändert geblieben, im Vergleich zum Dezember 1988 aber haben die Erzeuger ihre Preise um 2,9 Prozent erhöht. Die Einfuhrpreise sind von November auf Dezember um 0,5 Prozent gefallen. Im Vergleich zum entsprechenden Vorjahresmonat jedoch sind sie um 0,9 Prozent gestiegen.

Über moderate Preissteigerungen, von denen Hölder spricht, können sich Wohnungsuchende aber nicht freuen. Die Mieten, die mit 18 Prozent in dem von den Statistikern gepackten Warenkorb zu Buche schlagen, sind von Januar 1989 auf Januar 1990 um 3,0 Prozent teurer geworden, im Vergleich zum Vormonat Dezember 1989 mußte 0,5 Prozent mehr für die Miete ausgegeben werden. Einiges deutet darauf hin, daß die Mieten weiter teurer werden. Der Engpaß am Wohnungsmarkt äußere sich inzwischen in deutlichen Preiserhöhungen für Einfamilienhäuser und Eigentumswohnungen, berichtet der Ring Deutscher Makler. Im Jahresvergleich seien Eigentumswohnungen in der Bundesrepublik durchschnittlich um 20 Prozent, Einfamilienhäuser um 7 Prozent teurer geworden. Mit steigenden Baupreisen rechnet nach Angaben des Zentralverbandes des Deutschen Bauhauptgewerbes rund die Hälfte der deutschen Bauunternehmen.

Besonders stark sind mit 4,3 Prozent im Januar die Preise für Nahrungsmittel im Vergleich zum Januar 1989 gestiegen. Der Teilindex für Nahrungsmittel erhöhte sich im Januar 1990 im Vergleich zum Vormonat um 1,2 Prozentpunkte. Wer sich gar mit frischem Obst oder Gemüse ernährt hat, der mußte kräftig zahlen. Ernte-, saison- und witterungsabhängige Nahrungsmittel kosteten im Januar 9,6 Prozent mehr als im Januar des vergangenen Jahres. Im Vergleich zum Dezember 1989 stiegen diese Preise um 7 Prozent. Für die Apfelsorten Cox Orange, Delicious oder Granny Smith verlange der Einzelhandel zur Zeit bis zu 20 Prozent mehr als im Jahr zuvor, schreibt der Auswertungs- und Informationsdienst für Ernährung, Landwirtschaft und Forsten (AID) in Bonn. Der Verbraucher könne jedoch Blutorangen und Grapefruits günstig einkaufen.

Auch Gemüsesorten, zum Beispiel Paprika und Tomaten, sind jetzt teurer als im vergangenen Jahr. Es lohnt, auf Wintergemüse auszuweichen. Grünkohl, Weißkohl, Wirsing und Rosenkohl könnten preiswert eingekauft werden, schreibt der Dienst. Beruhigt haben sich die Preise für Fleisch, Eier und Butter. Auch das Katerfrühstück am Aschermittwoch wird das Portemonnaie der Haushalte nicht sehr schmälern. Spezialitäten wie Rollmöpse sind jetzt deutlich billiger als noch vor einem Jahr.

Quelle: FAZ

Verbraucherpreisberichte

Verbraucherpreise im Januar 1990

Ware	Einheit	Preis in DM Jan. 1990	Veränd. in Proz. Jan. 1990 gegen Jan. 89	Dez. 89
Nahrungsmittel/Getränke				
Rindfleisch z. Schmoren	1 kg	18,19	+ 4,4	+ 0,2
Schweinekotelett	1 kg	13,00	+ 13,9	— 0,1
Jagdwurst	1 kg	17,61	+ 4,0	—
Salami inl. Herkunft ..	1 kg	27,06	+ 3,2	— 0,1
Seelachsfilet	1 kg	14,80	+ 3,1	+ 7,9
Brathähnchen A. Tiefk.	1 kg	5,14	+ 1,8	— 0,3
Dt. Eier, Kl. A, Gew.Kl. 3	10 St.	2,68	+ 2,7	— 0,7
Vollmilch, Packung ..	1 l	1,30	+ 3,1	—
Camembert Schachtel	125 g	1,88	— 0,5	— 1,1
Dt. Markenbutter ..	250 g	2,19	—	— 1,0
Pflanzen-Margarine	500 g	1,84	+ 2,2	—
Helles Mischbrot	1 kg	3,38	+ 3,7	+ 0,6
Reis im Kochbeutel	250 g	1,69	+ 1,3	+ 0,6
Erdb.-Konfitüre (450 g)	1 Gl.	2,42	+ 1,8	+ 1,3
Milchschok., Markenw.	100 g	1,15	+ 0,1	—
Apfelsaft	1 l	1,42	+ 1,4	—
Mineralwasser	0,7 l	0,60	+ 3,4	+ 1,7
→ Bohnenkaffee, mittl.	500 g	8,49	—13,8	— 5,2
Flaschenbier	0,5 l	0,96	+ 2,1	—
Kartoffeln, I	2,5 kg	2,59	+ 18,8	— 5,8
→ Tomaten	1 kg	4,86	+ 23,4	+ 16,0
Tafeläpfel	1 kg	3,17	+ 8,5	— 4,6
Apfelsinen	1 kg	3,11	+ 8,2	+ 0,6
Bekleidung, Schuhe				
H.-Hose, Mischgewebe	1	113,91	+ 1,9	+ 0,4
D.-Rock, Mischgewebe ..	1	111,49	+ 6,1	+ 0,7
Strampelhöschen	1	18,86	+ 1,5	— 0,4
H.-Schuhe, wertv. Ausf.	1 P.	152,74	+ 2,6	+ 1,2
Drogerieartikel				
Zahnbürste, Markenware	1	2,69	— 1,8	+ 1,9
Geschirrspülmittel ..	1 l	3,39	— 0,6	— 0,6
Vogelfutter, Wellensitt.	250 g	1,97	+ 7,8	+ 1,0
Hausrat				
Bratpfanne, besch. ..	1 St.	55,33	+ 3,2	—
Reglerbügeleisen	1 St.	40,24	+ 2,5	—
Glühlampe, 100 Watt	1 St.	1,94	+ 1,5	—

Ware	Einheit	Preis in DM Jan. 1990	Veränd. in Proz. Jan. 1990 gegen Jan. 89	Dez. 89
Kraftfahrzeugbedarf, Brennstoffe, Mieten				
Autobatterie, 36 Ah, 12 V	1 St.	98,04	+ 7,0	+ 0,9
Normalbenzin, Marke	10 l	11,09	+ 8,2	+ 3,8
Zechenbrechkoks 3	100 kg	64,27	— 0,9	+ 0,1
Extra l. Heizöl, 5000 l	1 hl	52,00	+ 22,3	— 2,8 ←
Altbauwohnung, Bad, 2 Z.		264,13	+ 6,9	— 0,1
3-Zi.-Whg., ZH, Bad, Balk., 75–85 m², nach 1948 frei fin.		551,60	+ 3,6	+ 1,3
Leistungen und Tarife				
Besohlen, H.-Sch., Led.	1 ×	27,66	+ 0,6	+ 0,4
Strom f. 4-Zi.-Whg.	200 kWh	61,46	+ 0,5	+ 0,3
Gas	1000 kWh	67,82	+ 7,1	+ 1,4
Reinigung, He.-Anzug	1 ×	13,29	+ 6,0	+ 0,5
Wasch. u. Mangeln (6 T.)	1 ×	14,89	+ 5,3	+ 0,3
Autowäsche, Mittelkl.-W.	1 ×	7,69	+ 1,0	—
Taxifahrt, 2 Pers., 3 km	1 ×	9,45	—	—
Haarschneiden f. Herren	1 ×	14,54	+ 3,3	+ 0,4
Dauerwellen	1 ×	70,28	+ 2,0	+ 0,6
Krankenhausaufenthalt (2-Bett-Zi.)	1 Tag	375,15	+ 6,4	+ 3,4
Oper, 2. Rang Mitte ..	1 ×	22,50	—	—
Kleinbildfarbf., Entw.	1 Film	3,88	+ 6,0	+ 5,2
Vergröß. auf 9 × 13 cm	1 Bild	0,72	— 7,7	— 5,3
Fernsehrep. ..	1 Arb.-Std.	56,93	+ 4,9	+ 4,5
Preisindizes für das Bundesgebiet 1985 = 100		Dez. 1989	Veränd. in Proz. Dez. 88	Nov. 89
Lebensh. aller priv. Haushalte		105,2	+ 3,0	+ 0,3 ←
Nahrungsmittel		102,7	+ 4,2	+ 1,0
Kleidung, Schuhe		106,5	+ 1,4	—
Wohnungsmiete		110,1	+ 2,8	+ 0,2
Lebensh., 4 Pers., mittl. Eink.		104,9	+ 3,1	+ 0,4
Lebensh., Rentner, 2 Pers.		105,2	+ 3,4	+ 0,5
Lebensh., Kind		105,8	+ 3,6	+ 0,6
Index d. Einzelhandelspreise 1980 = 100		122,2	+ 2,7	+ 0,4

Anmerkung: Die ausgewählten Preise sind Durchschnittspreise des Landes Hessen, das infolge seiner Struktur dem Bundesdurchschnitt am nächsten kommt. Durchschnittspreise sollen in erster Linie Veränderungen nachweisen; sie sind zu lokalen Vergleichen nicht geeignet. – Quelle: Hessisches Statistisches Landesamt.

Quelle: FAZ

	Jan. 89 bis Jan. 90	
Bohnenkaffee	Preissenkung	13,8 %
Tomaten	Preissteigerung	23,4 %
Heizöl	Preissteigerung	22,3 %

Erhöhung der Lebenshaltungskosten aller privaten Haushalte (statistischer Haushalt mit 2,4 Personen) von Dez. 88 bis Dez. 89 um 3 %.

3.5 Steuern und öffentliche Haushalte

Steuereinnahmen

Rund 90 Prozent seiner Einnahmen bezieht der Staat aus Steuern, die er von Privatpersonen und Unternehmen erhebt. Im Gegensatz zu Gebühren und Beiträgen wird für Steuern keine spezielle Gegenleistung erbracht. Nur durch Steuereinnahmen sind Bund, Länder und Gemeinden in der Lage, ihre vielfältigen Aufgaben zu finanzieren.

In der Bundesrepublik gibt es rund 50 verschiedene Steuerarten, die in vier große Gruppen eingeteilt werden. Man unterscheidet Besitzsteuern, Verkehrssteuern, Verbrauchssteuern und Zölle. Das Gesamtsteueraufkommen in der Bundesrepublik liegt bei über 500 Milliarden DM im Jahr.

Besitzsteuern sind Steuern, die aufgrund von Erträgen, Vermögen oder Einkommen erhoben werden. Hierzu zählen:

- Lohnsteuer von Lohn- und Gehaltsempfängern
- Einkommensteuer von beruflich Selbständigen wie Unternehmern, Ärzten, Architekten, Rechtsanwälten
- Körperschaftssteuer von GmbHs und Aktiengesellschaften
- Grundsteuer für Grundbesitz
- Gewerbesteuer von gewerblichen Unternehmen
- Vermögenssteuer und Erbschaftssteuer.

Einkommensteuer, Lohnsteuer

Die *Einkommensteuer* ist die wichtigste Steuer. Besteuert werden Einkommen aus Land- und Forstwirtschaft, Gewerbebetrieb, selbständiger Arbeit, nichtselbständiger Arbeit, Vermietung und Verpachtung, Kapitalvermögen (z. B. Wertpapiere) und sonstigen Vermögen (z. B. Spekulationsgewinne, Mieteinnahmen). Jeder Steuerpflichtige muß jährlich eine Erklärung über seine Einkünfte beim Finanzamt abgeben. Bei dieser *Einkommensteuererklärung* wird nicht nur die wirtschaftliche Leistungsfähigkeit des Steuerzahlers berücksichtigt, sondern auch seine persönlichen Verhältnisse wie Familienstand, Alter, Werbungskosten und außergewöhnliche Belastungen.

Die *Lohnsteuer* ist eine spezielle Erhebungsart der Einkommensteuer. Sie wird auf Einkünfte aus nichtselbständiger Arbeit erhoben und vom Arbeitgeber bei der Auszahlung von Lohn und Gehalt direkt an das Finanzamt abgeführt. Liegt der lohnsteuerpflichtige Arbeitnehmer mit seinem Jahreseinkommen als Lediger über 24.000,– DM bzw. als Verheirateter über 48.000,– DM oder hat er noch zusätzliche Einkünfte von mehr als 800,– DM im Jahr (z. B. aus Vermietung und Verpachtung), wird er zur Einkommensteuerveranlagung herangezogen.

Berechnung der Steuern

Früher gab es die sogenannte *Kopfsteuer*. Jeder Steuerpflichtige, ob arm oder reich, mußte den gleichen Steuerbetrag entrichten. Diese Besteuerung war sozial ungerecht, genau wie die *prozentuale Steuer*, bei der jedes Einkommen mit dem gleichen Steuersatz (z. B. 30 Prozent) belastet wird. Die prozentuale Besteuerung wurde in Deutschland noch zu Beginn dieses Jahrhunderts durchgeführt. In der Bundesrepublik steigt heute der Steuersatz mit der Höhe des Einkommens. Ein bestimmter *Grundfreibetrag* (5.616,– DM für Ledige, 11.232,– DM für Verheiratete) braucht nicht versteuert zu werden. Wer viel verdient, muß prozentual mehr Steuern zahlen als ein Kleinverdiener. Man bezeichnet diese Steuerform als *progressive Besteuerung*. Auch wird der Familienstand heute bei der Bemessung der Einkommensteuer berücksichtigt. So zahlen beispielsweise Verheiratete weniger Steuern als Ledige. Wer Kinder hat, erhält einen Kinderfreibetrag für jedes Kind und ein zusätzliches Kindergeld.

Körperschaftssteuer, Grundsteuer, Gewerbesteuer

Die *Körperschaftssteuer* ist eine Steuer, die auf Einkommen von juristischen Personen wie AGs und GmbHs erhoben wird. Von der Körperschaftssteuer befreit sind die Deutsche Bundesbank, Bundesbahn und Bundespost sowie Körperschaften, die gemeinnützigen oder kirchlichen Zwecken dienen.

Das Körperschaftssteuergesetz unterscheidet zwischen dem ausgeschütteten Gewinn (z. B. dem Bilanzgewinn einer AG, der als Dividende an die Aktionäre ausgeschüttet wird) und dem einbehaltenen Gewinn (z. B. der Teil des Jahresüberschusses, der zur Selbstfinanzierung in die Rücklagen überführt wird). Ausgeschüttete Gewinne werden mit 36 Prozent, einbehaltene Gewinne mit 50 Prozent Körperschaftssteuer belastet. Seit 1977 wird die Körperschaftssteuer, die von der Gesellschaft auf ausgeschüttete Gewinne gezahlt ist, auf die Einkommensteuerschuld des Anteilseigners angerechnet. Er erhält mit der Dividendenzahlung eine Steuergutschrift für die Körperschaftssteuer, die die Gesellschaft auf seinen Gewinnanteil gezahlt hat.

Die *Grundsteuer* wird für land- und forstwirtschaftlichen Besitz und für bebaute und unbebaute Grundstücke erhoben. Sie ist eine Gemeindesteuer.

Die *Gewerbesteuer* wird von Gewerbebetrieben erhoben. Grundlage der Erhebung ist der Gewerbeertrag (= Gewinn) und das Gewerbekapital. Die Gewerbesteuern gehen an die Gemeinden, ein Teil wird an Bund und Länder abgeführt. Dafür erhalten die Gemeinden als Ausgleich einen Anteil von 15 Prozent der Lohn- und Einkommensteuer. Die Gewerbesteuern sind für die meisten Gemeinden die wichtigsten Steuereinnahmen. Aus diesen Gründen – neben der Schaffung von Arbeitsplätzen – sind die Gemeinden an der Ansiedlung neuer Gewerbebetriebe interessiert.

Kapitalertragssteuer

Die *Kapitalertragssteuer* (KESt) ist eine Quellensteuer. Sie wird bei der Auszahlung der Kapitalerträge – d. h. an der Quelle – einbehalten und ans Finanzamt abgeführt. Der Steuersatz beträgt 25 Prozent auf Dividenden und Zinsen aus Wandel- und Gewinnschuldverschreibungen. Die Kapitalgesellschaft hat bereits vorher auf den ausgeschütteten Gewinn 36 Prozent

Körperschaftssteuer (KöSt) bezahlt. Die endgültige Besteuerung der Kapitalerträge erfolgt aufgrund der Einkommensteuererklärung. Die bereits gezahlte Einkommensteuer in Form der KESt wird auf die Steuerschuld angerechnet.

Beispiel: Eine Aktiengesellschaft hat eine Dividende von 10,– DM je Aktie vorgesehen. Davon sind 36 Prozent Körperschaftssteuer abzuführen, so daß als Bardividende 6,40 DM nachbleiben (dieser Betrag erscheint auch im Börsenteil der Zeitung). Von dieser Bardividende (besser „Bruttodividende") werden 25 Prozent Kapitalertragssteuer einbehalten. Der Aktionär erhält als Nettodividende nur 4,80 DM gutgeschrieben und eine Steuerbescheinigung, daß er bereits insgesamt 52 Prozent Steuern = 5,20 DM auf seine Dividende gezahlt hat. Wenn der Aktionär z. B. nur einen Steuersatz von 32 Prozent bei seiner Jahreseinkommensteuer zu zahlen hat, erhält er vom Finanzamt 52 Prozent – 32 Prozent = 20 Prozent (= 2,– DM) je Aktie zurückerstattet.

	Bruttodividende	10,– DM
–	36 % Körperschaftssteuer	3,60 DM
	Bardividende (Bruttodividende)	6,40 DM
–	25 % Kapitalertragssteuer	1,60 DM
	Nettodividende	4,80 DM
+	Steuerrückerstattung	2,– DM
	effektive Dividende	6,80 DM
	Kontrollrechnung:	
	Bruttodividende (Gesamtausschüttung)	10,– DM
–	32 % persönliche Einkommensteuer	3,20 DM
		6,80 DM

Wird ein Kapitalanleger nicht zur Einkommensteuer veranschlagt, weil sein zu versteuerndes Jahreseinkommen 24.000,– DM (zusammenveranlagte Ehegatten 48.000,– DM) und seine Nebeneinkünfte 800,– DM nicht überschreiten, erhält er nach Vorlage einer *Nichtveranlagungs-Bescheinigung* seines Finanzamtes die volle Bruttodividende ausgezahlt bzw. gutgeschrieben.

Zinsen für Spareinlagen, Termineinlagen, Bausparguthaben, Sparbriefe festverzinsliche Wertpapiere werden ohne Steuerabzug gutgeschrieben bzw. ausgezahlt. Diese Zinseinnahmen sind vom Empfänger selbst zur Einkommensteuer anzumelden, wobei Zinserträge bis 800,– DM im Jahr pro Person steuerfrei sind.

Bei der Einkommensteuer können u. a. Depotgebühren, Schließfachgebühren, Mitgliedsbeiträge zu Wertpapier-Schutzvereinigungen und Aufwendungen bei der Teilnahme an Hauptversammlungen als *Werbungskosten* geltend gemacht werden, nicht dagegen die Spesen beim Kauf und Verkauf von Wertpapieren. *Spekulationsgeschäfte* werden besteuert, wenn Wertpapiere, Gold, Devisen und Kunstwerke innerhalb von sechs Monaten und Grundstücke innerhalb von zwei Jahren gekauft und wieder verkauft werden. Spekulationsgewinne können mit Spekulationsverlusten verrechnet werden und sind ab 1.000,– DM steuerpflichtig. Dieser Betrag ist eine Freigrenze und kein Freibetrag, d. h. ein Gewinn von 990,– DM bleibt steuerfrei, während ein Gewinn von 1.020,– DM voll zu versteuern ist.

Verkehrssteuern

Verkehrssteuern werden bei bestimmten geschäftlichen Verkehrsvorgängen wie Warenlieferungen erhoben. Der *Mehrwertsteuer* unterliegen alle Lieferungen, Dienstleistungen und der Eigenverbrauch eines Unternehmens. Steuerpflichtig ist nicht der gesamte Wert einer Ware oder Dienstleistung, sondern nur der Wertzuwachs, der sich aus der Differenz zwischen dem Verkaufspreis und dem Einkaufspreis ergibt.

Beispiel: Ein Schreinermeister kauft Holz für 1.800,– DM plus 14 % MWSt.

	1.800,– DM
+ 14 % MWSt.	252,– DM
	2.052,– DM

Er fertigt aus dem Holz Fenster und verkauft sie für 4.000,– DM plus MWSt. Sein Kunde hat folgende Rechnung zu begleichen:

	4.000,– DM
+ 14 % MWSt.	560,– DM
	4.560,– DM

Der Schreinermeister muß davon 560,– DM minus die bereits bezahlte MWSt. von 252,– DM, also 308,– DM an das Finanzamt abführen.

Der Mehrwert-Steuersatz beträgt zur Zeit 14 Prozent. Der ermäßigte Satz von 7 Prozent gilt für Lebensmittel, Bücher und Dienstleistungen.

Grunderwerbsteuer wird beim Kauf von Grundstücken erhoben. Die *Kfz-Steuer* müssen Halter von Kraftfahrzeugen bezahlen. Alle privaten Versicherungen – außer Lebensversicherungen – werden mit einer *Versicherungssteuer* belegt.

Verbrauchssteuern

Der Verbrauch bestimmter Güter wird mit einer Steuer belastet. Die wichtigsten heute in der Bundesrepublik erhobenen Verbrauchssteuern sind die Mineralölsteuer, Tabaksteuer, Branntweinsteuer, Kaffeesteuer, Zuckersteuer, Biersteuer, Salzsteuer, Teesteuer, Schaumweinsteuer. Die wichtigste Verbrauchssteuer ist die Mineralölsteuer. Für jeden Liter bleifreien Benzins kassiert der Staat über zwei Drittel des Preises als Steuer.

Verteilung der Steuern

Der Bund, die Länder und die Gemeinden besitzen die Steuerhoheit. Die Verteilung der Steuern wird nach einem bestimmten Schlüssel vorgenommen. Die Aufteilung ist umstritten und somit Anlaß ständiger Verhandlungen. Im Mittelpunkt stehen dabei die Steuerarten, die die Haupteinnahmen ausmachen:
Mehrwertsteuer, Lohn- und Einkommensteuer und Gewerbesteuer.

Beispiele zur Steuerverteilung			
	Bund	Länder	Gemeinden
Besitzsteuern			
Lohnsteuer	42,5 %	42,5 %	15 %
Kapitalertragssteuer	50,0 %	50,0 %	
Körperschaftssteuer	50,0 %	50,0 %	
Vermögenssteuer		100,0 %	
Gewerbesteuer	7,4 %	7,4 %	85,2 %
Grundsteuer			100,0 %
Verkehrssteuern			
Kraftfahrzeugsteuer	100,0 %		
Mehrwertsteuer	65,0 %	35,0 %	
Grunderwerbsteuer		71,0 %	29,0 %
Vergnügungssteuer			100,0 %
Verbrauchssteuern			
Branntweinsteuer	100,0 %		
Kaffeesteuer	100,0 %		
Tabaksteuer	100,0 %		
Biersteuer			
Getränkesteuer		100,0 %	100,0 %

Da die Bundesländer unterschiedlich hohe Steuereinnahmen haben, ihre Aufgaben aber gleichmäßig erfüllen müssen, erhalten die finanzschwachen Länder von den finanziell besser gestellten Bundesländern einen *Finanzausgleich.*

Gebühren und Beiträge

Gebühren und *Beiträge* sind – im Gegensatz zu Steuern und Zöllen – an bestimmte Leistungen gebunden wie die Benutzung eines Schwimmbades oder die Ausstellung eines Passes. Die Finanzierung kommunaler Aufgaben erfolgt allerdings oft nur zu einem geringen Teil durch Gebühren, sondern überwiegend durch Zuschüsse aus Steuermitteln. Das gilt besonders für kulturelle Einrichtungen wie Büchereien (Gebührenanteil 3 Prozent), Museen (9 Prozent), Theater (12 Prozent) und Volkshochschulen (32 Prozent). Versorgungseinrichtungen finanzieren sich überwiegend selbst durch Gebühren und Beiträge: Straßenreinigung zu 55 Prozent, Abwasserbeseitigung zu 86 Prozent und Müllabfuhr zu 93 Prozent.

Zölle, Monopole

Zölle sind eine besondere Art der Steuern. Sie sind Abgaben, die bei der Einfuhr und Ausfuhr von Gütern erhoben werden. Die Zölle dienen nicht nur als Einnahmequelle (= *Finanzzölle*), sondern können auch eine volkswirtschaftliche Aufgabe haben, z. B. den inländischen Markt gegenüber der ausländischen Konkurrenz abzuschirmen (= *Schutzzölle*). Ausfuhrzölle werden in der Bundesrepublik nicht erhoben, da der Staat an einer Förderung des Exports interessiert ist.

Finanzzölle werden häufig auf Waren erhoben, die nicht im Inland hergestellt oder angebaut werden wie Kaffee, Tee, Gewürze und Südfrüchte. Deutsche, die Waren aus EG-Ländern mitbringen zahlen an der Grenze keine Zölle, sondern Steuern. So wird z. B. auf Gold aus Luxemburg eine Einfuhr-Mehrwertsteuer erhoben, wenn der Wert der Barren oder Münzen 600 ECU (= ca. 1200,– DM) übersteigt.

Wenn der Staat das ausschließliche Recht zum Kauf, zur Aus- und Einfuhr oder zu Herstellung bestimmter Waren hat, spricht man von einem *Mono-*

pol (= Marktbeherrschung). So besitzt der Bund das Branntwein- und Zündwarenmonopol: Er regelt die Einfuhr, Herstellung und den Verkauf dieser Waren und erzielt durch entsprechende Preisfestsetzungen weitere Einnahmen.

Subventionen

Subventionen sind finanzielle Zuschüsse des Staates an bestimmte Personengruppen wie Sparer und Bauherren, an spezielle Wirtschaftszweige wie Landwirtschaft und Kohlebergbau oder an wirtschaftlich benachteiligte Gebiete, z. B. Eifel und Hunsrück. Diese Finanzhilfen können als *direkte Subventionen* wie Wohngeld oder als *indirekte Subventionen* in Form von Steuervergünstigungen gewährt werden.

Öffentliche Haushalte

Öffentliche Haushalte bestehen aus dem *Haushaltsplan* und der *Haushaltsrechnung*. Der Haushaltsplan – auch Etat oder Budget genannt – ist eine Vorausrechnung mit den zu erwartenden Einnahmen und Ausgaben. Die Haushaltsrechung ist die eigentliche Kassenabrechnung. Bund, Länder, Gemeinden, Kirchen und Sozialeinrichtungen haben eigene Haushalte, die im *öffentlichen Gesamthaushalt* zusammengefaßt werden. Der Plan, der die regelmäßigen, jährlich wiederkehrenden Einnahmen und Ausgaben veranschlagt, ist der *Verwaltungshaushaltsplan.*

Neben den regelmäßigen Verpflichtungen haben Gemeinden, Kreise, Länder und der Bund auch Ausgaben, die nicht aus den laufenden Einnahmen des Verwaltungshaushalts aufgebracht werden können. Die „öffentliche Hand“ nimmt deshalb Kredite auf, deren Rückzahlung auf einen längeren Zeitraum verteilt wird. Die Geldmittel für außerordentliche Einnahmen und Ausgaben werden im *Vermögenshaushaltsplan* festgeschrieben.

Aufstellen eines Haushalts

Die einzelnen Verwaltungsabteilungen erstellen *Haushaltsentwürfe*. Beim Bund legen die einzelnen Ministerien Einzelpläne vor, die vom Finanzministerium zu einem Gesamtentwurf zusammengefaßt werden und dem Bundestag und Bundesrat als Gesetz vorgelegt werden. Zusätzliche Ausgaben im laufenden Jahr müssen vom Parlament in einem *Nachtragshaushalt* bewilligt werden.

Jeder öffentliche Haushalt muß ausgeglichen sein, d. h. Einnahmen und Ausgaben müssen übereinstimmen. Dabei können fehlende Einnahmen durch Kredite ausgeglichen werden. Die Finanzierung der Kredite muß nach dem Grundgesetz über den Kapitalmarkt erfolgen, nicht durch die Bundesbank. Gemeinden und Länder decken ihren Kapitalbedarf in erster Linie durch Schuldscheindarlehen, der Bund durch Anleihen, Obligationen und Schatzbriefe. Durch die fortlaufenden Kreditaufnahmen beträgt die Schuldenlast der öffentlichen Hand heute über 900 Milliarden DM, für die jährlich Zinsen in Höhe von ca. 70 Milliarden DM anfallen. Aufgrund dieses Zinsaufwandes wird der finanzielle Spielraum – die sogenannte *freie Finanzspitze* – von Bund, Ländern und Gemeinden ständig kleiner.

Haushaltspolitik

Öffentliche Haushalte sind heute wichtige Instrumente zur Konjunktursteuerung. Mit ihnen kann die Geldwertstabilität, der Beschäftigungsgrad, das Wirtschaftswachstum und das außenwirtschaftliche Gleichgewicht beeinflußt werden. In Zeiten der Hochkonjunktur versucht man deshalb die Ausgaben zu beschränken und Finanzmittel abzuschöpfen, z. B. durch die Bildung einer *Konjunkturausgleichsrücklage*. Diese eingefrorenen Mittel können dann in einer Rezession zusammen mit zusätzlichen Krediten als erhöhte Ausgaben die Wirtschaft ankurbeln.

Vom Bier bis zur Glühbirne: Steuern sind überall

Bei jedem halben Liter-Glas Bier, das ein Bundesbürger trinkt, kassiert der Staat sechs Pfennig und bei jeder Zigarettenpackung 2,25 DM Verbrauchssteuern mit. Mit diesen Hinweisen hat der Bund der Steuerzahler eine Tabelle veröffentlicht, mit deren Hilfe jeder errechnen kann, was er schon jetzt monatlich bei seinem Einkauf an Verbrauchssteuern zahlt.

Das kassiert der Fiskus bei Ihrem Einkauf:

	Monatl. Verbrauch	x Verbrauchssteuer pro Einheit
Tee	___ Pfund	x 2,70 DM = ______ DM
Kaffee	___ Pfund	x 2,15 DM = ______ DM
Zucker	___ Pfund	x 0,03 DM = ______ DM
Salz	___ Pfund	x 0,06 DM = ______ DM
Bier	___ 0,5-l-Gläser	x 0,06 DM = ______ DM
Sekt	___ 0,75-l-Flaschen	x 2,00 DM = ______ DM
Branntwein	___ 0,7-l-Flaschen	x 7,50 DM = ______ DM
Zigaretten	___ Packungen (19 Stck.)	x 2,25 DM = ______ DM
Glühbirnen	___ Stück	x 0,13 DM = ______ DM
Benzin		
– verbleit	___ Liter	x 0,53 DM = ______ DM
– unverbleit	___ Liter	x 0,48 DM = ______ DM

Die Summe aus der Multiplikation ergibt die Höhe der monatlichen Verbrauchssteuern insgesamt.

Quelle: TV

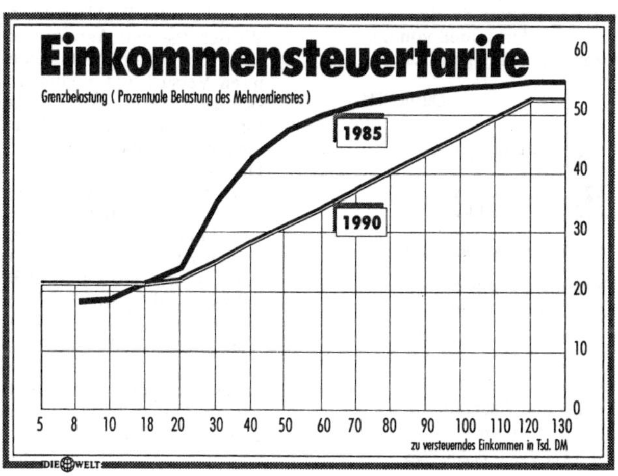

Quelle: DW

Strafzoll auf Leerkassetten

BRÜSSEL. Tonbänder und Leerkassetten aus Japan, Korea und Hongkong werden in der EG künftig teurer. Die Gemeinschaft verhängte am Dienstag auf diese Einfuhren vorläufige Strafzölle von bis zu 22,3 Prozent, weil die Hersteller ihre Ware in Europa zu Dumping-Preisen anbieten. Betroffen sind unter anderem bekannte japanische Marken wie TDK, Sony, Maxell, Fuji sowie die koreanische Marke Goldstar.

Die Entscheidung geht auf eine Beschwerde des Dachverbands der europäischen Chemieindustrie (CEFIC) zurück. Die Beamten der EG-Kommission kamen zu dem Ergebnis, daß die durchschnittlichen Dumping-Margen für Kassetten und Bänder aus Japan zwischen 44,5 und 80,2 Prozent und aus Korea oder Hongkong zwischen 0,43 und 19,4 Prozent betragen. Die Direkteinfuhren aus Fernost stiegen zwischen 1985 und 1988 um 38 Prozent auf 212 Millionen Stück an; ihr Marktanteil wuchs dabei von 72 auf 75 Prozent. Berücksichtigt man zusätzlich die in der EG hergestellten Bänder fernöstlicher Firmen, die von der Anti-Dumping-Maßnahme nicht erfaßt werden, konnten die drei Länder 1988 sogar einen Marktanteil von insgesamt 81 Prozent für sich beanspruchen.

Quelle: TV

Brüssel dreht an der Zollschraube

HANDELSBLATT, Montag, 29.5.1989

jh BRÜSSEL. Käufer von Camcordern werden künftig rund 400 DM mehr auf den Tisch zu legen haben, wenn der EG-Nomenklaturausschuß heute beschließt, den Einfuhrzoll für Kameras mit Aufzeichnungs- und Abspielfunktion von 4,9 auf 14 Prozent anzuheben.

(Ausschnitt)Quelle: HB

Agrarsubventionen sind gesunken

Die Subventionen der westlichen Industriestaaten für die Landwirtschaft sind nach einer Analyse der Organisation für wirtschaftliche Zusammenarbeit und Entwicklung (OECD) 1989 um 13 Prozent auf 245 Milliarden Dollar gesunken. Die höchsten Agrarsubventionen mit mehr als 70 Prozent Anteil am Endpreis zahlten 1989 Japan, die Schweiz, Norwegen und Finnland. In Australien und Neuseeland lag der Subventionsanteil unter zehn Prozent. Die Mittelgruppe mit Anteilen zwischen 25 und 50 Prozent bildeten die USA, die Europäische Gemeinschaft und Schweden.

Quelle: TV

Keine Einigung über Subventionen

LUXEMBURG. Die EG-Außenminister haben sich in Luxemburg nicht auf eine Formel für den Abbau der Agrarsubventionen geeinigt.

Sie gaben das Problem an die EG-Wirtschafts- und Agrarminister zurück, die nun am Freitag einen weiteren Versuch unternehmen sollen, sich doch noch auf ein EG-Angebot für die laufenden GATT-Verhandlungen zu verständigen.

Die EG-Kommission war mit ihrem Vorschlag, wonach die EG im Rahmen des GATT (Allgemeines Zoll- und Handelsabkommen) einen weltweiten Abbau der Subventionen in der Landwirtschaft um 30 Prozent anbieten sollte, im EG-Agrarministerrat dreimal gescheitert. Vor allem Deutschland und Frankreich hatten die Pläne der EG-Behörde abgelehnt, weil sie für die Bauern keinen Ausgleich für Einkommenseinbußen vorsahen.

Quelle: TV

Entwurf Bundeshaushalt 1990

Einzelplanübersicht Ausgaben

Einzelplan	Verfügbares Soll 1989 [1]	Entwurf 1990	Veränderung gegen Vorjahr
	in Millionen DM		in v. H.
01 Bundespräsidialamt	26,7	26,3	− 1,5
02 Bundestag	612,5	640,2	+ 6,0
03 Bundesrat	14,6	17,7	+ 21,2
04 Bundeskanzleramt	547,5	607,0	+ 10,9
05 Auswärtiges Amt	2879,4	2961,0	+ 2,8
06 Inneres	4695,1	4981,9	+ 6,1
07 Justiz	461,6	489,2	+ 6,0
08 Finanzen	3773,2	3785,1	+ 0,3
09 Wirtschaft	7294,1	6728,2 [2]	− 7,8
10 Ernährung, Landwirtschaft	9364,4	9647,4	+ 3,0
11 Arbeit und Soziales	67594,8	70459,1	+ 4,2
12 Verkehr	24849,1	25314,5	+ 1,9
13 Post und Telekommunikation	21,2	308,0	.
14 Verteidigung	52752,3	54470,0	+ 3,3
15 Jugend, Familie, Frauen	21069,6	22337,2	+ 6,0
16 Umwelt, Naturschutz	532,0	955,5 [2]	+ 79,6
19 Bundesverfassungsgericht	15,5	16,6	+ 7,1
20 Bundesrechnungshof	59,1	52,8	− 10,7
23 Wirtschaftliche Zusammenarbeit	7048,3	7234,0	+ 2,6
25 Raumordnung, Bauwesen	6288,9	6220,4 [3]	− 1,1
27 Innerdeutsche Beziehungen	1154,8	1284,3	+ 11,2
30 Forschung und Technologie	7478,2	7855,2	+ 5,0
31 Bildung und Wissenschaft	3761,6	4092,4	+ 8,8
32 Bundesschuld	37483,9	38073,0	+ 1,6
33 Versorgung	10188,3	10510,6	+ 3,2
35 Verteidigungslasten	1783,0	1866,5	+ 4,7
36 Zivile Verteidigung	855,8	948,4	+ 10,8
60 Allgemeine Finanzverwaltung	18708,5	19458,6	+ 4,0
Gesamtsumme	291314,0	301350,0	+ 3,4

[1]) Einschließlich Nachtrag; Haushaltssperren aufgeteilt auf die Einzelpläne
[2]) Umschichtung von 341,5 Mill. DM von Einzelplan 09 nach Einzelplan 16
[3]) Außerdem Verpflichtungsrahmen von 1,6 Mrd. DM für den sozialen Wohnungsbau

Quelle: HB

Saarland trotz „Sparhaushalt" fast hoffnungslos verschuldet

Nahezu jede dritte Mark im Etat für Zinsen und Tilgung

SAARBRÜCKEN. Das Saarland ist trotz eines neuen „Sparhaushalts" der SPD-Landesregierung derzeit hoffnungslos überschuldet und braucht dringend die Hilfe des Bundes und anderer Länder. Wie Finanzminister Hans Kasper (SPD) am Dienstag bei der Vorlage des Etats 1990 im Landtag in Saarbrücken erklärte, sollen die Ausgaben 1990 im Vergleich zum Vorjahr um 3,1 Prozent auf rund 5,15 Milliarden Mark steigen.

Der Schuldenberg des Landes wird damit bis Ende nächsten Jahres die Rekordhöhe von rund zwölf Milliarden Mark erreichen. Minister Kasper wies darauf hin, daß sich das Saarland mit seinem Haushalt an die Vorgaben des Finanzplanungsrates der Länder halte, aus eigener Kraft aber nicht in der Lage sei, Anschluß an die Haushaltsentwicklung in den übrigen Bundesländern zu finden. Deshalb hoffe man auf zusätzliche Hilfen des Bundes und mehr Gelder aus dem Bund-Länder-Finanzausgleich, wozu auch die vor dem Bundesverfassungsgericht in Karlsruhe angestrengte Normenkontrollklage diene.

Nach dem Haushaltsentwurf für 1990 muß das Saarland fast jede dritte Mark (31 Prozent) für die Tilgung von alten und neuen Krediten sowie für Schuldzinsen ausgeben. Lediglich 3,6 Milliarden der insgesamt 5,15 Milliarden Mark Ausgaben für 1990 werden von Steuereinnahmen und Finanzausgleichsmitteln gedeckt. Selbst die Gehälter von Lehrern und Polizisten müssen im Saarland zum Teil mit Krediten finanziert werden. Mit rund 1,9 Milliarden Mark oder einem Anteil von knapp 40 Prozent sind die Personalausgaben der größte Block im Haushaltsentwurf der Saar-Regierung.

Quelle: TV

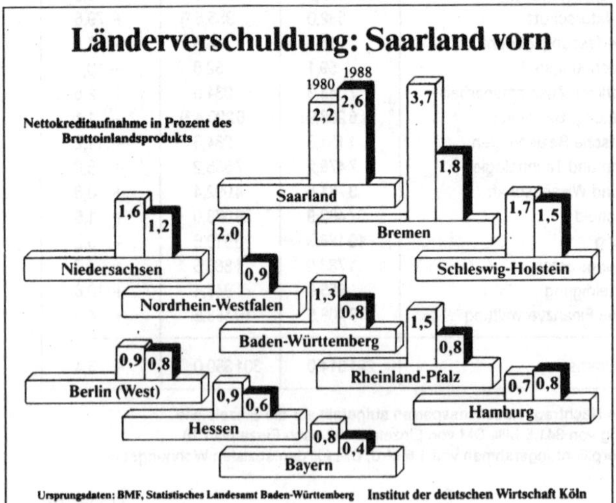

Quelle: HB

4. Unternehmensteil

4.1 Unternehmensformen

Betrieb, Unternehmung

In einem *Betrieb* wird eine Produktion „betrieben“: Güter, z. B. Kühlschränke werden hergestellt oder Dienstleistungen erbracht wie in Hotels oder Banken. Der Betrieb erhält seine Anweisungen von der Unternehmensleitung. Er hat keine eigene Rechtspersönlichkeit, d. h. er kann nicht selbständig handeln und nicht vor Gericht klagen oder verklagt werden. Die *Unternehmung* ist die Rechtsform (z. B. AG, GmbH, OHG) und das finanzielle Fundament eines Betriebes, wie z. B. Volkswagen Aktiengesellschaft, Wolfsburg. Die Unternehmung besitzt eigenes Vermögen, eigenes Entscheidungsrecht und eigene Haftung. Sie kann vor Gericht klagen und verklagt werden. Eine Unternehmung oder ein Unternehmen kann aus mehreren Betrieben bestehen, z. B. Zweigbetrieb Kaiserslautern der Adam Opel AG, Rüsselsheim.

Betrieb = Produktionsstätte
\+
Rechtsform
\+
Kapital
} **Unternehmung**

Firma

Oft wird anstelle der Begriffe Betrieb und Unternehmung der Ausdruck *Firma* verwendet. Nach dem Handelsgesetzbuch (HGB) ist die Firma nur der Name, unter der eine natürliche Person, eine Handelsgesellschaft oder eine Genossenschaft ihre Geschäfte betreibt und ihre Unterschrift abgibt. Jede Firma muß ins Handelsregister eingetragen werden.

Betriebe kommen in allen Volkswirtschaften vor, unabhängig von politischen und wirtschaftlichen Ordnungen. Unternehmungen gibt es nur bei Privateigentum an den Produktionsmitteln. In Ostblockländern, in denen die Produktionsmittel verstaatlicht sind, gibt es nur Betriebe, wie die ehemaligen Volkseigenen Betriebe (VEB) in der früheren DDR.

Die größen Unternehmen in der Bundesrepublik sind gemessen am Jahresumsatz die Daimler Benz AG einschließlich AEG und MBB mit über 80 Milliarden DM Umsatz, nach der Zahl der Beschäftigten die Deutsche Bundespost mit ca. 550.000 Mitarbeitern.

Unternehmensziele

Vorrangiges Ziel eines jeden Unternehmens ist die Erzielung von *Gewinn*. Dabei steht nicht der absolute Gewinn im Vordergrund, sondern ein möglichst günstiges Verhältnis zum eingesetzten Kapital (= *Rentabilität*). Eine Verdoppelung des Gewinns bei fünffachem Kapitaleinsatz ist z. B. kein wirtschaftlicher Erfolg.

Andere Unternehmensziele können sein: *wirtschaftliche Vorteile* der Mitglieder wie bei Genossenschaften und *Gemeinnützigkeit*, z. B. bei Sparkassen. Auch *soziale Ziele* wie die Erhaltung von Arbeitsplätzen können im Vordergrund stehen, oder *kulturelle Ziele*: ein Verlagsprogramm orientiert sich neben der Wirtschaftlichkeit auch an kulturellen Ansprüchen.

Wahl der Unternehmensform

Unternehmensgründer können in der Bundesrepublik die Rechts- bzw. Unternehmensform frei wählen. Das Handelsgesetzbuch (HGB), Aktiengesetz (AktG) und das GmbH-Gesetz schreiben die Einzelheiten vor über Gründungsvoraussetzungen, Geschäftsleitung, Gewinnverteilung und Haftung. Diese Vorschriften sind bei den einzelnen Unternehmensformen sehr unterschiedlich. Sie sind neben steuerlichen Erwägungen entscheidend bei der Wahl einer Unternehmensform.

Nach den Rechtsformen unterscheidet man *Unternehmen des öffentlichen Rechts* und des *privaten Rechts*. Die Unternehmungen des privaten Rechts werden eingeteilt in Einzelunternehmungen, Gesellschaftsunternehmungen und Genossenschaften. Die Gesellschaften werden nochmal unterteilt in Personengesellschaften (OHG, KG …) und in Kapitalgesellschaften (GmbH, AG …).

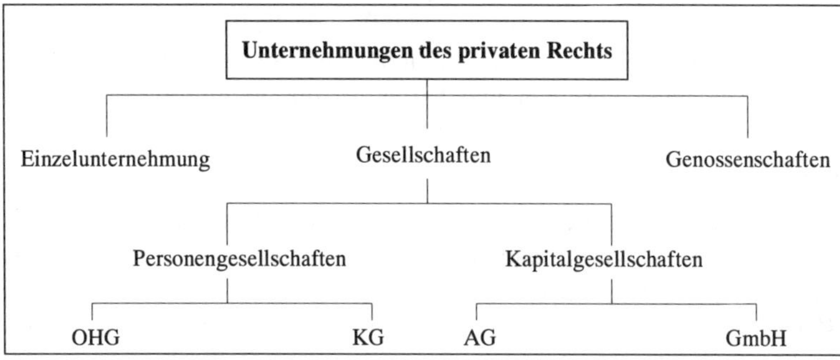

Bei diesen Unternehmungen handelt es sich um juristische (= künstliche) Personen, für die ihre entsprechende Organe wie Geschäftsführer und Vorstandsmitglieder handeln.

Öffentlich-rechtliche Unternehmungen

Regieunternehmen sind wirtschaftlich selbständig und haben eine eigene Verwaltung. Dazu zählen Versorgungsbetriebe der Gemeinden wie Wasserwerke und Verkehrsbetriebe. Sonderformen sind die Deutsche Bundespost und die Deutsche Bundesbahn. *Öffentliche Unternehmen* sind – im Gegensatz zu Versorgungsunternehmen – wie Privatbetriebe auf Gewinn ausgerichtet. Sie haben meist die Rechtsform einer GmbH oder AG, wie z. B. die Salzgitter AG. *Gemischtwirtschaftliche Unternehmen* befinden sich in öffentlicher und privater Hand. Die Volkswagen AG gehört zu 20 Prozent dem Land Niedersachsen und zu 80 Prozent privaten Aktionären, nachdem der Bund seine Anteile privatisiert hat.

Einzelunternehmung

Etwa 90 Prozent aller Unternehmen werden in der Bundesrepublik als *Einzelunternehmungen* geführt. Die meisten Einzelhandelsgeschäfte und Handwerksbetriebe sind Einzelunternehmen. Eine geschäftsfähige Person kann alleine das Unternehmen gründen, das auch den Namen des Inhabers trägt, wie z. B. *Kfz-Werkstatt Peter Müller*. Der Einzelunternehmer als alleiniger Eigentümer vereinigt in seiner Person alle Rechte und Pflichten: Er bringt das notwendige Kapital auf, leitet die Firma verantwortlich, kann über den Gewinn verfügen und haftet für die Verbindlichkeiten. Die Haftung erstreckt sich auf das gesamte Vermögen, d. h. auf das Geschäfts- und Privatvermögen.

Den Inhaber eines Unternehmens nennt das Handelsgesetzbuch (HGB) *Kaufmann*, heute würde man sagen Unternehmer. Eine Eintragung ins Handelsregister beim zuständigen Amtsgericht muß erfolgen, wenn das HGB einen „nach Art und Umfang in kaufmännischer Weise eingerichteten Geschäftsbetrieb erfordert". Gemeint ist damit die kaufmännische Buchführung. Durch den Eintrag ins Handelsregister wird der persönliche Name des Inhabers zum Namen – juristisch zur Firma – des Unternehmens.

Nachteilig für Einzelunternehmen ist ihre Kreditbasis. Kredit wird dem Unternehmer nur gewährt aufgrund seiner Vermögenslage, Rentabilität der Firma und seiner Vertrauenswürdigkeit.

Offene Handelsgesellschaft (OHG)

Mindestens zwei Gesellschafter, z. B. ein Kaufmann und ein Techniker, schließen sich bei einer OHG zusammen. Die Firma ist eine Personenfirma, die alle Namen der Gesellschafter enthält oder den Namen eines Gesellschafters mit entsprechendem Zusatz: *Müller und Meier, Müller & Co., Müller OHG*. Erforderlich ist ein Gesellschaftsvertrag und eine Kapitaleinlage, deren Mindesthöhe nicht vorgeschrieben ist. Die Gesellschaft muß ins Handelsregister eingetragen werden. Alle Gesellschafter haften unbeschränkt, d. h. mit ihrem Geschäfts- und Privatvermögen.

Scheidet ein Gesellschafter aus, haftet er noch fünf Jahre für die Verbindlichkeiten, die vor seinem Ausscheiden bestanden. Zur Geschäftsführung und Vertretung der OHG sind alle Gesellschafter berechtigt.

Kommanditgesellschaft (KG)

Im Unterschied zur OHG besteht bei der *Kommanditgesellschaft* die Möglichkeit, sich am Unternehmen finanziell zu beteiligen, ohne persönlich mitzuarbeiten und voll zu haften.

Die KG muß mindestens aus einem *Vollhafter* (= Komplementär) und einem *Teilhafter* (= Kommanditist) bestehen. Die Vollhaftung erstreckt sich auf das gesamte Vermögen, die Teilhaftung auf die Kapitaleinlage. Die Geschäftsführung und Vertretung der KG steht nur dem Vollhafter zu. Der Teilhafter hat ein Informationsrecht und das Recht, zum Jahresabschluß die Geschäftsbücher einzusehen. Gewinne und Verluste sind entsprechend dem Verhältnis der Kapitaleinlagen aufzuteilen.

Gesellschaft des bürgerlichen Rechts (GbR)

Grundlage dieser Gesellschaft ist eine vertragliche Vereinbarung zur Verwirklichung von Gemeinschaftsinteressen. Die Gesellschaft hat keine Firma und wird nicht ins Handelsregister eingetragen. Ein Gesellschaftsvertrag kann die Organisationsform, Zusammenarbeit und Gewinnverteilung regeln. Was nicht geregelt ist, fällt unter die Bestimmungen des BGB. Darum wird diese Gesellschaft auch *BGB-Gesellschaft* genannt.

Die Bedeutung der BGB-Gesellschaft liegt in der Organisationsform von Gemeinschaftspraxen, bei der Zusammenarbeit von Unternehmen in Arbeitsgemeinschaften zur Abwicklung von Großaufträgen wie dem Bau von Kraftwerken, Flughäfen, Autobahnabschnitten sowie bei Bankenkonsortien im Emmissionsgeschäft zur Aktienplazierung und im Kreditgeschäft zur Gewährung von Großkrediten. Auch bei Musikkapellen, Investmentclubs und Lottogemeinschaften handelt es sich um *Gesellschaften des bürgerlichen Rechts.*

Stille Gesellschaft

Bei der *Stillen Gesellschaft* bleibt der Charakter der Einzelunternehmung bestehen. Der „stille Gesellschafter" stellt dem Unternehmen Kapital zur Verfügung und erhält dafür einen vertraglich festgelegten Gewinnanteil. Die Beteiligung tritt nach außen nicht in Erscheinung.

Aktiengesellschaft (AG)

Entwicklung:
Die *Aktiengesellschaft* ist die wichtigste Form der Kapitalgesellschaft. Viele Gesellschafter (= *Aktionäre*) bringen durch ihre Einlagen (= Aktien) das Gesellschaftskapital auf. Die ersten Aktiengesellschaften wurden bereits im 15. Jahrhundert als Banken gegründet: 1401 in Barcelona die *Girobank* und 1408 in Genua die *St. Georgsbank*. Vorläufer der heutigen Aktiengesellschaften waren die Gründungen der Handelsgesellschaften im 17. Jahrhundert mit dem Ziel, die Risiken auf eine große Anzahl von Kapitalgebern zu verteilen. Die an die Aktionäre ausgeschütteten Beträge (= Dividenden) wurden damals vor allem in Waren ausgezahlt. So erhielten die Aktionäre der *Hudson Bay Compagnie*, einer der ältesten noch bestehenden Aktiengesellschaften (Gründung 1670) als Dividende Nerzfelle. Auch die erste deutsche Aktiengesellschaft war eine Handelsgesellschaft: die vom Großen Kurfürsten Friedrich Wilhelm 1651 gegründete *Brandenburgisch-Ostindische Compagnie*. Mitte des 19. Jahrhunderts gab es in Deutschland etwa 200 Aktiengesellschaften. Danach setzte ein Gründerboom ein, ausgelöst durch die technischen Erfindungen, die nur mit großem Kapitalaufwand verwirklicht werden konnten, z. B. der Bau der Eisenbahnlinien. In dieser Zeit entstanden viele der heute noch bestehenden großen Aktiengesellschaften wie die *BASF* (1865) und die *Deutsche Bank* (1870). Die meisten Aktiengesellschaften wurden in Berlin gegründet und ihre Aktien an der Berliner Börse gehandelt.

Vorstand, Aufsichtsrat:
Aktiengesellschaften sind juristische Personen, die genau wie natürliche Personen Rechtsgeschäfte (z. B. Verträge) abschließen können. Dabei

müssen sie – wie Minderjährige durch ihre Erziehungsberechtigten – vertreten werden. Gesetzlicher Vertreter der AG ist der *Vorstand*, der meistens aus mehreren Personen besteht und die Geschäftsführung besorgt. Die Vorstandsmitglieder werden vom *Aufsichtsrat* gewählt und in ihrer Tätigkeit überwacht.

Hauptversammlung:
Die *Hauptversammlung* ist die Versammlung der Aktionäre, in der sie ihr Stimmrecht – entsprechend der Anzahl ihrer Aktien – ausüben können. Aktionäre, die nicht an der Hauptversammlung teilnehmen wollen, können ihr Stimmrecht durch ihr Kreditinstitut wahrnehmen lassen. Darum vertreten Banken oft die Mehrheit des Aktienkapitals. Die Hauptversammlung wählt einen Teil der Aufsichtsratmitglieder (die übrigen sind nach dem Mitbestimmungsgesetz von den Arbeitnehmern zu wählen) und beschließt über die Gewinnverteilung mit einfacher Mehrheit. Besonders wichtige Beschlüsse der Hauptversammlung über Satzungsänderungen, Fusionen und Kapitalverhöhungen verlangen eine Dreiviertelmehrheit des vertretenen Grundkapitals. Großaktionäre mit mehr als 25 Prozent Anteilen können daher Entscheidungen mit ihrer sogenannten *Sperrminorität* blockieren.

Gründung:
Zur *Gründung* einer AG sind mindestens fünf Personen und ein Mindestgrundkapital von 100.000,– DM erforderlich. Der Nennwert einer Aktie – der Betrag, mit dem der Aktionär am Grundkapital der AG beteiligt ist – muß mindestens 50,– DM betragen. Für den Aktionär bleibt die Haftung auf seinen Anteil am Kapital beschränkt. In der Bundesrepublik gibt es zur Zeit ca. 2.300 Aktiengesellschaften, von denen aber nur die Aktien von rund 600 AGs an der Börse gehandelt werden. Große Aktiengesellschaften haben oft viele Aktionäre: die Siemens AG über 500.000, die VEBA AG über 600.000. Bei anderen AGs ist die Mehrheit des Kapitals in Händen von wenigen Großaktionären. Die Aktien der Daimler-Benz AG befinden sich (Stand 1991) im Besitz

– der Deutschen Bank AG	zu 28,3 Prozent
– der Mercedes-Automobil-Holding AG	zu 25,2 Prozent
– des Emirats Kuweit	zu 14,0 Prozent

Der Rest – weniger als ein Drittel – ist in Streubesitz, teilweise in Händen von Kleinaktionären.

Gang an die Börse:
Den Gang einer Aktiengesellschaft an die Börse und die Umwandlung eines Unternehmens in eine AG mit dem Ziel der Zulassung ihrer Aktien an der Börse bezeichnet man heute mit dem Begriff *going public*.

Kommanditgesellschaft auf Aktien (KGaA)

Die *KGaA* ist eine Sonderform der Kapitalgesellschaft: eine Mischung aus KG und AG. Die KGaA hat einen *unbeschränkt haftenden Gesellschafter (= Komplementär)*, der alleine zur Geschäftsführung und Vertretung des Unternehmens berechtigt ist. Die *Teilhafter*, auch *Kommanditaktionäre* genannt, sind reine Kapitalgeber und haften nur mit ihren Einlagen in Form von Aktien. Diese Unternehmensform kommt in der Bundesrepublik relativ selten vor. Die Zahl der KGaA liegt unter 30, darunter allerdings einige bekannte wie Neckermann, Henkel, das Bankhaus Trinkaus & Burkhardt und die BHF-Bank.

Nachteil der KGaA ist die persönliche, unbeschränkte Haftung wenigstens eines Gesellschafter. Vorteilhaft ist, daß der Kapitalmarkt in Anspruch genommen werden kann und Familieninteressen gewahrt werden können z. B. mit einem Komplementär auf Lebenszeit und lediglich beratendem Aufsichtsrat.

Gesellschaft mit beschränkter Haftung (GmbH)

Die *GmbH* ist wie die AG eine juristische Person, deren Gesellschafter wie die Aktionäre nur mit ihren Kapitaleinlagen haften. Das Stammkapital der GmbH beträgt mindestens 50.000,– DM, der Mindestanteil 500,– DM. Die Anteile der GmbH werden nicht an der Börse gehandelt, sie sind daher nicht so leicht zu kaufen oder zu verkaufen. Darum ist auch die Zahl der Gesellschafter meistens sehr begrenzt. Die GmbH wird von der *Geschäftsführung* vertreten.

Die *Gesellschafterversammlung* wählt einen oder auch mehrere Gesellschafter bzw. Nichtgesellschafter als Geschäftsführer.

Bei Gesellschaften mit über 500 Beschäftigten muß von der Gesellschafterversammlung ein *Aufsichtsrat* gewählt werden, der die Geschäftsführung zu kontrollieren hat. In der Gesellschafterversammlung wird nach Geschäftsanteilen abgestimmt.

Die GmbH ist eine sehr häufig vorkommende Unternehmensform in der Bundesrepublik. Es gibt über 360.000 GmbHs, überwiegend kleine und mittlere Unternehmen. Aber auch große Unternehmen – wie z. B. die *Robert Bosch GmbH, Stuttgart* – werden manchmal als GmbH geführt.

Seit 1981 ist auch die Gründung einer *Ein-Mann-GmbH* möglich. Eine GmbH muß ihren Jahresabschluß nur veröffentlichen, wenn sie mindestens zwei der folgenden Grenzen überschreitet: 5.000 Beschäftigte, 250 Millionen DM Jahresumsatz und 125 Millionen DM Bilanzsumme.

GmbH & Co., GmbH & Co. KG

Gesellschafter einer OHG oder KG können auch eine AG oder GmbH sein. Die Haftung dieser Gesellschafter ist beschränkt, wenn sie in eine OHG eintreten. Die Gesellschaft führt dann den Zusatz *GmbH & Co.* bzw. *AG & Co.*, z. B. Fritz Müller GmbH & Co.

Tritt eine AG oder GmbH als Vollhafter (= Komplementär) in eine KG ein, haftet keine natürliche Person mit ihrem Privatvermögen. Die Firma erhält den Zusatz *GmbH Co. KG* bzw. *AG & Co. KG*. Die Gründung zeigt folgendes Beispiel:

Meier und Schulte gründen mit 50.000,– DM Stammkapital die *Meisch GmbH*. Anschließend gründen beide zusammen mit der Meisch GmbH die *Meisch GmbH & Co. KG*. In dieser GmbH & Co. KG ist die Meisch GmbH der Vollhafter. Meier und Schulte sind die Kommanditisten (= Teilhafter) mit Kommanditeinlagen von z. B. zusammen 30.000,– DM. Die GmbH & Co. KG hat dann ein Eigenkapital von 80.000,– DM.

Meisch GmbH & Co. KG

Vollhafter: Meisch GmbH
Teilhafter: Meier, Schulte

Neben der beschränkten persönlichen Haftung liegen die Gründungsmotive in der Steuerersparnis, weil die KG als Personengesellschaft keine Körperschaftssteuer zahlt. Aufgrund dieser Vorteile wurden in der Bundesrepublik in den letzten 20 Jahren über 50.000 GmbH & Co. KGs gegründet.

Eingetragene Genossenschaft (e. G.)

Die *Genossenschaft* ist eine juristische Person, die mit der Eintragung ins Genossenschaftsregister rechtsfähig wird. Genossenschaften sind Selbsthilfeeinrichtungen, die Gewinnerzielung steht nicht im Vordergrund.

Nach dem Genossenschaftsgesetz müssen mindestens sieben Personen eine Genossenschaft gründen. Sie wird ins Genossenschaftsregister des zuständigen Amtsgerichts eingetragen und hat den Zusatz *eingetragene Genossenschaft (e. G.)* zu führen. Ein festes Grundkapital ist nicht vorgeschrieben. Die Mitglieder der Genossenschaft (= Genossen) zeichnen Geschäftsanteile, mit denen sie auch für die Verbindlichkeiten (= Schulden) der Genossenschaft haften. Die Organe der Genossenschaft entsprechen denen der Kapitalgesellschaften: Vorstand, Aufsichtsrat und Generalversammlung, die aus den Mitgliedern der Genossenschaft besteht.

Es gibt heute viele verschiedene Arten von Genossenschaften:

- Kreditgenossenschaften (Volksbanken, Raiffeisenkassen)
- Einkaufsgenossenschaften (Bäckereinkaufsgenossenschaft)
- Absatzgenossenschaften (Molkerei-, Winzergenossenschaft)
- Verbrauchsgenossenschaften
- Baugenossenschaften.

Vergleich wichtiger Unternehmensformen			
Organe	AG	GmbH	e. G.
– geschäftsführende – überwachende – beschließende	Vorstand Aufsichtsrat Hauptver- sammlung	Geschäftsführer Aufsichtsrat (nur ab 500 Ar- beitnehmer) Gesellschafter- versammlung	Vorstand Aufsichtsrat General- versammlung

Versicherungsverein auf Gegenseitigkeit (VVaG)

Der *Versicherungsverein auf Gegenseitigkeit* ist eine Art Genossenschaft: Viele Personen schließen sich zusammen, um ihre Versicherungsbedürfnisse zu befriedigen. Die Vereinsmitglieder sind gleichzeitig Versicherungsnehmer und Versicherer. Die Mitgliedschaft besteht für die Dauer des Versicherungsvertrages. Gewinne werden meistens als Prämienrückvergütungen ausgeschüttet, Verluste durch Nachschüsse der Mitglieder oder Senkung der Versicherungsleistungen ausgeglichen. Als Organ fungieren Vorstand, Aufsichtsrat und Hauptversammlung (HV), wobei die HV wegen der großen Zahl von Mitgliedern meistens durch eine *Vertreterversammlung* ersetzt wird.

Joint-Venture-Unternehmen

Joint Ventures sind gemeinsame Vorhaben von Personen oder Gesellschaften, um bestimmte unternehmerische Ziele zu erreichen, z. B. den Bau einer Fabrik. Ein Joint Venture kann in vertragsmäßiger Form durchgeführt werden als Arbeitsgemeinschaft (Arge) oder durch Gründung einer gemeinsamen Tochter- bzw. Beteiligungsgesellschaft.

Joint Ventures werden seit einigen Jahren gerne gewählt bei der Zusammenarbeit zwischen Unternehmern aus Industrienationen und Betrieben aus Ostblock- oder Entwicklungsländern. Dabei stellen die Firmen aus den westlichen Industrieländern ihr „Know-how" und die technischen Einrichtungen zur Verfügung, während die Partnerbetriebe einen Teil des Kapitals, die Arbeitskräfte und die Rohstoffe, Grundstoffe bzw. Materialien stellen.

Franchising-Unternehmen

Franchise oder *Franchising* ist ein in den USA entwickeltes Vertriebs- und Lizenzsystem. Franchise-Geber und Franchise-Nehmer sind rechtlich selbständige Unternehmen. Der Franchise-Geber räumt seinem Lizenznehmer vertraglich ein langfristiges Recht gegen Entgelt ein, bestimmte Waren oder Dienstleistungen unter Verwendung von Namen, Ausstattung und Know-how anzubieten oder Geschäfte bzw. Fertigungen zu betreiben. Verbreitet sind in der Bundesrepublik z. B. Franchise-Restaurants und Imbißbetriebe wie Mc Donald's.

Management Buy-Out

Mit *Management Buy-Out (MBO)* – kurz *Buy Outs* genannt – wird die Übernahme von Unternehmen oder Unternehmerteilen durch eigene Mitarbeiter bezeichnet. Diese Form der Übernahme wird heute vielfach von Eigentümern gewählt, die ihr Unternehmen nicht von eigenen Erben weiterführen lassen können oder wollen und nicht an Mitbewerber oder Konzerne verkaufen wollen.

In den USA haben in den letzten Jahren vielfach Führungskräfte mit eigenem Kapital und Fremdkapital Aktiengesellschaften übernommen. Dabei wurden den Altaktionären teilweise Aufgelder bis zu 50 Prozent auf den Börsenkurs ihrer Aktien gezahlt. Oft mußten anschließend einzelne Unternehmerteile verkauft werden, um die Kredite zurückzuzahlen.

Unternehmensformen

Aus Unternehmen kurz berichtet

Felten & Guilleaume Energietechnik (F & G) AG, Köln: Eine „stürmische Nachfrage" verzeichnete das Unternehmen in den ersten fünf Monaten 1989. Der Auftragseingang wurde um 25% erhöht. Allerdings werde sich diese Entwicklung wieder normalisieren, teilte Vorstandsvorsitzender Joachim Schäfer mit. Insgesamt dürfte aber der Geschäftsverlauf 1989 besser als im Vorjahr sein. F & G erzielte 1988 einen Umsatz von 690 (i.V. 575) Mill. DM. Aus dem Jahresüberschuß von 6 (4,6) Mill. DM werden 5 (4) DM je 50-DM-Aktie Dividende ausgeschüttet. u-r.

L. Schuler GmbH, Göppingen: Die auf dem Gebiet der Umformtechnik international führende Unternehmensgruppe mit weltweit knapp 3500 Mitarbeitern hat die *Theodor Gräbener Pressensysteme GmbH & Co. KG, Netphen-Werthenbach*, und die *GMG Gemminger Maschinenbau GmbH, Gemmingen*, erworben. Gräbener soll das Schuler-Programm in der Massivumformung und bei Münz- und Medaillenpressen ergänzen, GMG ist auf die Herstellung von Automations-Systemen spezialisiert. Bl.

Wilhelm Kneitz & Co. AG Velours- und Möbelstoffweberei, Wirsberg/Oberfranken: Das stark im Automobilgeschäft tätige Unternehmen erreichte im Geschäftsjahr 1988/89 (30. 6.) ein Umsatzplus von knapp 7% auf 67 Mill. DM. Die Exportquote liegt bei 30%. Kneitz unterhält drei Produktionsbetriebe, davon zwei im Ausland (Österreich und Frankreich). Beschäftigt werden insgesamt 400 Mitarbeiter. kö.

Röhm GmbH, Chemische Fabrik, Darmstadt: Die Gesellschaft hat vor allem im europäischen Ausland gut abgeschnitten. Einem Zuwachs von 9,5% im Auslandsgeschäft stand im Inland ein Wachstum von

Weilburger (UK) Ltd., London: Die englische Tochter der Lack-Gruppe Grebe hat in diesen Tagen ein Werk für 4,5 Mill. DM in Betrieb genommen. Bis 1995 ist ein Jahresumsatz von 18 Mill. DM geplant. os.

Andersen Consulting, Arthur Andersen & Co., Frankfurt: Das Unternehmen erwartet heuer 60 Mill. DM Umsatz und im Jahre 1990 über 100 Mill. DM. os.

Staedtler Mars GmbH & Co., Nürnberg: Der Schreib- und Zeichengerätehersteller setzte im Geschäftsjahr 1988 rund 245 (i. V. 232) Mill. DM um. Die Exportquote liegt bei 80%. Weltweit wurde ein Umsatz von 520 Mill. DM erreicht (einschließlich Innenumsätze). Das Unternehmen, das 3600 Mitarbeiter (davon 2100 im Inland) beschäftigt, investierte jetzt 130 Mill. DM in ein neues Verwaltungs- und Produktionszentrum in Nürnberg. kö.

Alusuisse Deutschland GmbH, Konstanz: Das Unternehmen hat nach zweijähriger Pause für das Geschäftsjahr 1988 eine Dividende an die *Schweizerische Aluminium AG, Zürich*, gezahlt. Bei der starken Nachfrage nach Aluminium und Aluminium-Produkten hat die Holding der im Aluminium- und Chemiebereich tätigen deutschen Konzerngesellschaften der Alusuisse/Lonza-Gruppe bis Ende Mai den Umsatz auf 1,34 Mrd. DM (+5%) erhöht. 1988 wurde ein Umsatz von 2,53 Mrd. DM (+17%) erzielt. vwd

Faun AG, Nürnberg: Der Hersteller von Nutzfahrzeugen, Kränen und Baumaschinen hatte im Geschäftsjahr 1988 Umsatzerlöse von rund 164 (i. V. 161) Mill. DM. Das Unternehmen, seit 1988 eine 100%ige Tochter der *O & K Orenstein & Koppel AG, Dortmund*, hat den Produktbereich

Quelle: SZ

Firmengründungen nehmen weiter zu

Unvermindert steigt die Zahl der Firmenneugründungen: Von Januar bis März 1989 wurden in der Bundesrepublik und West-Berlin 11 271 neue Unternehmen angemeldet; ein Jahr zuvor waren es 10 985, berichtete am Montag die Wirtschaftsauskunftei Bürgel in Aachen.

Drei Viertel der Neugründungen entfielen mit 8404 (plus 4,7 Prozent) auf die GmbH. Einen Rückgang um 13,1 Prozent auf 1085 registrierte Bürgel nur bei der GmbH &Co. KG. Alle anderen Rechtsformen verzeichnen steigende Zahlen: Einzelfirmen plus 0,5 Prozent, OHG plus 6,6 Prozent und Aktiengesellschaften plus 10,5 Prozent.

Die meisten Jungunternehmer siedeln sich in der Dienstleistungsbranche an. Im ersten Quartal waren es 38 Prozent. Der Anteil neuer landwirtschaftlicher Betriebe liegt nur bei 0,7 Prozent.

Quelle: TV

GmbH & Co. KG muß Rechnungsführung künftig offenlegen

LUXEMBURG. Unternehmen mit der Geschäftsform GmbH & Co. KG müssen künftig ihre Rechnungsführung ähnlich wie Kapitalgesellschaften offenlegen.

Auf diese Regelung haben sich am Mittwoch in Luxemburg die EG-Wirtschaftsminister gegen die Stimme der Bundesrepublik geeinigt.

Nach der – wie es hieß – enttäuschenden Regelung für den deutschen Mittelstand sind größere Einblicke in die Kalkulation der Unternehmen als bisher möglich. „Wir sind mit fliegenden Fahnen untergegangen", erklärte der Staatssekretär im Bundeswirtschaftsministerium, Otto Schlecht, vor der Presse.

Weit hinter den deutschen Forde- [illegible]

(Ausschnitt) Quelle: TV

Raiffeisen-Umsatz weiter rückläufig

kpk. FRANKFURT, 13. Juni. Der Umsatz der Raiffeisen-Genossenschaften in der Bundesrepublik ist weiter rückläufig. 1988 hat er sich nominal um 0,9 Prozent auf 71,5 Milliarden DM vermindert und real um 1,3 Prozent. Im Jahr davor belief sich der Umsatzrückgang sogar auf nominal 8,7 Prozent. Insofern spricht der Deutsche Raiffeisen-Verband in Bonn jetzt von einer Stabilisierung. Die Ertragslage nennt er „weiterhin teilweise angespannt", doch hätten die Raiffeisen-Genossenschaften ihre Marktposition behauptet, zum Teil sogar ausgebaut. Diese Genossenschaften sind die Marktorganisation der deutschen Landwirtschaft, zum einen beim Bezug aller Betriebsmittel, zum anderen beim Absatz der Agrarprodukte. Ihre Zahl ist, der abnehmenden Zahl der landwirtschaftlichen Betriebe folgend, weiter geschrumpft, und zwar um mehr als vier Prozent auf 5760. Der Verband ruft seine Mitglieder und die Landwirte zu wirksamerer Zusammenarbeit auf. Der Landwirt solle sich enger an die Genossenschaft binden, müsse diese Bindung dann aber auch einhalten.

Quelle: FAZ

Mit Bekanntmachung vom 23. August 1989 ist die Änderung der Rechtsform der

Winzen Heizungsbau GmbH in

Günter Winzen Heizungsbau

Burger Straße 18
5565 Landscheid
abgeschlossen worden.

Dies ist lediglich eine Namensänderung. Der Betrieb wird wie bisher fortgeführt.

Quelle: TV

Leuna-Werke ab 1. Juli Aktiengesellschaft

vwd HALLE. Die staatseigenen Leuna-Werke werden bis zum 1. Juli in eine AG umgebildet. Der Betriebszeitung „Leuna-Echo" zufolge sollen aus den bisherigen Betriebsdirektionen selbständige Geschäftsbereiche hervorgehen, die ihre Produkte zum größten Teil selbst vermarkten.

Quelle: HB

JOINT VENTURES / Zusammenarbeit besser als ihr Ruf

Westliche Investoren haben im Osten viel Spielraum

HANDELSBLATT, Mittwoch, 21.6.1989

schö WIEN. Schwierigkeiten bei der Materialversorgung und geringe Motivation der Arbeiter sowie unzureichende Infrastruktur (Nachrichtenverbindungen) haben sich bisher als größere Hindernisse in der Praxis der Joint Ventures des Ostens mit dem Westen erwiesen als mangelnde Konvertibilität der Währung. Im allgemeinen aber hat sich das Joint Venture als Instrument der Auslandsmarktstrategie bewährt.

Dies geht aus einer gemeinsamen, einschlägigen [illegible] des Inst[illegible] für

Markt zu sichern. Das Interesse der Ostpartner liegt wesentlich in der Aneignung von Know-how auf dem Produktions- und Dienstleistungssektor.

2. Den Partnern der Joint Ventures wird bei der Festsetzung von Preisen und der Verkaufsorganisation auf dem Ostmarkt ein weiter Spielraum gewährt.

3. Die grundlegenden Probleme der Gemeinschaftsunternehmen liegen in einer schleppenden Materialversorgung der Produktion und in der minderen Qualität der bereitgestellten Mat[illegible]. Das ist teilweise da

(Ausschnitt)Quelle: HB

Buy-out steigert die Produktivität

KARRIERE, 5.1.1990. Firmenübernahmen durch die früheren Manager schlagen sich unmittelbar in der Produktivität des Unternehmens nieder. Nach Untersuchungen der amerikanischen Volkswirtschaftler Frank Lichtenberg und Donald Siegel steigt die Produktivität nach einem Management-Buy-Out um durchschnittlich 20 Prozent. Die jetzt in Washington vorgestellte Studie der beiden Forscher, die sich im Schwerpunkt mit kreditfinanzierten Firmenübernahmen — sogenannten Leveraged Buy-outs — beschäftigt und für sie einen Produktionszuwachs von rund 14 Prozent nachweist, zeigt für das Management nicht in jeder Beziehung Vorteilhaftes auf. Denn die Saläre in den Verwaltungsfunktionen gehen nach dem Eigentümerwechsel stark zurück. Produktiv tätige Mitarbeiter und Führungskräfte dagegen erhalten nach der Übernahme höhere Gehälter.

Quelle: HB

Premiere:

Joint Venture mit West-Mehrheit

Eines der ersten Gemeinschaftsunternehmen auf der Basis der neuen Joint-Venture-Verordnung der DDR haben am Donnerstag in Braunschweig zwei Verpackungsunternehmen aus Braunschweig und Halberstadt (DDR) gegründet. Die Braunschweiger Firma Streiff und Helmold GmbH und der bisher zum bezirksgeleiteten Kombinat Magdeburger Kultur- und Lederwaren gehörende Volkseigene Betrieb VEB Papierwarenfabrik Halberstadt vereinigten sich zur „Streiff und Helmold Papierwarenfabrik Halberstadt“ mit Sitz in Halberstadt. Die Braunschweiger halten 75 Prozent am Kapital der GmbH. Nach jüngsten Umfragen plant fast jedes vierte Unternehmen in der Bundesrepublik die Gründung eines Joint Venture mit einem Partner in der DDR.

Quelle: TV

4.2 Banken und Versicherungen

Banken und Versicherungen sind besondere Dienstleistungs-Unternehmen, die in der Volkswirtschaft wichtige Funktionen erfüllen.

Entstehung, Aufgaben

Banken entstanden im Mittelalter aus der Tätigkeit des Geldwechselns, das aufgrund der Vielzahl der verschiedenen Geldsorten notwendig war. Die Geldwechsler führten später *Wechsel* ein. Wechsel waren Geld- oder Zahlungsanweisungen, die den Gebrauch von Bargeld ersetzten. So konnte ein Händler die in Italien für seine Waren erhaltene Geldsumme dort bei einem Geldwechsler einzahlen. Er erhielt dafür als Bescheinigung einen Wechsel, den er bei einem einheimischen Geldwechsler gegen Bargeld einlösen konnte. Dadurch konnte er das seinerzeit gefährliche Reisen mit größeren Geldbeträgen vermeiden.

Die Geldwechsler rechneten die Wechsel untereinander ab auf Wechselmessen, z. B. in Nürnberg oder Frankfurt am Main. Weil die Wechsler in ihren Wechselstuben hinter einer Bank standen, wurde die Geldwechselstube *Bank* genannt und der Wechsler *Bankmann* oder *Bankier*. Man gab den Bankiers auch Gelder zur Aufbewahrung und beauftragte sie mit dem Leihen und Verleihen von Geldern. Aus diesen Geschäften entwickelte sich im Laufe der Zeit das heutige Bankwesen. Konnte ein Bankier das bei ihm hinterlegte Geld nicht zurückzahlen, zerschlug man ihm – als sichtbares Zeichen – seine Bank. Aus der zerbrochenen Bank (ital. bancarotta) entstand später der Begriff *Bankrott*.

Zu den wichtigsten Aufgaben der Banken gehören heute das Einlagen- und Kreditgeschäft, die Abwicklung des Zahlungsverkehrs und das Wertpapiergeschäft. Zu den *Wertpapiergeschäften* zählen der Kauf und Verkauf von Wertpapieren sowie deren Verwaltung und Verwahrung (= *Depotgeschäft*).

Zahlungsverkehrgeschäfte

Im modernen Wirtschaftsleben werden die traditionellen Zahlungsmittel Münzen und Banknoten immer mehr durch den bargeldlosen Zahlungsverkehr mit Giro und Scheck ersetzt. Das *Girokonto* dient zur Abwicklung des Zahlungsverkehrs. Die Veränderungen des Kontostandes werden als Gutschriften bzw. Lastschriften auf Kontoauszügen dem Bankkunden mitgeteilt. Mit der Eröffnung des Kontos erhält der Kontoinhaber Überweisungsvordrucke und Schecks, mit denen er seinen Zahlungsverkehr abwickeln kann. In der Bundesrepublik werden rund 50 Millionen Girokonten unterhalten.

Im *Sorten-* und *Devisengeschäft* werden ausländische Münzen und Banknoten verkauft und angekauft, Wechsel und Schecks in ausländischer Währung abgewickelt.

Bankensystem

Das Bankwesen in der Bundesrepublik wird überwacht von der *Deutschen Bundesbank* (vgl. Schema, folgende Seite) und dem *Bundesaufsichtsamt für das Kreditwesen.* Im Gegensatz zu anderen Ländern sind die meisten Banken *Universalbanken.* Universalbanken bieten alle wichtigen Sparten des Bankgeschäftes an: den Zahlungsverkehr, das Einlagen-, Kredit- und Wertpapiergeschäft. Zu den Universalbanken gehören die *Privaten Geschäftsbanken,* die *Genossenschaftsbanken* und die *Sparkassen.* Daneben gibt es Banken, die nur spezielle Bankgeschäfte betreiben: die *Spezialbanken.*

Einlagengeschäfte

Einlagen sind Gelder, die den Banken von ihren Kunden überlassen werden. Man unterscheidet dabei Sicht-, Termin- und Spareinlagen.

Bei *Sichteinlagen* kann der Kunde jederzeit über sein Bankguthaben verfügen. Bei einer *Termineinlage* überläßt der Bankkunde seine Einlage

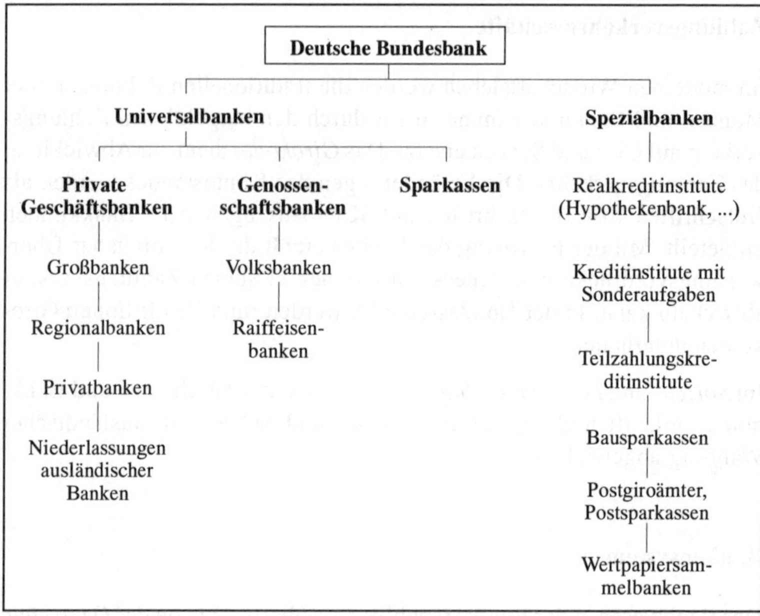

dem Kreditinstitut für einen längeren Zeitraum und erhält dafür einen höheren Zinssatz. *Spareinlagen* sind Guthaben auf Sparkonten, über die eine Urkunde in Form eines Sparbuches ausgestellt wird.

Kreditgeschäfte

Bei einem Kredit verpflichtet sich der Kreditnehmer, das erhaltene Geld plus Zinsen später zurückzuzahlen.

Bei einem *Überziehungs-* oder *Dispositionskredit* hat der Bankkunde die Möglichkeit, sein Lohn- oder Gehaltskonto zu überziehen. Die Obergrenze liegt meistens bei zwei Monatsgehältern. Geschäftsleute lassen sich in der Regel für ihr laufendes Konto, über das sie ihre Geschäfte abwickeln, eine Kreditlinie (= Höchstbetrag, bis zu dem über das Guthaben hinaus verfügt werden kann) einräumen. Dieser Kredit heißt *Kontokorrentkredit*.

Einem *Diskontkredit* liegt meist ein Warengeschäft zugrunde. Ein Kunde erhält eine Ware, die er nicht sofort bezahlen kann oder will. Der Lieferant stellt dann einen Wechsel aus, in dem sich der Kunde verpflichtet, zu einem späteren Termin zu zahlen. Der Lieferant kann diesen Wechsel an sein Kreditinstitut weitergeben und erhält dafür sofort die Geldsumme unter Abzug von Zinsen (= Diskont). Die Diskontsätze werden von der Deutschen Bundesbank festgelegt.

Beim *Wertpapier-* oder *Lombardkredit* werden Wertpapiere wie Aktien oder Festverzinsliche beliehen (= lombardiert). Der Name Lombardkredit geht auf Geldwechsler in der oberitalienischen Lombardei zurück, die als erste Geld ausliehen gegen Pfänder. Vom Lombardkredit spricht man auch, wenn Kreditinstitute ihren eigenen Geldbedarf durch Beleihung von bestimmten Wertpapieren bei der Bundesbank decken.

Investitionskredite sind Kredite mit längerer Laufzeit und häufig fest vereinbartem Zins. Sie dienen vor allem zur Finanzierung von Investitionen. Oft werden diese Kredite abgesichert durch Belastungen von Grundstücken (= Hypotheken).

Private Geschäftsbanken

Zu den *Privaten Geschäftsbanken* zählen in der Bundesrepublik

- die *Großbanken* mit ihren Filialen im gesamten Bundesgebiet und Niederlassungen im Ausland wie die Deutsche Bank AG, Dresdner Bank AG und die Commerzbank AG;
- die *Regionalbanken*, die ihren Geschäftsbereich auf eine bestimmte Region beschränken, z. B. die Vereins- und Westbank AG;
- die *Privatbanken* in der Rechtsform der Einzelunternehmung oder Personengesellschaft wie Merck Fink & Co. Sie sind oft auf bestimmte Bankbereiche spezialisiert wie Wertpapiergeschäfte, Vermögensverwaltungen, Industriefinanzierungen und Außenhandelsfinanzierungen;
- die *Niederlassungen ausländischer Banken* wie Barclays Bank Inter-

national. Sie übernehmen die bankmäßige Abwicklung von Import- und Exportgeschäften und betreuen die Tochtergesellschaften ausländischer Unternehmen, können aber auch alle anderen Bankgeschäfte betreiben.

Genossenschaftsbanken

Die Genossenschaftsbanken sind rechtlich und wirtschaftlich selbständig arbeitende Kreditinstitute, die alle Bankleistungen anbieten. Sie sind nicht auf Gewinn ausgerichtet, ihr Ziel ist – wie bei allen Genossenschaften – die Förderung ihrer Mitglieder (= Genossen). Die Kreditgenossenschaften stehen heute auch Nichtmitgliedern offen. Die Genossenschaftsbanken verfügen mit ca. 3.600 Banken über das größte Bankstellennetz in der Bundesrepublik. Sie werden auf lokaler Ebene als *Volksbanken* und *Raiffeisenbanken* betrieben.

Auch die erste alternative Bank in der Bundesrepublik – die Ökobank – ist eine eingetragene Genossenschaft. Volksbanken wurden ursprünglich Mitte des 19. Jahrhunderts als gewerbliche, Raiffeisenbanken als ländliche Kreditgenossenschaften gegründet.

Die Zentralinstitute der Volksbanken und Raiffeisenkassen sind auf regionaler Ebene die *Genossenschaftlichen Zentralbanken* und überregional auf Bundesebene die *Deutsche Genossenschaftsbank* in Frankfurt.

Sparkassen

Sparkassen sind öffentlich-rechtliche Anstalten. Die Eigentümer sind Gemeinden, Städte oder Kreise, die für die Verbindlichkeiten ihrer Sparkassen unbeschränkt haften. Oberstes Ziel der Sparkassen ist nicht die Gewinnerzielung, sondern die Erfüllung ihres öffentlichen Auftrages. Dazu gehört die Förderung des Sparens und der Vermögensbildung sowie die Kreditversorgung der Bevölkerung im Geschäftsgebiet.

Sparkassen sind als Universalbanken tätig. Ihre Zentralen sind auf Landesebene die *Landesbanken-Girozentralen* wie die Westdeutsche Landesbank Girozentrale (West LB), Düsseldorf und auf Bundesebene die *Deutsche Girozentrale – Deutsche Kommunalbank* in Frankfurt. Das Bausparwesen wird von den *Landesbausparkassen (LBS)* betrieben.

Spezialbanken

Die *Spezialbanken* betreiben nur spezielle Bankgeschäfte. In der Bundesrepublik zählen dazu:

- *Realkreditinstitute*, die langfristige Kredite zur Finanzierung des Wohnungsbaus und gewerblicher Investitionen zur Verfügung stellen. Die Absicherung der Kredite muß über Grundpfandrechte erfolgen. Es gibt privatrechtliche Banken wie die *Hypothekenbanken* (z. B. Frankfurter Hypothekenbank) und öffentlich-rechtliche Banken wie die *Landeskreditanstalten* und die *Deutsche Pfandbriefanstalt.*
- *Kreditinstitute mit Sonderaufgaben*, die Entwicklungsprojekte finanzieren (z. B. Kreditanstalt für Wiederaufbau) oder Exportfinanzierungen übernehmen.
- *Teilzahlungskreditinstitute* wie die KKB Kundenkreditbank. Sie gewähren in erster Linie Ratenkredite zur Finanzierung von Konsumgütern. Einige Teilzahlungsbanken besitzen Konzessionen, mit denen sie noch andere Bankgeschäfte betreiben können.
- *Bausparkassen* fördern mit einem besonderen Vertragssystem den Wohnungsbau.
- *Postgiroämter* und *Postsparkassen* sind Einrichtungen der Deutschen Bundespost zur Abwicklung des Zahlungs- und Sparverkehrs.
- *Wertpapiersammelbanken* übernehmen die Verwaltung und Verwahrung von Wertpapieren.

Bundesbank

Die *Deutsche Bundesbank* mit Sitz in Frankfurt ist die Zentralnotenbank der Bundesrepublik. In den Bundesländern gibt es je eine *Landeszentralbank (LZB)* und insgesamt ca. 200 Haupt- und Zweigstellen. Oberstes Organ der Bundesbank ist der *Zentralbankrat (ZBR)*, der sich aus den elf Präsidenten der Landeszentralbanken und aus den Mitgliedern des *Direktoriums* zusammensetzt.

Der Zentralbankrat bestimmt die Währungs- und Kreditpolitik der Deutschen Bundesbank. Das Direktorium unter Leitung des Präsidenten der Bundesbank ist für die Durchführung der Beschlüsse des Zentralbankrates verantwortlich, leitet und verwaltet die Bank. Die Deutsche Bundesbank hat den gesetzlichen Auftrag, den Geldumlauf und die Kreditversorgung der Wirtschaft zu gewährleisten mit dem Ziel, die Währung zu sichern. Weiter hat die Bundesbank für die bankmäßige Abwicklung des Zahlungsverkehrs im Inland und mit dem Ausland zu sorgen.

Bei der Erfüllung ihrer Aufgaben ist die Bundesbank von den Weisungen der Bundesregierung unabhängig. Sie ist aber verpflichtet – unter Wahrung ihrer Aufgaben – die allgemeine Wirtschaftspolitik der Bundesregierung zu unterstützen. Die Deutsche Bundesbank versucht, die umlaufende Geldmenge mit der entsprechenden Gütermenge in ein Gleichgewicht zu bringen, um Währungsstabilität zu erreichen. Dazu betreibt die Bundesbank eine flexible Geld- und Kreditpolitik mit allen ihr zu Verfügung stehenden Mitteln wie Diskont-, Offenmarkt-, Mindestreserve- und Lombardpolitik. Diese Steuerungsmittel werden ausführlich im Kapitel 5.54 Behebung von Währungsstörungen behandelt.

Geldmenge

Die Bundesbank legt jährlich fest, in welchem Umfang die umlaufende Geldmenge steigen darf. Die maßgebliche Größe dafür war jahrelang die *Zentralbankgeldmenge*. Sie umfaßt das Bargeld und die Mindestreserven, die die Banken bei der Bundesbank unterhalten müssen.

Seit 1988 gibt die Deutsche Bundesbank als Geldmengenziel die *Geldmenge M3* vor, die sich wie folgt zusammensetzt:

	Bargeldumlauf
+	Sichteinlagen (Giroguthaben)
=	Geldmenge M1
+	Termineinlagen bis zu einer Laufzeit von vier Jahren
=	Geldmenge M2
+	Spareinlagen mit gesetzlicher Kündigungsfrist
=	Geldmenge M3

Die Bundesbank hat das alleinige Recht, Banknoten zu drucken und auszugeben. Die Bundesregierung darf Münzgeld prägen lassen und zum Nennwert an die Bundesbank verkaufen. Da die Münzen unterwertig sind, erzielt der Bund dabei einen Prägegewinn.

Ausländische Bankensysteme

Das Universalbankensystem der Bundesrepublik gibt es in Großbritannien, Frankreich, den USA und Japan nicht. In diesen Ländern ist gesetzlich ein Banken-Trennsystem vorgeschrieben für

- Institute, die ausschließlich das Einlagen- und Kreditgeschäft (= Commercial Banking) betreiben dürfen als *Bank* oder *Banking House;*
- Unternehmen, die nur im Wertpapiergeschäft (= Broker Banking) tätig sein dürfen als *Brokerbank, Investmentbank* oder *Security Company.*

Entstanden ist dieses Trennsystem 1933 in den USA aufgrund eines Gesetzes, mit dem man nach der Wirtschaftskrise und dem Börsenkrach die Banken aus dem vermeintlich risikoreichen Wertpapiergeschäft heraushalten wollte. In den letzten Jahren sind in den Ländern starke Bestrebungen im Gange, das Trennsystem abzuschaffen und das Universalbanken-System einzuführen.

Versicherungen

Die *gesetzliche Sozialversicherung* sichert den einzelnen ab gegen Krankheit, Unfall, Arbeitslosigkeit und bietet Vorsorge für das Alter. Mit *Privatversicherungen* (= Individualversicherungen) kann man sich gegen die von der Sozialversicherung nicht abgedeckten Risiken versichern, z. B. seinen Hausrat mit einer Hausratversicherung, zusätzliche Krankenhauskosten mit einer Krankenhaustagegeldversicherung.

Entstehung der Versicherungen

Bereits um 3000 vor Christus gab es erste private Versicherungen: Händler in Phönizien sicherten sich gegenseitig gegen den Verlust ihrer Schiffsladungen ab. Aber erst im vorigen Jahrhundert wurden mit der Entwicklung der Wahrscheinlichkeitstheorie und der Finanzmathematik die Grundlagen für ein mathematisch berechenbares Risiko und eine Prämienberechnung gelegt und damit für einen Aufschwung des *Versicherungswesens* (= Assekuranz). Heute bieten über 3.000 Versicherungsunternehmen – von denen aber nur etwa 500 überregional tätig sind – ca. 300 verschiedene Versicherungen in der Bundesrepublik an. Überwacht werden die privaten Versicherungsunternehmungen vom *Bundesaufsichtsamt für das Versicherungs- und Bausparwesen* in Berlin.

Die Kontrollbehörde wacht über die finanzielle Sicherheit der Unternehmen, prüft die Leistungen und Tarife und genehmigt die Versicherungsbedingungen. In der Privatversicherung sind nur die Rechtsformen der Aktiengesellschaft und des Versicherungsvereins auf Gegenseitigkeit zugelassen.

Versicherungsarten

Aus der Vielzahl der privaten Versicherungen werden nur einige wichtige aufgezählt:

Zu den *Personenversicherungen* gehören Lebensversicherungen, private Unfallversicherungen und private Krankenversicherungen. In den Unfall-

und Krankenversicherungen sind vorwiegend Personen versichert, die von der gesetzlichen Sozialversicherung ausgeschlossen sind, z. B. Unternehmer, Angehörige freier Berufe, Beamte oder Angestellte, die ab einer bestimmten Verdienstgrenze aus der gesetzlichen Krankenversicherung ausscheiden können. Als Leistungen der Krankenversicherungen werden beispielsweise angeboten: Krankheitskosten-Versicherungen, Krankenhaustagegeld-Versicherungen und deren Kombinationen.

Verbreitete *Sachversicherungen* sind z. B. Einbruch-/Diebstahl-Versicherungen, Hausratversicherungen, Kaskoversicherungen. Neben Personen und Sachen kann auch das eigene Vermögen privat versichert werden. Als *Vermögensversicherungen* werden Haftpflichtversicherungen und Betriebsunterbrechungsversicherungen angeboten. Die Kfz-Haftpflichtversicherung ist eine gesetzliche Zwangsversicherung, die von privaten Versicherungsunternehmen betrieben wird. Private Versicherungen dienen in erster Linie der Risikoabsicherung. Weitere Vorteile liegen in der Steuerersparnis, wenn die Versicherungsprämien als Sonderausgaben geltend gemacht werden können und in der Vermögensbildung, z. B. mit einer abgeschlossenen Lebensversicherung.

Versicherungsarten			
Sozial- versicherungen	Individualversicherungen (Privatversicherungen)		
	Personen- versicherung	Sachver- sicherung	Vermögens- versicherung
Renten- versicherung Kranken- versicherung Arbeitslosen- versicherung Unfall- versicherung	Lebens- versicherung Kranken- versicherung Unfall- versicherung	Feuer- versicherung Leitungswasser- versicherung Einbruch-/ Diebstahl- versicherung Transport- versicherung	Haftpflicht versicherung Kredit- versicherung

Rückversicherungen

Das Risiko, das bei der Versicherung einzelner, großer Objekte wie Schiffe, Flugzeuge, Satelliten, Kernkraftwerke oder Bohrinseln auftritt, kann von einem Versicherungsunternehmen alleine nicht getragen werden. Hier können die Kalkulationsrisiken nicht berechnet werden wie z. B. bei der großen Zahl der Lebensversicherungen. Das Versicherungsunternehmen (= *Erstversicherer*) versichert sich selber gegen das Risiko bei anderen Versicherern (= *Rückversicherer*). Diese können sich ihrerseits rückversichern, womit selbst größte Wagnisse versicherbar gemacht werden.

Allfinanz

Banken und Versicherungen stehen heute im harten Wettbewerb. Die Banken drängen ins Versicherungs- und Bauspargeschäft, um sich ihren Anteil bei der Geldvermögensbildung zu sichern. Versicherungsunternehmer, die selber mit zur wichtigsten Gruppe der Anleger am Kapitalmarkt zählen, versuchen im Bank- und Kreditgewerbe Fuß zu fassen. Die Deutsche Bank hat eine eigene Versicherung gegründet, während die Bank für Gemeinwirtschaft zu 51 Prozent von der Versicherungsholding Aachen und Münchener Beteiligungs AG übernommen wurden. Die Commerzbank AG hat sich an der Leonberger Bausparkasse beteiligt. Der Trend geht zum *Allfinanzkonzern*, um dem Kunden alle Finanz- und Versicherungsdienstleistungen selbst anbieten zu können.

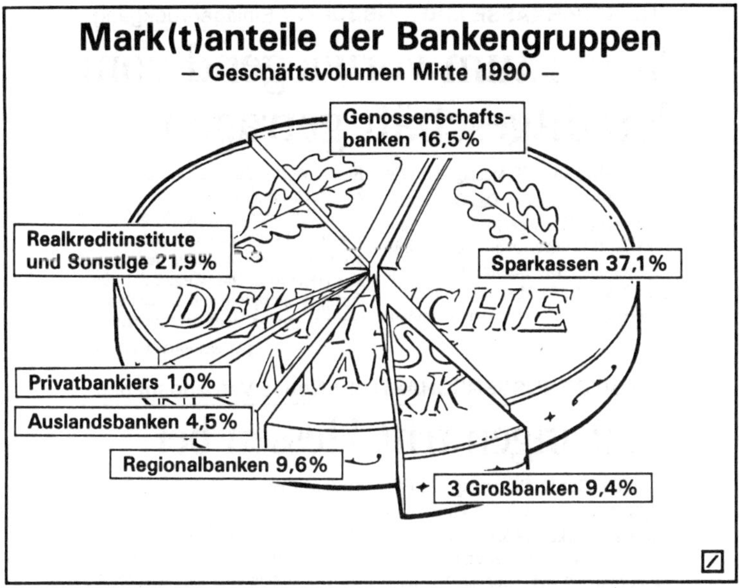

Quelle: HB

Die 50 größten Kreditinstitute in der Bundesrepublik

(Konzernbilanzsumme in Mrd. DM)

Kreditinstitut	Ort	Bilanzsumme 1986	Bilanzsumme 1985
1. Deutsche Bank	Frankfurt	257,22	237,22
2. Dresdner Bank	Frankfurt	196,82	188,66
3. Westdeutsche Landesbank	Düsseldorf	148,22	142,11
4. Commerzbank	Frankfurt	148,15	137,22
5. Bayerische Vereinsbank	München	140,08	132,40
6. Bayerische Hypotheken- und Wechselbank	München	120,37	112,64
7. Bayerische Landesbank	München	115,47	108,27
8. DG Bank Deutsche Genossenschaftsbank	Frankfurt	111,95	103,74
9. Norddeutsche Landesbank	Hannover	96,51	92,61
10. Kreditanstalt für Wiederaufbau	Frankfurt	93,57	85,77
11. Hessische Landesbank	Frankfurt	70,52	68,68
12. Deutsche Pfandbriefanstalt	Wiesbaden	68,42	64,60
13. Bank für Gemeinwirtschaft	Frankfurt	59,88	63,67
14. Deutsche Siedlungs- und Landesrentenbank	Bonn	40,53	35,06
15. Landesbank Rheinland-Pfalz	Mainz	40,45	37,64
16. Landeskreditanstalt Baden [illegible]	Karl[illegible]	36,[illegible]	[illegible]

(Ausschnitt) Quelle: HB

KREISSPARKASSE LUDWIGSBURG / Einlagenrückgang

Wachstum vorwiegend vom Kreditgeschäft getragen

HANDELSBLATT, Montag, 29.5.1989

vwd LUDWIGSBURG. Das Geschäftsvolumen der Kreissparkasse Ludwigsburg hat 1988 um 9,1 % auf 6,2 Mrd. DM zugenommen. Die Bilanzsumme stieg um 9,2 % auf 6,03 Mrd. DM. Nach Er-[...]terung des Vorstandsvorsitzenden, [...] Rentenwerte überdurchschnittlichen Zuspruch fanden.

Die Zinsspanne ist leicht auf unter 3 % zurückgegangen, der Jahresüberschuß des Instituts stieg jedoch auf 23,2 (19,7) Mill. DM. Wegen der rückläufigen Sparquote und der zu Jahres-[...] immer noch [...]wirkenden

(Ausschnitt) Quelle: HB

KREDITGENOSSENSCHAFTEN / Neues Verbandsgebiet

Thüringen tritt Hessen bei

HANDELSBLATT, Donnerstag, 17.1.1991

fk FRANKFURT. Mit 300 Volks- und Raiffeisenbanken, 64 Mrd. DM Bilanzsumme und der Ausweitung des Verbandsgebietes auf Thüringen startet der Genossenschaftsverband Hessen/Rheinland-Pfalz in das Jahr 1991.

Wie Verbandspräsident Klaus Lambert mitt[...] diesen Mitgl[...] Fusionen gerechnet. Weitere Vorsorgemaßnahmen zur Steigerung von Produktivität und Rentabilität müssen nach Mahnungen des Verbandes durch Personalkürzung und im Vertrieb getroffen werden.

1990 brachte mit einem Bilanzsummenwachstum von fast 11 % (Hessen-[...]einland-Pfalz 7,5 %) [...]

(Ausschnitt) Quelle: HB

ERSTE ROSENHEIMER PRIVATBANK AG / Neugründung

Konzentration auf eine individuelle Beratung

HANDELSBLATT, Montag, 19.6.1989

um MÜNCHEN. Als 26. Kreditinstitut vor Ort hat im oberbayerischen Rosenheim die Erste Rosenheimer Privatbank AG eröffnet. 8 Mill. DM voll einbezahltes Grundkapital, die Mitgliedschaft im Bundesverband deut-[...] Banken [...] Einlagensich[...] nen Jahren und einer Arbeitslosenquote von nur 4,7 % sehr interessante Entwicklungsmöglichkeiten. In drei Jahren will die Erste Rosenheimer Privatbank ein Bilanzvolumen von rd. 100 Mill. DM erreicht haben.

Vorstände des neuen Instituts sind [...]orst R[...] (4[...]) seit [...] im

(Ausschnitt) Quelle: HB

Lloyd's hebt Risikoprämien für Schiffe drastisch

London (Reuter) – Der internationale Schiffsversicherungsmarkt Lloyd's of London hat die Versicherungsprämien für Schiffe, die saudiarabische und iranische Häfen am Golf anlaufen, um 4000 Prozent erhöht. Lloyd's teilte mit, die Kriegsrisikoprämie für die genannten Regionen sei auf ein von 0,025 Prozent des Versicherungswertes des Schiffes angehoben worden. Das bedeutet nach Angaben des britischen Schiffahrtsverbandes, daß für einen Supertanker mit einem Wert von 65 Millionen Dollar (rund 104 Millionen DM) nun 650 000 Dollar statt bislang 16 390 Dollar an Risikozuschlag zu zahlen sind. Die Lloyd's-Versicherer teilten zudem mit, daß die Prämien für Schiffe, die andere Golfländer anlaufen, um das Zehnfache auf 0,25 Prozent angehoben wurden und ein Kriegsrisikozuschlag für Schiffe eingeführt wurde, die saudiarabische Häfen im Roten Meer und im Golf von Akaba ansteuern. Lloyd's hatte die Kriegsrisikoprämien für die Golf-Schiffahrt nach dem irakischen Einfall nach Kuwait am 2. August eingeführt. Die drastischen Erhöhungen fielen zeitlich mit der Ankündigung der USA zusammen, Truppen nach Saudi-Arabien zum Schutz des Königreichs vor einem Überfall Iraks zu entsenden.

Quelle: SZ

Verbraucherschutz bei Versicherungen

BERLIN. Der Verbraucherschutz bei Versicherungen wird sich von 1991 an wesentlich verbessern. Versicherungskunden haben erstmals ein Widerrufsrecht und auch bessere Möglichkeiten zur Kündigung von Verträgen, teilt das Bundesaufsichtsamt für Versicherungswesen (Berlin) mit.

Mit der am 1. Januar in Kraft treten-den N[illegible]fass[illegible] V[illegible]rung[illegible]

(Ausschnitt) Quelle: TV

Münchener Rückversicherung an Ariane-Schaden beteiligt

Die Münchener Rückversicherungs-Gesellschaft AG (München) ist am Schaden der in der Nacht zum Freitag explodierten Ariane-Rakete 44L „substantiell" beteiligt.

Wie ein Sprecher der Rückversicherungs-Gesellschaft auf Anfrage sagte, bewegt sich der auf die Gesellschaft zukommende Anteil in der „üblichen Bandbreite" von 15 bis 25 Prozent der Versicherungssumme.

Versichert seien die Raketennutzlast mit zwei japanischen Satelliten und darüber indirekt auch die Ariane-Rakete. Die Versicherungssumme liege im dreistelligen Millionenbereich, aber unter 500 Millionen DM.

Trotz dieses Schadens sei es „durchaus vorstellbar", daß die Raumfahrtversicherungssparte bei der Münchener Rückversicherungs-Gesellschaft auch 1990 mit Gewinn abschließe.

Quelle: TV

Versichertenbund:

Konzerne wie Raubritter

HAMBURG. Die bundesdeutschen Versicherungskonzerne sind nach Ansicht des Bundes der Versicherten (BDV) in Hamburg „wie Raubritter über die völlig ahnungslosen Bürger der ehemaligen DDR hergefallen", um ihnen überteuerte Kapital-Lebensversicherungen zu verkaufen. „Es ist schlimm und beschämend, was drüben läuft", sagte BDV-Geschäftsführer Hans Meyer anläßlich der Jahresversammlung der Organisation am Freitag in Hamburg. Die Kritik des Versichertenbundes richtet sich vor allem gegen niedrige Rückkaufswerte in den ersten Jahren und mangelnde Beteiligung der Versicherten an den Überschüssen der Gesellschaften sowie fehlende Transparenz der Verträge.

Quelle: TV

4.3 Unternehmenszusammenschlüsse

Nur leistungsstarke und kapitalkräftige Unternehmen können sich in der Marktwirtschaft im Wettbewerb – besonders auf internationaler Ebene – auf Dauer behaupten. Es ist daher verständlich, daß Unternehmen versuchen, durch Zusammenarbeit mit anderen ihre Leistungsfähigkeit und Ertragskraft zu steigern, neue Märkte zu erschließen und ihre Kapitalbasis zu erhöhen. Oft zielt die unternehmerische Zusammenarbeit aber darauf ab, den Wettbewerb auszuschalten.

Je nachdem, ob die beteiligten Unternehmen ihre rechtliche und wirtschaftliche Selbständigkeit verlieren, unterscheidet man verschiedene Formen der Kooperation und Konzentration.

Arbeitsgemeinschaft

Die meist in Form einer BGB-Gesellschaft zusammengeschlossenen Unternehmen bleiben rechtlich selbständig und geben ihre wirtschaftliche Selbständigkeit nur auf Teilgebieten auf. Solche Zusammenschlüsse werden häufig vereinbart, um gemeinsame Forschungs-, Entwicklungs-, Verwaltungs- und Marketingaufgaben durchzuführen (z. B. die Arbeitsgemeinschaft deutscher Wertpapierbörsen). Wenn mehrere Unternehmen einen größeren Auftrag wie den Bau eines Autobahnteilstücks oder Kraftwerks gemeinsam ausführen wollen, schließen sie sich zu einer *Arbeitsgemeinschaft* zusammen (z. B. Arge AEG-Siemens).

Eine besondere Form der Arbeitsgemeinschaft ist das *Konsortium*. Konsortien werden regelmäßig von Banken gegründet, um neue Aktien und Anleihen zu plazieren.

Unternehmen kooperieren oft in *Aktionsgemeinschaften* und *Arbeitskreisen*, um Erfahrungen auszutauschen, Fortbildungen zu betreiben oder gemeinsame Interessen zu vertreten, wie z. B. der Arbeitskreis Aktie e. V.

Verband

Im *Fachverband* sind Unternehmen in loser Form verbunden, die wie z. B. im Verband der Automobil-Industrie. Die angeschlossenen Unternehmen behalten ihre Selbständigkeit. Sie werden vom Fachverband beraten und nach außen hin vertreten.

Wirtschaftsverbände vertreten vor allem wirtschaftliche Interessen ihrer Mitglieder in bezug auf Ein- und Ausfuhren, Steuern, Zölle, Preisbindungen. Wichtige Wirtschaftsverbände in der Bundesrepublik sind

- Bundesverband der Deutschen Industrie (BDI)
- Deutscher Industrie- und Handelstag (DIHT)
- Zentralverband des Deutschen Handwerks
- Deutscher Bauernverband.

Der *BDI* ist die Dachorganisation der Fachverbände der Industrie, wie der Autoindustrie, Bauindustrie, chemischen Industrie, Eisen- und Stahlindustrie.

Arbeitgeberverbände sind Zweckverbände, die insbesondere die Interessen der Arbeitgeber gegenüber den Gewerkschaften vertreten beim Abschluß von Tarifverträgen und unternehmerische Interessen gegenüber staatlichen Stellen durchsetzen bei der sozial- und wirtschaftspolitischen Gesetzgebung. In der *Bundesvereinigung der Deutschen Arbeitgeberverbände* (BDA) sind 920 Einzelverbände und 43 Fachverbände zusammengefaßt. Der BDA vertritt damit ca. 90 Prozent aller privaten Unternehmen in der Bundesrepublik.

Alle Betriebe und selbständigen Gewerbetreibenden sind Zwangsmitglieder der *Industrie- und Handelskammer* (IHK), die Dachorganisation der Kammern ist der *Deutsche Industrie- und Handelstag* (DIHT). Handwerksbetriebe werden regional von *Innungen*, überregional von *Handwerkskammern* (HWK) und bundesweit vom *Deutschen Handwerkskammertag* vertreten.

Gewerkschaften sind *Arbeitnehmerverbände* mit dem Ziel, die wirtschaftliche und soziale Lage ihrer Mitglieder zu verbessern. Die Gewerkschaften sehen ihre Hauptaufgabe in der Erlangung besserer Arbeitsbedingungen wie Löhne, Arbeitszeit und Urlaub durch den Abschluß von Tarifverträgen, in der Unterstützung der Mitglieder bei Arbeitsstreitigkeiten (Arbeitsgericht) und im Arbeitskampf (Streik) sowie der Förderung der Mitglieder durch Bildungsmaßnahmen. Der *Deutsche Gewerkschaftsbund* (DGB) umfaßt 17 Einzelgewerkschaften (z. B. IG Metall, IG Bergbau) und hat mehr als 8 Millionen Mitglieder. Gewerkschaftliche Spitzenverbände im Bundesgebiet sind der

- Deutsche Gewerkschafts-Bund (DGB)
- Deutscher Beamten-Bund (DBB) und die
- Deutsche Angestellten-Gewerkschaft (DAG).

Kartell

Auch beim Zusammenschluß zu *Kartellen* behalten die beteiligten Unternehmen ihre rechtliche Selbständigkeit und ihren Firmennamen. Ziel eines Kartellvertrages ist es, den Wettbewerb zu beschränken oder auszuschließen durch:

- Preiskartelle, deren Mitglieder vertraglich festgelegte Verkaufspreise einzuhalten haben,
- Gebietskartelle, bei denen jedem Kartellmitglied ein bestimmtes Absatzgebiet zugeteilt wird,
- Produktionskartelle, die zu produzierenden Mengen verbindlich vorschreiben,
- Krisenkartelle, die in Zeiten nachlassender Nachfrage Mengenbeschränkungen vornehmen,
- Konditionskartelle, die einheitliche Geschäfts-, Lieferungs- und Zahlungsbedingungen festlegen,
- Syndikate, als besonders straff organisierte Absatzkartelle.

Beim *Syndikat* handelt es sich um eine Verkaufsorganisation, die Kundenaufträge annimmt, auf die einzelnen Kartellmitglieder verteilt und die Lieferung und Bezahlung abwickelt. Bekannte Kartelle sind das *OPEC-Kartell* und das Diamanten-Syndikat *COS* (Central Selling Organisation) in London.

Die OPEC schreibt ihren Mitgliedsländern verbindliche Förderquoten vor, damit durch eine regulierte Angebotsmenge der Rohölpreis künstlich hochgehalten wird. Die COS, die vom südafrikanischen Diamantenkonzern De Beers kontrolliert wird, kauft Rohdiamanten der ihr angeschlossenen Minen auf. Die Diamanten werden nach Farbe, Form, Reinheit, Größe und Gewicht sortiert und einem ausgewählten Kreis von Händlern und Schleifern angeboten. Bei geringer Nachfrage werden Diamanten zurückgehalten, um einen Preisverfall zu verhindern.

Verband – Kartell – Syndikat

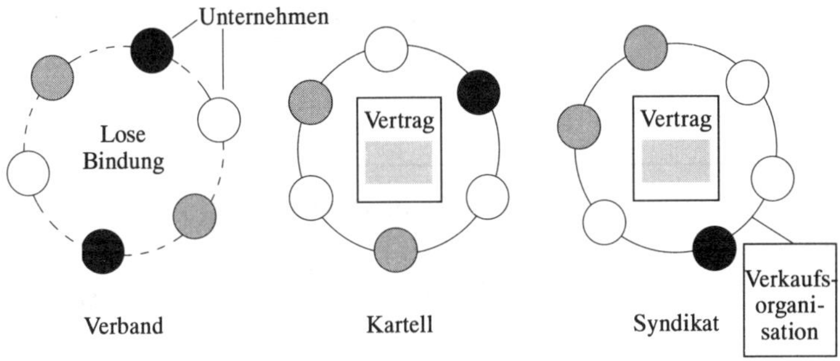

Kapitalbeteiligung

Die kapitalmäßige Beteiligung eines Unternehmens (= Muttergesellschaft) an einem anderen Unternehmen (= Tochtergesellschaft) hat entweder das Ziel gegenseitiger wirtschaftlicher Förderung oder Beherrschung.

Nach dem Aktiengesetz ist ein Unternehmen an einem anderen beteiligt, wenn der Anteil am Aktienkapital mindestens 25 Prozent beträgt. Mit diesem Kapitalanteil können bereits Hauptversammlungsbeschlüsse verhindert werden, die eine 3/4 Mehrheit erfordern (= Sperrminorität). Oft dienen Kapitalbeteiligungen als Vorstufe zum Aufbau eines Konzerns.

Konzern

Wenn Unternehmen durch Kapitalbeteiligung unter einer einheitlichen Leitung zusammengeschlossen werden und dabei ihre wirtschaftliche Selbständigkeit verlieren, entsteht ein *Konzern*. Die Konzernunternehmen (= Tochtergesellschaften) bleiben rechtlich selbständig, bilden aber wirtschaftlich eine Einheit unter Leitung des führenden Konzernunternehmens (= Muttergesellschaft) in der Rechtsform einer AG oder GmbH.

Wenn ein Unternehmen (Muttergesellschaft) die Kapitalmehrheit einer oder mehrerer Kapitalgesellschaften (= Tochtergesellschaften) erwirbt, entsteht ein *Unterordnungskonzern*. Beteiligen sich die zusammenschließenden Unternehmungen (= Schwesterngesellschaften) kapitalmäßig gegenseitig und besteht eine Konzernleitung, liegt ein *Gleichordnungskonzern* vor.

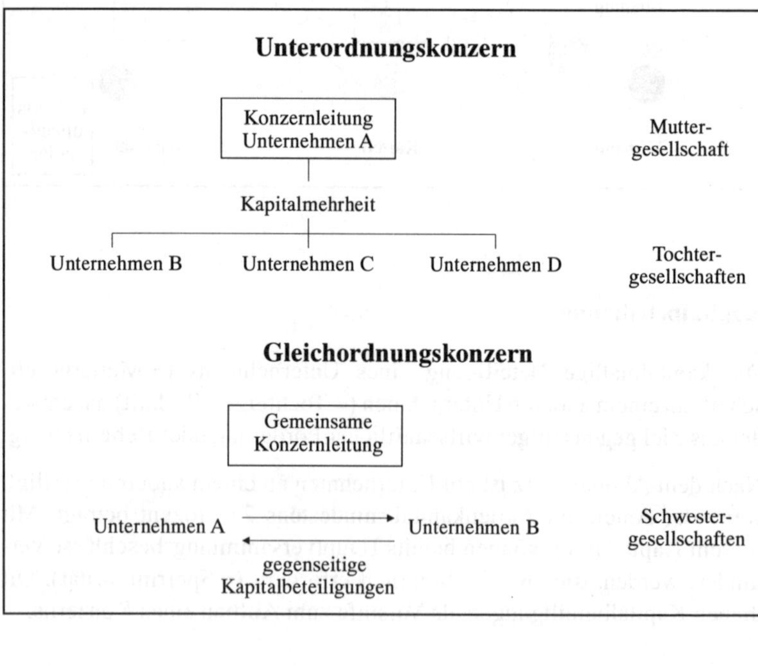

Schließen sich Unternehmen der gleichen Branche zusammen, entstehen *horizontale Konzerne*, z. B. Elektrokonzerne, Versicherungskonzerne.

Beim *vertikalen Konzern* werden Unternehmen mit unterschiedlichen, aufeinanderfolgenden Produktionen unter einer einheitlichen Leitung zusammengefaßt. Der Mannesmann-Konzern umfaßt Bergwerke, Hüttenwerke, Stahlwerke, Walzwerke und Maschinenfabriken.

Anorganische Konzerne – in der Wirtschaftspresse meistens als *Mischkonzerne* bezeichnet – sind in verschiedenen Branchen und unterschiedlichen Produktionsstufen tätig. Der Oetker-Konzern betreibt z. B. Lebensmittelwerke, Brauereien und Schiffahrtslinien.

Multi-Konzerne (= Multis) sind Weltunternehmen mit Tochtergesellschaften in verschiedenen Ländern, wie Siemens, IBM und Ford.

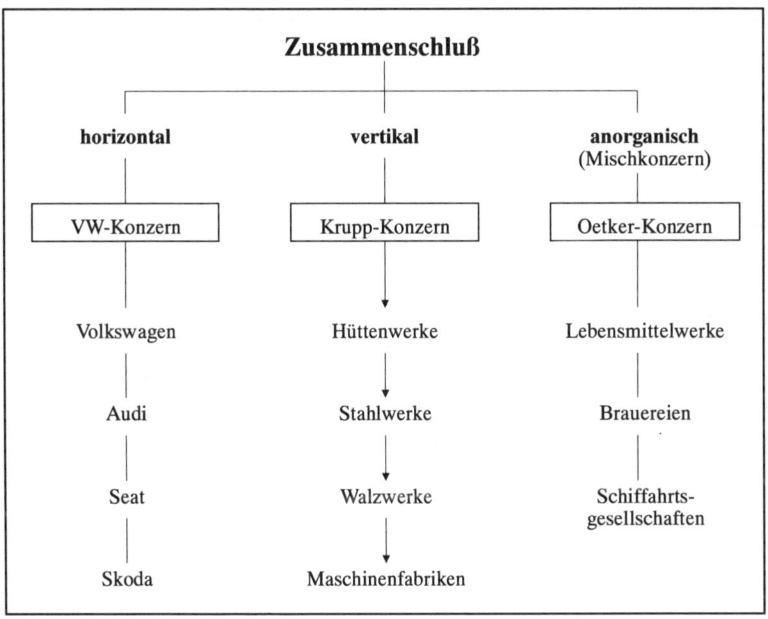

Holding

Die Leitung eines Konzerns kann einer eigenen *Holding* (= Verwaltungsgesellschaft) übertragen werden. Als *Dachgesellschaft* ist sie in der Regel eine reine Verwaltungs- und Finanzierungsgesellschaft, die durch ihre Kapitalmehrheiten alle anderen Unternehmen beherrscht. Aus steuerlichen Gründen werden Holding-Gesellschaften oft ins Ausland verlegt.

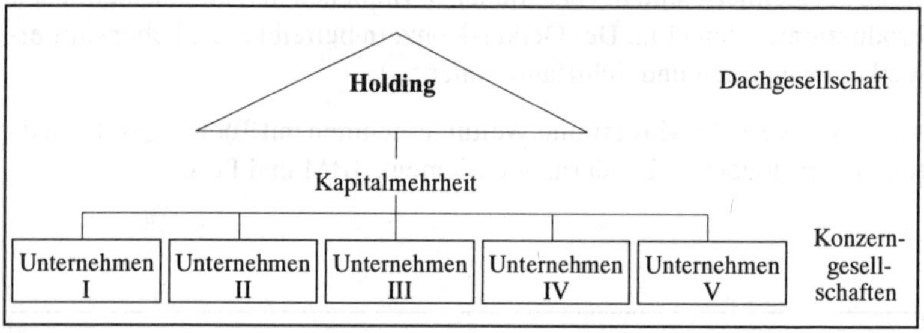

Trust

Der *Trust* ist ein Zusammenschluß von Unternehmen, die ihre rechtliche und wirtschaftliche Selbständigkeit verlieren. Ein Trust entsteht, wenn aus der Verschmelzung (= Fusion) von zwei oder mehr Unternehmungen eine neue Unternehmung hervorgeht. Man unterscheidet dabei zwischen *Fusion durch Aufnahme* (es entsteht eine *erweitere* Großunternehmung) und *Fusion durch Neugründung* (es entsteht eine *neue* Großunternehmung). Der Begriff Trust wird hauptsächlich in den USA verwendet für sehr große Unternehmen. Dort gibt es bereits seit 1890 ein Antitrustgesetz.

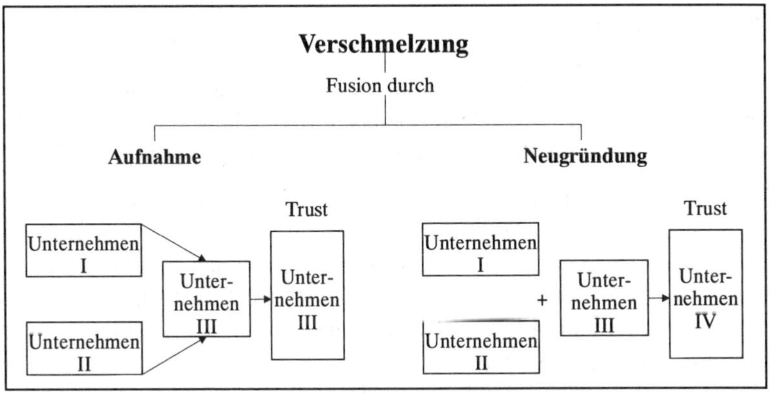

Kartellgesetz

Die soziale Marktwirtschaft erfordert das Eingreifen des Staates, wenn das Wohl der Allgemeinheit von einzelnen oder mehreren Unternehmen bedroht wird. Daher ist eine staatliche Kontrolle bei allen Kooperationen und Konzentrationen der Wirtschaft notwendig.

Mit dem *Gesetz gegen Wettbewerbsbeschränkungen* (GWB) – auch *Kartellgesetz* genannt – hat der Staat den Rahmen festgelegt, in dem der Wettbewerb abzulaufen hat. Das Kartellgesetz beinhaltet die Beschränkungen des Wettbewerbs durch vertragliche Vereinbarungen und praktische Verhaltensweisen am Markt sowie die Probleme marktbeherrschender Unternehmen.

Nach dem Kartellrecht sind in der Bundesrepublik Preiskartelle, Produktionskartelle und Gebietskartelle grundsätzlich verboten. Eine Ausnahme besteht nur für anmeldepflichtige Gebietskartelle von Energieversorgungsunternehmen (EVU) für Gas, Wasser und Strom. Anmeldepflichtig sind Konditionskartelle und Rationalisierungskartelle, genehmigungspflichtig Krisenkartelle und Syndikate.

Bundeskartellamt

Für die Anmelde- und Genehmigungsverfahren ist das *Bundeskartellamt* in Berlin zuständig. Verstöße gegen das Kartellrecht werden vom Kartellamt verfolgt und mit Bußgeldern bis in Millionenhöhe geahndet.

Das Bundeskartellamt ist auch zuständig für Zusammenschlüsse von Unternehmen. Unternehmenszusammenschlüsse müssen dem Kartellamt angezeigt werden, wenn die betreffenden Unternehmen einen Marktanteil von über 20 Prozent besitzen oder mehr als 10.000 Arbeitnehmer beschäftigen oder über 500 Millionen DM Umsatz erzielen. Für Fusionen großer Unternehmen (= Umsatzmilliardäre) besteht eine Anmeldepflicht, bevor der Zusammenschluß erfolgt. Sie werden verboten, wenn die Prüfung des Kartellamtes eine marktbeherrschende Stellung der zusammengeschlossenen Unternehmen ergibt.

Das Bundeswirtschaftsministerium kann ein Kartellverbot aufheben. Dies geschah bei der Fusion der Daimler-Benz AG mit dem Luft- und Raumfahrtunternehmen Messerschmitt-Bölkow-Blohm GmbH (MBB) im Jahr 1989, wobei der Daimler Konzern allerdings bestimmte Auflagen – wie den Ausstieg aus bestimmten Unternehmensbereichen, z. B. der Marinetechnik – erfüllen mußte.

Deutsche Bank und BHF im Vulkan-Konsortium

Hamburg/Bremen/Frankfurt (vwd) – Der Kreis der Institute, die die beabsichtigte Kapitalerhöhung bei der *Bremer Vulkan AG, Bremen*, abwickeln sollen, hat sich erweitert. Neu ist die *Deutsche Bank AG, Frankfurt*, hinzugekommen, die sich nach Angaben eines Sprechers auch am Kreis der garantierenden Institute mit einem Anteil von 15% beteiligen will. Führer des Emissionskonsortiums, dem auch nicht garantierende Banken angehören, ist die *BHF-Bank Berliner Handels- und Frankfurter Bank, Frankfurt*. Ein BHF-Sprecher bestätigte jedoch nur die Konsortialführerschaft, nicht aber eine Teilnahme am Garantiekonsortium. Das Vulkan-Kapital soll auf 444 (296) Mill. DM erhöht werden.

„Sie denkt nach", kommentierte der Vorstandsvorsitzende der Bremer Vulkan, Dr. Friedrich Hennemann, die Haltung der BHF und schloß die Beteiligung weiterer Banken am Garantiekonsortium nicht aus. Ein Sprecher der *Dresdner Bank AG*, Direktion Hamburg, bestätigte, daß die Bank mehr als 10% garantieren wolle. Es sei zudem zu vermuten, daß der Einstieg der Deutschen Bank die Garantiequote der landeseigenen *Hanseatischen Industriebeteiligungs GmbH (Hibeg), Bremen*, entlasten werde.

Dies würde bedeuten, daß die Deutsche Bank sowie die bisher nicht genannte Dresdner Bank zusammen mit den bekannten Garantiekonsorten *Commerzbank AG, Frankfurt*, und *Bremer Landesbank, Bremen*, dem Vernehmen nach eine Quote von 70% übernähmen, so daß 30% bei der *Hibeg* verblieben. Zuvor hat es geheißen, die Bankenquote betrage 55%, die der Hibeg 45%. Stellvertretend für die Hibeg verlautete aus der Bremer Finanzbehörde, daß zur Zeit Verhandlungen über die Neufestsetzung der Hibeg-Quote laufen.

Das anhaltende Interesse der Banken an der Teilnahme am Garantiekonsortium sei „nicht ungewöhnlich", hieß es. Aus Bankenkreisen verlautete, die Hibeg habe bei der letzten, allein von ihr garantierten Kapitalerhöhung bei der späteren Plazierung an der Börse einen „guten Schnitt" gemacht.

Quelle: SZ

Bankensyndikat von 17 Instituten

rl – Das Bankensyndikat für die Schweizer-Franken-Anleihe der UdSSR ist am Wochenende von der Westdeutschen Landesbank Girozentrale in Düsseldorf bekanntgegeben worden. Danach beteiligen sich an der Fünf-Prozent-Anleihe 1988/98 über 100 Mill. sfr insgesamt 17 Kreditinstitute unter Führung der WestLB-Tochter, BKA Bank für Kredit und Außenhandel AG: Dresdner Bank AG Zürich, S.G. Warburg Soditic SA Genf, Nordfinanz Bank Zürich, Bank Heusser und Cie. AG Basel, Banque Gutzwiller Kurz Bungener SA Genf, DG-Bank AG Zürich, Rheinland-Pfalz Finanz AG Zürich, Internationale Genossenschaftsbank AG Basel, Commerzbank AG Zürich, Lavoro Bank AG Zürich, Fuji Bank AG Zürich, The Long-Term Credit Bank of Japan AG Zürich, Mitsubishi Trust Finance Zürich, The Royal Bank of Canada Genf, Toyo Trust Finanz AG Zürich und die Wirtschafts- und Privatbank AG Zürich. Die Unterzeichnung der Verträge findet am 18. Januar 1988 im Hause der WestLB in Düsseldorf statt.

Die amerikanischen Anleihenmärkte sind am Freitag überraschend stark unter Druck geraten nachdem die Bekanntgabe des Rückgangs der Arbeitslosenrate im Dezember auf 5,8% neue Inflationsängste schürte.

Finanzzeitung Seiten 15 bis 22

Quelle: HB

Metall-Tarif auch in Rheinland-Pfalz

MAINZ. Auch für die rund 130 000 Beschäftigten der Metallindustrie in Rheinland-Pfalz gilt der Anfang Mai in Göppingen ausgehandelte Tarifkompromiß. Die IG Metall und die Vereinigung der Metallindustrie Rheinland-Rheinhessen einigten sich während der sechsten Tarifrunde am Montag in Mainz wie schon andere Bezirke auf die Übernahme der seinerzeit für Nordwürttemberg/Nordbaden ausgehandelten Regelungen.
Danach werden Löhne und Gehälter vom 1. Juni an um sechs Prozent erhöht; für die Monate April und Mai gibt es eine Pauschale von je 215 Mark. Die 35-Stunden-Woche soll vom 1. April 1993 an stufenweise eingeführt werden.
Im Unterschied zum Göppinger-Modell können in Rheinland-Pfalz, wie auch im Saarland und in Berlin schon vereinbart, nicht 18, sondern höchstens 13 Prozent aller Beschäftigten eines Betriebs freiwillig 40 Stunden pro Woche arbeiten. Dafür dürfen sie zwischen Bezahlung und Freizeit-Ausgleich (binnen 24 Monaten) wählen.

Quelle: TV

ZEITUNGSVERLAGE

Abschluß für Angestellte

HANDELSBLATT, Donnerstag, 17.5.1990

ap WUPPERTAL/DÜSSELDORF. Der Verband Rheinisch-Westfälischer Zeitungsverleger und der nordrhein-westfälische Landesverband der Deutschen Angestellten-Gewerkschaft (DAG) haben sich in Wuppertal auf einen Tarifabschluß für die rund 5000 Angestellten in den Tageszeitungsverlagen in Nordrhein-Westfalen geeinigt.

Wie die DAG mitteilte, werden die Löhne, Gehälter und Ausbildungsvergütungen ab 1. Mai 1990 rückwirkend um 6,8 % erhöht. Außerdem habe man vereinbart, die Wochenarbeitszeit von derzeit 37 Stunden ab dem 1. Mai 1995 „in einem Schritt auf 35 Stunden" zu verkürzen.

Darüber hinaus sei mit den Arbeitgebern ein Tarifvertrag über die Aus- und Weiterbildung der Angestellten in den Zeitungsverlagen vereinbart worden.

Quelle: HB

Gatt-Allianz: BDI, DIHT und DGB kontra Kohl

Mk. **Bonn**

„Ein Fehlschlag in der Uruguay-Runde könnte weltweit protektionistischen Tendenzen wieder Auftrieb geben und Vergeltungsmaßnahmen im gewerblichen Bereich provozieren für verweigerte Reformbereitschaft im Agrarbereich." Dies schreiben die Präsidenten des Bundesverbandes der Deutschen Industrie (BDI), T... Necker, des [illegible] nute die Initiative ergreifen zur Reform der Agrarhandelssysteme beiderseits des Atlantiks. „Eine Fortsetzung des Preiskampfes zwischen EG und USA zur Verwertung von Überschußproduktionen am Weltagrarmarkt mit Milliarden Subventionen zu Lasten der Steuerzahler und Verbraucher ist für beide Seite unsinnig", schreiben die Verbände. Er sei zudem schädlich für jene

(Ausschnitt)Quelle: DW

Kartellamt spricht an der Zapfsäule ein Wörtchen mit

Berlin (dpa/vwd) – Das Bundeskartellamt kann sein Mißbrauchsverfahren gegen die fünf großen Mineralölkonzerne wegen angeblicher Preisabsprachen fortsetzen. So wies das Berliner Kammergericht die Beschwerden der Mineralölfirmen gegen den Auskunftsbeschluß des Bundeskartellamts zurück. Die hatten gegen eine einstweilige Anordnung zur Senkung der Benzinpreise geklagt. Nun müssen die Unternehmen die geforderten Auskünfte bis zum 14. November erteilen.

Das Gericht erklärte, an der Rechtmäßigkeit der Verfügung des Auskunftsbeschlusses bestehe kein ernstlicher Zweifel. Die Konzerne hatten argumentiert, daß sich das Berliner Amt willkürlich und gesetzwidrig als Preiskommissar betätigt habe. Dagegen sieht das Kammergericht im Zusammenhang mit der Preisfindung durchaus die Möglichkeit eines Anfangsverdachts für mißbräuchliches Verhalten.

Ein ausreichender Anlaß für einen Mißbrauchsverdacht ergibt sich für das Gericht schon aus der zwischen Essen und Hamburg über einen längeren Zeitraum zu beobachtenden nicht unerheblichen Preisdifferenz bei Benzin infolge der Golfkrise. Dieser Unterschied, der auch nach Angaben der Mineralölunternehmen von August bis Oktober durchgehend sechs Pfennig je Liter betrug, schließe jedenfalls die Möglichkeit einer mißbräuchlichen Preisgestaltung nicht von vornherein aus.

Quelle: SZ

Zusammenschluß Kaufhof/Saturn-Hansa untersagt

jas **Düsseldorf** (Eigener Bericht) – Das Bundeskartellamt hat der *Kaufhof AG, Köln*, die Aufstockung ihrer Beteiligung an der *Tertia Unternehmensgesellschaft GmbH, Köln*, von 17,5% (Rest bei Banken und Versicherungen) auf eine Mehrheit untersagt. Es will damit verhindern, daß der zur *Metro-Gruppe* (Umsatz 35,5 Mrd. DM) gehörende Kaufhof die Tertia-Töchter *Saturn Elektro-Handelsgesellschaft mbH* und *Hansa-Foto Handelsgesellschaft mbH*, beide *Köln*, stärker in seinen Konzernverbund einbezieht.

Das unter Saturn-Hansa bekannte Unternehmen (Umsatz 200 Mill. DM) und der Kaufhof würden bei einem Zusammenschluß mit Erzeugnissen der Unterhaltungselektronik im Großraum Köln einen Marktanteil von 23% (in Köln sogar von 43%) erreichen und damit mindestens das Vierfache der Marktanteile der stärksten Wettbewerber erreichen. Die noch nicht rechtskräftige Untersagung wird damit begründet, daß durch eine Fusion der beiden Unternehmen eine überragende Marktstellung gegenüber den überwiegend kleinen und mittleren Fachhandelsgeschäften, aber auch gegenüber den Kauf- und Warenhäusern sowie anderen Unterhaltungselektronikanbietern entstehen würde.

Die Tertia-Töchter waren das Urmodell und Know-how-Geber für die vom Kaufhof gegründete *Saturn-Hansa Handelsgesellschaft für technischen Freizeit- und Haushaltsbedarf mbH, Köln*, die eigene Filialen in Dortmund, Frankfurt, Hannover, München und Bremen eröffnet hat und 1989 mit Unterhaltungselektronik, Photo- und Elektroartikeln sowie Computern einen Umsatz von 336 Mill. DM erzielt hat.

Quelle: SZ

Kartellamt bleibt eisern

BERLIN/BONN. Das Bundeskartellamt hält an seinem Fusionskontrollverfahren Lufthansa/Interflug fest. Das erklärte am Mittwoch ein Sprecher des Amtes in Berlin. Er reagierte damit auf Berichte aus Bonn, wonach sich die Koalitionsfraktionen auf eine Übernahme der Fluggesellschaft der ehemaligen DDR, Interflug, durch die Lufthansa verständigt haben. Die Lufthansa hat ihr Interesse an einer Übernahme von Interflug unterdessen bekräftigt. LH gehe davon aus, daß die Treuhandanstalt „in den nächsten Tagen" einen entsprechenden Vertragsentwurf unterbreitet, heißt es in einer Mitteilung. Man begrüße „alle Entscheidungen, die zu einer schnellen und sozialverträglichen Lösung des Problems beitragen."

Quelle: TV

Kartellamt segnet Lexika-Ehe sofort ab

Berlin (dpa/vwd) – Die Aufstockung der Beteiligung der *Verlag Langenscheidt KG, Berlin/München* an der *Bibliographisches Institut* und *F. A. Brockhaus AG (BIFAB), Mannheim,* auf eine Mehrheit ist vom Bundeskartellamt in Berlin nach kurzer Prüfung abgesegnet worden (vgl. SZ vom 3. 8.). Das Bundeskartellamt in dem

(Ausschnitt) Quelle: SZ

Elfmal die rote Karte vom Kartellamt

DW. Berlin

Das Fusionskarussell hat im zu Ende gehenden Jahr in der Bundesrepublik Deutschland weiter an Fahrt gewonnen. Beim Bundeskartellamt wurden weit über 1300 (Vorjahr: 1159) vollzogene Unternehmenszusammenschlüsse angezeigt. Angesichts der großen Zahl der Fusionen erscheinen die elf (1988: fünf) Untersagungen des Jahres 1989 gering. Dabei muß aber berücksichtigt werden, daß das Kartellamt nur zur roten Karte greifen darf, wenn durch eine Fusion eine marktbeherrschende Stellung entsteht oder verstärkt wird. Neben Daimler/MBB wurden vom Kartellamt die geplanten Fusionen Linde/Lansing, Melitta/Frapan, DLT/Südavia, WDR/Radio NRW, MAN/Sulzer, WMF/Hutschenreuther, Unilever/Braun, Kaufhof/Saturn, Tengelmann/Gottlieb und CG Vieh und Fleisch/Nordfleisch untersagt.

Auf der anderen Seite wurden

(Ausschnitt) Quelle: DW

EG / Seit dem Kriegsende illegale Kartellabsprachen

Hohe Strafen für Solvay, ICI und Chemische Fabrik Kalk

HANDELSBLATT, Donnerstag, 20.12.1990

mbe BRÜSSEL. Bußgelder in Höhe von umgerechnet insgesamt 96 Mill. Mark hat die EG-Kommission gegen die Chemieunternehmen Solvay & Cie, Brüssel, ICI, London sowie die deutsche BASF-Tochter Chemische Fa-

Wegen beider Delikte, die die Kommission als besonders schwerwiegend bezeichnete, wurde das Bußgeld ungewöhnlich hoch angesetzt: 60 Mill. DM für Solvay und 34 Mill. für ICI. Glimpflich kam die Chemische Fabrik Kalk davon; zwei Mill. DM beträgt ihr Bußgeld wegen Kartellabsprache mit Solvay auf dem deutschen Markt

(Ausschnitt) Quelle: HB

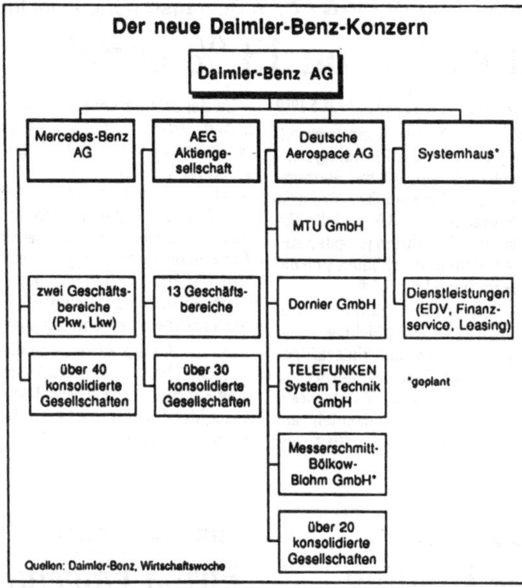

Quelle: HB

VW-Konzernstruktur wird geändert

Betriebsrat: Holding mit Audi und Seat endgültig vom Tisch

WOLFSBURG. Die Volkswagen AG in Wolfsburg bekommt eine neue Konzernstruktur. Dies sagte Klaus Volkert, Vorsitzender des Gesamt- und Konzernbetriebsrates am Donnerstag. Einzelheiten mochte Volkert nicht nennen. Insider gehen aber davon aus, daß die Chefs von Audi und Seat in den Konzernvorstand einrücken werden, wobei künftig für die Marke VW ein Vorstandsmitglied verantwortlich sein soll. Eine Holding, unter deren Dach die drei Gesellschaften VW AG, Audi AG (Ingolstadt) und Seat SA (Madrid) als eigenständige Töchter geführt würden, sei vom Tisch, betonte Volkert.

Der VW-Haustarif wird für die rund 400 in der Polo-Montage Beschäftigten im Werk Mosel der Sachsenring GmbH nicht gelten. Hier werde – so Volkert – die Treuhandanstalt mit den dortigen Arbeitgeberverbänden einen Tarif abschließen. VW sei nur mit 12,5 Prozent an dem Werk beteiligt; die Treuhand halte den Rest. Damit werde das dortige Lohnniveau bedeutend niedriger sein als an den anderen sechs deutschen Standorten.

Volkert will auf der Aufsichtsratssitzung am 16. November VW-Chef Carl H. Hahn seine Stimme für die vorgeschlagene zweijährige Amtszeitverlängerung geben. Bei den vielen angeschobenen Projekten bürge Hahn für Kontinuität, meinte er. Auch gelte es, der Weltmarkteroberungsstrategie der Japaner zu trotzen.

Quelle: TV

ALLIANZ AG HOLDING / 7,7 % Beitragserhöhung im Inland

Zuwachs von 13 % erzielt

HANDELSBLATT, Sa./So., 27./28.5.1989

vwd MÜNCHEN. Die Konzerngesellschaften der Allianz AG Holding, Berlin/München, haben 1988 mit Beitragseinnahmen in Höhe von 29,2 Mrd. DM einen Zuwachs von 13 % erzielt. Wie die Gesellschaft in ihrem jüngsten Aktionärsbrief mitteilt, erhöhten sich die Beträge im Inland um 7,7 %.

Dazu trugen die Tarifanhebungen der Kraftfahrt-Haftpflichtversicherung zum 1. Juli 1988 und ein kräftiger Zuwachs in der Lebensversicherung bei. Im Ausland lag die Zuwachsrate bei 22,2 %. Der Auslandsanteil am Weltumsatz der Alli... stieg auf

Im Bereich der Lebensversicherung Inland wurde mit einer Versicherungssumme von 16,8 Mrd. DM das schon im Vorjahr hohe Volumen des Neugeschäfts noch erheblich übertroffen. Der Gesamtüberschuß erhöhte sich vor allem aufgrund niedrigerer Wertpapierabschreibungen auf 2,6 Mrd. DM. Hiervon kommen laut Aktionärsbrief 97 % als Gewinnbeteiligung den Versicherungsnehmern zugute.

Bei der Allianz AG stiegen die Beitragseinnahmen in der Rückversicherung auf rund 5,6 (5,2) Mrd. DM. Nach Abzug der Steuern dürfe der Jahresüberschuß dieselbe Größenordnung

(Ausschnitt) Quelle: HB

BRIDGESTONE

Eine Holding für Europa

HANDELSBLATT, Donnerstag, 4.1.1990

dk HAMBURG. Der japanische Reifenkonzern Bridgestone Corporation ist zur Zeit dabei, in Brüssel eine Europa-Holding aufzubauen, unter deren Dach alle europäischen Vertriebstöchter sowie die Firestone-Schwestergesellschaften zusammengefaßt werden sollen.

Wie ein Sprecher der deutschen Tochter Bridgestone Reifen GmbH, Hamburg, erklärte, wird in Japan auch über die Zwei-Marken-Strategie für Bridgestone und Firestone nachgedacht. Das Ergebnis der Überlegungen werde wahrscheinlich darauf hinauslaufen, daß Firestones Ziel-

(Ausschnitt) Quelle: HB

CHRIST-HOLDING

Firma Dugena übernommen

HANDELSBLATT, Montag, 19.9.1988

sc FRANKFURT. Die Rewe Handelsgesellschaft Leibbrand oHG, Bad Homburg, wird zum 31.12.1988 die Darmstädter Dugena Großhandlung aus der Dugena Uhren & Schmuck GmbH ausgliedern und zu einem ungenannten Preis an die Uhren Christ-Holding, Hanau, verkaufen, so der Vorstandsvorsitzende der Dugena Leistungsgemeinschaft eG, Karl Heinz Eilers, vor der Presse.

Die vom Generalbevollmächtigten der Rewe Handelsgesellschaft Leibbrand oHG, Klaus Wiegandt, kontrollierte Christ-Holding ist den Angaben zufolge bereits an den Unternehmen Christ-Juweliere und Uhrmacher

(Ausschnitt) Quelle: HB

Zahl der Fusionen erhöht sich weiter

Immer weiter erhöht sich in der Bundesrepublik die Zahl der Fusionen. Allein im vergangenen Jahr wurden dem Bundeskartellamt mit 1159 rund 30 Prozent mehr Unternehmenszusammenschlüsse angezeigt als in den zwölf Monaten zuvor, sagte dessen Präsident, Professor Wolfgang Kartte, bei Vorlage des Tätigkeitsberichts 1987/88. Insgesamt wurden in diesem Zeitraum 2046 Fusionen gemeldet. Allerdings bedeute nicht jede Fusion eine Verschlechterung des Wettbewerbs, meinte Kartte. Von allen Fällen 1987 und 1988 seien 20 bis 30 Prozent wettbewerbsrechtlich interessant gewesen. Trotzdem kam es in beiden Jahren zu nur acht Untersagungsverfügungen, davon fünf im Pressebereich.

Quelle: TV

VIAG AG

Übernahme von Klöckner & Co.

HANDELSBLATT, Montag, 5.6.1989

tio DUISBURG. Mit Ausnahme des in der Abwicklung begriffenen Rohölbereichs und der Beteiligung an KHD in Höhe von 40 % übernimmt die Viag AG, Berlin/Bonn, die Klöckner & Co. AG, Duisburg, aus dem Besitz der Deutschen Bank. Das traditionsreiche Handelshaus war im Oktober 1988 von der Deutschen Bank mit einer Kapitalspritze von 400 Mill. DM vor dem drohenden Konkurs gerettet worden, nachdem Verluste im Rohölterminge-schäft von mehreren 100 Mill. DM angefallen waren. Nach Angaben von Ulrich Cartellieri, Vorstandsmitglied der Deutschen Bank, stellt die nun getroffene Entscheidung die „beste Lösung" dar. Diese Konzeption sei auch einer „Börsenlösung" vorzuziehen, nachdem Anzeichen dafür vor-

(Ausschnitt) Quelle: HB

VOLKSWAGEN

Kooperation mit Ford?

HANDELSBLATT, Sa./So., 16./17.12.1989

HB DÜSSELDORF. Die beiden Autohersteller Volkswagen und Ford wollen in Europa gemeinsam eine Großraumlimousine vom Typ des Renault „Espace" entwickeln und produzieren. Nach Informationen des Magazins „Der Spiegel" haben VW-Chef Carl H. Hahn und der Chef von Ford of Europe, Lindsey Halsstead, entsprechende Vereinbarungen getroffen. Danach wird die Hälfte der rund 200000 pro Jahr geplanten Fahrzeuge als VW und die andere Hälfte, die sich äußerlich

(Ausschnitt) Quelle: HB

Gillette kauft Teile von Wilkinson

je NEW YORK. Der amerikanische Marktführer bei Naßrasierern und Rasierklingen, The Gillette Co., hat für 72 Mill.$ das Rasieklingengeschäft von Wilkinson Sword Inc. in den USA, Brasilien, Australien, Neuseeland und Österreich erworben. Gillette, die in den USA bereits 50% des Naßrasier-Marktes kontrolliert, erhält damit weitere 3 % hinzu. Der Erwerb ist Teil einer komplexen Transaktion, in der die schwedische Stora ihre Tochter Swedish Match A.B., zu der Wilkinson gehört, für 600 Mill.$ an eine Partnerschaft verkauft, zu der neben Gillette und der US-Großbank J.P.Morgan auch schwedische Versicherungen gehören. Nach der Übernahme wird die Firma als Swedish Match B.V. in den Niederlanden angesiedelt. Ihr weltweiter Umsatz mit Streichhölzern und Feuerze-

(Ausschnitt) Quelle: HB

4.4 Auflösung von Unternehmen

Unternehmungen können nicht nur gegründet, sondern auch wieder aufgelöst werden. Das kann freiwillig oder unfreiwillig geschehen.

Liquidation

Freiwillige Auflösungen beruhen auf persönlichen Entscheidungen der Unternehmer, oft ausgelöst durch Alter, Krankheit, zu geringe Gewinne oder den Wunsch, ein Angestelltenverhältnis einzugehen. Die freiwillige Auflösung einer Unternehmung – d. h. die Abwicklung der Geschäfte – wird als *Liquidation* bezeichnet.

Konkurs

Unfreiwillige Auflösungen – auch Pleiten oder Bankrotte genannt – erfolgen, wenn Unternehmen ihren Zahlungsverpflichtungen nicht mehr nachkommen können (= Zahlungsunfähigkeit) oder wenn die Schulden größer sind als das Vermögen (= Überschuldung). Die Auflösung kann vom Unternehmen selber oder von den Gläubigern betrieben werden. In einem gerichtlichen Verfahren – dem *Konkurs* – wird über das Vermögen des Schuldners zugunsten der Gläubiger verfügt. Da Lohn-, Gehalts- und Steuerforderungen vorrangig befriedigt werden, gehen die normalen Gläubiger oft leer aus. *Betrügerischer Bankrott* liegt vor, wenn Unternehmer im Zusammenhang mit einem Konkursverfahren Betrugshandlungen begehen, z. B. indem sie Vermögensteile ins Ausland schaffen.

Vergleich

Meistens wird versucht, das Konkursverfahren zu vermeiden und einen gerichtlichen oder außergerichtlichen *Vergleich* zu erreichen. Damit verfolgt man das Ziel, das Unternehmen im Interesse der Mitarbeiter und der Gesamtwirtschaft anschließend weiterzuführen, was nach dem Konkurs

MINOX / Kein Vergleich — Konkursverfahren eröffnet

„Mindestquote von 35 % kann nicht erreicht werden"

HANDELSBLATT, Sonntag, 1.1.1989

HB/vwd HEUCHELHEIM. Über das Vermögen des Kameraherstellers Minox hat das Amtsgericht Giessen das Konkursverfahren eröffnet. Wie die Geschäftsleitung des Unternehmens in Heuchelheim bei Gießen mitteilte, haben eingehende Überprüfungen ergeben, daß ein Vergleichsverfahren nicht möglich ist. Die dafür notwendige Mindestquote von 35 % für die Gläubiger könne nicht erreicht werden.

Außerdem heißt es in der Mitteilung, Betriebsrat und IG Metall nähmen alle notwendigen Maßnahmen wahr, um die Rechte der knapp 600 Arbeitnehmer sicherzustellen. Alle Beteiligten

Trotz Sonderschichten und „sehr guter Auftragslage" hatte der geschäftsführende Gesellschafter der Minox GmbH, Robert G. Corduwener, im November den Vergleich beantragt. Das Amtsgericht Gießen hatte den Frankfurter Rechtsanwalt Wilhelm Schaaf zum vorläufigen Vergleichsverwalter, nun zum Konkursverwalterbestellt. Corduwener hatte erst am 1. April dieses Jahres als Mehrheitsgesellschafter (51 %) das traditionsreiche Unternehmen übernommen.

Von einer Delegation der Belegschaft war noch am 22. Dezember von der Landesregierung eine Bürgschaft gefordert worden, um das Unternehmen vor dem Konkurs zu bewahren

(Ausschnitt) Quelle: HB

Konkursverfahren über Dornier Seastar eröffnet

wl. **München** (Eigener Bericht) – Über die im Jahre 1982 gegründete *Claudius Dornier Seastar GmbH und Co. KG, Oberpfaffenhofen bei München*, wurde am Freitagnachmittag auf Beschluß des Amtsgerichts Weilheim das Konkursverfahren wegen Zahlungsunfähigkeit eröffnet. Geschäftsführer Hannes Lucas erklärte dazu, der Betrieb könne fortgesetzt werden, die 180 Arbeitsplätze seien bis auf weiteres gesichert. Der Konkursverwalter werde sich ein Darlehen besorgen, so daß Löhne und Gehälter für Oktober bezahlt werden können und die Auszahlung auch für den Monat November sichergestellt sei.

Gesellschafter des Unternehmens waren zu 80 Prozent die Familienerben nach dem verstorbenen Prof. Claudius Dornier jun. 20 Prozent der Anteile gehörten der Seastar ... GmbH, München die

ternehmen ist nach Auskunft von Lucas mit einem Betriebskapital von 53 Mill. DM ausgestattet, wovon 33 Mill. von den Familiengesellschaftern, 20 Mill. von der Beteiligungsgesellschaft aufgebracht wurden. Zweck des Unternehmens ist, die Entwicklung, Herstellung und Vermarktung des Amphibienflugzeugs Seastar, das kurz vor der Zulassung steht.

Der Bund und der Freistaat Bayern haben bereits vor Jahresfrist Fördermittel für das Flugzeug, das in modernster Technologie in Kunststoffbauweise gefertigt wird, in Aussicht gestellt. Die bereitgestellten Mittel konnten bisher nur z. T. in Anspruch genommen werden, weil einige Familiengesellschafter die zum Abruf der Mittel notwendigen Maßnahmen nicht ergriffen haben. Dies führte zur Zahlungsunfähigkeit.

Der Produktionsstart für den Seastar

(Ausschnitt) Quelle: SZ

nicht möglich ist. Das Vergleichsverfahren soll der Sanierung des Unternehmens dienen. Voraussetzung für einen gerichtlichen Vergleich ist, daß mindestens 35 Prozent aller Forderungen erfüllt werden können.

Wird der Vergleichsantrag von den Gläubigern abgelehnt, entscheidet das Gericht über die Eröffnung des Konkurses. Im September 1989 konnte der Vorstand der *coop AG* seinen bereits beim Gericht bestellten Vergleichsantrag wieder zurückziehen, weil die Gläubigerbanken bereit waren, auf 75 Prozent ihrer Forderungen zu verzichten.

4.5 Bilanzen und Geschäftsberichte

Inventur, Inventar

Bei der Gründung eines Unternehmens und am Ende eines Geschäftsjahres müssen das Vermögen und die Verbindlichkeiten ermittelt werden. Dazu werden alle Vermögensgegenstände wie Grundstücke, Maschinen, Fahrzeuge, Materialien und Fertigerzeugnisse aufgenommen und bewertet. Hinzu kommen die Barmittel und Forderungen. Diese Tätigkeit wird als *Inventur* bezeichnet.

Die durch die Inventur ermittelten Vermögensteile und Verbindlichkeiten werden im *Inventar* nach Art, Menge und Wert zusammengefaßt. Die Gliederung des Inventars erfolgt in Vermögen, Schulden und Eigenkapital (= Reinvermögen). Das Eigenkapital des Unternehmens wird zum Abschluß des Inventars ermittelt.

  Vermögen
– Schulden

= Eigenkapital (= Reinvermögen)

Bilanz

Inventare sind umfangreiche Aufstellungen über Vermögen und Schulden. Die Unternehmen sind verpflichtet, daraus ein zusammengefaßtes, übersichtliches Verzeichnis ihrer Vermögenswerte und Schulden zu erstellen. Dieses geforderte Verzeichnis ist die *Bilanz.*

Die Bilanz ist eine Zusammenfassung des Inventars, bei der gleiche Vermögenswerte und Schulden zu *Bilanzposten* zusammengezogen werden. Diese werden nur noch wertmäßig ausgewiesen und zur besseren Übersicht in Kontenform dargestellt. Dabei stehen auf der linken Seite (= Aktivseite) das Vermögen, auf der rechten Seite (= Passivseite) die Schulden (= Fremdkapital) und zum Ausgleich das Reinvermögen (= Eigenkapital). Die Aktivseite der Bilanz wird untergliedert in Anlagevermögen und Umlaufvermögen. Aktiv- und Passivseite müssen stets übereinstimmen, die Bilanz muß „ausgeglichen" sein.

Beispiel einer Bilanz:
Bilanz per 31.12.19... in 1.000,– DM

Aktiva		Passiva	
Anlagevermögen		*Eigenkapital*	
Sachanlagen	340.000	Grundkapital	200.000
(Gebäude, Maschinen ...)		(Aktien)	
Finanzanlagen	60.000	Rücklagen	150.000
(Beteiligungen ...)			
Umlaufvermögen		*Fremdkapital*	
Vorräte	200.000	Verbindlichkeiten	
Forderungen an Kunden	230.000	bei Banken	300.000
Kassenbestand	20.000	bei Lieferanten	176.000
Bankguthaben	40.000	*Gewinn*	64.000
	890.000		**890.000**

Aufgrund gesetzlicher Bestimmungen ist jeder Unternehmer verpflichtet, bei der Gründung seines Unternehmens und zum Ende eines jeden Geschäftsjahres eine Bilanz zu erstellen. Da dies nach einheitlichen Vorschriften zu erfolgen hat, lassen sie sich gut vergleichen mit Bilanzen vorhergehender Jahre und mit Bilanzen anderer Unternehmen.

Gewinn- und Verlustrechnung

Neben der Bilanz muß am Ende eines Geschäftsjahres der Gewinn oder Verlust eines Unternehmens ermittelt werden. Dazu ist eine *Gewinn- und Verlustrechnung* (G. u. V.-Rechnung) zu erstellen, in der die Aufwendungen (= Kosten) den Erträgen (= Erlösen) gegenübergestellt werden.

Sind die Erträge höher als die Aufwendungen, hat das Unternehmen Gewinn erwirtschaftet. Sind die Aufwendungen höher als die Erträge, schließt das Geschäftsjahr mit Verlust ab.

Die Gewinn- und Verlustrechnung ist nach einheitlichen Gliederungsvorschriften zu erstellen und gibt Auskunft darüber, welche Bereiche in welchem Umfang zum Gewinn oder Verlust beigetragen haben. Die G. u. V.-Rechnung wurde früher grundsätzlich in Kontoform erstellt, seit 1985 muß sie bei Kapitalgesellschaften in Staffelform, d. h. untereinander, erfolgen.

Geschäftsbericht

Der Geschäftsbericht ergänzt die Bilanz und die Gewinn- und Verlustrechnung mit dem Erläuterungsbericht sowie dem Lagebericht und erläutert den Jahresabschluß. Der *Erläuterungsbericht* enthält ergänzende Angaben zur Bilanz und zur G. u. V.-Rechnung. Diese Angaben sind vom Abschlußprüfer auf ihre Richtigkeit und Vollständigkeit zu prüfen und zu bestätigen. Im *Lagebericht* sind der Geschäftsverlauf und die wirtschaftliche Lage des Unternehmens zu erläutern. Dieser oft subjektive Bericht ist vom Abschlußprüfer nur daraufhin zu kontrollieren, ob die Angaben keine falschen Vorstellungen über die Lage der Unternehmung erwecken können. Aktionäre erhalten die Geschäftsberichte automatisch zugeschickt (andere Interessenten auf Anforderung) und auf der Hauptversammlung erläutert.

Publizitätspflicht

Das neue Bilanzrichtlinien-Gesetz (BiRiLiG) von 1987 schreibt vor, daß alle Kapitalgesellschaften – und nicht nur wie vorher die AGs – ihren Jahresabschluß, bestehend aus Bilanz, G. u. V.-Rechnung und Geschäftsbericht, zu veröffentlichen und um einen *Anhang* zu erweitern haben. Danach müssen auch GmbHs zusätzlich einen Lagebericht abgeben. Während im Anhang die aktuelle Unternehmenssituation erläutert wird, soll im Lagebericht über die zukünftige Entwicklung berichtet werden, z. B. über Erweiterung, Neueinrichtung und Schließung von Produktionsstätten. Der vollständige Jahresabschluß ist von allen Kapitalgesellschaften im Handelsregister zu veröffentlichen. Großunternehmen (über 125 Millionen DM Bilanzsumme, 250 Millionen DM Umsatz, 5.000 Beschäftigte) müssen ihre Bilanz und G. u. V.-Rechnung zusätzlich in den sogenannten Gesellschaftsblättern publizieren. Dazu gehören der Bundesanzeiger und die überregionalen Tages- und Wirtschaftszeitungen.

Bilanzmanipulation

Jahresabschlüsse von Unternehmen sind kritisch zu lesen, denn Bilanzen sind oft „frisiert“. Trotz gesetzlicher Vorschriften und rechtlicher Regelungen gibt es Möglichkeiten, Gewinne und Verluste zu manipulieren. Es sind unterschiedliche Gründe, die eine Unternehmensleitung dazu veranlassen, ihre Gewinne und Verluste größer oder kleiner erscheinen zu lassen: geringere Steuerzahlungen oder Anlage von „stillen Reserven“, mit denen spätere Verluste ausgeglichen werden können. Dieses *Frisieren von Bilanzen* ist möglich durch Ermessensspielräume beim Schätzen von „Ausfällen bei Forderungen“, Bewerten von „unfertigen Erzeugnissen“ und „Anlagen im Bau“, unterschiedliche Abschreibungsmöglichkeiten und Transferieren von Gewinnen an ausländische Konzerngesellschaften.

Die Unternehmen beschäftigen teilweise Fachleute und Berater, die ihnen helfen, Steuern zu sparen, stille Reserven zu bilden und Verluste zu „schönen".

Bilanzanalyse

Im Wirtschaftsteil der Zeitungen werden die Bilanzen der wichtigsten Unternehmen analysiert. Die Wirtschaftsredakteure besuchen die Bilanzpressekonferenzen, in denen die Jahresabschlüsse erläutert werden. Sie stellen dort ihre Fragen und bereiten anschließend die Zahlen für ihre Leser auf. Oft sind dabei weniger die absoluten Zahlen interessant als die prozentualen Veränderungen zu den Vorjahren und bestimmte Kennzahlen, mit denen andere Unternehmungen verglichen werden können. Aufschlußreich sind auch Gewinnschätzungen, die von Banken und Analysefirmen vorgenommen werden.

Erst die Auswertung der Bilanz und der G. u. V.-Rechnung ermöglicht eine Aussage über die Ertragskraft und die finanzielle Lage einer Unternehmung.

Die Bilanzanalyse erfolgt in drei Teilen: Zuerst werden die benötigten Zahlen herausgesucht und aufbereitet. Mit diesen Werten werden dann *Kennzahlen* erstellt. Mit solchen Kennzahlen – als Verhältniszahlen oder als absolute Zahlen – werden Einzelpositionen zusammengefaßt.

Anschließend werden die Kennzahlen beurteilt und zwar meistens im Vergleich zu Sollzahlen (= Soll-Ist-Vergleich), zu Zahlen vergangener Perioden (= Zeitvergleich) und zu Werten anderer Unternehmen (= Unternehmensvergleich). Wichtige Kennzahlen in der Berichterstattung über Unternehmungen sind der *Cash-flow*, die *Umsatzrendite*, die *Eigenkapitalquote*, die *Liquidität* und bei Aktiengesellschaften zusätzlich der *Gewinn je Aktie* sowie das *Kurs-Gewinn-Verhältnis*.

Cash-flow, KGV

Der *Cash-flow* ist eine aus dem angelsächsischen übernommene Betriebskennzahl, die den finanzwirtschaftlichen Überschuß eines Jahres ausdrückt. Der Cash-flow wird (vereinfacht) errechnet aus dem Jahresüberschuß plus den Abschreibungen und den langfristigen Rückstellungen:

Jahresüberschuß
+ Abschreibungen
+ Rückstellungen

= Cash-flow

Beim *Gewinn je Aktie* ist der Gewinn aus der Bilanz der G. u. V.-Rechnung wegen der Bewertungsspielräume nicht direkt verwendbar. Nach der Formel der Deutschen Vereinigung für Finanzanalyse und Anlageberatung (DVFA) wird der *bereinigte* Jahresgewinn dividiert durch die Anzahl der ausgegebenen Aktien. Erst die Bereinigung des Jahresüberschusses um außerordentliche Aufwendungen und Erträge sowie um die Bildung von Reserven ergibt ein Nettoergebnis, das einen Vergleich der Ertragskraft verschiedener Unternehmen ermöglicht.

$$\text{Gewinn je Aktie} = \frac{\text{bereinigter Jahresgewinn}}{\text{Anzahl der ausgegebenen Aktien}}$$

Das *Kurs-Gewinn-Verhältnis (KGV)* oder Price-Earning-Ratio (PER oder PE) verwendet die Kennzahl Gewinn je Aktie und setzt sie ins Verhältnis zum aktuellen Börsenkurs der Aktie:

$$\text{KGV} = \frac{\text{aktueller Börsenkurs}}{\text{Gewinn je Aktie}}$$

Ein hohes Kurs-Gewinn-Verhältnis ist ein Zeichen für eine hohe Ertragskraft oder für eine Überbewertung.

MAN Aktiengesellschaft

Konzernbilanz zum 30. Juni 1990 (Kurzfassung)

AKTIVA	30.6.1990 Mio. DM	30.6.1989 Mio. DM
Immaterielle Vermögensgegenstände	19	17
Sachanlagen	2.513	2.398
Finanzanlagen	696	402
Anlagevermögen	3.228	2.817
Vorräte	6.594	5.956
Forderungen und sonstige Vermögensgegenstände	5.530	4.606
Wertpapiere, Schuldscheine	1.025	1.067
Flüssige Mittel	925	551
Umlaufvermögen	14.074	12.180
Rechnungsabgrenzungsposten	60	61
	17.362	15.058

PASSIVA	30.6.1990 Mio. DM	30.6.1989 Mio. DM
Gezeichnetes Kapital	771	675
Kapitalrücklage	1.322	836
Gewinnrücklagen	776	645
Anteile anderer Gesellschafter	272	262
Konzerngewinn	159	108
Eigenkapital	3.300	2.526
Sonderposten mit Rücklageanteil	77	33
Rückstellungen	4.083	3.662
Anzahlungen und Kredite zur Finanzierung von Kundenaufträgen	6.405	5.314
Andere Verbindlichkeiten	3.405	3.426
Rechnungsabgrenzungsposten	92	97
	17.362	15.058

Konzern-Gewinn- und Verlustrechnung 1989/90

	1989/90 Mio. DM	1988/89 Mio. DM
Umsatzerlöse	18.937	17.054
Bestandsveränderung und andere aktivierte Eigenleistungen	437	292
Gesamtleistung	19.374	17.346
Sonstige betriebliche Erträge	463	382
Materialaufwand	(11.728)	(10.630)
Personalaufwand	(4.663)	(4.177)
Abschreibungen	(552)	(535)
Sonstige betriebliche Aufwendungen	(2.200)	(1.922)
Beteiligungsergebnis	24	54
Abschreibungen auf Finanzanlagen und auf Wertpapiere des Umlaufvermögens	(46)	(20)
Zinsergebnis	55	32
Ergebnis der gewöhnlichen Geschäftstätigkeit	727	530
Ertragsteuern	(399)	(276)
Konzernjahresüberschuß	328	254
Anderen Gesellschaftern zustehender Gewinn	(19)	(17)
Auf andere Gesellschafter entfallender Verlust	2	1
Einstellung in Gewinnrücklagen	(152)	(130)
Konzerngewinn	159	108

Die Abschlüsse der MAN Aktiengesellschaft und des MAN Konzerns zum 30. Juni 1990 sind vom Abschlußprüfer uneingeschränkt bestätigt worden. Sie werden im Bundesanzeiger im Januar 1991 offengelegt und beim Handelsregister des Amtsgerichts München hinterlegt.

(Ausschnitt) Quelle: HB

VW poliert Bilanzbild auf

Höherer Gewinn-Ausweis verschleiert einige Ertragsprobleme

jk FRANKFURT A. M. Der von Volkswagen für die ersten neun Monate vorgelegte Zwischenbericht vermittelt nur auf den ersten Blick den Eindruck einer leicht aufwärts gerichteten Gewinnentwicklung. Zwar weist er sowohl für den Konzern als auch das Stammhaus einen um jeweils zwei Prozent erhöhten Überschuß (621 Millionen und 477 Millionen Mark) aus, doch ist selbst aus der verkürzten Gewinn- und Verlustrechnung herauszulesen, daß damit kein getreues Spiegelbild der wirklichen Lage wiedergegeben wird. Der Vorstand, dem offenbar ein Sprach-Akrobat die Feder geführt hat, deutet dies auch mit folgendem Satz an: „Durch den Wettbewerbsdruck, die Verbesserung des Fahrzeugangebots durch Preis- und Produktrepositionierung sowie die schwierige Wirtschaftslage in Brasilien ist die Qualität des Ergebnisses allerdings beeinträchtigt."

Hinter dem schönen Wort „Repositionierung" verbirgt sich das Bemühen des Managements, bei der Kundschaft ein besseres Image für die Marke VW zu schaffen — die Wolfsburger Autos galten lange Zeit als zu teuer angesichts der mangelhaften Ausstattung —, das in der im August 1989 gestarteten Aktion „VW wertet die Mark auf" gipfelte. Zu dieser mehrere hundert Millionen Mark teuren Kampagne kommen jetzt hohe Verluste der Autolatina (Gemeinschaftsfirma mit Ford) in Brasilien und Argentinien.

Einen Hinweis auf die andere „Qualität des Ergebnisses" gibt vor allem das „Sonstige betriebliche Ergebnis" in der Gewinn- und Verlustrechnung. Während im vergangenen Jahr sämtliche Register des vorsichtigen Kaufmanns gezogen, Abschreibungen und Rückstellungen en masse gebildet wurden, die diese Position mit 821 Millionen Mark ins Minus drückten, haben sich die VW-Leute diesmal „reich gerechnet". Denn plötzlich steht dort per Ende September ein positiver Saldo von 464 Millionen. In diesem „Swing" von nahezu 1,3 Milliarden, bedingt vor allem durch unterlassene Vorsorge, liegt der Schlüssel für die Erklärung, weshalb trotz einer weniger glänzenden Ertragslage unter dem Strich ein höherer Überschuß steht.

Quelle: FR

DUGENA / Ehemalige Vorstände vor Gericht

„Bilanzen manipuliert"

HANDELSBLATT, Mittwoch, 25.1.1989

vwd DARMSTADT. Mit falschen Zahlen und Bilanzen sollen drei ehemalige Vorstandsmitglieder der Uhren- und Schmuckhandlung Dugena in Darmstadt ihre beiden Hausbanken um 44 Mill. DM geschädigt haben. Der ehemalige Vorstandsvorsitzende und zwei ehemalige stellvertretende Vorstandsmitglieder müssen sich vor der 9. Großen Strafkammer des Landgerichts Darmstadt wegen Betruges und Verstoßes gegen das Genosse[...] macht hätten. Laut Anklageschrift sollen die Beschuldigten falsche Angaben bei Kreditverhandlungen gemacht haben. Obwohl bereits Mitte 1981 ein Verlust bei der Dugena von 18,4 Mill. DM feststand und sich ein endgültiger Verlust für das gesamte Jahr von 33,7 Mill. DM abzeichnete, sollen sie bei den Verhandlungen Ende 1981 einen Verlust von nur 5,8 Mill. DM genannt haben.

Daraufhin verlängerte die Bank einen Kredit über 24 Mill. DM. Das gleiche geschah bei den Kreditver-

(Ausschnitt) Quelle: HB

JAHRESABSCHLÜSSE / WP-Kammer deckt Prüfungsfehler auf

Häufig fehlen wichtige Angaben im Anhang

HANDELSBLATT, Donnerstag, 20.12.1990

DÜSSELDORF. Ob Lagebericht, Bilanz, Gewinn- + Verlustrechnung oder Anhang — die von den Wirtschaftsprüfern unentdeckt gebliebenen Verstöße gegen die einschlägigen Vorschriften ziehen sich durch nahezu sämtliche Bereiche der im vergangenen Jahr publizierten Abschlüsse. Auch die Testate weisen nicht selten Unkorrektheiten auf. Dies ergibt die Auswertung einer statistischen Untersuchung der in Düsseldorf ansässigen Wirtschaftsprüferkammer für 1989.

In allen Bereichen, wo Menschen arbeiten, werden Fehler gemacht - von

und Verlustrechnung. Auffällig war vor allem eine unzureichende Auszeichnung des Sonderpostens mit Rücklageanteil (37 mal). In 43 Fällen stimmten die Abschreibungen auf Sachanlagen und immaterielle Werte nicht mit dem entsprechenden Ausweis im Anlagespiegel überein, worüber es auch keine Erläuterung im Anhang gab. Abschreibungen auf Finanzanlagen wurden in einigen Fällen ebenfalls nicht ausgewiesen oder erläutert.

Es wurden aber nicht nur in den Jahresabschlüssen Fehler übersehen, auch bei den Testaten entdeckten die „WP-Kontrolleure" Formfehler, und das nicht eben selten, wie die Auswertung zeigt. So machte die Kammer für

(Ausschnitt) Quelle: HB

ANALYSE / WestLB nimmt Daimler Benz unter die Lupe

Vom Automobil-Hersteller zum Technologiekonzern

HANDELSBLATT, Dienstag, 4.10.1988

vwd FRANKFURT. Die Aktie der Daimler-Benz AG, Stuttgart, ist nach den Worten des Vorstandes in der „vermutlich anspruchsvollsten Umwandlungsphase". Die Westdeutsche Landesbank (WestLB), Düsseldorf, analysiert die laufenden Geschäfte des Unternehmens „auf dem Weg vom Kfz-Hersteller zum Technologiekonzern".

Auch wenn in den nächsten Jahren im Inland die Zulassungen des Jahres

dere eine Prognose für die Automobilkonjunktur: Man könne unterstellen, daß das z.B. expandierende Nutzfahrzeuggeschäft ertragsmäßig nicht in der Lage sein dürfte, einen Rückgang im Pkw-Bereich auszugleichen. Ertragsbeiträge von AEG, Dornier und MTU seien erst für die 90er Jahre einzuplanen. Ab diesem Zeitraum würden auch die Prognosen für die Automobilindustrie wieder besser aussehen, und Daimler-Benz habe dann auch die „Antwort" auf die zur Zeit deutlich spürbare Herausford-

(Ausschnitt) Quelle: HB

4.6 Branchen- und Unternehmensberichte

Die Berichterstattung über Unternehmungen sollte ursprünglich dem Gläubigerschutz dienen. Die mit Beginn des 19. Jahrhunderts sprunghaft ansteigenden Gründungen von Aktiengesellschaften waren oft spekulativ. Es entstand ein Bedarf an kritischer Berichterstattung über die Geschäftsentwicklung, Bonität und Erwirtschaftung von Gewinnen der Unternehmen.

Heute nehmen die Branchen- und Unternehmensberichte im Wirtschaftsteil der Zeitungen einen breiten Raum ein. Laufend wird über die wichtigsten Branchen- und Industriezweige sowie über einzelne Unternehmen berichtet. Im einzelnen geht es dabei um Bilanzen, Investitionen, Aufträge, neue Produkte, Konkurse, Entlassungen. Dazu gehören auch Nachrichten über Personen, wie die Besetzung von Vorständen und Aufsichtsräten oder Wechsel in der Geschäftsführung. Da die nationalen und internationalen Verflechtungen der Wirtschaft ständig zunehmen, werden in den Wirtschaftsteilen laufend über neue Kooperationen, Beteiligungen, Fusionen und Aufkäufe von Unternehmen berichtet.

Branchenberichte, Branchenanalysen

Camcorder-Markt wächst kräftig

dos. HANNOVER, 13. Juni. Der Absatz von Camcordern - einem Kompaktsystem von Videokamera und Recorder – dürfte 1989 in der Bundesrepublik um gut 20 Prozent auf mehr als 450 000 (Vorjahr 370 000) Geräte steigen. Damit verbunden sei ein Umsatzzuwachs auf gut 1,4 (1,2) Milliarden DM nach Endverbraucher-Preisen, heißt es in einer Mitteilung der Gesellschaft für Unterhaltungs- und Kommunikationselektronik mbH (gfu), Frankfurt. Den deutschen Markt teilten sich rund zwanzig Anbieter, die über den Fachhandel fünfzig verschiedene Modelle anböten. Die Preise reichten je nach Ausstattung von 1800 DM bis 4000 DM. Die hohen Zuwachsraten des Camcorders ließen den Anteil von tragbaren Videorecordern und separaten Kameras deutlich schrumpfen. Die gfu rechnet im laufenden Jahr nur noch mit einem Absatz von 5000 solcher Kombinationen. In den deutschen Haushalten gebe es heute bereits rund 800 000 Camcorder gegenüber 400 000 kombinierten Systemen.

Quelle: FAZ

BRANCHENANALYSE / Günstige Prognosen auch für 1989

Bauaktien zählen zu den großen Börsengewinnern

HANDELSBLATT, Donnerstag, 22.12.1988

fje FRANKFURT. Die Aktien der Bauwirtschaft gehören in diesem Jahr zu den großen Börsengewinnern: Die Titel konnten sich sprunghaft erholen und auch die Aussichten für 1989 sind nach Ansicht der Schweizerischen Kreditanstalt, der Bank Julius Bär, des Bankhauses Trinkaus und Burkhardt und der Commerzbank günstig.

- die steigenden Immobilienpreise in den Ballungszentren,
- die erstmals seit vielen Jahren erhöhte unternehmerische Investitionsneigung,
- die verschärften Umweltschutzbestimmungen und
- der Ausbau der Verkehrsinfrastruktur im Rahmen von Europa 1992.

Nach Einschätzung der Bank Bär sprechen längere Vorlaufzeiten, hohe Auftragspolster und die wieder stei

(Ausschnitt) Quelle: HB

Autoindustrie fährt Vollgas

Im Mai stieg die Pkw-Produktion um elf Prozent

FRANKFURT. Die bundesdeutsche Autoindustrie fährt nach einer Verschnaufpause im April wieder mit Vollgas. Allein im Mai ist die Produktion von Pkw/Kombi um elf Prozent gegenüber dem Vorjahr gestiegen.

Dabei hat der Verband der Automobilindustrie (VDA) bei der Veröffentlichung der Produktionsstatistik schon berücksichtigt, daß der Mai diesmal 21 (Vorjahr: 20) Arbeitstage hatte. Ohne diese Bereinigung ist die Pkw-Fertigung sogar um 16 Prozent höher ausgefallen als vor Jahresfrist. Die Ausfuhr stieg um 14 Prozent.

Nach einer geringeren Kauflust im April war die Automobilnachfrage im Inland im Berichtsmonat wieder „äußerst lebhaft". „Sie verzeichnete sowohl gegenüber dem Vormonat als auch im Vergleich zum Vorjahr einen kräftigen Anstieg", erklärte der VDA am Mittwoch zur aktuellen Lage. Ruhiger entwickeln sich dagegen die Bestellungen aus dem Ausland, die in den zurückliegenden Monaten durchweg niedriger ausfielen als 1989.

Insgesamt rollten von Januar bis Mai 2,07 Millionen Pkw/Kombi von den Fließbändern der deutschen Hersteller. Dies entspricht einer Produktionsausweitung um fünf Prozent.

Um sechs Prozent zogen gleichzeitig die Exporte ins Ausland an, wobei 1,2 Millionen Personenwagen ins Ausland gingen.

Quelle: TV

VW-KONZERN / Ergebnissteigerung um 6,6 %

Sorgenkinder im Ausland laufen deutlich besser

HANDELSBLATT, Mittwoch, 16.11.1988

vst WOLFSBURG. Der VW-Konzern, Wolfsburg, habe im dritten Quartal 1988 an die gute Entwicklung des ersten Halbjahres angeknüpft, und zwar auch als Folge der erfolgreichen Markteinführung neuer Modelle, heißt es in einem Zwischenbericht. Das Ergebnis der ersten neun Monate stieg im Konzern um 6,6 % auf 419 Mill. DM und bei der Mutter um 2,5 % auf 374 Mill. DM.

Im Beteiligungsbereich sei die

zeuge einschließlich Audi betroffen. Die Konzernverkäufe sanken um 15 % auf 0,18 Mill. Wagen. Dabei stiegen die Auslieferungen des aus Brasilien importierten VW-Fox um 52,3 %.

Die Inlandsauslieferungen der Autolatina in Brasilien stiegen um 31,5 % auf 0,3 Mill., darunter die VW-Modelle sogar um 35,7 % auf 0,19 Mill., in Mexiko nahmen die VW-Auslieferungen um 8 % auf 43 267 Wagen zu, in Argentinien sanken sie um 18,7 % auf 13 038. In Südafrika gab es einen kräftigen Anstieg um 28,4 % auf

(Ausschnitt) Quelle: HB

Nixdorf dementiert Verlustprognose für 1990

Düsseldorf (Reuter) – Die *Nixdorf Computer AG, Paderborn*, hat einen Pressebericht über Verluste im kommenden Geschäftsjahr dementiert. In einem vorab zur Verfügung gestellten Bericht der *Wirtschaftswoche* heißt es, Nixdorf-interne Planungen gingen für 1990 von einem Verlust in Höhe von 240 Mill. DM aus. Dies verstärke den Druck auf den Chef des Paderborner Unternehmens, Klaus Luft. Auf ihrer Sitzung am kommenden Montag wollten ihm die Aufsichtsräte das Vertrauen entziehen, berichtet das Magazin. Beide Aussagen wurden von einem Nixdorf-Sprecher als unrichtig zurückgewiesen. Der Unternehmenssprecher betonte, die genannten Planungen über den Verlust 1990 gebe es nicht. Nixdorf strebe vielmehr für nächstes Jahr ein ausgeglichenes Ergebnis an. Zu den Personalspekulationen um den Vorstandsvorsitzenden Luft und zu einer in der *Wirtschaftswoche* genannten Abfindungssumme von 3,5 Millionen DM sagte er, sie seien „unrichtig".

Quelle: SZ

Veba investiert bis 1995 30 Milliarden Mark

ESSEN. Die Veba AG (Düsseldorf) will bis 1995 im Konzern 30 Milliarden Mark investieren. Dies sei nach den 1989 für fünf Jahre beschlossenen 24 Milliarden Mark das bisher größte Volumen in der Unternehmensgeschichte, sagte Vorstandschef Klaus Piltz in Essen.

Knapp acht Milliarden Mark sollen auf die neuen Bundesländer entfallen, davon sechs Milliarden im Strombereich, 800 Millionen in der Chemiesparte und etwa eine Milliarde in den Sektoren Mineralöl, Handel/Verkehr/Dienstleistungen und Wohnungsbau. Nahezu das gesamte Investitionsprogramm könne, so Piltz, aus Eigenmitteln finanziert werden. Dem kommendem Jahr sieht er „mit Optimismus" entgegen. Bei den Investitionen in der Ex-DDR hat die „Tochter" PreußenElektra AG (Hannover) den größten „Brocken" vor sich, die sich zusammen mit der RWE AG (Essen) und der Bayernwerk AG (München) vertraglich zur Sanierung der Stromversorgung verpflichtet hat.

Quelle: TV

Börsendaten deutscher Automobil-Unternehmen

Titel	Veränd.[1]) gegen Hoch	Veränd.[1]) gegen Tief	KGV[2])	Dividende 1987	Dividende 1988	Kurs am 23.11.88
BMW	— 5,3	+ 24,6	12,5	12,50	12,50	523,50
Daimler-Benz	— 4,0	+ 39,8	11,4	12,00	12,00	738,00
Porsche VA	— 3,9	+ 41,4	18,9	11,00	8,00	567,00
VW StA	— 0,5	+ 57,1	8,6	10,00	10,00	317,30
Continental	— 1,7	+ 57,1	9,2	7,00	7,00	270,20
Kolbenschmidt	— 4,9	+ 25,9	15,2	8,00	8,00	182,50
VDD VA	— 4,2	+ 63,5	15,8	6,50	6,50	206,00

Quelle: WestLB/boursys.

[1]) Prozentuale Veränderung des aktuellen Börsenkurses gegenüber dem Höchst- bzw. Tiefstkurs der letzten zwölf Monate;

[2]) Kurs/Gewinn-Verhältnis bezogen auf den für das Geschäftsjahr 1988 vorausgeschätzten Gewinn.

Quelle: HB

Bewertungskennziffern von Modeaktien

Aktie	Kurs a. 13.9.90	Höchst 1989/90	Tiefst 1989/90	Ergeb./Aktie 1990	KGV 1990	Ergeb./Aktie 1991	KGV 1991	Netto-divid. f.1990	Brutto-divid. f.1990	Divid. rend. brutto in %
Ahlers	352	455	257	23	15,3	25	14,1	14,0	21,88	6,22
Aigner StA	457	569	162	25	18,3	27	16,9	7,0	10,94	2,39
Boss StA	980	1 620	950	68	14,4	75	13,1	20,0	31,25	3,19
Escada VA	815	1 055	335	44	18,5	52	15,7	15,0	23,44	2,88
G. Weber VA	720	825	590	44	16,4	49	14,7	24,0	37,50	5,21
Hirsch	425	490	385	24	17,7	26	16,3	6,5*)	10,16	4,77
Jil Sander VA	978	1 220	925	61	16,0	68	14,4	25,0	39,06	4,00
MVG VA	260	475	260	25	10,4	30	11,5	10,0	15,63	6,01

*) für ½ Jahr;

Quelle: HB

Börsendaten deutscher Chemie-Unternehmen

Titel	Veränd.[1]) gegen Hoch	Veränd.[1]) gegen Tief	KGV[2])	Dividende ggf.inkl. Bonus 1988	Dividende ggf.inkl. Bonus 1989[3])	Kurs am 26.7.1989
BASF	— 8,1	+ 13,0	7,6	12,00	14,00	290,50
Bayer	— 6,2	+ 2,6	8,0	12,00	13,00	204,50
Hoechst	— 6,6	+ 10,0	7,1	12,00	13,00	298,00
Atlanta	— 2,2	+ 31,3	17,7	11,00	11,00	425,50
Beiersdorf	— 3,9	+ 9,6	19,1	10,00	10,00	574,50
Degussa	— 2,3	+ 34,1	14,8	10,50	11,00	472,00
Fresenius VA	— 5,0	+ 18,6	17,8	7,50	7,50	462,50
Rütgerswerke	— 14,0	+ 27,2	16,5	9,00	9,00	430,00
Schering	± 0,0	+ 58,6	22,7	12,00	12,00	739,00

Quelle: WestLB/boursys

[1]) Prozentuale Veränderung des aktuellen Börsenkurses gegenüber dem Höchst- bzw. Tiefstkurs der letzten zwölf Monate

[2]) Kurs/Gewinn-Verhältnis bezogen auf den für das Geschäftsjahr 1989 vorausgeschätzten Gewinn.

[3]) Erwartet.

Quelle: HB

5. Börsenteil

Der Börsenteil schließt den Wirtschaftsteil der Zeitung ab mit den Berichten und Kursen der Aktien-, Renten- und Devisenmärkte sowie der Veröffentlichung der Rohstoff- und Investmentpreise. Gerade dieser Bereich des Wirtschaftsteils ist für viele Leser unverständlich, weil sie die Zahlen nicht deuten können. Da die veröffentlichen Zahlen nicht nachschlagbar sind, bedarf es einer ausführlichen Information über die Entstehung und Aussagekraft dieser Zahlen und eines Hintergrundwissens über die verschiedenen Börsen.

5.1 Börsen und Börsenhandel

Börsen

Börsen sind „Märkte" für den Kauf und Verkauf von Wertpapieren. Aktien und Anleihen werden an *Wertpapierbörsen* (= Effektenbörsen), Waren wie Rohstoffe oder Getreide an *Warenbörsen* und ausländische Zahlungsmittel an *Devisenbörsen* gehandelt. Im Gegensatz zum Obst- und Gemüsemarkt sind die gehandelten Gegenstände im Börsensaal nicht vorhanden. Man kann darauf verzichten, weil die Handelsobjekte identisch oder genau klassifiziert sind, z. B. Rohzucker Nr. 11. Börsen haben eine große volkswirtschaftliche Bedeutung: Die Unternehmen der privaten Wirtschaft und die öffentliche Hand (Bund, Bundespost, Bundesländer ...) können sich ihr benötigtes Kapital zu günstigen Konditionen an der Börse beschaffen, das Anleger dort zur Verfügung stellen. Dabei ist garantiert, daß ein Anleger seine Wertpapiere jederzeit wieder an der Börse verkaufen kann zu einem Preis (= Kurs), der sich aus Angebot und Nachfrage ergibt.

Entstehung, Aufbau

Börsen entwickelten sich aus den Märkten und Messen der Handelsstädte im Mittelalter. In Deutschland entstand die erste Börse in Nürnberg 1560, als für den Warenhandel feste Zeiten festgelegt wurden. Später kam der Wechselbriefhandel hinzu. Diese Wechselbriefe sind mit unseren heutigen Wechseln vergleichbar und gelten als die ältesten börsenmäßig gehandelten Wertpapiere. Der Schuldner verpflichtet sich, an einem festgelegten Zeitpunkt und Ort eine bestimmte Summe zu zahlen.

Heute gibt es in der Bundesrepublik Wertpapierbörsen in Berlin, Bremen, Düsseldorf, Frankfurt, Hamburg, Hannover, München und Stuttgart. Die bekannteste Börse der Welt ist die *New York Stock Exchange* in der Wall Street.

Die Wertpapierbörsen in Deutschland unterliegen der Aufsicht der jeweiligen Landesregierung. Die Leitung der Börse obliegt dem *Börsenvorstand*. Über die Zulassung der in- und ausländischen Wertpapiere zum Börsenhandel entscheidet eine vom Börsenvorstand unabhängige *Zulassungsstelle*.

Händler, Makler

Als Händler sind in der Bundesrepublik nur Börsenmaklerfirmen und Kreditinstitute zugelassen. Wer Wertpapiere an der Börse kaufen oder verkaufen will, muß sich an die Wertpapierabteilung seiner Bank oder Sparkasse wenden. Als Anleger kann er das Börsengeschehen von der Besuchergalerie aus verfolgen. Die Angestellten, die ihre zum Handel zugelassenen Unternehmen im Börsensaal vertreten, sind die *Börsenhändler*. Am Börsenhandel beteiligt sind außerdem *Börsenmakler*, zu denen amtliche Kursmakler und Freimakler zählen.

Die *amtlichen Kursmakler* sind mit der Ermittlung der Kurse (= Preise) für die Wertpapiere beauftragt. Sie werden von der zuständigen Landesregierung bestellt und vereidigt. Kursmakler vermitteln Geschäfte zwischen den Händlern und erhalten dafür eine Maklergebühr (= Courtage).

Die Courtage ist vom Käufer und vom Verkäufer zu entrichten und richtet sich nach der Höhe des umgesetzten Betrages. Sie beträgt zur Zeit bei Aktien 0,06 Prozent vom Kurswert. *Freimakler* vermitteln ebenfalls Börsengeschäfte zwischen Händlern, stellen aber keine Kurse fest. Sie werden vom Börsenvorstand zum Handel zugelassen und bewegen sich wie die Börsenhändler frei im Börsensaal. Freimakler dürfen auch Geschäfte auf eigene Rechnung ausführen im Rahmen der von ihnen hinterlegten Sicherheiten.

Gehandelte Wertpapiere

Ein Wertpapier kann erst an der Börse gehandelt werden, wenn es nach einem gesetzlich vorgeschriebenen Verfahren zugelassen worden ist. Die an deutschen Börsen gehandelten Wertpapiere sind Urkunden, die bestimmte Rechte verbriefen. Aktien verbriefen *Eigentümerrechte.* Der Aktienbesitzer (= Aktionär) ist mit dem Nennbetrag seiner Aktie am Kapital der Aktiengesellschaft beteiligt. Als Miteigentümer hat er u. a. Anspruch auf einen entsprechenden Anteil am Jahresgewinn (= Dividende) und ein Mitspracherecht (= Stimmrecht) auf der Hauptversammlung. In Anleihen werden dagegen *Gläubigerrechte* verbrieft. Im Gegensatz zum Aktionär ist der Besitzer einer Anleihe Gläubiger. Er gewährt ein Darlehen in Höhe des Nennwertes und hat damit Anspruch auf eine festgelegte Verzinsung. Daher werden Anleihen auch als *festverzinsliche Wertpapiere* bezeichnet.

Kassahandel, Terminhandel

Der Wertpapierhandel an den deutschen Börsen kann eingeteilt werden – nach dem Zeitpunkt der Abwicklung der Geschäfte – in Kassageschäfte und Termingeschäfte. *Kassageschäfte* müssen innerhalb von zwei Börsentagen abgewickelt sein. *Termingeschäfte* sind erst nach einem vertraglich festgelegten Zeitpunkt, z. B. neun Monaten, zu erfüllen. Erst seit Anfang 1990 ist in der Bundesrepublik ein richtiger Terminhandel möglich durch die Errichtung der Deutschen Terminbörse (DTB). Bis dahin waren nur eingeschränkte Termingeschäfte im Optionshandel zugelassen.

Amtlicher Handel, Geregelter Markt

Ein andere Einteilung des Wertpapierhandels kann nach den drei Marktsegmenten amtlicher Handel (= amtlicher Markt), geregelter Markt und Freiverkehr vorgenommen werden. Im *amtlichen Handel* werden alle zum amtlichen Börsenhandel zugelassenen Wertpapiere gehandelt. Das sind in der Bundesrepublik über 12.000 festverzinsliche Wertpapiere und ca. 900 Aktien. Die Zulassungs- und Publizitätsvorschriften sind streng. Es müssen mindestens 50.000 Aktien in den Handel einbezogen werden, das entspricht einem Mindestgrundkapital von 2,5 Millionen DM. Beim *geregelten Markt* sind die Zugangsvorschriften bewußt niedriger gehalten. Dieses Marktsegment wurde 1987 eingeführt und ist speziell für kleine und mittlere Aktiengesellschaften gedacht. Die Notierungen sind zwar nicht amtlich, aber börsengesetzlich geregelt. Die Kursfeststellung erfolgt durch Freimakler, die der Börsenaufsicht unterliegen. Der Mindestnennbetrag der zugelassenen Aktien muß nur eine halbe Million DM betragen (entspricht 10.000 Aktien), die Zulassungsgebühren sind nur halb so hoch wie beim amtlichen Handel, und die Unternehmen müssen keine Quartalsberichte erstellen.

Freiverkehr

Im *Freiverkehr* werden alle Wertpapiere gehandelt, die weder zum amtlichen noch zum geregelten Handel zugelassen sind. Die früher bestehenden Unterschiede zwischen dem geregelten und dem ungeregelten Freiverkehr sind seit 1988 beseitigt, nachdem der größte Teil der bis dahin im geregelten Freiverkehr notierten Werte in den geregelten Markt „aufgestiegen“ ist. Die Einbeziehung in den Freiverkehr erfolgt auf Antrag. Voraussetzung ist, daß ein ordnungsgemäßer Börsenhandel gewährleistet ist. Die Preise werden durch spezielle Makler festgestellt und börsentäglich veröffentlicht. Die freien Makler sind nicht vereidigt, sie werden vom Börsenvorstand bestellt. Der Handel findet zwischen den freien Maklern und den Händlern der Kreditinstitute statt in den Räumen der Börse, jedoch außerhalb der Maklerschranken.

Außerbörslicher Wertpapierhandel

Auch außerhalb der Börse werden Aktien und Anleihen gehandelt. In diesen vor-, nach- und außerbörslichen Handel sind börsennotierte und nicht börsennotierte Werte einbezogen. Gehandelt wird im sogenannten *Telefonverkehr* zwischen Kreditinstituten, Investoren und freien Maklern. Für diese Geschäfte gelten nicht die börsenrechtlichen Bestimmungen, sondern das allgemeine Vertragsrecht. Große Aktienpakete und Großposten von Rentenpapieren wechseln oft den Besitzer im Telefonverkehr.

Ein Wertpapierhandel zwischen Kreditinstituten und Privatpersonen findet mit sogenannten *Tafelgeschäften* statt. Hierbei erwirbt der Anleger direkt seine Wertpapiere am Schalter der Bank – bei börsenmäßig gehandelten Wertpapieren (z. B. Aktien) zum jeweils aktuellen Tageskurs.

Daneben existiert ein Telefonverkehr, der auf Privatanleger ausgerichtet ist: Telefonverkäufer bieten Wertpapiere von kleineren, oft hochspekulativen und im Ausland ansässigen Unternehmen an.

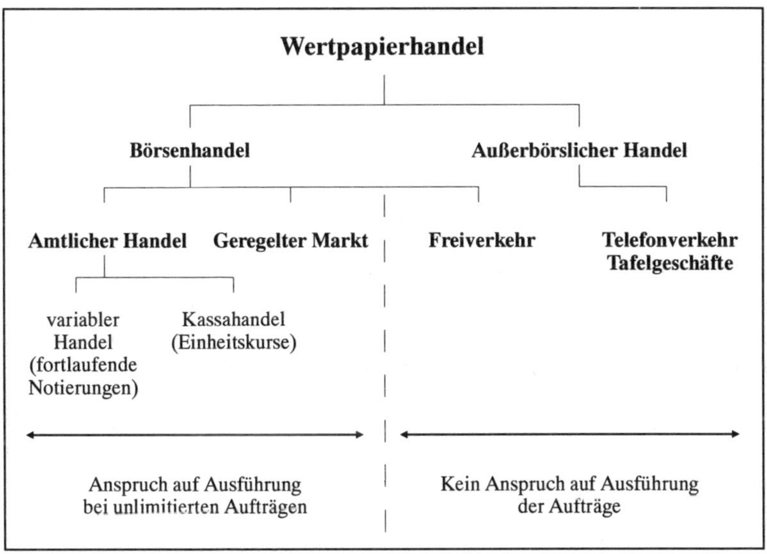

Aufbau der Wertpapiere

Wertpapiere sind Urkunden, die aus einem Mantel und einem Bogen bestehen. Der *Mantel* ist die eigentliche Wertpapierurkunde im DIN A 4 Querformat bei Aktien und DIN A 4 Hochformat bei Festverzinslichen.

Sie sind wie Geldscheine auf Spezialpapier gedruckt und haben eine fortlaufende Nummer. Bei Aktien sind der Nennbetrag, die Unterschriften des Vorstandes und Aufsichtsrates sowie der Name des ausgebenden Unternehmens aufgedruckt. Bei festverzinslichen Wertpapieren ist der Zinssatz und der Nennwert angegeben.

Der *Bogen* ist in seiner Form und Aufmachung dem Mantel angepaßt. Er enthält die Dividenden- bzw. Zinsabschnitte und einen Erneuerungsschein (= Talon), mit dem ein neuer Bogen angefordert werden kann.

Die Dividendenscheine sind nach der Bekanntgabe der Dividende, die Zinsscheine nach den Fälligkeitsterminen vom Bogen abzutrennen und bei der Bank oder Sparkasse zur Einlösung vorzulegen. Liegen die Wertpapiere im Depot, werden die Kupons vom Kreditinstitut eingelöst und dem Kunden auf seinem Konto gutgeschrieben.

Kosten

Beim Kauf und Verkauf von Wertpapieren fallen Gebühren und Provisionen an. Die Kreditinstitute verlangen für ihre Tätigkeit beim Kauf und Verkauf von Aktien eine Provision von 1 Prozent vom Kurswert, die Börsenmakler eine Gebühr (Courtage) von 0,6 Promille. Die Börsenumsatzsteuer von 0,25 Prozent wird seit 1991 nicht mehr erhoben. Insgesamt sind zur Zeit bei Aktien jeweils 1,06 Prozent zum Kaufpreis zu addieren bzw. beim Verkauf vom erzielten Kurswert zu subtrahieren.

Beim Kauf von zehn Aktien zum Kurswert von 209,– DM ergeben sich folgende Gesamtkosten:

10 Aktien à 209,– DM		2.090,– DM	
Bank-Provision	1,00 %	20,90 DM	} 22,15 DM
Makler-Courtage	0,06 %	1,25 DM	
		2.112,15 DM	

Beim Verkauf würden auch 2,22 DM Kosten pro Aktie fällig. Oft berechnen die Kreditinstitute Mindestgebühren, Clearinggebühren für Verwaltungskosten, Spesen für Telefon- oder Fernschreibauslagen und Limitgebühren. Die Höhe dieser Gebühren ist unterschiedlich und in den Geschäftsbedingungen festgelegt.

Verwahrung der Wertpapiere

Die meisten Wertpapierbesitzer bewahren ihre Aktien und Anleihen nicht zu Hause auf, sondern im Wertpapierdepot. Die Verwahrung durch die Bank oder Sparkasse hat den Vorteil, daß die Wertpapiere nicht entwendet werden können und daß wichtige Termine wie die Hauptversammlung und die Dividendenzahlung nicht versäumt werden. Die Kreditinstitute verwalten die Wertpapiere in der Regel nicht selber, sondern sind Wertpapiersammelbanken angeschlossen, die Aktien und Anleihen in *Girosammelverwahrung* nehmen. Bei Käufen und Verkäufen werden die Wertpapiere lediglich umgebucht. Für diese Sammelverwahrung verlangen die Banken Gebühren, die sich nach dem Wert des Depots und (oder) der Anzahl der verschiedenen Wertpapiere richtet.

Deutsche Börsenplätze

Der Wertpapierhandel wird in der Bundesrepublik dezentralisiert an acht Börsenplätzen abgewickelt. Die wichtigste Börse ist die *Frankfurter Wertpapierbörse*, an der rund zwei Drittel des gesamten deutschen Wertpapierumsatzes getätigt wird. Die Frankfurter Börse hat internationale Bedeutung, sie gehört zu den zehn größten Börsenplätzen der Welt. Die zweite Hauptbörse ist die *Rheinisch Westfälische Börse zu Düsseldorf*, an der ca. ein Fünftel des Gesamtbörsenumsatzes stattfindet. Die Düsseldorfer Börse ist ein Hauptumsatzmarkt für Stahl-, Kohle- und Energieaktien. In Frankfurt werden über 450 inländische und 200 ausländische Aktien gehandelt, in Düsseldorf ca. 200 inländische und 70 ausländische.

Überregionale Bedeutung haben die Börsen in Hamburg und in München, die restlichen Börsen in Berlin, Bremen, Hannover und Stuttgart haben mehr regionale Bedeutung. An der Münchener Börse werden viele Freiverkehrswerte – vor allem ausländische – gehandelt.

Viele Wertpapiere werden an mehreren Börsenplätzen gleichzeitig gehandelt, wobei jede Börse ihre eigenen Kurse festlegt. Dabei kann es durch unterschiedliche Angebote und Nachfrage zu Kursdifferenzen kommen zwischen einzelnen Börsen. Die Börsenhändler nutzen diese Kursunterschiede (= Arbitrage) aus durch einen Handel mit anderen Börsenplätzen, indem sie am Platz mit niedrigeren Kursen Aktien kaufen und am Platz mit höheren Kursen wieder verkaufen. Aufgrund der schnellen Kommunikationsmittel sind diese *Arbitragegeschäfte* heute nicht mehr so lukrativ wie früher, da sich die Kurse schneller ausgleichen.

Börsenumsätze

Der Gesamtumsatz der acht deutschen Wertpapierbörsen beträgt über 2.500 Milliarden DM. Darin sind die Umsätze der Kauf- und Verkaufsseite enthalten, denn seit 1987 werden die Umsätze – wie an anderen Börsenplätzen auch – doppelt erfaßt. Vom Gesamtbörsenumsatz entfallen rund 70 Prozent auf den Handel mit festverzinslichen Wertpapieren.

Zu den umsatzstärksten Einzelwerten zählen die Aktien von Siemens, Bayer, Deutsche Bank, BASF, Daimler Benz, Hoechst, VW, Veba, BMW und Dresdner Bank. Diese zehn meistgehandelten Aktienwerte sind zu über 50 Prozent am Aktienumsatz beteiligt. Bei den Anleihen entfallen ca. 90 Prozent auf die Bund-, Bahn- und Postanleihen. Insgesamt werden in der Bundesrepublik über 6.000 verschiedene Wertpapiere gehandelt, davon ca. 800 inländische und 500 ausländische Aktien.

Ausländische Wertpapiere

An den deutschen Wertpapierbörsen werden auch ausländische Aktien und Festverzinsliche gehandelt. Für den Anleger ist es von Vorteil, daß er z. B. seine IBM-Aktien nicht an der New Yorker Börse kaufen muß, sondern sein Auftrag an der Frankfurter Börse abgewickelt werden kann. Er muß damit keine zusätzlichen Spesen für einen amerikanischen Börsenmakler (= Broker) bezahlen.

Die zum deutschen Wertpapierhandel zugelassenen ausländischen Wertpapiere unterliegen genau denselben gesetzlichen Vorschriften wie die inländischen Effekten. Auch die Kosten sind die gleichen wie beim Kauf deutscher Wertpapiere. Die Nennwerte ausländischer Aktien sind oft wesentlich geringer als die deutscher Aktien, so daß oft eine gewisse Mindeststückzahl gekauft werden muß. Diese liegt z. B. bei japanischen Aktien in der Regel bei 1.000 Stück. Zu berücksichtigen sind beim Kauf ausländischer Wertpapiere die Währungsrisiken. Die Dividenden werden in Fremdwährungen gezahlt und zum DM-Tageskurs umgerechnet. Will man nicht von vorneherein mit Auslandsaktien ein zu großes Risiko eingehen, sollte man sich an international erstklassige Standardaktien – sogenannte *blue chips* – halten.

Zukünftige Entwicklung

Wie in den USA und in Japan wird sich auch in der Bundesrepublik ein duales Börsensystem entwickeln. Neben den vorhandenen acht Präsenzbörsen werden zusätzlich reine Computerbörsen entstehen.

Seit 1989 arbeitet das *Makler-Trading-Informations-System (MATIS)* der amtlichen Kursmakler im vor- und nachbörslichen Handel. Die Abwicklung erfolgt über ein Kommunikationssystem von Reuters. Die Makler sind verpflichtet, für Mindestaufträge von 250 Stück verbindliche Kurse zu nennen.

Ebenfalls seit 1989 läuft das *Inter-Banken-Informations-System (IBIS)* der 60 größten deutschen Kreditinstitute. Vorerst werden die Abschlüsse per Telefon getätigt und dann ins Informationssystem eingegeben. Gehandelt werden zunächst die 14 deutschen „Blue Chips“, die auch an der Deutschen Terminbörse gehandelt werden. Daraus soll sich ein echter Handel auf Computerbasis entwickeln mit Kassahandel auf Standardwerte und Bundesanleihen, durchgehend von 9 bis 17 Uhr. Zugang zum System haben nur die Kreditinstitute, das Mindestvolumen beträgt zur Zeit 10.000 Stück.

Im Januar 1990 hat die erste reine Computerbörse – die *Deutsche Terminbörse (DTB)* – ihren Handel aufgenommen. Mit Optionen auf die 14 meistgehandelten deutschen Aktien hat der Handel begonnen, Termin-Kontrakte (= Futures) auf eine fiktive Bundesanleihe und den DAX-Index folgten.

Amerikanisches Börsensystem

Das Amerikanische Banken- und Börsensystem unterscheidet sich grundsätzlich vom deutschen. Die Banken in den USA dürfen entweder nur im Einlagen- und Kreditgeschäft (= Commercial Banking) oder nur im Wertpapiergeschäft (= Investment Banking) tätig sein. Daher werden Geschäftsbanken (= *Commercial Banks*) und Investmentbanken (= *Broker Banks*) bzw. Wertpapiermaklerfirmen (= *Broker*) unterschieden. Die Broker dürfen selber nicht an der Börse (= *Stock Exchange*) handeln, sondern nur Aufträge von Privatanlegern und Banken vermitteln. Der eigentliche Wertpapierhandel darf nur von Händlern (= Dealer) abgewickelt werden, die auch auf eigene Rechnung kaufen dürfen. Die Handelsmenge (= Schlußeinheit) ist bei Aktien 100 Stück oder ein Vielfaches.

Die amerikanischen Börsen sind Privatunternehmen, deren Gesellschafter Brokerfirmen, selbständige Makler und reiche Privatinvestoren sind. Die Teilnahme am Börsenhandel ist nur möglich durch den Erwerb eines Börsensitzes und kann über 500.000 $ kosten, da er an den Meistbietenden versteigert wird. Viele Brokerfirmen haben mehrere Börsensitze, um alle Kundenaufträge schnell ausführen zu können. Der Börsenhandel wird von einer staatlichen Aufsichtsbehörde, der *Securities and Exchange Commission (SEC)*, streng überwacht. Außerdem ist die Vereinigung der Wertpapierhandelsfirmen *(National Association of Securities Dealers, NASD)* vom Staat beauftragt, ihre Mitglieder zu kontrollieren und zu beaufsichtigen.

Der amerikanische Wertpapierhandel an den Börsen konzentriert sich auf New York, die anderen sieben Börsenplätze, wie z. B. San Francisco, sind relativ unbedeutend.

NYSE, AMEX

Heute nur noch die zweitgrößte, aber immer noch die bekannteste Wertpapierbörse der Welt ist die *New York Stock Exchange (NYSE)* in der Wall Street, die bereits seit 1792 existiert. An der NYSE werden ca. 80 Prozent des amerikanischen Aktienvolumens umgesetzt. Die Zulassungsvorschriften sind sehr streng, es bestehen besondere Publizitätsvorschriften wie die Vorlage von Quartalsberichten. Die NYSE hat 1.325 Mitglieder, ein Sitz kostet zur Zeit etwa 750.000 Dollar. Es werden über 1.600 Aktien der großen und bedeutenden Unternehmen gehandelt. Alle Abschlüsse werden über Kursanzeigegeräte (= Ticker) gemeldet.

Die NYSE ist geöffnet von 15.30 Uhr bis 22.00 Uhr MEZ. Dadurch können die Schlußkurse bei uns nicht mehr im Wirtschaftsteil der Tageszeitungen am nächsten Tag veröffentlicht werden. Wall Street war der Ausgangspunkt für die bislang größten Kursstürze in der Börsengeschichte: am 28. Oktober 1987 (DJ = –23 Prozent) und am 13. Oktober 1989 (DJ = –7 Prozent).

Die *American Stock Exchange (AMEX)* ist die zweite New Yorker Börse und gleichzeitig die zweitgrößte amerikanische. An der AMEX werden ca. 1.000 Aktien von mittleren und kleineren Gesellschaften gehandelt. Außerdem werden hier schwerpunktmäßig Optionen und ausländische Aktien gehandelt. Die Zulassungsbedingungen sind vergleichbar mit denen zum amtlichen Handel an deutschen Börsen.

OTC-Markt

Ein wichtiges Marktsegment für den außerbörslichen Handel (Freihandel) ist in den USA der *Over The Counter (OTC)-Markt.* Hier werden alle von der SEC zugelassenen Aktien gehandelt, insgesamt sind es ca. 13.000 Aktien von kleinen und neugegründeten Firmen. Viele inzwischen renommierte Unternehmen wie Apple, Intel und Tandon haben mit dem Handel ihrer Aktien auf dem OTC-Markt begonnen.

Grundlage des OTC-Handels ist das *NASDAQ (National Association of Securities Dealers Automated Quotations) – System*, ein computergestütztes Kommunikationssystem für die 5.000 umsatzstärksten Aktien. Die nicht im NASDAQ enthaltenen OTC-Werte werden im Telefonverkehr gehandelt. Das NASDAQ-Computersystem ist seit 1986 direkt mit der Londoner Börse verbunden.

Englische Börsen

Seit der grundlegenden Börsenreform („Big Bang") 1986 ist das englische Börsensystem nicht mehr vergleichbar mit dem amerikanischen. Die Trennung zwischen Broker und Jobber wurde aufgehoben, Banken und Investmentfirmen als Börsenmitglieder zugelassen sowie ein vollcomputerisierter Börsenhandel eingeführt.

Die Börse in London ist heute die drittgrößte der Welt und geöffnet von 9.00 Uhr bis 17.00 Uhr MEZ. Im Jahr 1986 entstand die *International Stock Exchange* aus dem Zusammenschluß der alten London Stock Exchange und dem außerbörslichen Wertpapierhandel. Der Börsensaal der alten Londoner Stock Exchange ist inzwischen geschlossen. Er wird nicht mehr gebraucht, denn der Aktienhandel hat sich durch das Computersystem *SEAQ (Stock Exchange Automated Quotation)* vom Börsenparkett in die Maklerbüros verlagert.

Der Markt ist für alle transparent: Ein elektronisches Anzeigesystem zeigt für jedes gehandelte Wertpapier alle Kauf- und Verkaufinteressenten, deren An- und Verkaufspreise und die entsprechenden Stückzahlen in

Großbritannien und im Ausland an. Kleine Aufträge bis zu 1.000 Aktien werden mittlerweile automatisch gehandelt. Der Makler gibt seinen Kauf- oder Verkaufsauftrag in den Computer ein, der die besten Kursangebote heraussucht, ein Angebot auswählt und den Auftrag ausführt.

Japanische Börsen

Das japanische Banken- und Börsensystem ist mit dem amerikanischen vergleichbar: Der Wertpapierhandel darf nur von Brokern abgewickelt werden. In Japan gibt es acht Aktienbörsen, von denen die Börse in Tokio 85 Prozent des Gesamtumsatzes abwickelt.

Die *Tokio Stock Exchange (TSE)* am Kabutocho ist heute die größte Wertpapierbörse der Welt. Sie ist in zwei Sektionen eingeteilt. Die erste handelt die Aktien von ca. 1.000 großen Unternehmen, die zweite die Aktien von Gesellschaften, die aus qualitativen Gründen nicht in die erste Abteilung aufgenommen werden.

Die TSE ist stark computerisiert. In das Computersystem sind 1.200 Aktien einbezogen, die ein Drittel des Gesamtumsatzes ausmachen. Die 150 meistgehandelten Aktien- blue chips wie Sony, Toyota usw. – werden im Börsensaal per Zuruf gehandelt, um die traditionelle Börsenatmosphäre zu erhalten. Insgesamt werden ca. 100 ausländische Aktien gehandelt, darunter einige deutsche. Die TSE hat nur etwas über 100 Mitglieder, darunter die Wertpapier-Tochtergesellschaften der Deutschen Bank und der Dresdner Bank. Ein Börsensitz kostet zur Zeit ca. 15 Millionen DM. Die Börse in Tokio ist geöffnet von 1.00 Uhr bis 7.00 Uhr MEZ, so daß die Kurse bereits morgens in der Bundesrepublik vorliegen.

Asiatische Börsen

Neben den Börsen in Japan und Australien zeichnen sich vor allem die Börsen in Südkorea, Taiwan, Singapur und Hongkong durch schnelles Wachstum aus. Hinter diesen sogenannten „Tigern" stehen bereits die „Tiger auf dem Sprung": die aufstrebenden Märkte Thailand, Malaysia,

Philippinen und Indonesien. Dem hohen Wachstum steht ein entsprechendes Risiko gegenüber, so daß dem normalen Anleger keine direkte Anlage zu empfehlen ist, sondern gegebenenfalls eine Investmentbeteiligung bei einem asiatischen Fonds.

Handelszeiten der Weltbörsen

Die folgende Aufstellung zeigt, daß Wertpapiere heute weltweit rund um die Uhr gehandelt werden:

Börsenplatz	**Öffnungszeit** (umgerechnet in MEZ)
Sydney	1.00 – 6.15 Uhr
Tokio	1.00 – 7.00 Uhr
Hongkong	3.00 – 8.30 Uhr
Singapur	3.30 – 10.30 Uhr
London	9.00 – 17.00 Uhr
Mailand	10.00 – 13.30 Uhr
Amsterdam	10.00 – 16.30 Uhr
Zürich	10.00 – 16.00 Uhr
Frankfurt	10.30 – 13.30 Uhr
Paris	12.30 – 16.30 Uhr
New York	15.30 – 22.00 Uhr

Anzahl der an deutschen Börsen gehandelten Wertpapiere[1])

	Amtlicher Handel	Geregelter Markt	Freiverkehr	Gesamtzahl
Aktien insgesamt	761	170	461	1 392
davon: inländische	497	163	116	776
— ausländische	264	7	345	616
Festverzinsliche Wertpapiere				
insgesamt	12 552	3 164	122	15 838
davon: inländische	11 509	3 106	87	14 702
— internationale Anleihen	1 043	58	35	1 136
Optionsscheine insgesamt	215	87	291	593
davon: inländische[2])	113	87	281	481
— ausländische	102	0	10	112
Gesamtzahl	13 528	3 421	874	17 823

[1]) nach Marktsegmenten, Stand Ende 1990, [2]) einschließlich Genußscheine

Quelle: HB

Zulassungsvoraussetzungen

Anforderungen	Amtlicher Handel	Geregelter Markt
Bestand des Unternehmens	mindestens 3 Jahre	
Rechtsform	mindestens 1 Jahr AG	
Einführungsbetrag	Kurswert mindestens 2,5 Mill. DM	Nennwert mindestens 0,5 Mill. DM
Streuung im Publikum	mindestens 25 % der zuzulassenden Aktien	ordnungsgemäßer Handel muß gewährleistet sein
Publizität	umfassender Prospekt	verkürzter Unternehmensbericht

Quelle: HB

Weg zu Deutscher Terminbörse frei

Bundestag schafft die gesetzlichen Voraussetzungen

Am 26. Januar 1990 wird die Deutsche Terminbörse (DTB) als erster Terminmarkt der Bundesrepublik ihre Geschäfte aufnehmen. Dafür hat der Bundestag mit einer Novellierung des Börsengesetzes, die am 1. August in Kraft treten soll, die Voraussetzung geschaffen.

„Mit der DTB beginnt ein neues Kapitel in der Geschichte des Kapitalmarkts", erklärte Rüdiger von Rosen, Geschäftsführer der Arbeitsgemeinschaft Deutscher Wertpapierbörsen in Frankfurt. Die DTB soll nach Hoffnungen deutscher Banken und anderer institutioneller Anleger für den Finanzplatz Bundesrepublik den Anschluß an die Entwicklung der internationalen Finanzmärkte herstellen.

Die DTB wird eine vollelektronische Börse, bei der Aufträge und Angebote der Marktteilnehmer über Computer zusammengeführt werden. An der DTB sollen zunächst Optionen auf 14 große deutsche Aktienwerte gehandelt werden. Es wird mit BASF, Bayer, Hoechst, Commerzbank, Deutsche Bank, Dresdner Bank, BMW, Daimler, VW, Siemens, Nixdorf, Karstadt, VEBA und Allianz begonnen. Danach werden Terminkontrakte auf den Deutschen Aktienindex (DAX) und auf eine synthetische Bundesanleihe folgen.

Damit soll der Abwanderung dieses Geschäftszweigs nach London, Zürich und zu anderen internationalen Finanzzentren ein Ende gesetzt und die Attraktivität des Finanzplatzes Bundesrepublik erhöht werden. Es wird geschätzt, daß bis zu 50 Prozent der Umsätze an der Londoner Terminbörse auf deutsche Institutionen zurückzuführen sind.

Zwar gibt es bereits einen Optionenhandel in der Bundesrepublik, doch ist er durch zahlreiche gesetzliche und administrative Hürden so ineffizient, daß er international bedeutungslos ist. Die DTB wird den Optionenhandel, dem die umsatzstärksten deutschen Aktien zu Grunde liegen, professioneller und reibungsloser machen. So hofft man auf hohe Umsätze.

Quelle: TV

FINANZPLATZ DEUTSCHLAND / Umsätze sind gestiegen

Neben Frankfurt nur Nischenbörsen

HANDELSBLATT, Donnerstag, 27.10.1988

gw MÜNCHEN. Die derzeitigen Jahreshöchstkurse spiegeln das günstige kapitalmarktpolitische Umfeld wider, meint Dr. Rüdiger Frhr. von Rosen, Geschäftsführer der Arbeitsgemeinschaft der deutschen Wertpapierbörsen. Seit 4. Januar sei der Aktienumsatz um 15 % an allen acht deutschen Börsenplätzen im Vergleich zum Vorjahr gestiegen, während New York und London deutliche Umsatzeinbußen zu verzeichnen hatten.

Geschäftsführer v. Rosen unterstrich die führende Position der Frankfurter Börse mit 75 % Anteil an den Renten- und Aktienumsätzen. Im Aktienhandel dominiere Frankfurt mit einer Quote von 55 %. Diese führende Rolle Frankfurts werde sich am einzelnen Regionalbörsen entscheidend, welche Nischen sie sich aufbauen: Bei der erwarteten zunehmenden Internationalisierung sollten sich die einzelnen Landesbörsen auf bestimmte ausländische Werte spezialisieren. Dagegen werde die Bedeutung der Standardwerte an den kleineren Börsen zurückgehen.

In Europa sei eine Vielzahl von Veränderungen bei den Börsengesetzen zu registrieren. v. Rosen plädierte für die Abschaffung aller indirekten Steuern im Kapitalmarktbereich in der Bundesrepublik. Vor allem sollte die Börsen-Umsatzsteuer fallen. Schließlich sollten auf den Kapitalmärkten des gemeinsamen Binnenmarktes die gleichen Wettbewerbsbedingungen, vor allem die gleiche steuerliche Behandlung, herrschen. Ein Wertpapier-

(Ausschnitt) Quelle: HB

WALL STREET / UAL waren erneut Auslöser für Turbulenzen

Programmhändler haben das Ruder wieder übernommen

HANDELSBLATT, Mittwoch, 25.10.1989

je NEW YORK. Zwei Jahre lang, genaugenommen seit dem Börsenkrach vom 19. Oktober 1987, kehrte in Wall Street nach den wilden Kursritten vom Sommer 1987 Ruhe ein. Einer der Hauptgründe: Der Programmhandel, der im wesentlichen für den Crash verantwortlich gemacht wurde, zog seine Hörner ein.

Inzwischen ist er jedoch, wie die jüngsten Zahlen der New York Stock Exchange vom September zeigen, wieder voll da. Deutlicher als am Dienstag hätte dies nicht bewiesen werden können: Der Programmhandel riß die Kurse am Vormittag in den Keller und sorgte am Nachmittag dafür, daß die meisten Verluste wieder wettgemacht wurden. „Programmhandel" umschreibt die Aktivitäten von institutionellen Anlegern, bei denen Großcom-

Corp.. Am Vorabend hatte der Verwaltungsrat der Gesellschaft beschlossen, vorerst Verkaufsabsichten zurückzustellen. Nachdem der UAL-Kurs bereits in einer Woche um 40 % gefallen war, überfluteten neue Verkaufsorders den Markt und rissen den Kurs von 178 auf 145 $.

Übernahmespekulanten mußten nachschießen, um ihre UAL-Positionen zu decken, und lösten damit einen Kursverfall aus, der durch den Programmhandel bedeutend verstärkt wurde. Nachdem die Indextermine in Chicago um das zulässige Tageslimit gefallen waren, stiegen die Programmhändler mit großen Kauforders ein und verkauften gleichzeitig die zugrundeliegenden Aktien auf dem Kassamarkt. In kurzer Zeit verlor der Dow Jones-Index aus 30 Standardwerten fast 85 Punkte.

Der Markt begann sich zu drehen, als Käufer, vor allem das Investment-

(Ausschnitt) Quelle: HB

Nymex-Sitz für 300 000 $ verkauft

vwd NEW YORK. Für die Rekordsumme von 300 000 $ ist ein Sitz an der New York Mercantile Exchange (Nymex) verkauft worden. Bisher hatte der höchste Preis bei 275 000 $ gelegen. Nymex-Präsidentin Rosemary T. McFadden erklärte, der gezahlte Preis spiegele die Zuversicht der Händler in das Wachstumspotential der Rohstoffbörse wider. Die Unsicherheit über die Preisentwicklung der Rohstoffe schlage sich in lebhafterer Handelstätigkeit nieder und erhöhe die Preise für Sitze an der Nymex.

Quelle: HB

Deutsche-Bank-Aktie an die Tokioter Börse

vwd FRANKFURT/TOKIO. Die Deutsche Bank AG, Frankfurt, bestätigt auf Anfrage, daß die seit längerem geplante Notierung der Aktie an der Tokioter Börse bevorsteht und entsprechende Berichte aus Japan im wesentlichen zutreffen. Danach hat die TSE beim japanischen Finanzministerium den Antrag für die Aufnahme zur Notierung schon gestellt, die Konsortialführung hat Nomura Securities.

Quelle: HB

5.2 Aktien

5.2.1 Einteilung und Aufträge

Nennwert

Der *Nennwert* einer Aktie gibt an, mit welchem Anteil der Aktionär am Grundkapital einer Aktiengesellschaft beteiligt ist. Der niedrigste Nennwert einer deutschen Aktie beträgt 50,– DM, höhere Aktiennennbeträge müssen auf volle 100,– DM lauten. Die Summe der Nennwerte aller ausgegebenen Aktien ergibt das Grundkapital der Aktiengesellschaft. Beispiel:

Grundkapital einer AG	10.000.000,– DM
Nennwert der Aktie	50,– DM

Anzahl der ausgegebenen Aktien = = 200.000 Stck.

Eine Aktie entspricht damit dem 200.000sten Besitzanteil dieser Aktiengesellschaft.

Der Nennwert einer Aktie ist eine rein rechnerische Größe, die noch nichts über ihren „wahren" Wert aussagt. Der Nennwert ist aber maßgebend für den Anteil am Gewinn (= *Dividende*) der Aktiengesellschaft, der dem Aktienbesitzer (= Aktionär) zusteht. Die Dividende wird immer in DM je Stück gezahlt, z. B. 8,– DM für eine Aktie im Nennwert von 50,– DM. Die meisten deutschen Aktien haben einen Nennwert von 50,– DM.

Kurswert

Der *Kurswert* einer Aktie liegt in der Regel über dem Nennwert und spiegelt den „Marktwert" wider, da er an der Börse von den Kursmaklern nach dem Prinzip von Angebot und Nachfrage festgelegt wird. Es gibt große Unterschiede in den Kursen für Aktien, die den gleichen Nennwert haben.

Ein Anleger, der Aktien für 5.000,– DM kaufen will, muß sich entscheiden, ob er für diesen Betrag 8 Aktien der Aktiengesellschaft A, 24 Aktien der Gesellschaft B oder 40 Aktien der Gesellschaft C erwirbt. Ist eine A-Aktie wirklich soviel wert wie 3 B-Aktien oder 5 C-Aktien? Der Kurswert einer Aktie wird von vielen verschiedenen Faktoren bestimmt:

Ist die Aktiengesellschaft in der Lage, künftig Gewinne zu erwirtschaften und an die Aktionäre als Dividende auszuschütten? Können die Gewinne gesteigert werden? Indikatoren zum Vergleich von Aktien sind dabei das *Kurs-Gewinn-Verhältnis (KGV)* und der *Gewinn je Aktie*. Weitere Faktoren sind die konjunkturelle Lage der Gesamtwirtschaft und der Branche, die Auftragseingänge und die Kapazitätsauslastung des betreffenden Unternehmens. Kurswerte werden oft positiv bzw. negativ beeinflußt durch Übernahme-, Fusions- und Konkursgerüchte. Der Kurs der AEG-Aktie fiel 1981 aufgrund eines Vergleichsverfahrens des Unternehmens auf unter 20,– DM und zog nach der Übernahme durch die Daimler-Benz AG wieder stark an.

Hierbei spielen oft Spekulationsmotive der Anleger eine Rolle. Spekulationen sind Transaktionen, die in der Hoffnung auf schnelle Kursgewinne getätigt werden. Spekulationsgewinne, die innerhalb von sechs Monaten erzielt werden, müssen in der Bundesrepublik versteuert werden.

Beeinflußt werden die Aktienkurse insgesamt auch vom allgemeinen Zinsniveau. Bei hohen Zinssätzen gehen die Nachfrage nach Aktien und damit die Kurse meistens zurück, weil festverzinsliche Wertpapiere eine höhere Rendite bringen.

Stammaktien, Vorzugsaktien

Stammaktien verbriefen die normalen Aktionärsrechte wie Anspruch auf Dividende, Stimmrecht auf der Hauptversammlung und das Recht zum Bezug von „jungen“ Aktien bei Kapitalerhöhungen. Der Aktionär haftet nur mit dem Nennwert seiner Aktien.

Vorzugsaktien gewähren Vorrechte gegenüber den Rechten der Stammaktionäre. Ein solches Sonderrecht kann z. B. darin bestehen, auf die Vorzugsaktie eine höhere Dividende auszuzahlen als auf die Stammaktie. Dafür darf der Aktionär aber meistens kein Stimmrecht ausüben. Von einigen Aktiengesellschaften werden nebeneinander Stammaktien und Vorzugsaktien, sogenannte „Vorzüge“, an der Börse gehandelt, wie z. B. bei RWE und VW.

Inhaberaktien, Namensaktien

Bei der *Inhaberaktie* kann der Inhaber ohne Namensnachweis alle verbrieften Rechte geltend machen. Sie kann formlos übertragen werden und erfüllt damit eine wichtige Voraussetzung für den Börsenhandel. Inhaberaktien in Form von Stammaktien sind die verbreitetsten.

Namensaktien sind auf den Namen des Eigentümers ausgestellt. Die Aktionäre sind bei der Aktiengesellschaft in einem Register erfaßt. Beim Besitzwechsel muß der Name des neuen Eigentümers auf der Rückseite geändert werden. Bei *vinkulierten Namensaktien* ist beim Verkauf zusätzlich noch die Genehmigung der Gesellschaft einzuholen. Die Springer Verlag AG gab vor einigen Jahren 49 Prozent ihres Kapitals als vinkulierte Namensaktien aus. Damit soll verhindert werden, daß einzelne Aktionäre größere Aktienpakete erwerben und damit an wirtschaftlichem Einfluß gewinnen.

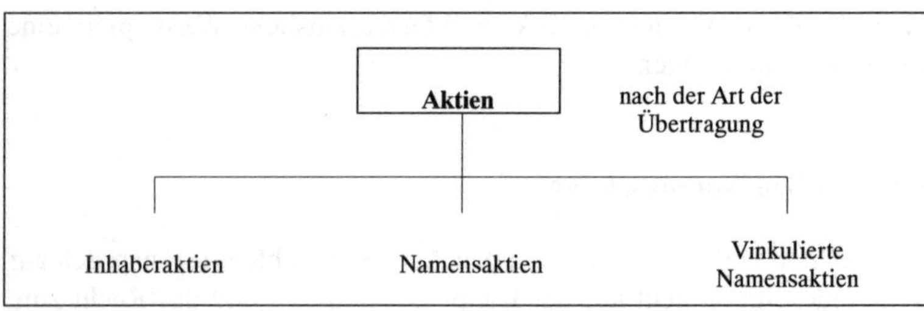

Berichtigungsaktien, Junge Aktien

Berichtigungsaktien werden auch *Gratisaktien* oder *Zusatzaktien* genannt, obwohl der Aktionär nichts geschenkt bekommt von der Aktiengesellschaft. Bei der Ausgabe solcher Aktien wird das Grundkapital einer AG aus eigenen Mitteln – z. B. den Rücklagen – erhöht. Dadurch erhöht sich automatisch die Zahl der Aktien, und der Börsenkurs geht im selben Verhältnis zurück:

> Wird ein Grundkapital von 1 Mio. DM auf 2 Mio. DM erhöht, muß die Anzahl der Aktien von 20.000 auf 40.000 steigen, damit der Nennwert der Aktie auch weiterhin 50,– DM beträgt. In diesem Fall werden 20.000 Aktien kostenlos an die Aktionäre ausgegeben im Verhältnis 1 : 1 zu den Altaktien.
> Gleichzeitig wird aber der Börsenkurs halbiert von z. B. 340,– DM auf 170,– DM. Dieser halbierte Börsenkurs bedeutet für den Aktionär keinen Verlust. Statt einer Aktie zu 340,– DM besitzt er zwei Aktien zu 170,– DM. Der Vorteil liegt für ihn darin, daß er zukünftig die Dividende für zwei Aktien kassieren kann. Bei gleicher Gewinnausschüttung erhöht sich damit seine Anlagerendite.

Wenn eine Aktiengesellschaft ihr Grundkapital von außen erhöhen will, gibt sie zusätzlich sogenannte *junge Aktien* aus. Die Altaktionäre besitzen das Anrecht, diese jungen Aktien zu beziehen (= Bezugsrecht).

Will ein Aktienbesitzer seine Bezugsrechte selber nicht wahrnehmen, kann er sie an der Börse separat verkaufen. Auf diesen Bezugsrechthandel wird noch näher eingegangen.

Belegschaftsaktien, Volksaktien

Belegschaftsaktien werden von Aktiengesellschaften an ihre Mitarbeiter zu besonders günstigen Konditionen ausgegeben. Sie lassen damit ihre Belegschaft am wirtschaftlichen Erfolg des Unternehmens teilhaben. Meistens dürfen die Belegschaftsaktien erst nach einer Sperrfrist von z. B. fünf Jahren verkauft werden.

Von *Volksaktien* spricht man, wenn Staatsunternehmen oder Staatsbeteiligungen privatisiert bzw. teilprivatisiert werden, und die Aktien Interessenten mit niedrigen Einkommen zu Vorzugspreisen angeboten werden. Damit will man breiten Bevölkerungsschichten die Möglichkeit der Kapitalanlage in Wertpapieren eröffnen, wie das beim Verkauf von Preussag-, VW-, VEBA- und VIAG-Aktien der Fall war.

Aufträge mit Limit

Damit die Kauf- und Verkaufsaufträge (= Orders) ordnungsgemäß ausgeführt werden können, muß neben der genauen Bezeichnung und der Anzahl der Wertpapiere auch angegeben werden, zu welchem Preis, bis zu welchem Termin und gegebenenfalls an welcher Börse gekauft oder verkauft werden soll.
Die Preisangabe kann limitiert (= zum Festpreis) oder unlimitiert (= freibleibend) erfolgen. Limitieren bedeutet, einen Preis festzulegen, der beim Kauf nicht überschritten und beim Verkauf nicht unterschritten werden darf.

Beispiel: Ein Kunde legt für seinen Kaufauftrag ein Limit von 210,– DM fest. Ein anderer Anleger bestimmt für den Verkauf seiner Aktien ein Limit von 175,– DM.

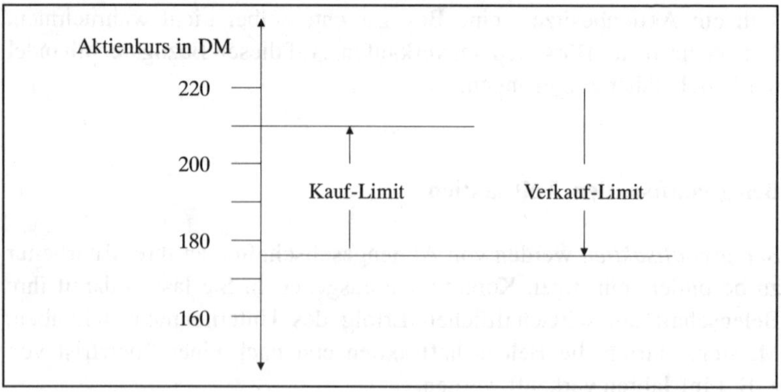

Ist ein Auftrag nicht limitiert, wird er an der Börse beim Kauf „billigst“, beim Verkauf „bestens“ ausgeführt. Beim Kauf von Aktien, die im Freiverkehr gehandelt werden und einen „engen“ Markt haben, sollte grundsätzlich ein Limit gesetzt werden. Limitangaben gelten – wenn sie nicht an einem bestimmten Tag auslaufen sollen – bis zum letzten Tag des jeweiligen Monats. Fünf Tage vor Monatsabschluß kann der Auftrag bis Ende der folgenden Monate verlängert werden, ohne daß neue Limitgebühren anfallen.

Um die Order- und Informationsflut zu bewältigen, arbeiten die Börsen heute mit EDV-Systemen. Die Frankfurter Börse führt das *Börsen-Order-Service-System (BOSS)* und das *Kurs-Informations-Service-System (KISS)* ein. Mittels BOSS werden zukünftig den Börsenmaklern alle Kauf- und Verkaufsaufträge per Computer direkt von den auftraggebenden Kreditinstituten mitgeteilt, sie gehen damit direkt in die Kursfeststellung ein. Die ausgeführten Aufträge werden den Kreditinstituten elektronisch mitgeteilt und zur Abwicklung weitergeleitet. Dadurch fällt das heutige System weg, bei dem die Aufträge den Maklern mittels Belegen überreicht werden.

Stopp loss-Aufträge, Stopp buy-Aufträge

Seit 1989 können für die 30 Aktien des Deutschen Aktienindex (DAX) auch *Stopp loss-* und *Stopp buy-Aufträge* vom Kunden erteilt werden. Stopp-loss-Aufträge (= Verkaufsaufträge) werden „bestens“ ausgeführt. Sobald der Kurs das vom Anleger gesetzte Limit unterschritten hat, verkauft die Depotbank die Aktien automatisch. Damit kann ein bereits erzielter Gewinn weitgehend gesichert werden und ein möglicher Verlust begrenzt werden. Bei Stopp buy-Aufträgen (= Kaufaufträge) werden die Aktien „billigst“ gekauft, sobald der Kurs ein vorher bestimmtes Limit überschreitet. Grundsätzlich werden nur Aufträge von 50 Stück oder einem Vielfachen im variablen Handel ausgeführt. Es entstehen neben den normalen Börsenspesen keine weiteren Kosten.

Zur Erläuterung *zwei Beispiele:*

Für 180,– DM gekaufte Aktien steigen auf 200,– DM. Der Aktienbesitzer erteilt den Auftrag „Stopp-Loss 195,– DM". Steigt der Kurs weiter, wird der Auftrag nicht ausgeführt. Geht der Kurs auf 195,– DM zurück, wird die Order „bestens" ausgeführt, egal ob der Kurs unter oder über 195,– DM liegt.

Der aktuelle Börsenkurs einer Aktie liegt bei 330,– DM. Um bei einem Kursausbruch nach oben dabei zu sein, erteilt ein Anleger den Auftrag „Stopp-buy 340,– DM". Steigen die Aktien bis auf diesen Kurs, werden sie für ihn „billigst" gekauft.

BÖRSE DEUTSCHLAND

BMW kommt mit Vorzugsaktien

HANDELSBLATT, Dienstag, 23.5.1989

vwd MÜNCHEN. Die Bayerische Motoren Werke AG (BMW), München, will ihr Grundkapital von 750 Mill. DM durch Ausgabe von stimmrechtslosen Vorzugsaktien um nominal 37,5 Mill. DM erhöhen. Darüber soll die Hauptversammlung am 6. Juli beschließen. Die Vorzugsaktien werden nach Angaben von BMW den Aktionären im Verhältnis 20:1 zum Ausgabepreis von 225 DM je 50-DM-Aktie angeboten. Die neuen Aktien werden neben der Dividende für Stammaktien mit einer Vorzugsdividende von 1 DM ausgestattet und sind für das Geschäftsjahr 1989 zur Hälfte dividendenberechtigt.

Wie BMW weiter mitteilte, haben Aufsichtsrat und Vorstand zudem beschlossen der Hauptversammlung ein

(Ausschnitt) Quelle: HB

MASSA AG

750 000 neue Stammaktien

HANDELSBLATT, Mittwoch, 29.6.1988

wh ALZEY. Die Massa AG will 750 000 neue Stammaktien aus genehmigtem Kapital mit voller Dividendenberechtigung für 1988 ausgeben. Sie sollen den Aktionären im Verhältnis 4:1 angeboten werden, wobei auch die Vorzugsaktionäre ein Bezugsrecht auf Stammaktien erhalten. Der Ausgabekurs wurde noch nicht bekanntgegeben. Die Asko Deutsche Kaufhaus AG, die 49,9 % der Anteile hält, will sich an der AK-Erhöhung auf dann nom. 187,5 Mill. DM in vollem Umfang beteiligen und ihre Bezugsrechte ausüben. Der HV am 29. August will die Verwaltung eine unveränderte Dividende von 10 DM auf die Stamm- und 11 DM auf die Vorzugsaktien vorschlagen.

In einer Mitteilung des Unternehmens wird von außergewöhnlich guter

(Ausschnitt) Quelle: HB

Gratisaktien bei Rheinelektra

shf MANNHEIM. Vorstand und Aufsichtsrat der Rheinelektra AG, Mannheim, schlagen der für den 3. Dezember einberufenen HV eine Kapitalerhöhung aus Gesellschaftsmitteln im Verhältnis 11:3 auf 140 Mill. DM vor. Die neuen Aktien sollen für das zurückliegende Geschäftsjahr gewinnberechtigt sein und ebenso wie die bisherigen Aktien mit einer Dividende von 12 DM (im Vorjahr 12 Dm plus 3 DM Bonus) bedient werden.Die Ausschüttungssumme bleibt damit mit 33,6 Mill. DM auf dem hohen Vorjahresniveau.

Quelle: HB

Thyssen gibt Belegschaftsaktien aus

Düsseldorf (Reuter) – Thyssen will die Mitarbeiter seiner deutschen Gesellschaften über Belegschaftsaktien am Geschäftserfolg des Konzerns beteiligen. Die Belegschaftsmitglieder könnten bis zu vier Aktien der *Thyssen AG, Duisburg*, zum Vorzugskurs von 122 DM je Aktie kaufen, teilte Thyssen mit. Der Kurs liegt damit bei der Hälfte des Börsenkurses vom 5. September von 244 DM. Die Aktien sind das Geschäftsjahr 1988/89 (30. 9.) dividendenberechtigt. Thyssen hat sich auf Wunsch des Konzernbetriebsrats zu diesem Schritt entschlossen.

Quelle: SZ

5.2.2 Kurse

Bei der Kursfeststellung unterscheidet man zwischen Wertpapieren am *Einheitsmarkt* und am *variablen Markt*. Oberstes Ziel ist es, Angebot und Nachfrage so auszugleichen, daß der größtmögliche Umsatz an Wertpapieren zustande kommt. Die Börsenzeit dauert von 10.30 bis 13.30 Uhr. Etwa nach einer Stunde werden die sogenannten *Kassa-* oder *Einheitskurse* von den amtlichen Maklern festgelegt. *Variable* oder *fortlaufende Notierungen* gibt es während der gesamten Börsenzeit.

Kassakurse

Für Aktien mit geringen Umsätzen und alle festverzinslichen Wertpapiere (Ausnahme: Wandelanleihen, Optionsanleihen und seit 1988 einige Bundesanleihen mit einem Mindestschluß von 1 Million DM) sowie für Aktienkäufe unter 50 Stück werden *Kassakurse* (= Einheitskurse) von den amtlichen Kursmaklern festgesetzt. Wie dieser Kurs zustande kommt, soll an einem Beispiel erklärt werden:

Ein Kursmakler ist für einen bestimmten Teilmarkt z. B. Chemieaktien zuständig. Die bei ihm eingehenden Kauf- und Verkaufsaufträge mit unterschiedlichen Preisangaben und Stückzahlen trägt er in ein sogenanntes Skontro (= Hilfsbuch) ein und gibt die Werte über sein Datenterminal in den zentralen Börsencomputer ein. Er errechnet dann, bei welchem Kurs der größte Umsatz möglich ist. Dabei müssen alle Bestens- und Billigstaufträge ausgeführt werden.
Dem Makler liegen für die Aktien einer Chemie-AG folgende Aufträge vor:

Kaufaufträge		*Verkaufsaufträge*	
Stück	Limit	Stück	Limit
720	billigst	280	bestens
280	117,50	320	117,–
340	117,–	460	117,50
380	116,50	185	118,–

Bei einem Kurs von

116,50 sollen 280 Aktien (bestens) verkauft und 1.720 Aktien (= alle Kaufaufträge) gekauft werden.
möglicher Umsatz: *280 Stück*

117,– können 600 Aktien (280 bestens + 320 zu 117,–) verkauft und 1.340 Aktien (720 billigst + 280 zu 117,50 + 340 zu 117,–) gekauft werden.
möglicher Umsatz: 600 Aktien

117,50 würden 1.060 Aktien (280 bestens + 320 zu 117,– + 460 zu 117,50) verkauft und 1.000 Aktien (720 billigst + 280 zu 117,50) gekauft werden.
möglicher Umsatz: 1.000 Aktien

118,– können 1.245 Aktien (= alle Verkaufaufträge) verkauft, aber nur 720 Aktien (billigst) gekauft werden.
möglicher Umsatz: 720 Aktien

Der größte Umsatz ist beim Kurs von 117,50 DM möglich. Es können 1.000 Aktien mit einem Volumen von 117.500,– DM umgesetzt werden. Zum Preis von 117,50 DM können 60 Aktien nicht verkauft werden, da dem Angebot von 1.060 Aktien nur eine Nachfrage von 1.000 Aktien gegenübersteht. Das wird bei der Kursnotierung durch den *Zusatz bB* (= bezahlt Brief) kenntlich gemacht.
Der amtliche Kursmakler legt für diese Aktie folgende Kursnotierung fest: *Kassakurs 117,50 bB*. Der Kurs erscheint an der elektronischen Anzeigetafel im Börsensaal und wird im Amtlichen Kursblatt, das die Börse täglich herausgibt, veröffentlicht. Am nächsten Tag steht er dann im Börsenteil der Zeitungen unter den Kassakursen bzw. Einheitskursen.

Kurszusätze

Kann der Kursmakler keinen Ausgleich zwischen Angebot und Nachfrage herstellen, weil die Kauf- und Verkaufslimits zu weit auseinanderliegen, kann er den Kurs schätzen. Hinter der Notierung erscheint dann ein *„T“ (= Taxkurs)*. Ein Kurs kann „gestrichen“ werden (Kurszusatz „-“), wenn keine Orders vorliegen oder der Börsenvorstand das „Aussetzen einer Notiz“ angeordnet hat, z. B. damit Insider bei Firmenübernahmen oder -beteiligungen keine Vorteile wahrnehmen können.

Wenn ein Kursmakler feststellt, daß der Kurs aufgrund der ihm vorliegenden Aufträge stark von der letzten Kursnotiz abweichen wird, zeigt er dies auf der Kursanzeigetafel an. Unterschieden wird dabei zwischen *einfachen Plus-* und *Minusankündigungen* („+“ oder „–“) bei Kursänderungen zwischen 5 und 10 Prozent sowie *doppelten Plus-* und *Minusankündigungen* („++“ oder „– –“) bei Kursänderungen über 10 Prozent.

Eine Aufstellung der wichtigsten Kurszusätze, wie sie auch im Börsenteil der Zeitung verwendet werden:

Kein Zusatz, *b* oder *bez* (= bezahlt):	Angebot und Nachfrage waren ausgeglichen.
G (= Geld):	Zum angegebenen Kurs lagen nur Kaufaufträge, aber keine Angebote vor.
B (= Brief):	Bei diesem Kurs wurden nur Aktien zum Verkauf angeboten, fanden aber keine Käufer.
bG (= bezahlt Geld):	Umsätze fanden statt, doch konnten zum festgestellten Kurs nicht alle Kaufaufträge erledigt werden, da die Nachfrage überwog.
bB (= bezahlt Brief):	Nur ein Teil der Verkaufsaufträge konnte zum festgestellten Kurs abgewickelt werden, das Angebot an Wertpapieren war größer als die Nachfrage.
T (= Taxkurs):	Der vom Kursmakler geschätzte Kurs, Umsätze kamen nicht zustande.
– (= gestrichen):	Es lagen keine Orders vor, eine Kursbildung war nicht möglich.
– *G* (= gestrichen Geld):	Es lagen „billigst“-Kauforders vor ohne Angebot zu diesem Limit.

– B (= gestrichen Brief): Es lagen „bestens“-Verkaufsorders vor ohne Nachfrage zu diesem Limit.

ex Div (= ex Dividende): An diesem Tag wurde die Aktie ohne Anspruch auf die Dividende für das abgelaufene Geschäftsjahr gehandelt.

ex Bez (= ex Bezugsrecht): Die Aktie wurde ohne das Bezugsrecht gehandelt.

ex BA (= ex Berichtigungsaktien): An diesem Notierungstag wurden die Wertpapiere ohne Anspruch auf den Bezug von Berichtigungs- oder Zusatzaktien gehandelt.

r oder *rep* (= repariert): Zu diesem Kurs mußten Kauf- oder Verkaufsaufträge prozentual zugeteilt werden.

Variable Notierungen

Aktien mit hohen Umsätzen werden im *variablen (= fortlaufenden) Handel* notiert. Es werden nur Aufträge über mindestens 50 Stück oder einem Vielfachen davon abgewickelt. Dabei werden mindestens drei Kurse festgelegt: der *Anfangskurs*, der *Einheitskurs* und der *Schlußkurs*, die alle wie der Kassakurs berechnet werden. Aufträge unter 50 Stück und die Reste der nicht durch 50 glatt teilbaren Aufträge werden nicht zu diesen Kursen abgewickelt. Von einem Auftrag über 120 Aktien werden 100 im variablen Handel und 20 zum Einheitskurs (= Kassakurs) abgewickelt. Zwischen dem Anfangs-, Einheits- und Schlußkurs werden im Verlauf der gesamten dreistündigen Börsenzeit je nach Angebot und Nachfrage auf Zuruf viele einzelne Geschäfte abgeschlossen zu jeweils verschiedenen (= variablen) Kursen.

Der variable Handel ist für den Börsenbeobachter schwer nachzuvollziehen. Er nimmt nur ein Durcheinander von rennenden, gestikulierenden, sich Kürzel zurufenden Maklern und Händlern wahr. Kaufabsichten werden durch das Wort „Geld“, Verkaufsabsichten durch „Brief“ angekündigt. Außerdem werden der Name der Aktie, die Stückzahl und die

Kursvorstellung ausgerufen. Vom Kurs werden meistens nur die letzten Ziffern genannt. Der Käufer nimmt ein Angebot an mit den Worten „von Ihnen“, der Verkäufer bestätigt den Abschluß mit „an Sie“, beides wird meistens durch das vertraulichere „von Dir“ und „an Dich“ ersetzt. Das mündlich abgeschlossene Geschäft gilt, es ist später schriftlich zu bestätigen und innerhalb von zwei Börsentagen abzuwickeln.

Beispiel für einen Geschäftsabschluß mit variablem Handel:
Zuletzt notierter variabler Kurs: 204,– DM
Ein Händler will 250 Aktien der Stahl-AG kaufen zum Kurs von 202,– DM je Stück und ruft:
„250 Stahl 2 Geld“.
Ein Makler bietet 400 Stahl-Aktien an zum Preis von 203,– DM:
„400 Stahl 3 Brief“.
Der Händler akzeptiert ein Teilangebot, er ist bereit 300 Aktien zum Kurs von 203,– DM zu kaufen:
„300 von Ihnen“
Der Makler bestätigt das Geschäft mit
„an Sie“.
Neu notierter variabler Kurs, der sofort auf der Anzeigetafel erscheint:
203 oder nur 3

Kursanzeige:

Stahl [204] – 3,5 – 4 – [203,5] – 4 – [3] …

Stahl	204	– 3,5 – 4 – 203,5	– 4 –	3 …
	Eröffnungskurs	Einheitskurs		letzter variabler Kurs

Freiverkehr-Notierungen

Im Freiverkehr werden keine Einheitskurse gebildet. Die in der Beilage zum amtlichen Kursblatt veröffentlichten Preise für Freiverkehrswerte sind *Spannenpreise*, das heißt, es werden nur die Geldkurse (= Kaufkurse) und die Briefkurse (= Verkaufskurse) mitgeteilt. Jedem Preis liegt jeweils nur ein Geschäftsabschluß zugrunde.

Notierungen vom außerbörslichen Handel

Für amtlich notierte Wertpapiere werden für den vor- und nachbörslichen Handel keine offiziellen Preise veröffentlicht.

Für Werte aus dem Telefonverkehr, die weder im amtlichen Handel noch im Freiverkehr gehandelt werden, werden unverbindliche Preislisten veröffentlicht.

Kurs der PKI-Aktie ausgesetzt

Spekulation über Verkauf von Firmenteilen erhält Nahrung

NÜRNBERG (dpa/vwd). Wegen einer „bevorstehenden wichtigen Erklärung des Vorstands" wurde die Notierung der Aktien der Philips Kommunikations Industrie (PKI) am Dienstag an den Börsen ausgesetzt. Auch am heutigen Mittwoch werden die Anteile des Nürnberger Unternehmens nicht gehandelt. Im vergangenen Jahr hat die Allgemeine Deutsche Philips Industrie (Alldephi) ihre PKI-Beteiligung auf über 75 Prozent erhöht. An der Börse wird jetzt über ein Abfindungsangebot für freie Aktionäre spekuliert. Vor Pfingsten wurde das Papier zur Kasse mit 693 Mark gehandelt.

Der Aufkauf von PKI-Aktien durch die Alldephi hatte 1988 Gerüchten Auftrieb gegeben, der niederländische Multi wolle hierdurch Handlungsspielraum bekommen, um die PKI oder Teile von ihr verkaufen zu können. Die PKI meldete für 1988 einen Umsatzanstieg um vier Prozent auf 1,8 Milliarden Mark. Der Überschuß ging allerdings auf 74 (83) Millio- geteilt und verkauft werden, stets zurück. Dieser gehöre vielmehr zu den Kernaktivitäten der Gruppe, die ausgebaut werden sollten.

Hintergrund der vermuteten Änderungen bei PKI sind Probleme im niederländischen Stammhaus. Dort sanken in den zurückliegenden Jahren Umsätze und Gewinne kontinuierlich. Mit einer Straffung der Konzernstruktur auf die drei Kerne Mikro-, Unterhaltungselektronik sowie Informations- und Kommunikationstechnik versucht nun Konzernchef Cornelius van der Klugt, das breit diversifizierte Konglomerat wieder auf Vordermann zu bringen. Deshalb gab Philips im August 1988 auch 53 Prozent des Geschäfts mit Haushaltsgeräten an die US-Firma Whirl Pool ab. Nach Berichten des „manager magazin" gibt es Überlegungen, die Telekommunikation der PKI abzustoßen, damit sich die Tochter besser in die Pläne der Mutter einfüge. Zuvor hatte Philips den [illegible] an der APT

(Ausschnitt) Quelle: FR

Münchener Rück seit 100 Jahren börsennotiert

gw MÜNCHEN. Die Aktien der Münchener Rückversicherungs-Gesellschaft sind vor 100 Jahren an der Münchner Börse eingeführt worden. Damit begann die breite Streuung des Aktienkapitals der Gesellschaft, das 1880 bei der Gründung 3 Mill. DM betrug und seinerzeit von acht Aktionären aus der bayerischen Wirtschaft gezeichnet wurde. Derzeit liegt das Grundkapital in Höhe von 590 Mill. DM bei rund 15 000 Aktionären im In- und Ausland. Amtlich notiert werden die Aktien der Münchener Rück an der Bayerischen Börse und Frankfurter Wertpapierbörse. Das gesamte Eigenkapital der Münchener Rückversi-

(Ausschnitt) Quelle: HB

Spekulation um Schering

Bei der Schering AG schrillen die Alarmglocken: In nicht einmal 14 Tagen hat die Aktie des Berliner Pharmaherstellers um fast 100 DM zugelegt. Am 14. des Monats noch mit 652 DM notiert, wurde gestern ein Mittelkurs von 737,5 DM ermittelt. Nicht nur auf dem Börsenparkett machen Gerüchte die Runde – es drohe eine Konzentration der Eigentumsverhältnisse, möglicherweise sogar eine Übernahme. Schließlich hatte zuletzt die amerikanische ICN Pharmazeuticals im November den – allerdings sehr ehrgeizigen – Versuch gestartet, ein 25-Prozent-Paket an Schering zu schnüren

(Ausschnitt) Quelle: DW

Frankfurt Fortl. Notierungen — Kassa

		Fortl. Notierungen 26.4.90	Fortl. Notierungen 27.4.90	Kassa 26.4.90	Kassa 27.4.90
AEG	2.4	303.50	302.50/295.60/7.50	306.30	297.50
Agab	7	333	335/3bG	333—	334.50
Agiv	10	860	855/45/55	860—	847—
Altana	11	454	445.50/53	455.20	448.50
Anzag	6	438	430/——	438—	430—
ABB	12	654	641/59	654—	650—
Asko	15	833	833/54/47bG	830—	835—
dgl. VA	17	705	709/15/698/710G	705—	705—
Badenwerk	7	258	256	258.50	256—
BASF	12	304.20	301.20/299.20/300	304.10	300.80
Bayer	12	306.30	304/1/2.30	307—	302.50
→ BMW	12.5	571.50	572/1/82/80.50	571.50	578—
dgl. VA		456	455	456—	455—
Bewag	5	153	152.50/3.50/2.50	152—	153.50
Bilf. + Berger	10	897.50	880/30/80	896.50	866—
Brau u. Brunnen	0	506	500/1/500.50	506—	501—
Brem. Vulkan	0	158.70	157/6.50/8.30	159.20	156.80
*Cassella	19	1330	1340/30	1330—	1330—
Ceag	8	294	290/5/3	290—	294.50
Contigas	8	574	570/4G	573—G	——
Continental	8	290	286/7/5/6.50	288.80	286.50
Daimler	12	818.50	813/808/27/25	825—	819—
Degussa	10.5	560.10	558/40.20/42	560.50	545—
Dt. Babcock	0	228	227/7.80/6/6.60	227.50	226.50
dgl. VA	3	190	190/81/83	191—	184—
*Dt. Eisenhdl.	6	——	——	2100—G	2100—G
Didier	6	259	253/50.50/2	259—	250.50
Dierig Hold.	0	193.50	194.50/2/1G	193.50	192—
DLW	12	840	835/38/30/4	850—	830—
Douglas Hold.	10	801	797/90/98	802—	795—
Enka	9.38	347	343.50	347—	343.50
Essl. Masch.	7	——	——	732—G	733—G
FAG Kugelf.	7	468	460/75/70	468—	465—
dgl. VA	8	344	336/40	344—	340—
Feldm. Nobel	10	——	——exB	——	——exB
Felten & G.	8	272	268.50/72/70	271—	269—
Fresenius VA	7.5	434.50	425/7	430.50	427—
GEA		772	770/55/65G	775—	770—
GEA VA		650	640/7/2	653—	647—
Gehe	10	627	620/8/20G	627—	621—
Gelsenwasser	6	——	——	333—T	337—
Goldschmidt	[illegible]	600	590/80	595—	[illegible]

(Ausschnitt) Quelle: FAZ

BMW:	Bayerische Motorenwerke AG		
12.5:	letzte Dividende 12,50 DM/Aktie		
571.50:	Schlußkurs am 26.4.90: 571.50 DM/Stück		
572/1/82/80.50:	Fortlaufende Notierungen am 27.4.		
	572:	Eröffnungskurs	572,– DM
	1:	Zwischenkurs	571,– DM
	82:	Zwischenkurs	582,– DM
	80.50:	Schlußkurs	580,50 DM
571.50:	Kassakurs am 26.4.90		571,50 DM
578–:	Kassakurs am 27.4.90		578,– DM

Frankfurt Einheitsnotierungen

	26.4.90	27.4.90
Adlerwerke 12	700—	700—
Aesculap...........9	620.50	621—
Allweiler 0	498.50	495—B
dgl. VA 6	414.90	410—
Audi AG.............4	650—	646—
AVA.................15	1621—	1632—
Balcke-Dürr........0	297—G	300—G
Bay.Br.Schuck....0	440—G	440—G
*Bertelsm.Gen..15	161—G	160.50bG
Binding............10	643—bG	650—
dgl. VA 11	575—bG	580—
Biotest VA..........8	398—	390—
Blaue Quellen..15	915—G	915—G
Boge...................7	475—bB	475—bG
Boss	1145—	1110—
dgl. VA 22	875—	915—
→ Braun VA......39.3	1150—bG	1150—G
Brem. Wollk. 10	300—G	303—B
Brillantleuchten..4	233—bB	220—Tex
*Buderus.......15.8	910—G	1020—T
Concord.-Ch..12.5	769.50bB	780—bG
Deckel 1.5	217—	215.50
dgl. VA 2.5	168—	165—
Delme.............6.5	430—bB	412—
Dt. Atl. Tel......14.3	685—G	685—G
Dt. Eff. u. W. 14	1460—G	1460—G
*Dt. Steinzeug....6	830—G	830—G
Dortm. Ritter 0	245—G	255—T
Dürr.....................	776—	785—bB
Dywidag.............0	755—	770—
Dyckerhoff..........8	1040—	1020—
dgl. VA 8	820—bG	822—
*Edelst. Witten .20	490—G	490—G
Eichbaum........ 8[1])	327—	327—G
Eisenb.-Verk.....10	294—bG	294.10G
Escada.............15	1099—	1095—bG
dgl. VA 16	995—	999—
Flachglas 12	678—bG	685—bG
Fuchs Petrolub ...5	300—	295—bB
dgl. VA...............6	227—	221.50
Gestra... 0	190—B	193—bG
Neckarwerke......7	330—G	328—
Otavi....................3	175.50	176—
*Parkbrauerei.....0	445—	445—T
Pegulan 9.5	390—bG	390—G
dgl. VA 10.5	385—T	380—T
Pirelli Deutschl.10	424—G	424—G
Pittler..................8	410—	405—
Reichelbräu.........4	430—T	430—T
Rhön-Klinikum VA	500—	504.50
*Riedel d.Haën 24	1180—	1125—
RWE-DEA.........11	439—	426—
Sabo-Masch. 13	559—	550—
Sander, Jil VA......	1070—	1065—
Schiess 3	326—	315—
*Schlossquell 0	900—B	900—B
Schub. & S.........5	160—bB	162—bB
Schwäb. Zellst....0	220—bG	222—bG
Seitz Enz. Noll ...0	205—	203—
*Sinalco 13	582—bG	580—T
*Sinner 9	650—G	650—G
Springer...........12	785—bG	784—
Stöhr................11	353—G	355—G
Stolb. Zink 2.5	810—	810—G
Stollwerck 12	580—G	——
Stumpf 0	255—bG	260—bG
dgl. VA.............20	325—G	325—G
Stg. Hofbr. 14.5	910—G	910—G
dgl. VA 15.5	675—T	640—T
Südmilch VA	205—	203.50
Technocell 6	700—	698—
Thüga 8	715—T	710—
Traub.................8	428—	420—T
Tucher Bräu.......3	310—	305—B
Übld. Unterfr. ..6.5	288—G	290—T
Ver. Kunstm. 4	477—	477—G
dgl. VA	351—	351—bG
Verseidag 5	257—	255—
VGT 7.5	520—G	516—B
Vögele 6	555—bG	555—
Wanderer...........6	327—	327—
dgl. VA 7	270—	280—T
Wickrather..........3	212—T	205—

(Ausschnitt) Quelle: FAZ

Braun:	Braun AG
VA:	Vorzugsaktie
39.3:	letzte Dividende 39,30 DM/Aktie
1150-bG:	Kassakurs am 26.4.90 1150,– DM bezahlt Geld (Nachfrage größer als Angebot, d. h. es konnten nicht alle Kaufaufträge ausgeführt erden).
1150-G:	Kassakurs am 27.4.90 1150,– DM Geld (zum Kurs von 1150,– DM lagen nur Kauf lagen nur Kaufaufträge, aber keine Angebote vor).

Fortlaufende Notierungen Hö

Name	Div.		Anfang	Verlauf		Schluß	Kasse	+/–	H/T
AMB vink. NA	12.5	F	830.00 b	40.0	30.0	837.00 b	835.00 b	-7	1020/ 648
		D	835.00 G	30.0	30.0	830.00 b	830.00 b	-10	1018/ 650
AMB Inh	12.5	F	880.00 b	90.0	70.0	880.50 b	871.00 b	-3	1065/ 665
		D	870.00 b	80.0	70.0	870.00 G	880.00 b	+7	1060/ 665
Adca	0	F	113.00 b	13.0	12.0	112.00 b	113.00 b	±0	135/ 99
		D	-	-	-	-	111.00 b	-2	130/ 97
ADT Ltd. (Berm.)		F	-	-	-	-	5.00 G	-0.05	6/ 3
Agab	7	F	351.00 b	51.0	49.0	349.00 bB	349.00 b	-1	355/ 203
Agiv	10	F	846.00 b	46.0	43.0	843.00 bG	843.00 b	-9	905/ 385
		D	840.00 G	-	-	845.00 G	845.00 b	-5	905/ 385
Agiv junge		F	822.00 b	22.0	22.0	822.00 b	822.00 b	-9	880/ 760
		D	825.00 G	-	-	825.00 G	825.00 G	-10	890/ 765
Akzo (Holl.)		F	106.50 bB	06.5	05.5	105.50 b	106.00 b	-1.3	139/ 100
		D	106.00 G	-	-	106.00 G	106.10 b	-1.4	138/ 102
Alcan (Kan.)		F	34.20 b	35.0	34.2	34.30 b	34.30 b	-1.2	48/ 32
Alg. Bk. Ned. (Holl.)		F	33.30 b	33.3	33.3	33.30 b	33.30 b	-0.2	40/ 32
		D	34.00 b	34.0	34.0	33.50 G	34.00 b	-0.4	40/ 32
→ AEG	2.4	F	300.00 b	03.5	96.0	300.00 b	297.50 b	-5.2	336/ 192
		D	299.00 b	02.0	97.0	301.00 G	297.00 b	-4	336/ 193
Allianz Hold.	12	F	2480.00 b	95.0	70.0	2492.00 b	2480.00 b	-10	2647/ 1541
		D	2480.00 G	90.0	75.0	2495.00 G	2485.00 b	+15	2647/ 1541
Allied Signal (USA)		F	-	-	-	-	59.50 b	-1	79/ 55
All.Nippon Air.(Jap.)		F	-	-	-	-	18.60 b	+0.4	28/ 15
Altana	11	F	455.00 b	63.0	55.0	455.00 b	460.00 b	+8	488/ 346
		D	450.00 b	60.0	55.0	458.00 G	459.00 b	+6	488/ 346
Altana junge		F	440.00 G	40.0	40.0	440.00 G	440.00 T	+3	463/ 378
		D	435.00 G	-	-	-	-		468/ 381
Alu. Co. Am. (USA)		F	-	-	-	-	106.00 G	±0	152/ 97
Am. Brands (USA)		F	-	-	-	-	111.00 G	±0	157/ 104
		D	110.50 G	-	-	110.50 b	110.50 G	±0	157/ 105
Amax Inc. (USA)		F	41.50 b	42.2	41.5	42.20 b	41.50 b	-0.5	57/ 38
Am. Cyanamid (USA)		F	-	-	-	-	91.00 b	+2	115/ 79
Am. Express (USA)		F	48.50 b	48.5	48.5	48.50 b	48.80 b	-0.7	74/ 44
		D	48.00 G	-	-	48.00 G	49.00 b	-1	74/ 44
Am. Rot. Bk. (Holl.)		F	66.30 b	66.6	66.3	66.40 b	66.60 b	+0.4	82/ 64
		D	66.20 b	66.0	66.0	66.00 G	66.00 b	+0.2	82/ 64
Anheus. Busch (USA)		F	-	-	-	-	64.00 b	-0.5	88/ 55

(Ausschnitt) Quelle: HB

AEG:	AEG Aktiengesellschaft
2.4:	letzte Dividende 2,40 DM/Aktie
F:	Börsenplatz Frankfurt
D:	Börsenplatz Düsseldorf

Arbitrage:

F:	300.00 b	303.50	296,–	300,–b	297,5
D:	299,00 b	302,–	297,–	301,–G	297,0
Differenz in DM	1,–	1,50	1,–	1,–	0,50

GEREGELTER MARKT

Bausch	–	410.50	406. – bG
BaWa vink.Na.	6.4	330. –	330. –
Computer 2000	12	689. –	694. –
Data-Modul	–	350. – bG	351. –
Drägerwerk Vz.	8	353. – G	353. – bG
Einhell, H. Vorz	8	334. – bG	333. – B
□Gebr. Bernard	49	8400. – GT	8400. – GT
Greiffenberger	5	273. –	270. – bG
Hach Vorz.	–	471. –	481. –
Hegener + Glaser	11	280. –	276. – bG
Herlitz Int.Trad.	–	525. –	527.50
Jean Pascal	–	450. – bG	450. – eG
→ Kunert St.	4	510. –	510. – bG
do. Vorzüge	–	378. – bG	378. – bG
Macrotron	6.5	839. –	824. – bB
Moksel	9	459. – bB	450. –
Nebelhornbahn	0	320. – bG	320. – G
Nucletron Electr.	0	110. –	115.50
Rheinmetall	8.5+1	411.50	410. – B

(Ausschnitt) Quelle: SZ

Kunert St.:	Kunert AG Stammaktien	
4:	letzte Dividende	4,– DM/Aktie
510,–:	Geregelter Markt-Kurs Börsenplatz München am 18.5.90	510,– DM
540,– bG:	Geregelter Markt-Kurs Börsenplatz München am 17.5.90 bezahlt Geld	510,– DM
dv. Vorzüge:	Kunert Vorzugsaktien	
–:	Keine Dividende	

FREIVERKEHR INLAND

Asea Brown B.	12	700. – eG	707. – G
Ceag	8	290. – B	290. – B
→ co op		354. –	356. –
Dt. Centralboden	12	950. – G	950. – G
□Dt.Lloyd Vers.Na.	20	2850. – GT	2850. – GT
*Eschweiler Bergwk.	0	180. – GV	180. – bG
□G.B.Wohn. Na.	3.84	610. – GV	600. – GV
□do. Vorz.	3.84	604. – bG	630. – B
Lahmeyer	10	1070. – B	1070. – B
*Momm, Spinn.	50	1850. – G	1850. – G
Rheinelektra	12+3	2540. – eG	2540. – eB

(Ausschnitt) Quelle: SZ

co op:	Co Op AG	
:	keine Dividende	
354,–:	Freiverkehr-Kurs Börsenplatz München am 18.5.90	354,– DM
356,–:	Freiverkehr-Kurs am 17.5.90	356,– DM

Telefonhandel

(in DM)	Platz	17.5.90	16.5.90	H/T
→ AG f.chem. Ind.	S	80.00 G	80.00 G	114/ 70
AG f.chem. Ind.VA	S	555.00 G	550.00 B	910/ 330
AG f.chem.Ind.VA junge	S	305.00 G	305.00 G	800/ 300
BCT-Comp. VA *	M	1.65 TG	1.65 TG	4/ 1
Beta Syst.Comp.	H	159.00 T	159.00 T	250/ 120
Beta Syst.Comp.junge	H	155.00 G	155.00 G	240/ 120
Bicycle	S	180.00 bG	178.00 G	201/ 160
Bicycle Radsport.	S	55.00 bG	55.00 G	80/ 55
British Steel (Engl.)	M	3.90 G	3.90 G	4/ 2
Bürg.& Engelbrau *	M	893.00 TG	830.00 TG	893/ 800
Dt. Ring Leben	H	750.00 G	800.00 b	1200/ 750
DLB St.A	S	70.00 b	110.00 b	850/ 70
DLB VA	S	40.00 b	82.00 G	200/ 40
Einkaufs AG Inh.St.A. *	M	1015.00 G	1015.00 G	1030/ 900
Einkaufs AG NA St.A. *	M	1015.00 G	1015.00 G	1015/ 900
Geiling *	M	305.00 TG	305.00 TG	305/ 160
Hofer Bier *	M	800.00 TG	800.00 TG	800/ 700
Hold.Che.Ind.Inh.(Schw)	S	155.00 G	155.00 b	260/ 120
Hold.Che.Ind.NA (Schw)	S	190.00 B	190.00 B	250/ 125
Hold.Che.Ind.PS (Schw)	S	1.90 B	2.00 B	3/ 1
Hornbl.Fischer St.A	S	125.00 G	125.00 G	160/ 115
Hornbl.Fischer VA	S	85.00 B	87.00 G	105/ 65
Hotel 3 Mohren *	M	350.00 TG	350.00 TG	350/ 350
Ibörsa Inh. St.A	S	75.00 bB	71.00 bG	112/ 65
Kulmbacher Spinnerei *	M	139.00 B	139.00 B	160/ 125
Kunstm. Aichach *	M	1100.00 TG	1100.00 TG	1100/ 850
Löwenbr. Stockb. *	M	920.00 TG	920.00 TG	920/ 700
Mangfall Kraft *	M	400.00 B	400.00 B	475/ 295
Mech. Bayreuth *	M	130.00 G	130.00 G	130/ 110
Para Einkauf *	M	3400.00 G	3400.00 G	3900/ 3300
Pegasus St.A	S	330.00 bB	329.00 b	349/ 192
Pegasus VA	S	261.00 b	264.00 b	289/ 176
Portugal Fund (Engl.)	M	14750.00 b	15000.00 b	29000/ 12000
Porz. Scherzer *	M	185.00 B	185.00 B	185/ 160
Salewa *	M	550.00 TG	550.00 TG	550/ 500
SM Software *	M	5.00 TG	5.00 TG	5/ 2

(Ausschnitt) Quelle: HB

AG f. chem. Ind. =	Aktiengesellschaft für chemische Industrie		
S =	Handelsplatz Stuttgart		
80.00 =	Aktienpreis am	17.5.90	80,– DM
		16.5.90	80,– DM
G =	Geld		
114/70 =	Höchstpreis seit	1.1.90	114,– DM
	Tiefstpreis seit	1.1.90	70,– DM
VA =	Vorzugsaktien		
VA jung =	junge (neue) Vorzugsaktien		

Matis-System

Außerbörslicher Handel

Titel	18.12.89 Hoch/Tief	Kurse v. 16 Uhr	Umsatz Stück
AEG	295,00–89,00	295,00	9300
Allianz	–	–	0
BASF	281,00–80,00	280,50	8100
→ Bayer	285,00–84,00	284,00	10700
Bayernhyp	–	–	0
BMW	515,00–15,00	515,00	3400
Bayer. Verbk.	382,00–82,00	382,00	250
Bremer Vulkan	134,50–30,50	134,50	35600
Commerzbank	274,50–70,00	274,00	25000
Continental	–	–	0
Daimler-Benz	–	–	0
Degussa		–	0

(Ausschnitt) Quelle: HB

IBIS-System

Außerbörslicher Handel

18.12.89 Titel	Hoch / Tief	Kurse von 16 Uhr	Umsätze in Stück
Allianz	- / -	-	0
BASF	- / -	-	0
→ Bayer	286.00 / 284.50	285.50	8000
BMW	515.00 / 515.00	515.00	1000
Commerzbank	274.50 / 272.50	274.50	2000
Daimler Benz	- / -	-	0
Deutsche Bank	771.00 / 767.00	771.00	4000
Dresdner Bank	405.00 / 393.00	405.00	17300
Hoechst	- / -	-	0
Mannesmann	321.00 / 318.50	320.50	[illegible]

(Ausschnitt) Quelle: HB

Bayer-Aktien im außerbörslichen Handel am 18.12.89

System	Matis	IBIS
Höchstkurs	285,–	286,– DM
Tiefstkurs	284,– DM	284,50 DM
Kurs um 16 Uhr	284,– DM	285,50 DM
Umsatz	10.700 Stück	8.000 Stück

5.2.3 Neue und junge Aktien

Neuemission

Wenn eine Aktiengesellschaft zum Börsenhandel zugelassen ist, können die Anleger im Ramen einer *Aktien-Neuemission* zu einem vorher festgelegten Preis – dem Ausgabepreis oder Emissionskurs – die neuen Aktien erwerben. Die Bank oder das Bankenkonsortium, das die Neuemission durchführt, legt in Abstimmung mit der Aktiengesellschaft den Ausgabepreis fest auf der Basis der bisherigen und der zu erwartenden Ertragssituation.

Während einer sogenannten *Zeichnungsfrist* kann jeder interessierte Anleger eine bestimmte Anzahl Aktien über sein Kreditinstitut zeichnen. Sind die neuen Akteien sehr begehrt, wird die Zeichnungsfrist oft vorzeitig abgebrochen, oder es erfolgt eine Zuteilung bzw. nur die Anleger werden bedient, die Kunden der emissionsführenden Bank sind.

Nach Ablauf der Zeichnungsfrist beginnt der offizielle Börsenhandel mit den neuen Aktien. Die Anleger, die bei der Neuemission nicht zum Zuge kamen, kaufen dann oft über die Börse. Dadurch steigt der Börsenkurs, und Erstzeichner können bereits Gewinne realisieren. Der Erfolg von Neuemissionen hängt in starkem Maße von der Liquiditätslage des Finanzmarktes ab.

Junge Aktien

Junge Aktien stammen aus der Kapitalerhöhung einer Aktiengesellschaft und sind für das laufende Jahr nicht oder nicht voll dividendenberechtigt. Dadurch entstehen Differenzen zwischen den Kursen der „alten“ und der „jungen“ Aktien. Junge Aktien werden meistens im Freiverkehr gehandelt, bis sie zum amtlichen Handel zugelassen werden. Ihre Notierungen werden in der Tabelle *Kurse junger Aktien* zusammengefaßt und notiert, bis sie mit den „alten“ Aktien gleichgezogen haben.

Die bisherigen Altaktionäre haben das Recht, junge Aktien zu beziehen (= Bezugsrecht). Dieses Recht, auf Altaktien in einem bestimmten Verhältnis junge Aktien erwerben zu können, ist etwas wert. Der Börsenkurs der Altaktie ist in der Regel höher als der Ausgabekurs der jungen Aktien. Daher werden die *Bezugsrechte* an der Börse gehandelt und im Börsenteil der Zeitungen in der *Bezugsrechtnotiz* veröffentlicht.

Innerhalb der Bezugsfrist von 10 bis 14 Tagen können die Altaktionäre ihre Bezugsrechte ausüben, ihre Bezugsrechte verkaufen oder welche hinzukaufen. Interessierte Anleger werden Bezugsrechte neu kaufen. In dieser Zeit können die Kurse für die Altaktien und Bezugsrechte schwanken. Die alten Aktien werden vom ersten Tag der Bezugsfrist „ex Bezugsrecht" gehandelt. Für die Bezugsrechte, die an der Börse wie Aktien gehandelt werden, wird täglich ein Einheitskurs festgestellt. Erteilt der Altaktionär während der Bezugsfrist keinen Auftrag, verkauft die Bank oder Sparkasse seine Bezugsrechte am letzten Handelstag an der Börse „bestens".

Für jeden um die Dividende bereinigten Kurs der Altaktie wird die *Parität* (= Gleichstellung) notiert, bei der es egal ist, ob die Altaktie direkt gekauft wird oder über den Kauf von Bezugsrechten erworben wird. In der Praxis ist es aber so, daß Angebot und Nachfrage nach Bezugsrechten nicht immer ausgeglichen sind.

Bezugsrecht

Bei großem Angebot wird der Bezugsrechtkurs unter den Paritätskurs fallen. Für Altaktionäre wäre es daher günstiger, ihre alten Aktien zu verkaufen und über den Kauf von Bezugsrechten neu zu erwerben. Bei großer Nachfrage nach Bezugsrechten wird der Bezugsrechtkurs über den Paritätskurs steigen. In diesem Fall ist es günstiger, Altaktien zu erwerben. Das folgende Beispiel soll die Berechnung eines Bezugsrechtes erläutern:

> Eine Aktiengesellschaft erhöht ihr Kapital von 200 Millionen DM (= 4 Millionen Aktien zu 50,– DM) auf 250 Millionen DM (= 4,5 Mio. Aktien zu 50,– DM), d. h. im Verhältnis 8 : 1. Der Börsenkurs der

Altaktie soll 150,– DM, der Ausgabekurs der neuen (jungen) Aktien 50,– DM betragen.
Daraus ergibt sich, daß der Börsenwert der AG von 600 Millionen DM (= 4 Millionen Aktien à 150,– DM) um 25 Millionen DM (= 0,5 Millionen Aktien à 50,– DM) auf insgesamt 625 Millionen DM steigt. Der Wert einer Aktie nach der Kapitalerhöhung beträgt also 138,89 DM (= 625 Millionen DM : 4,5 Millionen Stück). Die alten Aktien sind damit um 11,11 DM (150,– DM – 138,89 DM) gefallen, die jungen Aktien um 88,89 DM (= 138,89 DM – 50,– DM) gestiegen. Die Werteinbuße bei acht alten Aktien (8 x 11,11 DM) ist gleich Wertzuwachs bei einer jungen Aktie.
Der *rechnerische Wert des Bezugsrechtes* ist der Betrag, um den die alte Aktie als Folge der Kapitalerhöhung sinkt, also 11,11 DM. Wenn der Altaktionär seine acht Bezugsrechte selber nicht ausüben will, kann er sie an der Börse für 88,89 DM (= 8 x 11,11 DM) verkaufen. Ein Käufer kann diese acht Bezugsrechte erwerben. Die Aktie kostet ihn dann 138, 89 DM (= 88,89 DM + 50,– DM). Der rechnerische Bezugswert muß nicht der tatsächliche sein, da er zu einem höheren oder niedrigeren Preis gehandelt werden kann.

Wenn junge Aktien im laufenden Geschäftsjahr nicht oder nur zum Teil dividendenberechtigt sind, muß dieser Dividendennachteil mit eingerechnet werden nach der Formel:

$$\frac{\text{Kurs der alten Aktie} - (\text{Kurs der jungen Aktie} + \text{Dividendennachteil})}{\text{Bezugsverhältnis} + 1}$$

EX-CELL-O / Ab 6. Juli Handel im Geregelten Markt

Bisher größte Neuemission 1989

HANDELSBLATT, Montag, 26.6.1989

wh FRANKFURT. Die bisher größte Neuemission dieses Jahres liegt ab Mittwoch zur Zeichnung auf. Ein Bankenkonsortium unter Führung der DG Bank und der Commerzbank bietet 270 000 Stammaktien der Ex-Cell-O Holding AG, Eislingen, zum Ausgabekurs von 365 DM je Stück im Nennwert von je 50 DM zur Zeichnung an. Es handelt sich um Stammaktien mit voller Dividendenberechtigung für 1989. Sie sollen ab 6. Juli an der Stuttgarter und Frankfurter Börse im Geregelten Markt notiert werden.

Die Gesellschaft, die mit einer Tochterfirma in den USA vertreten ist, kündigt für das laufende Jahr eine Bardividende von 6,50 DM je Aktie an, die für 1990 voraussichtlich wesentlich erhöht werden könne, weil dann Belastungen aus der Vergangenheit abgetragen sind. Der Auftragsbestand reicht zur Vollauslastung bis Mitte 1990.

Quelle: HB

Kapitalerhöhung bringt der Deutschen Bank 1,3 Milliarden in die Kasse

Die Deutsche Bank AG (Frankfurt) erhöht ihr Grundkapital um 142 Millionen DM auf 1,915 Milliarden DM. Die neuen Aktien werden den 320 000 Aktionären im Verhältnis 15:1 zum Preis von 450 DM je 50-DM-Aktie angeboten und sind für 1989 voll dividendenberechtigt.

Bezugsfrist ist die Zeit vom 20. Februar bis 6. März. Das gab das Institut nach einem Vorstandsbeschluß sowie der Zustimmung des Aufsichtsrats am Dienstag bekannt.

Mit der Kapitalerhöhung bekommt das größte deutsche Kreditinstitut 1,3 Milliarden DM in die Kassen. Die Eigenmittel der Bank erhöhen sich durch den Zufluß auf 11,1 Milliarden DM in der AG und auf 12,3 Milliarden DM im Konzern.

Quelle: TV

Anzahl der neuen Aktien:
142 Mio. DM : 50,– DM = 2,84 Mio. Stück
Kapitalzufluß:
2,84 Mio. DM x 450,– DM = 1.278 Mio. DM

KOENIG & BAUER

Schnäppchen mit Bezügen

HANDELSBLATT, Donnerstag, 6.10.1988

sie DÜSSELDORF. Seit Mittwoch läuft die Kapitalerhöhung von Koenig & Bauer im Verhältnis 4 : 1 zu 125 Mark. Liegen schon die Bezugsrechte der Vorzugsaktien unter dem rechnerischern Wert von 47 Mark, sieht es bei den Bezügen der Stammaktien noch viel krasser aus. Denn während die Stammtitel bei 440 Mark notieren, kostet ein Kauf über die Bezugsrechte ganze 365 Mark. Oder umgekehrt: Die Bezugsrechte müßten statt 60 Mark knapp 79 Mark kosten, um den rechnerischen Gleichstand mit der Aktie zu erreichen. Daß an der Börse diese Relationen bisher nicht aufgefallen sind, ist eigentlich verwunderlich.

Quelle: HB

→ **Kurse junger Aktien:** ADV/Orga VA (Brm) 145 bB, Agab 232, Agrippina Rück. (Dü) —, Agiv 555, dgl. jüngste 550, Anzag 354 T, dgl. jüngste 335, Bayer 294,20, BASF —, BBS VA 565, Berl. Elektro 760, dgl. VA 675 G, Bertelsm. Gen. 172, Bilf. + Berger 465, Boge 363, Br. Amberg (Mü) 770 TB, Bremer Wolle 311 G, Continental 293 T, Cop. Handelsbk. 79,50 G, E. Kulmb. (Mü) 2400 B, Euro-Kai (Hbg) 108 G, Frankona 50% „D" 441, Fuchs Petr. 231, dgl. VA 188, Gehe 360 T, Henkel VA 490, Holzmann 932, Hussel —, Koenig & B. VA 369, KSB VA. 555, Nordst. Lebensm. (Br) 3000 G, Öst. Länderbk. 67 G, dgl. VA 65 T, dgl. PS —, PWA 292 bG, dgl. jüngste —, Pfaff —, Pittler 280 G, Salamander 328, Sommer-A. 126, Thuringia Vers. 810 G, Verseidag 235, Zanders VA 193.

Quelle: FAZ

Bayer:	Junge Aktie der Bayer AG	
294,20:	Kurs am 16.6.89 am Börsenplatz Frankfurt	294,20 DM/Stück
Zum Vergleich:		
	Kurs der Alt-Aktie der Bayer AG am 16.6.89 am Börsenplatz Frankfurt	308,20 DM

Bezugsrechte (Verhältnis, Kurs Altaktie, Bezugsrecht, Parität): Bad. Württ. Bk. 8:1:330 DM, 588, 32, —; Henkel 11:1:445 DM, 495.50, 3.70 —; Hertel 4:1:280 DM, 443, 35.50 bG, —; Kolbenschmidt 11:10:120%, 276.50, 15, —; Néstle 20:1:4500 sfr, 8610, 170, —; dgl. PS. 20:1:900 sfr, 1640, 23, —; ←

Quelle: FAZ

Henkel =	Aktie der Henkel KG a A am 16.6.89	
11:1:445 DM =	111 = Bezugsverhältnis 445 DM = Bezugspreis (für elf alte Aktien eine junge Aktie zu 445,– DM)	
495.50 =	Kurs der Altaktie	495,50 DM
3.70 =	Kurs des Bezugsrechtes	3,70 DM
– =	Parität	

Kosten des Kaufs einer Aktie über Bezugsrechte:

11 Bezugsrechte à 3,70 DM	=	40,70 DM
+ Bezugspreis	=	445,– DM
		485,70 DM

Die Kosten liegen damit ca. 10,– DM unter dem Preis für eine Altaktie. Dabei ist zu berücksichtigen, daß die junge Aktie noch nicht dividendenberechtigt ist.

5.2.4 Auslandsaktien

Auslandsaktien an deutschen Börsen

Aktien namhafter ausländischer Gesellschaften werden auch in der Bundesrepublik im amtlichen Handel oder im Freiverkehr gehandelt, oft sogar an mehreren Börsenplätzen gleichzeitig, z. B.:

Ford:	variabler Handel (100 Stück) in Frankfurt, Düsseldorf, Hamburg und München
Mc Donald's:	Freiverkehr München
IBM:	variabler Handel (100 Stück) in Frankfurt
Olivetti:	variabler Handel (1.000 Stück) in Frankfurt
Peugeot:	Freiverkehr München
Sony:	variabler Handel (1.000 Stück) in Frankfurt und Düsseldorf

Die Notierungen der ausländischen Aktien werden im Börsenteil der überregionalen Zeitungen veröffentlicht. Der Kauf ausländischer Aktien wird mit denselben Spesen belastet, wie sie beim Erwerb inländischer Aktien zu zahlen sind. Zu beachten ist, daß oft Mindeststückzahlen (100 oder 1.000) vorgeschrieben sind und Auslandsaktien an den Inlandsbörsen oft enge Märkte haben. Der Anleger sollte seine Aufträge daher limitieren.

Japanische Aktien erscheinen für deutsche Verhältnisse ausgesprochen teuer. Das Kurs-Gewinnverhältnis (KGV) ist vier- bis fünfmal so hoch wie bei vergleichbaren deutschen Aktien, während die Dividenden ungewöhnlich niedrig sind. Das KGV spielt in Japan eine untergeordnete Rolle gegenüber der Gewinndynamik und den Vermögenswerten – insbesondere Grundbesitz – der Unternehmen.

Der Anteil der am Markt gehandelten Aktien ist relativ gering, weil japanische Unternehmen gegenseitig große Aktienpakete halten. Dem steht eine hohe Liquidität des Marktes gegenüber: Die Japaner haben die höchste Sparquote der Welt und sind gegenüber Kapitalanlagen in Aktien viel aufgeschlossener als Europäer.

Deutsche Aktien an ausländischen Börsenplätzen

Deutsche Aktien sind an ausländischen Börsenplätzen nicht so stark vertreten. Am bedeutendsten Börsenplatz New York werden keine deutschen Aktien direkt gehandelt, sondern nur im außerbörslichen OTC-Handel und im Rahmen der ADR. Die amerikanische Börsenaufsichtsbehörde SEC (Securities and Exchange Commission) verlangt Bilanzen nach ihren Vorschriften. Vorstände der großen deutschen Aktiengesellschaften meinen, daß zwei Abschlüsse – nach deutschem und amerikanischem Recht – die Aktionäre verwirren. In Tokio werden bislang nur einige deutsche Aktien gehandelt, die Mehrzahl an den europäischen Börsenplätzen, vor allem an den Schweizer Börsen.

Aktienkauf im Ausland

Will ein deutscher Anleger direkt an einer ausländischen Börse Aktien kaufen, kann er seinen Auftrag einem örtlichen Kreditinstitut geben. Die Abwicklung erfolgt dann über die inländische Zentrale und die entsprechende ausländische Tochtergesellschaft, die vor Ort eine Brokerfirma einschalten muß.

Eine andere Möglichkeit ist, den Auftrag direkt über eine in der Bundesrepublik bestehende Zweigniederlassung einer ausländischen Brokerfirma abzuwickeln. Dabei empfiehlt es sich, nur mit namenhaften seriösen Brokerfirmen zusammenzuarbeiten und nicht mit irgendwelchen „Kapitalgesellschaften“. Bekannte Brokerfirmen, die in der Bundesrepublik vertreten sind, sind z. B. aus USA Prudential-Bache, Hornblower Fischer, Merill Lynch und aus Japan Daiwa Europe, Nikko Securities. Die Brokerspesen liegen um einige Prozent höher als bei Käufen oder Verkäufen an der deutschen Börse. Sie beinhalten aber Depotgebühren und Limitgebühren, die von deutschen Banken gesondert berechnet werden. Die Bedingungen für den Kauf und Verkauf sowie für die Verwaltung von Aktien sind in den einzelnen Ländern unterschiedlich. So ist es z. B. in den USA üblich, 100 Aktien oder ein Vielfaches davon zu kaufen. Werden beispielsweise nur 60 Aktien gekauft, fallen höhere Kosten an.

Nachteil bei einem Direktkauf an ausländischen Börsen sind die anfallenden höheren Spesen. Der Anleger sollte sich daher vorher erkundigen, mit welchen Kosten er zu rechnen hat, wenn er seinen Auftrag an der Börse in Madrid oder in New York ausführen lassen will. Wenn dieselben Aktien auch an deutschen Börsenplätzen gehandelt werden, ist es günstiger, die Aktien im Inland zu erwerben.

ADR

Die *American Depositary Receipts (ADR)* sind Zertifikate großer Banken auf deren nichtamerikanische Aktienbestände. Eine ausländische Aktiengesellschaft hinterlegt bei einer Depotbank eigene Stammaktien. Die Bank stellt darauf eine entsprechende Anzahl ADR – sozusagen Quittungen für hinterlegte Aktien – aus. Diese ADR werden außerhalb der Börse über den OTC gehandelt. Rund 20 deutsche Standardwerte werden zur Zeit auf diese Weise in den USA gehandelt. Keine deutsche Aktie ist bislang zum direkten Börsenhandel zugelassen.

Penny Stocks

Penny Stocks oder *Penny Shares* sind hochspekulative Aktien von kleinen und unbekannten Unternehmen – insbesondere aus der Minen- und Ölbranche – in den USA. Sie werden meist zu Kursen unter 1 US $ (daher der Name „Penny Stock") gehandelt, aber nicht an offiziellen Börsen oder am OTC-Markt, sondern von Brokerfirmen vertrieben. Da dabei in der Vergangenheit oft Telefonverkaufsmethoden angewendet wurden, die außerhalb der Legalität lagen, schritt 1989 die US-Börsenaufsicht SEC ein. Die Broker müssen jetzt ihre Kunden auf die extremen Risiken beim Kauf von Penny Stocks hinweisen. Der Kunde muß schriftlich bestätigen, daß er über die Risiken und die realen Chancen seiner Investition aufgeklärt wurde.

HORNBLOWER FISCHER / Im Jubiläumsjahr

Aktie im Stuttgarter Telefonhandel

HANDELSBLATT, Mittwoch, 16.11.1988

ret FRANKFURT. Die Aktien der Hornblower Fischer AG, des einzigen deutschen Brokerhauses, das Mitglied der New York Stock Exchange ist, werden jetzt auch im Telefonverkehr der Stuttgarter Börse gehandelt. Das Unternehmen hatte im Jahr 1987 im Rahmen einer Privatplazierung sein Aktienkapital erhöht. Der Versuch, die Aktien ohne Begleitung einer Bank in den Geregelten Markt der Frankfurter Börse einführen zu wollen, schlug bisher aufgrund des Widerstands der Banken fehl. Vorstandsvorsitzender Norbert Fischer erklärte jetzt in Boston — dort, wo die Ursprünge des vor 100 Jahren gegründeten Brokerhauses liegen —, daß Manager der seinerzeitigen deutschen Tochter von Hornblower & Weeks, Hemphill Noyes im Jahr 1979 eine Vorreiterrolle für die heute so populären „Management Buy Outs" gespielt hätten. Aus einer solchen Transaktion ging die heutige Hornblower Fischer AG hervor.

Die Erweiterung der Produktpalette während der vergangenen Jahre hat nach Angaben von Fischer dazu geführt, daß die New Yorker Tochter selbst im „Crash-Quartal" des vergangenen Jahres schwarze Zahlen schreiben und das Gros der amerikanischen „balanced funds" übertroffen werden konnte.

Quelle: HB

AUSLANDSAKTIEN

München führte neue Werte ein

HB MÜNCHEN. Am 11. April 1988 führte die Bayerische Hypotheken- und Wechselbank AG, München, als börsenbegleitendes Institut die Aktien der US-Firmen Alza Corp. (Pharma), Syntex Comp. (Pharma) und Compaq Comp. (Klein-Computer-Hersteller), sowie die schweizerischen Partizipationsscheine Adia PS (Zeitarbeit), Ascom PS (Kommunikationstechnik) und Kuoni PS (Reise[illegible]alter) in den

(Ausschnitt) Quelle: HB

Fokker geht an Frankfurter Börse

htz. **Amsterdam**

Der niederländische Flugzeughersteller Fokker, der mit seiner „Friendship" Flugzeuggeschichte geschrieben hat, geht an die Frankfurter Börse. Wie Fokker in Amsterdam mitteilt, ist dieser Schritt Teil der rasant laufenden Internationalisierungsstrategie des Unternehmens, das nach einer langjährigen Flaute jetzt wieder voll durchstarten kann. Er soll schon im Oktober realisiert werden. Diese Internationalisierung sei nötig, da die Auftragsbücher prall gefüllt seien. Die Produktionsanlagen in Amsterdam bis Ende 1992 ausgelastet. Fokker beplant neue Produktionsstätten, um die steigende Nachfrage nach den neuen umweltfreundlichen Modellen F-50 und F-100 befriedigen zu können. Mit Lockheed werden nach wie vor Kooperationsgespräche geführt.

Fokker gelang in diesem Jahr nach einer Riesenorder der American Airlines, die 150 Maschinen des Modells F-100 bestellte, der Durchbruch auf dem amerikanischen Flugzeugmarkt. Folgeaufträge amerikanischer Fluglinien werden erwartet. Die roten Zahlen die Fok[illegible] [illegible]nge schreiben muß-

(Ausschnitt) Quelle: DW

DEUTSCHE BANK / Aktien nun auch in Japan gehandelt

Erste Notiz in Tokio zu 646 DM

HANDELSBLATT, Mittwoch, 8.11.1989

kr FRANKFURT. Die Aktien der Deutsche Bank AG, Frankfurt, werden ab 9. November auch an der Wertpapierbörse von Tokio gehandelt. Die Börseneinführung wurde mit der Plazierung von 1,2 Millionen Aktien im japanischen Markt vorbereitet. Sie seien breit gestreut untergebracht worden, betont das Institut hierzu auf Anfrage. Der Ausgabekurs wird mit 646 DM/Aktie angegeben. Nach den mit dem japanischen Plazierungskonsortium unter Führung von Nomura getroffenen Vereinbarungen sei der Schlußkurs vom 30. Oktober 1989 maßgeblich gewesen. Der Kurs der Deutsche Bank-Aktie schwankte im bisherigen Verlauf des Jahres zwischen 498,50 und 711,00 DM.

Im Zuge dieser Transaktion hat sich das gezeichnete Kapital der Deutsche Bank AG um 60 auf 1981 Mill. DM erhöht. Insgesamt fließen der Großbank – die sich im Februar über eine Kapitalerhöhung bereits 1,3 Mrd. DM neue Eigenmittel beschafft hat – haftende Mittel von 775 Mill. DM zu; die Eigenkapitalposition wächst damit auf 12,3 Mrd. DM. Per Jahresmitte wies das Institut eine Bilanzsumme von 203 Mrd. DM aus; die Konzern-Bilanzsumme betrug 334 Mrd. DM. Die Bank gibt die Zahl ihrer Aktionäre mit 320 000 an. In ausländischem Besitz befinden sich etwa 40 % des Grundkapitals.

Quelle: HB

Brokergebühren

Broker	Kurs in %	Zahl der Aktien	Gebühren in %	Prozentualle Belastung
Brown & Co.	5 $	25	26,00 $	20,8 %
	20 $	25	26,25 $	5,3 %
	70 $	25	27,00 $	1,5 %
Fidelity Brok.	5 $	100	36,00 $	7,2 %
	20 $	100	48,00 $	2,4 %
	70 $	100	48,00 $	0,7 %
Charles Schwab	5 $	1000	81,00 $	1,6 %
	20 $	1000	129,00 $	0,6 %
	70 $	1000	211,00 $	0,3 %
Citicorp Brok.	5 $	25	38,00 $	30.4 %
	20 $	25	38,00 $	7,6 %
	70 $	25	38,00 $	2,2 %
	5 $	100	38,00 $	7,6 %
	20 $	100	38,00 $	1,9 %
	70 $	100	41,00 $	0,6 %
	5 $	1000	100,00 $	2,0 %
	20 $	1000	136,00 $	0,7 %
	70 $	1000	211,00 $	0,3 %

Quelle: HB

100 Aktien zum Kurs von 5 $ kosten 500 $, dabei fallen 36 $ Gebühren an.
Beim Aktienkauf für 100 $ fallen entsprechend

$$\frac{36\ \$ \times 100\ \$}{500\ \$} = 7{,}2\ \$ \mathrel{\hat{=}} 7{,}2\ \%\ \text{Gebühren an.}$$

Auslandsaktien amtlich

Adia PS	270—G	283—
ADT Ltd.	5—	4.90
Akzo	114.60	114.50
Alcan	36.10	36—bB
Alcoa	113—G	111—
Algemene Bank	35.80	35.50
Allied – Signal	60—	59.50
All Nippon	19—T	19—T
Alusuisse-Lonza	1350—	1340—
Amax Inc.	45.60	43.60
Am. Brands	110—G	109—G
American Cyan.	89.50	86—G
→ American Express	47.70	46.50
Amro Bank	69.50	69.30
Anglo Am. Corp.	59—	59—
Anheuser Busch	62—G	62—G
Arbed	255—G	249—
Archer-Daniels	37—G	36—G
Arico	35.50	34.10
Asahi Chem.	9.70	9.70
Asics Corp.	8.20G	9—
Atlas Copco	84.50	82—G
B. de Bilbao-Vizc.	95—	93—
Banco Central	66.10	66—bG
Banco Hisp. Am.	43.10	43.10
Banco de Sant.	70—	66.50
Bk. Liechtenst. PS	555—	575—
Bär Holding	12400—G	12200—G
Barlow Rand	18.50	18.50
B.A.T. Industries	22.50	21.70
Battle Mont.	24.50	24.80
BBC	5900—	5850—
dgl. PS	1100—	1050—
BCE Inc.	61—G	60—G
Bell Atlantic	157—	155—G
BellSouth	91—	89—
Benetton	10.85	10.70
BET	6.60	6.30G
Black & Decker	31-	30.80

Auslandsaktien Ger. Markt

Pelikan	390—	390—
Reta	24.10	24.50
Sunstar	1280—G	1280—G
Tiroler Spark. PS	681—G	681—G

Auslandsaktien Freiverkehr

Air Liqu.	186.10	192—
ATT	71.20	70.10
Ameritech	101—T	101—T
Asland	76—	77—
Atlantic Richfield	194.50G	194—
Austr. Cons. Miner.	2.60	2.60
Baker Hughes	48—	46—G
Bär Hold. PS	470—G	469—
Bear Stearns	21.50T	21.50T
BHP Gold Min.	0.68	0.70
Boeing	121—	121—
Bowater Inc.	45—T	45—T
British Gas	5.60	5.60G
British Telecom	7.65	7.55
Bührmann-Tett.	51—	53.50
Can. Pacific	34.50	34—T
Cepsa	28—	27.60T
Cred. Com. France	66.50G	66.50G
CRA	15.20G	15.30
DAF	31—	30.50
Delta Air Lines	122—	119.50
Diamond R&M	40—T	40—T
Dragados	37—	37.50
Driefontein ADR	22—	23.10
DSM	104.20	104.10
Eastman Kodak	66.50	66—
Eaton	90—T	92—T
Electrolux	67—	68—G
Elsevier	70.50G	71.50
Empresa	32—	32—G
Enimont	1.91	1.86
Ercros	19.20	18.20

(Ausschnitt) Quelle: FAZ

American Express: amerikanische Aktiengesellschaft

47.70: Kurs im amtlichen Handel am Börsenplatz Frankfurt am 22.3.90 in DM/Stück

46.50: Kurs am 23.3.90

New York	22.3.90 Schluß	23.3.90 12:00
Abbott Labor	63⅜	63⅝
Advanced Micro ..	9⅝	10—
Aetna Life	48½	48½
Ahmanson	17½	17½
Air Prod. & Chem.	48⅜	48½
Alcan Alu.	21—	21¼
Alcoa ■	65¾	65⅞
Allegheny Int.	13/32	7/16
Allied Signal ■ ...	35⅝	35¾
Amax	25⅝	25¾
Amdahl	14½	14¾
Amerada Hess	46½	46⅝
Am. Brands	64¼	64¼
Am. Cyanamid	50⅝	51⅝
Am. El. Power	30⅜	30¼
→ Am. Express ■ ...	26⅞	26⅞
Am. Home Prod. .	99⅜	99⅞
Am. Family	14¾	14⅞
Am. Int. Group	91⅝	92½
Am. Med. Int.	4⅜	4¼
Am. T. & T. ■	41⅜	41½
Ameritech	60—	60—
Amoco	52½	52—
AMP	51¼	51¾
AMR	64⅝	65⅛
Anheuser Busch ..	37¼	37⅞
Apache	15⅛	16—
Archer Daniels	21½	21⅝
Armco Steel	10½	10⅝
Armstrong World .	34¼	34⅜
Asa Ltd.	55½	54½
Asarco	28⅝	29—
Dana Corp	34¼	34½
Data General	8⅞	8⅝
Datapoint	2¾	2¾
Dayton Hudson	67⅜	67½
Deere	70⅞	71⅝
Deluxe Check Print	30—	30⅛
Delta Airlines	71¼	72⅜
Detroit Edison	24¾	24⅝
Diamond Sh. Off. .	5½	5½
Digital Equ.	79½	78⅛
Disney	111⅞	113⅛
Donnelly	44½	44⅞
Dover	38¼	38¾
Dow Chemical	67—	67⅛
Dow Jones	28¼	28½
Dresser	49—	49⅝
Dun & Bradstreet	46⅛	46⅛
Du Pont ■	38⅛	38⅜
E - Systems	30—	29¾
Eastern Gas & Fuel	29⅞	30¼
Eastman Kodak ■	38½	38⅝
Eaton	55⅝	55½
EG & G Inc.	38½	38⅞
Emerson El.	39½	39¼
Engelhard	18—	17⅞
Entergy Corp.	20⅛	20⅛
Ethyl	24¾	25⅛
Exxon ■	46⅛	46¾
Fed. Express	54⅛	54⅞
Fed. Nat. Mortgage	34½	34½
Fed. Paper	24—	24—
First Chicago	31¾	31¾
First Interstate	34½	34⅝
Fleetwood	23¾	23¾
Fluor	42¼	43¼

(Ausschnitt) Quelle: FAZ

Am Express:	American Express
■ :	Wert im Dow-Jones-Index
26⅞:	Schlußkurs an der Börse New York am 22.3.90 in US $/Stück
26⅞:	Kurs um 12 Uhr am 22.3.90 (= 18 Uhr in Frankfurt)
Kauf einer Aktie	
in New York	26⅞ x 1,7100 (= Briefkurs lt. Devisentabelle)
	26,875 x 1,71 = 45,96 DM + Spesen

in Frankfurt am 23.3.90 = 46,50 DM + Spesen

5.2.5 Aktienoptionen

Optionshandel

Die mündlich abgeschlossenen und schriftlich bestätigten Börsengeschäfte müssen innerhalb von 2 Börsentagen abgewickelt sein. Längerfristige Börsenabschlüsse mit Wertpapieren – sogenannte *Termingeschäfte* – sind in der Bundesrepublik erst seit 1990 möglich (siehe Kapitel 5.6.2). Termingeschäfte mit Waren (= Warentermingeschäfte) sind zwar erlaubt, wurden aber 1971 wegen ihres geringen Umsatzes eingestellt. Vor 1990 waren nur Wertpapiertermingeschäfte mit begrenztem Risiko an den deutschen Börsen erlaubt: seit 1970 der Optionshandel mit Aktien und seit 1986 mit festverzinslichen Wertpapieren. Der Rententerminhandel war ein Fehlschlag, große Teile des Handels wanderten an die Terminbörsen in London und Paris ab.

Beim Optionsgeschäft hat der Anleger das Recht, eine bestimmte Anzahl von Wertpapieren während einer festgelegten Frist *(= Optionsfrist)* zu einem im voraus vereinbarten Preis *(= Basispreis)* zu kaufen *(= Kaufoption)* oder zu verkaufen *(= Verkaufsoption)*. Damit er diese Rechte ausüben kann, muß er eine Prämie zahlen, den sogenannten *Optionspreis*. Wird die Option bis zum Ende der Optionsfrist nicht ausgeübt, verfällt sie. Die Optionsprämie ist dann zwar verloren, der Verlust aber begrenzt.

Zum Aktienoptionshandel sind etwa 60 Aktien zugelassen. Die Optionspreise richten sich nach Angebot und Nachfrage. Die Basispreise sind frei vereinbar nach Vorschriften, z. B. müssen sie bei Aktienkursen von 220,– bis 500,– DM durch 20 teilbar sein. Die Optionsfristen sind nach einer Reform des Optionsrechtes auf vier Termine beschränkt: Die Laufzeit der Option muß jeweils am 15. Januar, April, Juli oder Oktober enden und beträgt mindestens einen halben, maximal neuneinhalb Monate.

Jedes Optionsgeschäft bei Aktien muß bei inländischen Aktien über 50 Stück oder ein Vielfaches abgeschlossen werden, bei ausländischen Aktien über 100 bzw. 1.000 Stück.

Kaufoptionen, Verkaufsoptionen

Der *Käufer einer Kaufoption* (= call) rechnet mit steigenden Kursen. Er will mit einem geringen Kapitaleinsatz Kursgewinne realisieren, sein Risiko aber auf die Optionsprämie beschränken. Der Käufer will die Aktien zum Basispreis beziehen und zum höheren Tageskurs verkaufen.

Der *Verkäufer einer Kaufoption* (= call) rechnet mit sinkenden Kursen, so daß der Käufer seine Option nicht ausübt. Dadurch, daß er bereits den Optionspreis kassiert hat, kann er sich gegen Kursverluste in gewissem Umfang absichern. Bei einer *Verkaufsoption* (= put) spekuliert der Käufer auf sinkende Kurse. Er erwirbt für den Optionspreis das Recht, dem *Verkäufer der Verkaufsoption* während der Optionsfrist jederzeit die Aktien zum vereinbarten Basispreis zu verkaufen. Er wird diese Aktien dann zum niedrigeren Tageskurs kaufen und zum höheren Basispreis verkaufen. Der Verkäufer rechnet mit steigenden Preisen und kassiert für sein Risiko – die Aktien zum vereinbarten Basispreis abzunehmen – vorab die Optionsprämie.

In der Bundesrepublik werden 20 mal soviel Kaufoptionen gehandelt wie Verkaufsoptionen. Steigende und fallende Aktienkurse haben eine *Hebelwirkung*. Sie bewirken überproportionale Gewinne und Verluste in bezug

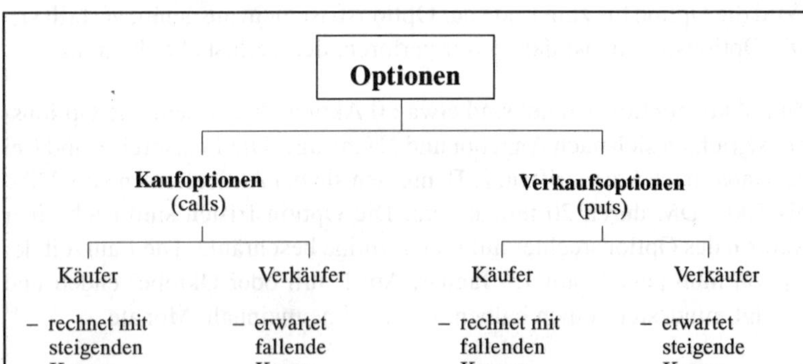

auf das eingesetzte Kapital, wobei die Verluste auf den gezahlten Optionspreis begrenzt werden können, wenn die Option nicht ausgeübt wird.

Dazu folgendes *Beispiel* einer Kaufoption:

Basispreis 300,– DM
Optionspreis 20,– DM

Aktienkurs in DM	240,– (=–20 %)	260,–	300,–	320,–	360,– (=+20 %)	380,–
Basispreis in DM	300,–	300,–	300,–	300,–	300,–	300,–
Bruttogewinn/ -verlust in DM	– 60,–	– 40,–	± 0	+ 20,–	+ 60,–	+ 80,–
Optionspreis in DM	20,–	20,–	20,–	20,–	20,–	20,–
Nettogewinn/ -verlust in DM	(– 80,–) – 20,–	(– 60,–) – 20,–	– 20,–	± 0	+ 40,–	+ 80,–
Nettogewinn/ -verlust in % des eingesetzten Kapitals	– 100	– 100	– 100	± 0	200	300

Hebelwirkung:

20 Prozent Kursrückgang bewirken 100 Prozent Verlust des eingesetzten Kapitals von 20,– DM (Verlust beschränkt auf den Optionspreis).

20 Prozent Kurssteigerung bewirken 200 Prozent Gewinn auf das eingesetzte Kapital von 20,– DM.

Gedeckte Optionsscheine

Gedeckte Optionsscheine (Covered Warrants, CW's) werden von Banken angeboten auf Aktien, die sie im eigenen Bestand haben (= Deckungsbestand), oder auf die sie Zugriff haben über sogenannte Stillhalter wie Versicherungen oder Industrieunternehmen. CW's werden in der Bundesrepublik seit 1989 ausgegeben. Die Commerzbank legte z. B. im September 1989 200.000 CW's auf für BMW Aktien zu folgenden Bedingungen:

> Preis des gedeckten Optionsscheines 75,– DM.
> 2 Optionsscheine berechtigen zum Kauf 1 BMW Aktie zum Kurs von 650,– DM bis zum 25.4.1991. Der Kauf war für Anleger interessant, die bis zum Ende der Optionsfrist mit einem Kursanstieg der BMW Aktie auf über 800,– DM rechneten.
> (650,– DM + 2 x 75,– DM = 800,– DM)

CW's sind somit langlaufende Aktien-Kaufoptionen. Gedeckte Optionsscheine werden im Gegensatz zu normalen Optionsscheinen nicht im amtlichen Handel, sondern im Freiverkehr und direkt zwischen Banken gehandelt.

Gedeckte Optionsscheine

Covered warrants	Laufzeit (Jahre)	Anzahl Warrants ('000)	Bezugspreis (DM)	Bezugsverh. (je Warr.)	Aufgeld in %	Rechner. Hebel	Kurs Warrant 26.9.	Zeichn. Preis	Theoret. Wert	Überbewertung in %
Bilfinger + Berger	2.00	150	550	0.5	25.26	3.73	74.80	60.00	46.40	**38.0**
BMW	1.57	200	650	0.5	27.36	4.28	73.00	75.00 *	34.56	**52.7**
BMW	2.02	150	595	0.5	24.67	3.39	92.10	85.50	53.53	**41.9**
Commerzbank	2.03	200	232	1	18.72	3.21	82.60	62.59	53.86	**34.8**
Continental	1.80	200	330	0.5	17.41	6.43	25.20	22.00	20.22	**19.7**
Mannesmann	2.00	200	267	0.5	29.28	3.07	44.90	34.50	25.26	**43.7**
Mannesmann	1.55	200	284	0.5	24.28	4.68	n. a.	29.50	19.01	—
Mannh. Vers.	1.98	200	1100	0.25	30.91	3.90	n. a.	67.00	34.64	—
Mercedes Holding	1.99	200	691	0.25	30.34	4.06	40.20	45.00 *	20.04	**50.2**
Metallges.	1.87	200	483	0.5	23.15	4.21	n. a.	57.75	40.24	—
Nixdorf	2.02	200	360	0.5	39.86	2.19	85.00	59.00	41.70	**50.9**
RWE	2.03	400	360	0.5	25.83	4.56	38.00	41.00 *	22.79	**40.0**
RWE	2.00	150	360	1	24.39	4.88	71.00	72.00 *	45.50	**35.9**
Schering	1.97	200	750	0.25	20.55	3.76	53.00	60.00 *	37.43	**29.4**
Spar	1.98	100	350	0.5	28.51	2.87	65.00	35.00	35.13	**46.0**
Thyssen	1.96	250	250	1	28.70	3.68	67.00	60.00	35.52	**47.0**
Trinkaus & Burkh.	2.94	100	445	1	23.06	5.45	78.00	55.00	78.33	**—0.4**
VEBA	1.98	200	368	0.5	25.14	4.48	40.00	40.50 *	21.93	**45.2**
VIAG	1.94	100	360	1	29.66	4.47	75.00	65.00	46.08	**38.6**
VW Vorz.	1.98	300	405	0.5	25.52	4.12	48.60	Tender	29.28	**39.8**
VW	1.98	200	500	0.5	30.85	4.18	56.00	62.50 *	32.97	**41.1**

Erläuterung: * = notiert unter Emissionspreis · Quelle: Bank in Liechtenstein.

Quelle: HB

Neue Optionsscheine

re. FRANKFURT, 14. Februar. Die CSFB Effecten GmbH, Frankfurt, hat 400 000 gedeckte Optionsscheine auf Mannesmann-Aktien geschaffen. Je vier Scheine (Emissionspreis je Stück 16,50 DM) berechtigen vom 26. Februar 1990 bis zum 26. Februar 1991 zum Bezug einer Aktie zu 355 DM. Insgesamt 700 000 gedeckte Optionsscheine auf BMW-Aktien begibt Salomon Brothers Services, Frankfurt. Jeweils vier Scheine berechtigen vom 8. März 1990 bis 14. Mai 1991 zum Bezug einer Aktie zu 558 DM. Die Scheine wurden zu 47 DM ausgegeben; daraus errechnet sich ein Aufgeld von 17,67 Prozent. Die Morgan Stanley Wertpapiere GmbH, Frankfurt, hat 300 000 Optionsscheine auf Veba-Stammaktien begeben; Ausgabepreis je Schein 26,25 DM. Vier Optionsscheine berechtigen zum Bezug einer Veba-Aktie. Der Optionspreis wurde mit 421 DM festgelegt. In der Zeit vom 15. März 1990 bis zum 28. Februar 1991 kann das Optionsrecht ausgeübt werden.

Quelle: FAZ

Darauf ist zu achten:

Aufgeld (Prämie) ist vom Anleger als Preis dafür zu zahlen, daß er an den Kurschancen der Aktie beteiligt ist, ohne gleich den ganzen Preis für die Aktien zahlen zu müssen. Berechnung: ([Kos × B + Kb]/Ka) —1. Beispiel: Bilfinger & Berger; Aufgeld = ([105,5 × 2 : 1 + 550] : 705) — 1 = 761 : 705 — 1 = 7,9%

Hebel ist der Faktor, mit dem für gleiches Geld statt der Aktie entsprechende Scheine gekauft werden können. Er gibt an, um wieviel stärker der Schein bei einer angenommenen Steigerung der Aktie steigt. Berechnung: Ka : Kos.

Restlaufzeit ist die Zeit, die zur Umwandlung des Scheines in die Aktie noch zur Verfügung steht.

Bezugskurs ist der Preis, der beim Bezug der Aktie zu zahlen ist.

Bezugsverhältnis bestimmt die Anzahl der Optionsscheine, mit denen eine Aktien bezogen werden kann.

Kos Optionsscheinkurs
B Bezugsverhältnis
Kb Bezugskurs
Ka Aktienkurs

Quelle: HB

Merrill Lynch

ZEICHNUNGSANGEBOT

Die Merrill Lynch Capital Markets AG, Zürich, bietet an

100.000 gedeckte Optionsscheine
"DEUTSCHER CHEMIE BASKET"

Emittentin: Merrill Lynch International & Co. C.V.

Ausgabepreis: Schweizerfranken (SFR) 187.- je Optionsschein

Zeichnungen:
Zeichnungen bitten wir auf dem banküblichen Wege bei der Merrill Lynch Capital Markets AG, Zürich (Tel: 1/252 61 65) und der Merrill Lynch GmbH, Frankfurt, (Tel. 2994-212/213) sowie bei allen Merrill Lynch Büros in der BRD aufzugeben. Zuteilungen und vorzeitige Schliessung bleiben vorbehalten.

Optionsscheine und Optionsrechte: Zehn Optionsscheine berechtigen den Inhaber zum Bezug von
9 Aktien BAYER AG
9 Aktien BASF AG
9 Aktien HOECHST AG
4 Aktien DEGUSSA
3 Aktien SCHERING AG
zu einem kombinierten Ausübungspreis von Deutsche Mark (DM) 13'000.-

Optionsfrist: Das Optionsrecht kann in der Zeit vom 15. November 1989 bis 1.Oktober 1991 einschliesslich ausgeübt werden.

Deckungsbestand: Die Emittentin unterhält für die Optionsscheine einen Deckungsbestand.

Börsennotierung: Es ist vorgesehen, die Optionsscheine im Freiverkehr zu handeln und an der Vorbörse von Zürich zu kotieren.

Zahltag: 14 . November 1989

Der die näheren Einzelheiten beschreibende Prospekt kann bei der Merrill Lynch Capital Markets AG, Mühlebachstrasse 23, CH-8024 Zürich, oder bei der Merrill Lynch GmbH, Neue Mainzer Strasse 75, 6000 Frankfurt, angefordert werden.

Zürich, im Oktober 1989

Merrill Lynch Capital Markets AG
(Reuters: MLZA)

Quelle: HB

Aktien-Optionsmarkt

23. März 1990

Aglv K 950-0/0/15TZ; **V** 0; **AEG K** 240-89G/0/0, 260-70G/85B/0, 280-51G/55G/0, 300-31G/41G/0, 320-20B/27G/50B, 340-7B/14G/26G, 360-1G/8TZ/15G, 380-0/3/11G; **V** 260-0/0/13B, 280-3B/0/22B, 300-0/10B/0; **Alcan K** 30-0/7G/8,9B, 35-2,7G/3G/4,2G, 40-0/0/2,4; **V** 35-0/0/3,5B, 40-0/7,6B/0; **BASF K** 280-28TZ/40TA/0, 300-14TA/22,5G/0, 320-3,6/14TA/0, 340-1,4B/5,5TZ/0, 360-0,5B/3,8TZ/0; **V** 280-1B/7,5B/0, 300-3,5TA/16,9/0; → **Bayer K** 280-30,5/36G/0, 300-14,5B/27/0, 320-3,9TZ/15/0, 340-2,5/9TA/0, 360-0,5B/4,5B/0, 380-0/3TA/0; **V** 280-1B/5G/0, 300-0/14G/0, 320-9/0/0; **Bay. Hyp. K** 400-21G/37G/45G, 420-12,5G/23G/37G, 440-4/19G/0, 460-2B/11G/20G; **V** 0; **BMW K** 600-20G/52G/0, 650-10B/35B/0, 700-5B/17,4G/0, 750-3B/7B/0; **V** 600-5/18G/0; **Bay. Vereinsb. K** 380-0/28G/38G, 400-10TA/19G/30, 420-3,5B/14G/24, 440-1,5B/8,5G/15,5G, 460-0,8B/4,5TZ/10,5TZ; **V** 380-4G/0/0; **Bewag K** 120-40TZ/0/0, 130-30TZ/33G/36G, 140-20TZ/25B/0, 150-10G/14G/18B, 160-0/8G/10G, 170-0/5G/8B; **V** 0; **BHF K** 440-68/0/0, 500-12G/40G/0, 550-0/12G/22,8G, 600-0/0/9,2; **V** 0; **Chrysler K** 25-0/0/8,5TA, 30-1,9G/3,3G/5,5TA, 35-0/0/2,5; **V** 30-0/2,55G/4,7B, 35-0/6,5B/10B, 40-0/13B/0, 45-15B/0/0; **Commerzbank K** 260-50/55/0, 280-31TA/43B/0, 300-13/26/0, 320-5B/18TA/0, 340-3B/10TA/0, 360-2B/5,5TZ/0; **V** 280-3G/9/0, 300-6G/16,1G/0; **Continental K** 280-19/0/0, 300-10G/24TZ/30G, 320-5B/15G/20G, 340-1,5B/11TZ/13G, 360-0,8B/5B/10G, 380-0/0/6TZ; **V** 300-0/18/0; **Daimler K** 750-150G/0/0, 800-100TZ/114G/0, 850-65/90/0, 900-35TA/55G/0, 950-11,5/40TA/0, 1000-3,6/27TZ/0, 1100-0/10TZ/0; **V** 850-6B/20G/0, 900-15G/35G/0; **Degussa K** 500-100B/0/0, 600-5G/15,1G/42TZ; **V** 0; **Dt. Babcock K** 200-25G/33G/43G, 220-10G/20G/31G, 240-3.25/12G/22, 260-1B/6,8/12G, 280-

(Ausschnitt) Quelle: FAZ

Bayer:	Aktie der Bayer AG in Frankfurt am 23.3.90
K:	Kaufoption
280:	Basispreis 280,– DM
30,5:	Optionspreis 30,50 DM/Stück zum 15.4.90
36 G:	Optionspreis 36,– DM/Stück zum 15.7.90
G:	Geld (nur Nachfrage, kein Angebot)
O:	Optionspreis zum 15.10.90 (kein Angebot, keine Nachfrage)
300:	Basispreis 650,– DM
14,5 B:	Optionspreis 14,50 DM/Stück zum 15.4.90
V:	Verkaufsoption
TA:	Teilabnahme
TZ:	Teilzuteilung

Zum Vergleich: Kassakurs der Bayer Aktie am 23.3.90 in Frankfurt 308,– DM

5.2.6 Analysen und Berichte

Oft lassen sich künftige Kursverläufe von Aktien durch entsprechende Studien der Wirtschaftsteile der Zeitungen frühzeitig erkennen. Dazu gehören neben den bewerteten Geschäftsberichten und Jahresabschlüssen die Analysen der Kreditinstitute und Wirtschafts-Journalisten.

Fundamentale und monetäre Analyse

Bei der *Fundamentalanalyse* unterscheidet man zwischen Global-, Branchen- und Einzelanalyse. Die *Globalanalyse* untersucht die allgemeine Konjunkturlage, das politische Umfeld, die Liquidität der Anleger und die momentane Einstellung des Käufermarktes. Die *Branchenanalyse* vergleicht die Wirtschaftsbranchen, um herauszufinden, welche Branchen die größten Wachstums- und Gewinnchancen haben. Aufbauend auf den Ergebnissen der Global- und Branchenanalyse geht die *Einzelanalyse* auf die spezielle Situation einzelner Unternehmen ein, um die zukünftige Gewinnentwicklung zu schätzen. Neben der Auftragslage, der Kostensituation und der Finanzstruktur verwendet man hierbei auch bestimmte Kennzahlen wie Dividendenrendite und Kurs-Gewinn-Verhältnis.

Die *monetäre Analyse* untersucht die Liquiditätslage des Kapitalmarktes unter Berücksichtigung der Geldpolitik der Bundesbank und des Kauf- und Verkaufverhaltens ausländischer Aktionäre.

Technische Analyse

Bei der *technischen Analyse* (= Chart-Analyse) wird der bisherige Kursverlauf der Aktie untersucht, um daraus Entwicklungen für die Zukunft abzuleiten. Von den vielfältigen Möglichkeiten können hier nur einige dargestellt werden: Man berechnet Durchschnittslinien für 38, 100 oder 200 Tage, sogenannte *gleitende Durchschnitte*. Ein Durchstoßen dieser Durchschnittslinie nach oben läßt auf weitere Kurssteigerungen hoffen, ein Durchschneiden nach unten ist ein Indiz für fallende Kurse.

Lassen sich anhand des bisherigen Kursverlaufs Höchst- bzw. Tiefstkurse mit einer geraden Linie verbinden, spricht man von *Trendgeraden* bzw. *Trendkanälen.* Ein Ausbrechen aus diesen Linien läßt auf eine Fortsetzung des Kurses in die Ausbruchsrichtung schließen.

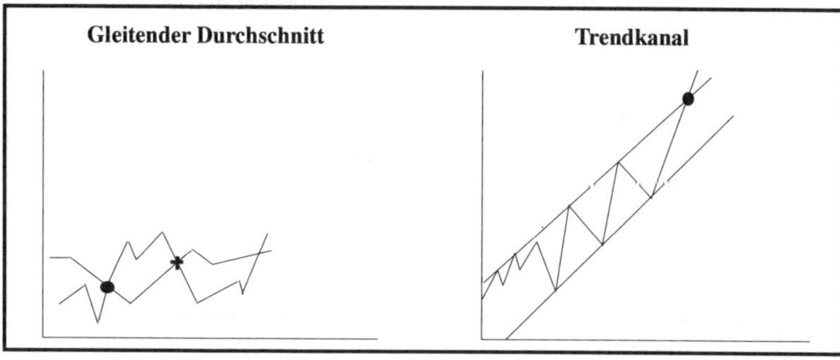

– Tageskurs
• Kaufsignal
x Verkaufssignal

Durchbricht ein Kurs eine bestimmte Marke regelmäßig weder nach unten noch nach oben, spricht man von einer *Unterstützungslinie* bzw. *Widerstandslinie.* Ein mehrfaches Testen dieser Linie durch den Tageskurs wird als Stabilisierung dieser Linie gedeutet. Aktien, die einen Abwärtstrend hinter sich haben und in die Gewinnphase übergehen, werden als *turn-around-Werte* bezeichnet.

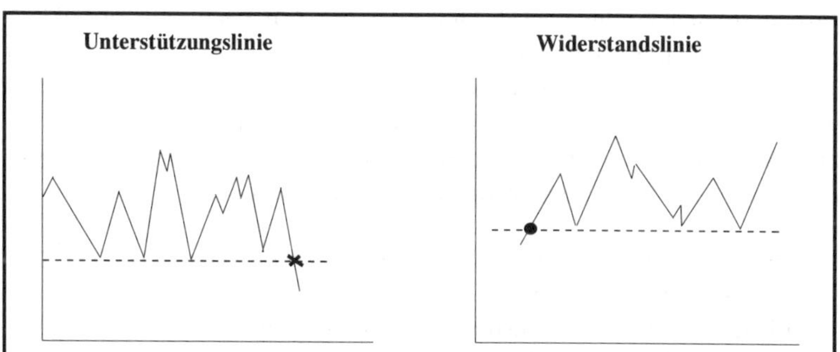

danach weiter nach oben, wird mit deutlichen weiteren Steigerungen gerechnet. Den umgekehrten Effekt hat die *M-Formation.*

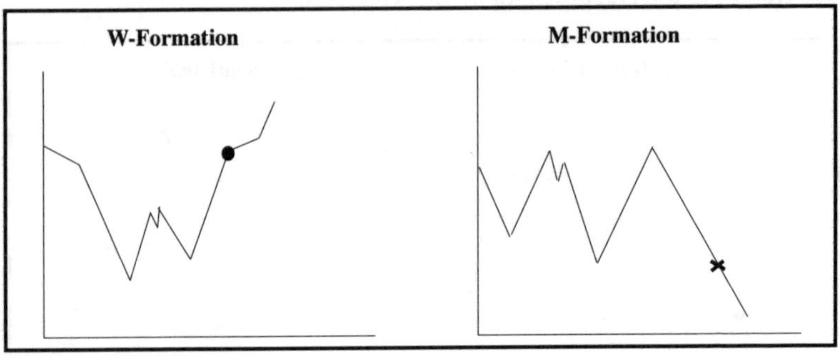

Aktienmarktberichte

Das Börsengeschehen wird von spezialisierten Wirtschaftsjournalisten beobachtet und kommentiert. Während im Börsenkurszettel nur nüchterne Zahlen veröffentlicht werden, zeigt der *Börsenbericht* Tendenzen auf und gibt Begründungen für starke Kursanstiege oder Kursverluste.

Der Börsenbericht beginnt mit einem allgemeinen Überblick und wendet sich dann bestimmten Werten und Branchen zu. Dabei wird nicht nur vom Hauptbörsenplatz Frankfurt berichtet, sondern auch von den anderen deutschen Börsenplätzen.

In den Börsenberichten wird auch über die Zeit nach dem offiziellen Börsenschluß um 13.30 Uhr – der Nachbörse – berichtet. Es werden Trends aufgezeigt, Meinungen wiedergegeben und gegebenenfalls Preise veröffentlicht, die nachmittags im außerbörslichen Wertpapierhandel erzielt wurden. Die allgemeine Tendenz am Aktienmarkt wird mit folgenden, immer wiederkehrenden Ausdrücken beschrieben:

- wenig veränderte Kurse mit *unverändert, wenig verändert, gehalten, widerstandsfähig, behauptet*
- fallende Kurse je nach Ausmaß und vorangegangener Entwicklung mit *abbröckelnd, leicht nachgebend* (bis – 1 Prozent), *rückläufig, schwä-*

cher (bis + 2 Prozent), *schwach, baissierend* (über – 5 Prozent) – steigende Kurse je nach Ausmaß und vorangegangener Entwicklung mit *leicht erholt, erholt, gut erholt, freundlich* (bis + 1 Prozent), *anziehend, fest* (bis + 2 Prozent), *sehr fest, haussierend* (über + 5 Prozent)
– Kursveränderungen nach oben und unten mit *uneinheitlich, schwankend.*

Kurse und Berichte von ausländischen Börsenplätzen

Im Wirtschaftsteil der überregionalen Zeitungen werden die Kurse ausländischer Aktien von den wichtigsten Börsenplätzen der Welt veröffentlicht. Dabei handelt es sich nur um eine Auswahl wichtiger Aktien der Börsen von Amsterdam bis Zürich.

Die Notierungen zeigen die Preise in jeweiliger Landeswährung. Bei Vergleichen mit den entsprechenden Aktienkursen der deutschen Börsenplätze müssen die ausländischen Kurse in DM umgerechnet werden.

Aufgrund der Zeitunterschiede können von einigen Börsenplätzen nicht die Schlußkurse vom Vortag veröffentlicht werden. Die New Yorker Börsen sind z. B. von 9.30–16.00 Uhr Ortszeit (15.30–22.00 Uhr MEZ) geöffnet, so daß die Schlußkurse vom vorletzten Tag ausgedruckt sind und vom Vortag nur die Kurse von 12.00 Uhr Ortszeit.

In Börsenberichten wird von den wichtigsten Börsenplätzen der Welt berichtet und entsprechende Tendenzen aufgezeigt. Dabei spielen die Veröffentlichung und die Kommentierung der Börsenindizes wie des *Dow Jones Index* aus den USA und des *Nikkei Index* aus Japan eine wichtige Rolle.

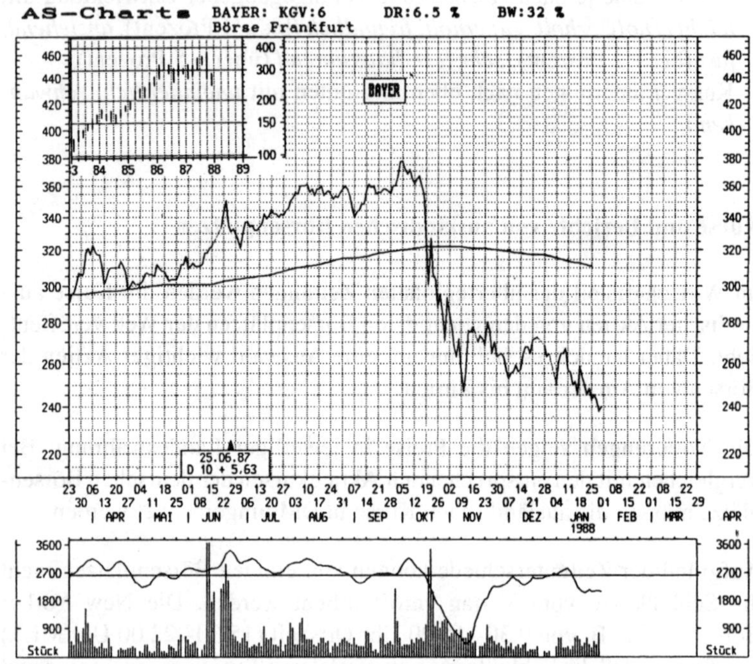

Kassa-Kurse (oben) und Umsätze (unten) Quelle: HB

Wo ist der Boden an der Börse?

Über charttechnische Verrenkungen / Von Wolfram Weimer

FRANKFURT, 24. August. Charttechniker verstehen die Börsenwelt nicht mehr. Ihre sorgfältig gepflegten graphischen Abbildungen der Marktentwicklung fallen zur Zeit buchstäblich aus dem Rahmen. Alle noch vor wenigen Wochen gültigen „Trendkanäle“, „Trendfächer“, „chartechnischen Kaufsignale“ und „aufwärtsgerichtete Formationen“ sind dem Golfsturm zum Opfer gefallen. Gestern noch Handlungsanweisung, sind sie heute schon Makulatur.

Als weder „W-“ oder „M-“ noch Kopf-Schulter-Formationen“ mehr austisch den „Dammbrucheffekt“ – also stark fallende Kurse als Strafe für Ungehorsam. Das immerhin trat mehrfach ein – zu oft allerdings, um noch von einem chartechnischen Impuls ernsthaft zu reden.

Und doch geben eingefleischte Virtuosen des Rechenschiebers so schnell nicht auf. Die Analytiker der Vereins- und Westbank in Hamburg beispielsweise präsentierten die „langfristige Fünfzig-Prozent-Reaktion“. Danach könne der Deutsche Aktienindex (Dax) nicht unter die Marke von 1459 Punkten fallen. Denn dies

(Ausschnitt) Quelle: FAZ

Aktien schließen behauptet

Gewinnmitnahmen

DW. – Gewinnmitnahmen und das Erlahmen ausländischer Aufträge haben den Frankfurter Aktienmarkt am Freitag in eine Seitwärtsbewegung gedrängt. Der Markt gab nach einer alles in allem noch ansprechenden Vorbörse im Verlauf des offiziellen Handels Zug um Zug Terrain preis. Der Rückgang der Aktienkurse in Tokio um 1,7 Prozent wurde auf dem Frankfurter Parkett stark beachtet. Dies sei zumindest ein Indiz dafür, daß die japanischen Großanleger in der nächsten Zeit das Tempo ihrer Auslandsinvestitionen verlangsamen könnten.

Großchemiewerte lagen im leichten Aufwind. Warenhauswerte notierten nachgebend mit Ausnahme von Douglas, die aufgrund des glänzenden Geschäftsabschlusses für 1989 die Börsensitzung mit einem riesigen Kurssprung eröffneten und sie auch mit einem ansehnlichen Gewinn

der Regel besser davon. Daimler und Mercedes-Holding sehr fest. Die anderen Autotitel freundlich. Am behaupteten Stahlmarkt Klöckner-Werke wieder zu höheren Kursen gefragt. HEW, Bremer Vulkan und Continental freundlich. Springer fest. Viag sehr fest.

Nachbörse: gehalten

(Ausschnitt) Quelle: DW

Deutsche Börsen

Düsseldorf: Boge –10 DM

Gewinnmitnahmen drückten AVA um 15 DM. Boge büßten 10 DM und co op 5 DM ein. Dyckerhoff-StA gaben um 12 und Leffers StA um 4 DM nach. Gildemeister verbesserten sich um 5 DM und Hein, Lehmann um 15 DM.

Dt. Anleihen:	unerh. (680,4)
Ausl. Anleihen:	unerh. (18,8)
Dt. Aktien:	unerh. (1624,0)
Ausl. Aktien:	unerh. (34,6)
Gesamtumsatz:	unerh. (2357,8)

(Angaben in Mill. DM)

Frankfurt: Thüga +60 DM

Heidelberger Zement stiegen nach Doppelplusankündigung um 103 DM. Gleiches galt für Thüga, die 60 DM zulegten. Überland Unterfranken gewannen 15 DM, Tucher Bräu wurden 21 DM höher getaxt. Monachia stiegen um 150 DM, Mauser Waldeck um 10 DM und Agiv um 25 D

dag um 10 DM. Audi verbesserten sich um 9 DM, Aigner um 6 DM und Flachglas um 5 DM. Markt und Technik sanken um 23 DM, Krones um 13 DM.

Berlin: Kempinski +6 DM

Berliner Elektro StA, Berliner Kindl sowie Kempinski wurden um je 6 DM höher notiert. Orenstein legten 4 DM und Berliner Bank 1 DM zu. DeTeWe gaben 15 DM und Berliner Elektro VA 8 DM ab.

Bremen: Vulkan +2,50 DM

Bremer Vulkan gewannen 2,50 DM, Jute Bremen 11 DM, Norddeutsche Steingut 7 DM und Sloman-Neptun 2,90 DM. Vereinigte Kammgarn legten nach Plusankündigung 20 DM zu. Gestra verloren nach Minusankündigung 15 DM.

Hannover: Desag +4 DM

Kali Chemie zogen um 13 DM an. Nord

(Ausschnitt) Quelle: HB

London fester

Fester war die Tendenz am Freitag an der **Londoner** Aktienbörse. Das Geschäft verlief recht ruhig. Der Umsatz hielt sich in engen Grenzen, was auf Berichte zurückzuführen war, wonach zumindest zwei größere Marktmacher ihre Aktivitäten einschränken wollen. Die stetige Tendenz beim Pfund Sterling bot dem Markt darüber hinaus eine Stütze. Der Anstieg der britischen Einzelhandelspreise um 7,5 Prozent entsprach den Erwartungen und hatte daher keine weiteren Auswirkungen auf die Kursgestaltung.

Die **Zürcher** Börse hat weiterhin an Boden verloren, nachdem der Markt bereits schwächer begonnen hatte. Der markante Kursrückgang in Wall Street, die weiterhin labile Tokioter Börse und das international hohe Zinsniveau hielten die Anleger von neuen Käufen ab. Anderseits war nach Angaben von Händlern auch bei einem nur spärlichen Geschäft der Verkaufsdruck eher gering. Nach der am Vortag angekündigten Kapitalerhöhung und der Öffnung des Aktienregisters der Namenspapiere auch für Ausländer überwogen bei den Inhaberaktien von BBC die Verkäufer.

Mit deutlichen Verlusten schloß der Markt per Zuruf an der Aktienbörse in **Madrid.** Besonders deutliche Abschläge registrierten Banco Hispano Americano, die sich an den Vortagen als recht widerstandsfähig gegenüber dem kräftigen Kursrückgang gezeigt hatten.

Fester notierten die Kurse an der Aktienbörse in **Paris.** Händlerangaben zufolge war der Kursanstieg weitgehend auf technische Faktoren zurückzuführen, da es sich am Freitag um den ersten Handelstag für den Handelszeitraum April handelte. Darüber hinaus wirkte sich die Stabilisierung an der Tokioter Börse kursstützend aus. An der Spitze der Gewinnerliste standen Metrologie Internationale mit einem Kursgewinn von 7,7 Prozent und Bail Equipement mit 6,6 Prozent. (Reuter/vwd)

Quelle: FAZ

Tokio erholt

Die Kurse in **Tokio** konnten sich am Freitag von den Verlusten des Vortages teilweise erholen. Der Nikkei-Durchschnittskurs stieg um 528,82 auf 30 372,16 Punkte. Bei einem Umsatz von etwa 600 Millionen Aktien standen 522 Gewinner 418 Verlierern gegenüber. Verbessern konnten sich Hochtechnologiewerte wie Kokusai Electric, Kyocera und Pioneer. NTT konnten ihren im frühen Handel erzielten Gewinn auf 40 000 Punkte ausweiten und so einen Teil der Vortagesverluste ausgleichen. Pharma- und Chemiewerte zogen ebenfalls leicht an. Bankaktien notierten fester. Unter den Verlierern befanden sich JAL, Kawasaki Heavy Industrie, Komatsu und Mazda.

Fest tendierte die Aktienbörse in **Hongkong.** Händler zeigten sich angenehm überrascht vom recht hohen Umsatz und berichteten auch von Kaufinteresse aus Übersee, vor allem aus Großbritannien. An der Spitze der Gewinnerliste waren Immobilienwerte zu finden, gefolgt von Industrietiteln und Finanzaktien. Deutlich fester präsentierte sich die Aktienbörse in **Singapur.** Umgesetzt wurden 84,99 (94,48) Millionen Aktien im Wert von etwa 192,1 (220) Millionen Singapur Dollar. 150 Gewinnern standen lediglich 68 Verlierer gegenüber. Mit Erleichterung registrierten die Anleger die Erholung an der Börse in Tokio, die am Freitag um 529 Punkte höher schloß. Offensichtlich hatten die Anleger auf die Ergebnisse in Tokio gewartet, denn der größte Teil des Handels fand in den späten Sitzungsstunden statt.

In **Sydney** schloß die Aktienbörse mit uneinheitlichen Kursen. Nach Mitteilung von Händlern wurden Kaufaufträge nur zögernd erteilt, da der Ausgang der Parlamentswahlen ungewiß ist. Umgesetzt wurden 160 (206) Millionen australische Dollar. Die Kursverlierer überwogen die gebesserten Werte knapp mit 161 zu 146. Der ruhige Sitzungsverlauf wurde auch mit dem Mangel an neuen Geschäftsergebnissen begründet.

Quelle: FAZ

Die Börsenwoche

Die Party macht Pause

Einigen ist es nun doch zu heiß geworden. Die wochenlange Ost-Begeisterung und der hitzige, unaufhaltsam erscheinende Kursanstieg haben zum Wochenschluß eine Pause eingelegt. Genau bis Donnerstag 11.30 Uhr fegte die Deutschlandparty über das Frankfurter Börsenparkett. Zum überraschenden Ergebnis der ersten freien Wahlen in der DDR hatten die Aktionäre noch einmal ein wahres Kursfeuerwerk veranstaltet. Montag, Dientag und Donnerstag erkletterte der F.A.Z.-Aktienindex jeweils neue absolute Höchststände. Erst bei 814,82 Punkten war der Gipfel erreicht. Damit verbuchte der Index innerhalb der vergangenen Index unter die Marke von 30 000 Punkten gefallen war und aus Japan immer neue Hiobsbotschaften herüberschallten, haben auch die kräftigsten Frankfurter „Bullen" weiche Knie bekommen. „Der Freudentanz dreht sich auf einem japanischen Vulkan", kommentierte ein Börsenteilnehmer die heißgelaufene Situation zur Wochenmitte. Am Donnerstagmittag vollzog der Aktienmarkt dann schlagartig die Wende und steuerte vom Gipfelsturm unmittelbar auf Talfahrt um. Umfangreiche Gewinnmitnahmen ließen die Kurse kräftig purzeln. Börsenteilnehmer erklärten, daß sich gerade japanische Investoren aus dem Markt

(Ausschnitt) Quelle: FAZ

BÖRSE NEW YORK / Aktien und Renten gegenläufig

Vom Offenmarktausschuß wird Lockerung erwartet

HANDELSBLATT, Sa./So., 1./2.7.1989

op NEW YORK. Wachsende Rezessionssorgen prägten vorige Woche die Stimmung an Amerikas Finanzmärkten. Langfristige Schatztitel legten bis zu 1 ¾ Punkte zu bei entsprechend fallenden Renditen. Am Aktienmarkt machten sich die Anleger Sorgen über den Ausblick für Unternehmensgewinne: Der Dow Jones-Durchschnitt rutschte 91,81 Punkte auf 2440,06 ab.

In nur fünf Sitzungen büßte der Dow Jones seit dem 12. Juni, als er mit 2531,87 seinen höchsten Nach-Crash-Stand erzielt hatte — am Crash-Tag zen sofort auf und gaben ein entsprechendes Signal ab: Die Anleger stiegen aus den Aktien „en masse" aus. Am Freitag nachmittag war allerdings das Umgekehrte festzustellen: Nachdem der Dow in den ersten Sitzungsstunden mehr als 40 Punkte verloren hatte, landeten plötzlich Kaufprogramme auf dem Parkett, so daß der Tagesverlust auf 18,21 Punkte schrumpfte.

Der Aktienmarkt litt ferner unter der allgemein geteilten Auffassung, daß Renten im Vergleich zu Aktien billig seien. Beiden Märkten lag jedoch ein fundamentaler Wandel in der Beurteilung der gegenwärtigen wirtschaftlichen Lage zugrunde. Glaubte man bis vor kurzem noch an eine

(Ausschnitt) Quelle: HB

5.3 Festverzinsliche Wertpapiere

5.3.1 Einteilung und Handel

Rentenwerte

Bei Aktien ist die Dividende abhängig vom Gewinn der Gesellschaft, der Aktionär ist Miteigentümer. Der Besitzer von *festverzinslichen Wertpapieren* ist dagegen Gläubiger, der einen Anspruch auf eine feste Verzinsung hat. Da diese festen Zinsen eine Art „Rente" darstellen, werden festverzinsliche Wertpapiere auch als *Rentenwerte* oder kurz *Renten* bezeichnet. Andere verwendete Begriffe für spezielle Festverzinsliche sind *Anleihen, Obligationen, Pfandbriefe* und *Schuldverschreibungen.*

Teil-Schuldverschreibungen

Die verschiedenen festverzinslichen Wertpapiere sind rechtlich *Teil-Schuldverschreibungen.* Die Aussteller (= Emittenten) beschaffen sich mit ihren Schuldverschreibungen mittel- und langfristiges Kapital. Der Gesamtbetrag einer Anleihe von z. B. 800 Millionen DM wird in entsprechende Teilbeträge (= Teilschuldverschreibungen) von 1.000,– DM oder einem Vielfachen davon gestückelt, die der Anleger zeichnen kann. Er erwirbt mit seiner Teilschuldverschreibung verbriefte Ansprüche auf vorher festgelegte Rückzahlung und Zinszahlung. Schuldverschreibungen von Aktiengesellschaften können daneben Sonderrechte verbriefen wie das Umtauschrecht in Aktien bei *Wandelschuldverschreibungen*, das Bezugsrecht auf Aktien bei *Optionsanleihen* oder einen Gewinnanspruch bei *Gewinnschuldverschreibungen.*

Einteilung

Festverzinsliche Wertpapiere lassen sich einteilen nach:

- dem *Aussteller* in Anleihen der öffentlichen Hand, Industrieobligationen, Bankschuldverschreibungen
- dem *Sitz des Ausstellers* in Inlandanleihen, Auslandanleihen
- der *Anleihewährung* in DM-Anleihen, Währungsanleihen
- der *Laufzeit* in kurz-, mittel-, langfristige Anleihen
- der *Rückzahlung* am Ende der Laufzeit, vor Ende der Laufzeit (Auslosung von Serien, Reihen, Gruppen, Endziffern)
- der *Verzinsung* in verzinsliche, unverzinsliche Anleihen
- der *Zahlung der Zinsen* wie halbjährliche, jährliche (immer nachträglich)
- der *Höhe des Zinssatzes* wie Sechsprozenter, Achteinhalbprozenter
- der *Besteuerung* der Erträge in steuerfreie, steuerbegünstigte Anleihen.

Aufbau

Festverzinsliche Wertpapiere bestehen wie Aktien aus der eigentlichen Urkunde, dem *Mantel*, und aus dem *Bogen* mit den Zinskupons oder Gewinnanteilscheinen. Die eigentliche Urkunde verbrieft den *Nominalwert* (in der Regel 1.000,– DM), den *Nominalzins* und den *Zinstermin*. Die Urkunden sind durchnumeriert und meistens in Serien eingeteilt. Oft werden heute keine effektiven Stücke ausgegeben, sondern nur noch buchungstechnisch erfaßt und im Depot verwaltet. Die Urkunden liegen bei Wertpapiersammelbanken, so daß eine Selbstverwaltung und auch Tafelgeschäfte nicht möglich sind.

Entwicklung

Festverzinsliche Wertpapiere gibt es seit dem Mittelalter. Kaiser, Könige und Fürsten füllten ihre Kriegskassen, indem sie u. a. *Anleihen* ausgaben, die von reichen Kaufleuten gezeichnet wurden. So finanzierten die Fugger

z. B. Kaiser Karl V. Als die Anleihesummen immer größer wurden, beschränkten sich die Kaufleute und Bankiers darauf, die Anleihen beim Volk zu plazieren. Könige und Kaiser zwangen ihren Untertanen auch Anleihen direkt auf, sogenannte *Zwangsanleihen*. Die königlichen Schuldner erkannten frühzeitig, daß Zahlungsverzug bei Zinsen und Rückzahlung die Plazierung neuer Anleihen erschwerte. Diese Erfahrung haben auch die heutigen Entwicklungsländer in bezug auf ihre ausgegebenen Anleihen und aufgenommenen Kredite machen müssen.

Der erste *Pfandbrief* wurde 1753 in Amsterdam ausgegeben, er belief sich auf insgesamt 1 Million Gulden und war mit einem Zinssatz von 6 Prozent ausgestattet. Holländische Plantagenbesitzer aus „Westindien" (Südamerika) besorgten sich damit Kredite, indem sie ihre Ländereien als Pfand anboten.

Im Preußen führte Friedrich der Große (Friedrich II.) 1767 Pfandbriefe ein. Nach dem Siebenjährigen Krieg waren nicht nur die Kassen leer, sondern auch das Land größtenteils verwüstet. Um den Gutsbesitzern Geld zum Aufbau ihrer zerstörten Betriebe zu beschaffen, wurden z. B. in Schlesien alle Rittergüter zur *Schlesischen Landschaft* zusammengefaßt und der Wert jedes Gutes ermittelt. Bis zur Hälfte dieses Betrages erhielt der Besitzer dann Pfandbriefe, für die er mit seinem Gut haftete, die Landschaft aber bürgte und die Gläubigerzinsen zahlte. Die Pfandbriefe wurden bereits damals an der Börse gehandelt.

Kursfeststellung

Genau wie Aktien werden an den deutschen Wertpapierbörsen auch festverzinsliche Wertpapiere gehandelt. Angebot und Nachfrage bestimmten die Höhe der Kurse. Die Kursfeststellung wird von amtlichen Maklern vorgenommen und in Prozent angegeben (bei Aktien in DM je Stück). *Variable Kurse* werden nur bei Wandel- und bei Optionsanleihen festgestellt, sowie seit 1988 bei einigen Anleihen der öffentlichen Hand (Mindestschluß 1 Millionen DM). Für alle anderen festverzinslichen Wertpapiere gibt es nur Kassakurse:

Wenn der Börsenmakler ausruft „Sechser Bahn 86, Komma 40 zu Komma 60“ wissen die Rentenhändler, daß die Bundesbahnanleihe von 1986 gehandelt wird zu einem Kurs von 94,40 Prozent beim Verkauf und 94,60 Prozent beim Kauf. Wer einen Anleihebetrag im Nennwert von 1.000,– DM verkaufen will, erhält dafür 944,– DM, beim Kauf muß er 946,– DM bezahlen.

Der Kurs der festverzinslichen Wertpapiere kann auch über 100 Prozent steigen. Kurse von hochverzinslichen Wertpapieren werden in Zeiten von Niedrigzinswerten auf über 100 Prozent klettern, damit sie die gleichen Rendite bringen bis zur Tilgung. Dazu einige Beispiele:

Bundesanleihe	6,00 % von 1978 bis 1993: Kurs	98,40 %
	7,25 % von 1979 bis 1989: Kurs	100,15 %
	10,25 % von 1981 bis 1991: Kurs	108,15 %

Die Bundesbank betreibt an den Börsen Kurspflege für die Anleihen von Bund, Bahn und Post: Sie kauft und verkauft, um zufällige Tagesschwankungen auszugleichen und einen stetigen Markt zu unterhalten.

Börsenhandel

In der Bundesrepublik werden über 10.000 verschiedene festverzinsliche Wertpapiere amtlich gehandelt, d. h. mehr als zehnmal soviel Rentenpapiere als Aktien.

Vom Gesamtumsatz entfallen rund zwei Drittel auf die Festverzinslichen. Rund 90 Prozent aller Rentenumsätze betreffen Anleihen der öffentlichen Hand, weil hier Emissionsvolumen bis 4 oder 5 Milliarden DM aufgelegt werden. Fünf bis sechs Prozent der Gesamtumsätze entfallen auf DM-Auslandsanleihen, der Rest auf Bankschuldverschreibungen, Pfandbriefe und Kommunalobligationen. Da die Emissionsvolumen in diesen Marktsegmenten in der Regel bis 150 Millionen DM gehen, finden auch nur relativ geringe Börsenumsätze statt. Bereits kleinere Kauf- oder Verkaufsaufträge führen deshalb oft zu stark steigenden oder sinkenden Kursen. International wichtige Anleihen wie Nullkuponanleihen und zinsvariable Anleihen spielen bislang am Rentenmarkt der Bundesrepublik keine Rolle.

RENTENHANDEL / 26 Titel ab Oktober variabel

Stärkung der deutschen Börsen

HANDELSBLATT, Dienstag, 13.9.1988

hk FRANKFURT. Nach einigem Hick-Hack ist in den Verhandlungen mit den Maklern eine Courtage-Regelung zustande gekommen, die den seit längerem geplanten Start eines variablen Rentenhandels an den deutschen Börsen ab 3. Oktober 1988 ermöglicht (siehe auch Seite 1). Die Börsen-Arbeitsgemeinschaft äußert in einer Pressenotiz vom Dienstag ihre Zufriedenheit darüber sowie ihre Zuversicht, daß die damit verbundene Senkung der Transaktionskosten die Wettbewerbsfähigkeit der deutschen Börsen gegenüber dem außerbörslichen Handel im In- und Ausland wesentlich erhöhen werde.

Im einzelnen sieht die Vereinbarung gestaffelte Courtage-Sätze vor. Sie werden den Angaben zufolge je nach Auftragsgröße zwischen 0,1 und 0,03 Promille betragen. Bislang lagen die vergleichbaren Sätze zwischen 0,12 und 0,06 Promille. Anwendung finden die neuen Sätze erst bei Aufträgen von mehr als 1 Mill. DM. Für kleinere Orders wird die Staffel von 0,75 bis 0,16 Promille beibehalten.

26 umsatzstarke Werte werden ab Oktober fortlaufend notiert werden: 14 Bundesanleihen, 6 Bundesobligationen, 5 Bahnanleihen sowie 1 Anleihe der Post. Der Mindestschluß im variablen Handel wird 1 Mill. DM betragen; die Notierung erfolgt in Schritten von 5 Pfennigen. Bisher gibt es eine fortlaufende Notierung nur bei Aktien, denn für die Obligationen wird nur einmal am Tag der Einheitskurs ermittelt.

Quelle: HB

Emittentenstruktur des deutschen Rentenmarktes: Umlauf von festverzinslichen Wertpapieren
in Mrd. DM; Nominalwert

	Bank-anleihen	Industrie-anleihen	Öffentliche Anleihen	DM-Auslands-anleihen	Insgesamt
1980	413,3	4,6	130,7	79,2	627,8
1981	484,4	3,6	127,8	80,3	696,1
1982	530,7	3,0	156,6	83,6	773,9
1983	584,5	2,4	191,0	87,6	865,5
1984	619,8	2,2	228,1	96,3	946,4
1985	654,6	2,4	272,3	117,4	1 046,7
1986	685,5	2,6	329,6	141,2	1 158,9
1987	715,9	2,5	392,3	150,0	1 260,7
1988	707,8	2,4	441,4	178,6	1 330,2
1989	760,7	2,7	468,9	201,5	1 433,8

Quelle: HB

5.3.2 Anleihen, Pfandbriefe und Obligationen

Anleihen der öffentlichen Hand

Anleihen der öffentlichen Hand (= öffentliche Anleihen) sind festverzinsliche Wertpapiere, die von der Bundesrepublik Deutschland (= Bund), Bundespost, Bundesbahn, den Bundesländern und Kommunen ausgegeben werden. Mit diesen Anleihen beschafft sich die öffentliche Hand kurz-, mittel- und langfristige Finanzmittel für Investitionen und Haushaltausgleiche.

Bundesanleihen, Länderanleihen, Gemeinde- und *Staatsanleihen* sowie *Bundesbahn-* und *Bundespostanleihen* haben eine Laufzeit von 5, 10, 12, 15, 20 oder 30 Jahren und werden je nach Bedarf aufgelegt. Der Nennbetrag ist meistens 100,– DM oder ein Vielfaches davon. Der Ausgabekurs kann – je nach Marktlage – über oder unter 100 Prozent liegen. Die Rückzahlung erfolgt zum Nennwert, in der Zwischenzeit werden die Anleihen an der Börse gehandelt.

Bundesobligationen sind Daueremissionen mit einer Laufzeit von fünf Jahren. Der Bund gibt diese kurzfristigen Anleihen seit 1979 heraus. Eine neue Serie mit anderem Nominalzins und Fälligkeitstermin wird erst dann aufgelegt, wenn die Lage am Rentenmarkt einen höheren oder niedrigeren Nominalzins erfordert. Bis dahin ändert das Finanzministerium den Ausgabekurs oft mehrmals, um die Rendite kleineren Schwankungen am Kapitalmarkt anzupassen. Nach Einstellung des Verkaufs einer Serie wird sie zum amtlichen Börsenhandel zugelassen.

Bund, Länder, Bahn und Post beschaffen sich ihre Finanzierungsmittel auch durch die Ausgabe von *Kassenobligationen.* Dies sind Schuldverschreibungen mit einer Laufzeit bis zu vier Jahren über mindestens 5.000,– DM, die vor allem von Kreditinstituten gekauft werden. Umlaufende Kassenobligationen werden im Freiverkehr gehandelt.

Finanzierungsschätze, Bundesschatzbriefe

Der Bund deckt seinen enormen Kapitalbedarf außerdem mit Anleihen, die nicht an der Börse gehandelt werden: mit Finanzierungsschätzen und Bundesschatzbriefen.

Finanzierungsschätze Typ 1 haben eine Laufzeit von einem Jahr, *Typ 2* von zwei Jahren. Der Mindestnennwert beträgt 1.000,– DM. Die Zinsen werden – wie bei Zerobonds – im voraus vom Nennwert abgezogen. Gewährt der Bund z. B. bei einem einjährigen Finanzierungsschatz fünf Prozent Zinsen, hat der Anleger nur 950,– DM zu zahlen (5 Prozent von 1.000,– = 50,–). Nach einem Jahr erhält er 1.000,– DM zurück. Seine Rendite beträgt damit 5,26 Prozent (50,– DM Zinsen in 1 Jahr für 950,– DM).

Bundesschatzbriefe sind Anlagen mit jährlich steigender Verzinsung. *Typ A* hat eine Laufzeit von sechs Jahren, die Zinsen werden jährlich ausgezahlt, der Mindestanlagebetrag liegt bei 100,– DM. Beim *Typ B* beträgt die Laufzeit sieben Jahre, die Zinsen werden am Ende der Laufzeit gezahlt, der Mindestanlagebetrag ist 50,– DM. Der Anleger zahlt z. B. 1.000,– DM ein und erhält nach sieben Jahren 1.662,– DM.

Eine vorzeitige Rückgabe der Finanzierungsschätze ist nicht möglich, während die Bundesschatzbriefe nach dem ersten Laufzeitjahr zurückgegeben werden können. Damit die Anleger ihre Anleihe möglichst nicht früher zurückgeben, werden bei den Schatzbriefen die Zinsen jährlich gesteigert, z. B. von 4,5 Prozent auf 7 Prozent. Finanzierungsschätze werden als *Abzinsungspapiere* bezeichnet, Bundesschatzbriefe als *Aufzinsungspapiere*.

Pfandbriefe, Kommunalobligationen

Pfandbriefe, Kommunalobligationen und Bankschuldverschreibungen sind festverzinsliche Wertpapiere, die von besonders dazu ermächtigten Kreditinstituten ausgegeben werden. Diese Schuldverschreibungen dienen zur mittel- und langfristigen Finanzierung des Kreditgeschäftes.

Pfandbriefe und *Kommunalobligationen* werden von Hypothekenbanken, öffentlich-rechtlichen Kreditinstituten, Landesbanken und Girozentralen der Sparkassen emittiert. Der Erlös der Pfandbriefemissionen wird als Darlehen an private Bauherren ausgegeben, die damit Wohn- und Geschäftshäuser, Einkaufzentren und ähnliches errichten. Die Kredite sind durch Hypotheken (= Grundbucheintragungen) abgesichert. Pfandbriefe haben meistens eine lange Laufzeit (bis zu 40 Jahren). Seit einigen Jahren gibt es sogenannte sieben- bis zehnjährige „Kurzläufer". Das Geld der Kommunalobligationen wird als Darlehen an Bund, Länder und Gemeinden weitergegeben zum Bau von Straßen, Schulen, Krankenhäusern und Kraftwerken.

Bankschuldverschreibungen werden herausgegeben von Kreditinstituten mit Sonderaufgaben wie der Frankfurter Kreditanstalt für Wiederaufbau (KfW), der Lastenausgleichsbank oder der Industriekreditbank in Düsseldorf. Außerdem werden sie emittiert von Landes-, Groß- und Regionalbanken je nach Laufzeit als *Kassenobligationen* oder *Inhaberschuldverschreibungen.* Die Erlöse stellen die Kreditinstitute der gewerblichen Wirtschaft für Investitionen zur Verfügung. Zu diesen Bankschuldverschreibungen zählen z. B. die Sparkassenobligationen, nicht dagegen Sparbriefe und Sparkassenbriefe. Sie werden nicht an der Börse gehandelt.

Pfandbriefe und Kommunalobligationen haben am Kapitalmarkt eine große Bedeutung, sie stellen mit über 50 Prozent den mit Abstand größten Block aller Wertpapiere.

Industrieobligationen

Industrieobligationen sind Schuldverschreibungen von großen Industrieunternehmen zur Beschaffung langfristiger Fremdmittel. Die *Industrieanleihen* werden von namhaften AGs und GmbHs emittiert. Ihre Ausgabe unterliegt der staatlichen Genehmigungspflicht. Das Bundesministerium für Wirtschaft macht die Genehmigung von der Bonität (=Zahlungsfähigkeit) des Unternehmens abhängig. Als Sicherheiten werden verlangt eine Gesamthaftungsverpflichtung, mit der das Unternehmen sein Gesamtvermögen als Sicherheit einbringt, oder eine Gesamtschuld bzw. Gesamtsicherungshypothek zugunsten der Emissionsbank als Treuhänderin der Gläubiger. Industrieobligationen haben am Anleihemarkt der Bundesrepublik keine große Bedeutung.

Auslandsanleihen

Auslandsanleihen sind Schuldverschreibungen von ausländischen Staaten, Städten, Wirtschaftsunternehmen und Institutionen wie den EG-Behörden und der Weltbank. Auch deutsche Unternehmen nutzen diese Möglichkeit, indem sie über ihre ausländischen Tochtergesellschaften Auslandsanleihen emittieren. Es werden Auslandsanleihen und Währungsanleihen unterschieden.

DM-Auslandsanleihen sind auf Deutsche Mark ausgestellt. Auch die Zins- und Tilgungszahlungen erfolgen in DM. Der inländische Anleger hat somit kein Währungsrisiko zu tragen. Er muß aber bei gewissen Emittenten ein politisches Risiko einkalkulieren, z. B. wenn er Anleihen von mittel- und südamerikanischen Staaten wie Mexiko oder Brasilien kauft. *Währungsanleihen* sind auf fremde Währungen wie US-Dollar, Schweizer Franken oder ECU ausgestellt.

Die Zinsen und die Tilgung werden in der Fremdwährung gezahlt. Der Anleger trägt das volle Wechselkursrisiko, z. B. Dollar-DM. Dazu kann gegebenenfalls noch das politische Risiko hinzukommen.

ECU-Anleihen haben in den letzten Jahren sehr an Bedeutung gewonnen. Es sind Anleihen auf die europäische Kunstwährung European Currency Unit (ECU), die sich zur Zeit aus elf nationalen Währungen zusammensetzt. Da die Zusammensetzung nach der Wirtschaftskraft der beteiligten Länder vorgenommen wird (Anteil der Bundesrepublik zur Zeit über 30 Prozent) und spätestens alle fünf Jahre überprüft wird, handelt es sich um eine relativ stabile Währung. Der Vorteil der ECU-Anleihen liegt im eingeschränkten Währungsrisiko gegenüber Dollar- und Pfundanleihen. Die Mindeststückelung beträgt 1000 ECU, das sind ca. 2.000,– DM.

Bei *kursgesicherten Währungsanleihen* ist das Wechselkursrisiko durch ein bei der Emission festgelegtes, festes Umtauschverhältnis ausgeschaltet.

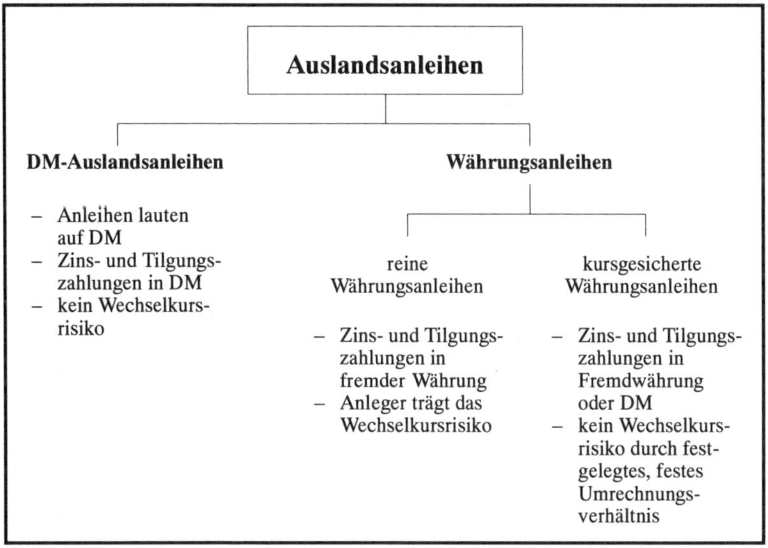

Wegen der höheren Risiken werden Auslandsanleihen meistens höher verzinst als inländische Anleihen. Auskunft über die Bonität geben die Einstufungen der amerikanischen Rating-Agenturen Standard & Poor's (St & P) und Moody's (Tabelle folgende Seite).

Bonds und Notes

Festverzinsliche Wertpapiere werden im englischen und amerikanischen Sprachgebrauch allgemein mit *bonds* bezeichnet. *Straight bonds* sind „normale" Anleihen mit gleichbleibender Verzinsung, *Notes* dagegen spezielle Anleihen, die sich von den normalen Emissionen unterscheiden, z. B. in bezug auf Stückelung, Laufzeit oder variablen Zinssatz. Staatsan-

Bewertung in der Reihenfolge ihrer Bonität	**Rating St & P**	**Symbol Moody's**
Sehr gute Anleihen		
beste Qualität, geringstes Ausfallrisiko	AAA	Aaa
hohe Qualität, etwas größeres Risiko	AA + AA AA –	Aa 1 Aa 2 Aa 3
Gute Anleihen		
gute Qualität, Emittenten sind aber stärker von der gesamtwirtschaftlichen Lage abhängig	A + A A –	A 1 A 2 A 3
Durchschnittliche Anleihen		
mittlere Qualität, durchschnittliche Bonität	BBB + BBB BBB –	Baa 1 Baa 2 Baa 3
Spekulative Anleihen		
spekulative Werte, nur geringe Deckung für Zins- und Tilgungszahlungen	BB + BB BB –	Ba 1 Ba 2 Ba 3
sehr spekulative Werte, langfristige Zinserwartungen gering	B + B B –	B 1 B 2 B 3
Schrott-Anleihen (Junk bonds)		
niedrigste Qualität, geringster Anlegerschutz, in Zahlungsverzug für Zinsen und Tilgung oder in Gefahr des Verzugs	CCC CC C	Caa Ca C

leihen heißen *Government bonds*. Anleihen des US-Schatzamtes werden – je nach Laufzeit – als *Treasury bonds* (*T-bonds*, Laufzeit 10 bis 30 Jahre) oder *Treasury notes* (*T-notes*, Laufzeit bis zehn Jahre) bezeichnet. *Baby bonds* sind sehr klein gestückelte Anleihen. In der Bundesrepublik gab es diese Form der Anleihe bislang nur einmal. Im Jahr 1951 wurde eine öffentliche Anleihe mit Anteilswerten von 10,– DM aufgelegt.

Anleihen, die als risikoreich eingeschätzt werden und deshalb oft hohe Renditen abwerfen, werden als *Junk bonds* (Schrott-Anleihen, Ramsch-Anleihen) bezeichnet. *Discount bonds* sind niedrigverzinste Anleihen mit entsprechend ermäßigtem Kurs. Anleihen, die am US-Kapitalmarkt von ausländischen Staaten oder Unternehmen emittiert werden, heißen *Yankee bonds*.

Medium Term Notes (MTN) sind Wertpapiere, die – je nach Finanzbedarf der Emittenten – zu verschiedenen Zeitpunkten in kleinen Tranchen mit unterschiedlichen Laufzeiten aus einem Daueremissionsprogramm ausgegeben werden. Sie sind seit 1989 auch in der Bundesrepublik zugelassen.

Wandelanleihen

Wandelanleihen sind Schuldverschreibungen, die zusätzlich zu den normalen Forderungsrechten wie Rückzahlung und Zinsen ein Umtauschrecht in Aktien der ausgebenden AG verbriefen. Mit dem Umtausch erlöschen Rückzahlungs- und Zinsanspruch. Das Umtauschrecht bedingt eine Erhöhung des Grundkapitals in Höhe der durchgeführten Umtauschsumme. Bei den *Wandelschuldverschreibungen* werden im voraus festgelegt:

- das Umtauschverhältnis (=Wandlungsverhältnis)
- die Umtauschfristen (=Wandlungsfristen) und
- gegebenenfalls erforderliche Zuzahlungen.

Dazu ein *Beispiel*:
Wandlungsverhältnis 4:1; Wandlungsfrist zehn Jahre;
Zuzahlung im 1. und 2. Jahr 20,– DM, im 3. und 4. Jahr 30,– DM, im 5. und 6. Jahr 50,– DM und ab dem 7. Jahr 90,– DM.
Der Anleihebesitzer kann je 200,– DM seiner Wandelanleihe umtauschen in 1 Aktie im Nennwert von 50,– DM (Verhältnis 4:1) unter Zuzahlung der obigen Beträge. Die unterschiedlichen Zuzahlungen

berücksichtigen die zu erwartenden Kurssteigerungen der Aktie und sollen zum frühen Umtausch anreizen.

Die Wandelentscheidung ist vom jeweiligen Börsenkurs der Aktie abhängig. Der Umtauschpreis beträgt – wenn die Anleihe zum Nennwert erworben wurde – im 1. und 2. Jahr 220,– DM (200,– DM Anleihe + 20,– DM Zuzahlung), im 3. und 4. Jahr 230,– DM, im 5. und 6. Jahr 250,– DM und ab dem 7. Jahr 290,– DM. Ein Umtausch lohnt sich nur, wenn der Börsenkurs der Aktie über diesen Wandlungspreisen liegt.

Die Vorteile für den Anleger liegen neben dem Anspruch auf feste Zinsen und Rückzahlung in den steigenden Kursen der Wandelanleihe, denn Kurssteigerungen der Aktien führen zu steigenden Notierungen der Anleihe. Kursverluste sind durch den Rückzahlungsanspruch zum Nennwert begrenzt.

Für die Emittenten stellen Wandelanleihen eine günstige Finanzierungsform dar. Die Zinsen sind niedriger, als sie für andere Schuldverschreibungen gezahlt werden müssen. Außerdem braucht das Anleihekapital nicht getilgt zu werden, wenn die Gläubiger ihre Anleihe in Aktien umwandeln. Wandelanleihen spielen heute am deutschen Anleihemarkt nur eine untergeordnete Rolle, sie sind durch Optionsanleihen verdrängt.

Optionsanleihen

Der Handel von Optionsanleihen unterscheidet sich grundsätzlich vom Optionshandel bei Aktien. *Optionsanleihen* verbriefen neben dem Anspruch auf Rückzahlung und Zinsen – wie bei normalen Anleihen – ein zusätzliches Recht auf den Bezug (=*Bezugsrecht*) von Aktien der emittierenden Aktiengesellschaft. Bei der Ausgabe der Optionsanleihe werden neben der Laufzeit und dem Zinssatz der Anleihe festgelegt:

- das Bezugsverhältnis, d. h. die Anzahl der zum Kauf einer Aktie erforderlichen Bezugsscheine (= Optionsscheine, Warrents)
- die Bezugsfrist, innerhalb der die Aktien erworben werden können
- der Bezugskurs, d. h. der Preis einer Bezugsaktie.

Der Optionsschein kann von der Optionsanleihe abgetrennt und an der Börse separat gehandelt werden. Dadurch entstehen drei verschiedene Notierungen für

- die *Optionsanleihe mit Optionsschein* (m. O., cum „volle“ Stücke)
- die *Optionsanleihe ohne Optionsschein* (o. O., ex, „leere“ Stücke) und
- den *Optionsschein.*

Der Zins der Optionsanleihe orientiert sich am allgemeinen Zinsniveau. Er liegt in der Regel deutlich darunter, als Ausgleich für den Optionsschein. Der Börsenkurs der Optionsanleihe hängt ab vom Kursniveau der festverzinslichen Wertpapiere.

Der Kurs der Optionsscheine wird vom Kurs der Bezugsaktie bestimmt. Das Besondere ist dabei, daß der Wert des Optionsscheines überproportional zum Aktienkurs steigt oder fällt (= *Hebelwirkung*). Das soll am folgenden Beispiel verdeutlicht werden:

> Bei einer Optionsanleihe ist der Bezugskurs für eine Aktie festgelegt mit 200,– DM. Ist der Börsenkurs der Aktie 300,– DM, beträgt der rechnerische Wert des Optionsscheines 100,– DM (200,– + 100,– =300,–). Steigt der Börsenkurs der Aktie um 10 Prozent von 300,– auf 330,– DM, steigt der Optionsschein von 100,– auf 130,– DM (200,– + 130,– =330,–), d. h. um 30 Prozent. Fällt der Aktienkurs dagegen um 10 Prozent von 300,– DM auf 270,– DM, fällt der rechnerische Wert des Optionsscheines auf 70,– DM (200,– + 70,– =270,–) und damit um 30 Prozent.

Der rechnerische Wert des Optionsscheines stimmt in der Regel nicht mit seinem Börsenkurs überein. Meistens ist der Erwerb einer Aktie mittels Optionsschein teurer als der direkte Aktienkauf. Die Differenz nennt man *Aufgeld* oder Prämie, sie ist der Preis für die Chance, die der Aktienentwicklung eingeräumt wird. Der Unterschied zwischen dem rechnerischen Wert des Optionsscheines und seinem tatsächlichen Preis steigt, wenn das Kurspotential der Aktie im Vergleich zum aktuellen Tageskurs hoch eingeschätzt wird. Der Preis sinkt dagegen, wenn die Endfälligkeit heranrückt, da der Optionsschein dann auf seinen rechnerischen Wert fällt.

LAND HESSEN

6½% Anleihe von 1988 (1998)

– Wertpapier-Kenn-Nummer 138013 –

Verkaufsangebot

Das Land Hessen begibt aufgrund haushaltsgesetzlicher Ermächtigung eine 6½% Anleihe im Nennbetrag von

DM 800.000.000,–

Von der Anleihe werden DM 700.000.000,– von den unten aufgeführten Banken und deren Niederlassungen zum Verkauf gestellt.

Ausgabekurs:	**99⅞%**, börsenumsatzsteuer- und spesenfrei, unter Verrechnung von Stückzinsen.
Verzinsung:	6½% jährlich, zahlbar nachträglich am 18. Juni eines jeden Jahres, erstmals am 18. Juni 1989.
Nennbeträge:	DM 100,– oder ein Mehrfaches davon.
Laufzeit:	10 Jahre. Eine vorzeitige Kündigung ist ausgeschlossen.
Rückzahlung:	Am 18. Juni 1998 zum Nennbetrag.
Mündelsicherheit und Deckungsstockfähigkeit:	Nach § 1807 Abs. 1 Ziffer 2 BGB mündelsicher und nach § 54a Abs. 2 Ziff. 4 VAG deckungsstockfähig.
Lombardfähigkeit:	Gemäß § 19 Abs. 1 Ziffer 3d des Gesetzes über die Deutsche Bundesbank.
Börseneinführung:	Zum Handel und zur amtlichen Notierung an allen deutschen Wertpapierbörsen.
Lieferung:	Der Erwerber erhält eine Sammeldepotgutschrift bei einem Kreditinstitut oder auf Wunsch die Eintragung einer Einzelschuldbuchforderung in das Landesschuldbuch. Die Ausgabe von Einzelurkunden ist für die gesamte Laufzeit ausgeschlossen.
Verkaufsfrist:	**Vom 9. bis 11. Mai 1988.**

im Mai 1988

Hessische Landesbank
– Girozentrale –

Deutsche Bank
Aktiengesellschaft
zugleich für
Deutsche Bank Berlin
Aktiengesellschaft

Dresdner Bank
Aktiengesellschaft
zugleich für
Bank für Handel und Industrie
Aktiengesellschaft

(Ausschnitt) Quelle: Anzeige HB

Frankfurt Fortl. Notierungen | Kassa

	Fortl. Notierungen 31.5.90	Fortl. Notierungen 1.6.90	Kassa 31.5.90	Kassa 1.6.90
6⅛ Bund 87 I (97).....	85.93	85.93G/5.93	85.93	85.93
5¾ Bund 87 (97).......	83.95	83.95G/3.93	83.95	83.93
6 Bund 87 (97).......	85.05	85.05G/5.07	85.05	85.07
5.5 Bund 87 (97).......	82.34	82.34G/2.34	82.34	82.34
6⅛ Bund 87 II (97)....	85.17	85.17G/5.18	85.17bG	85.18
6⅜ Bund 87 I (97).....	86.30	86.30G/6.33	86.30	86.33
6¾ Bund 87 (97).......	88.20	88.20G/8.22	88.20	88.22
6⅜ Bund 87 II (97)....	86.09	86.09G/6.09	86.09	86.09
6⅛ Bund 88 I (98).....	85.75	85.75G/5.80	85.75	85.80
→ 6¼ Bund 88 (98).......	85.02	85.02G/5.06	85.02	85.06
6⅛ Bund 88 (98).......	84.32	84.32G/4.32	84.32	84.32
6.5 Bund 88 (98).......	86.32	86.32G/6.39	86.32	86.39
6¾ Bund 88 I (98).....	87.53	87.53G/7.62	87.53	87.62
6¾ Bund 88 II (98)....	87.36	87.36G/7.44	87.36	87.44
6⅜ Bund 88 II (98)....	85.08	85.08G/5.20	85.08bG	85.20
6⅜ Bund 88 III (98)...	85.15	85.18bG/5.23bG	85.15	85.23bG
6.5 Bund 89 (99).......	85.81	85.78/5.95bG	85.81	85.95bG
6¾ Bund 89 I (99).....	87.24	87.24B/7.35	87.24	87.35
7 Bund 89 I (99).....	88.85	88.85B/8.89	88.85	88.89
7 Bund 89 II (99)....	88.85	88.85B/8.93	88.85	88.93
6¾ Bund 89 II (99)....	87.43	87.43G/7.51bG	87.43	87.51bG
7 Bund 89 III (99)...	88.93	88.95G/9.05	88.93	89.05
7 Bund 89 IV (99)...	88.93	89bG/9.05	88.93	89.05bG
7⅛ Bund 89 (99).......	89.71	89.80/9.86bG	89.71	89.86bG
7¼ Bund 90 (00).......	90.55	90.60G/90.64	90.55	90.64
7¾ Bund 90 (00).......	93.90	93.95/3.99	93.90	93.99
8 *Bund 90 (00)......	99.91	99.91G/9.91	99.91	99.91
8¾ Bund 90 (00).......	100.35	100.37G/100.40	100.35	100.40
5¼ Obl. 87 (92)..S.68	94.45	94.45G/4.49	94.45	94.49
5.5 Obl. 87 (92)..S.71	93.45	93.45G/3.50G	93.45	93.50
6 Obl. 87 (92)..S.73	93.94	93.94G/4	93.94	94—
5.5 Obl. 87 (92)..S.74	92.67	92.67G/2.72	92.67	92.72
5¼ Obl. 88 (93)..S.75	91.47	91.47G	91.47	91.52
5.5 Obl. 88 (93)..S.78	91.40	91.40G/1.40bG	91.40	91.40bG
6 Obl. 88 (93)..S.79	92	92G/2.05	92—	92.05
5¾ Obl. 88 (93)..S.80	90.95	90.95G	90.95	[illegible]

(Ausschnitt) Quelle: FAZ

6¼ Bund 88 (98):	6,25prozentige Bundesanleihe	
	Laufzeit von 1988 bis 98	
	Fortlaufende Notierungen:	Börse Frankfurt
85.02	Schlußkurs am 31.5.90:	85,02 %
85.02G/5.06	Eröffnungskurs am 1.6.90:	85,02 % Geld
	Schlußkurs am 1.6.90:	85,06 %
85.02 85.06	Kassanotierungen	
	am 31.5.90:	85,02 %
	am 1.6.90:	85,06 %

Bundesobligationen

6¾ v. 85 (90)S.55	99.91G	99.94
6.5 v. 85 (90)S.56	99.78	99.78
6¼ v. 85 (90)S.57	99.38	99.40
6¾ v. 85 (90)S.58	99.30	99.30
6.5 v. 85 (90)S.59	99—	99.03
6¼ v. 86 (91)S.60	98.50	98.60
→ 6 v. 86 (91)S.61	97.83	97.90
5¾ v. 86 (91)S.62	97.60bG	97.65
5.5 v. 86 (91)S.63	97.22	97.26
5.5 v. 86 (91)S.64	96.48	96.55
5¼ v. 86 (91)S.65	95.95	96—
5¾ v. 86 (91)S.66	96.20	96.25
5.5 v. 86 (91)S.67	95.43	95.48
5 v. 87 (92)S.69	93.86	93.90
5¼ v. 87 (92)S.70	93.40	93.45

(Ausschnitt) Quelle: FAZ

6 v. 86(91) S. 61	6prozentige Bundesobligationen Laufzeit 1986 bis 1991 Serie 61
97.83 97.90	Einheitsnotierungen Börse Frankfurt am 31.5.90: 97,83 % am 1.6.90: 97,9 %

Bundesobligationen Serie 91 v. 1990 (95) ab 30. April: Zins 8,75%; Kurs 100,00%; Rendite 8,75%.

Quelle: FAZ

Bundesobligationen am 2.6.90

Serie 91 von 1990(95):	Ausgabe Serie 91 von 1990, Laufzeit bis 1995
ab 30. April:	Ausgabedatum 30.4.1990
Zins 8,75:	Zinssatz 8,75 %
Kurs 100,00 %:	Ausgabekurs 100 %
Rendite 8,75 %:	Rendite 8,75 %

Kassenobligationen des Bundes: 5½ von 87 (92) 93,00, 6 von 87 (92) 93,50, 6 von 87 II (92) 93,00.

Quelle: FAZ

Kassenobligationen des Bundes am 2.6.90

$5^1/2$ von 87(92):	$5^1/2$prozentige Kassenobligation von 1987, Laufzeit bis 1992
93,00	Freiverkehr Kurs: 93 %

Bundesschatzbriefe: (Zinslauf vom 1. Mai an, Zinsstaffel in Prozent jährlich, in Klammern Zwischenrendite für die jeweilige Besitzdauer): Ausg. 1990/5 ← (Typ A) 7,50 (7,50) – 8,00 (7,74) – 8,25 (7,90) – 8,50 (8,03) – 8,75 (8,15) – 9,00 (8,27). Ausg. 1990/6 (Typ B) 7,50 (7,50) – 8,00 (7,75) – 8,25 (7,92) – 8,50 (8,06) – 8,75 (8,20) – 9,00 (8.33) – 9,00 (8,43).

Quelle: FAZ

Bundesschatzbriefe am 2.6.90

Ausg. 1990/5 (Typ A):	Ausgabe 1990 Nr. 5, Typ A (= 6 Jahre Laufzeit, jährliche Zinszahlung, Mindestanlage 100,– DM)	
7,50 (7,50):	Zinsen im 1. Jahr:	7,5 %
	Rendite nach dem 1. Jahr (d. h. bei vorzeitiger Rückgabe):	7,5 %
9,00 (8,27):	Zinsen im 6. Jahr:	9 %
	Rendite nach dem 6. Jahr (= Gesamtrendite):	8,27 %

Finanzierungsschätze des Bundes (Renditen in Prozent): 1 Jahr: 8,25; 2 Jahre: 8,50.

Quelle: FAZ

Finanzierungsschätze des Bundes am 2.6.90

1 Jahr:	8,25	Laufzeit 1 Jahr	(= Typ 1):	8,25 % Rendite
2 Jahre:	8,50	Laufzeit 2 Jahre	(= Typ 2):	8,5 % Rendite

Hamburg	31.5.90	1.6.90
Pfandbriefe		
Dt. Schiffsbank fr. Dt. Schiffsbel. Bk.		
5.5 Pfbr.A. 160	84.95G	84.95G
6 Pfbr.A. 167	97.25G	97.25G
7¼ Pfbr.A. 116	98.65G	98.65G
Hambg. Ldsbank		
6 Pfbr.A. 48	78.25G	78.25G
9.5 Pfbr.A. 118	100.35G	100.30G
6.5 K.-O.S. 288	87.15G	87.15G
8 K.-O.S. 232	95.75G	95.75G
→ 9.5 K.-O.S. 136	100.35G	100.30G
Hyp. Bank Hbg.		
6 Pfbr.Em. ...493	95—G	95—G
7 Pfbr.Em. ...473	91.25G	91.25G
6 K.-O.Em. ..594	88—G	88—G
7 K.-O.Em. ..459	94.55G	94.55G
Ldsbk.Schl.-H.		
6.5 Pfbr.S. 751	98.80G	98.80G
7.5 Pfbr.S. 710	96.25G	96.25G
6.5 K.-O.R. 407	87.50G	87.50G
7.5 K.-O.R. 341	94—G	94—G
9.5 I.-Sch.S. ...105	100.60G	100.60G
Lübeck. Hyp.		
6 Pfbr.Em. 36	81.70G	81.70G
7.5 Pfbr.Em. ...384	91.60G	91.60G
7 K.-O.Em. 56	96.55G	96.55G
Nord-Hypo		
6.5 Pfbr.Em. ...219	88.65G	88.65G
8 Pfbr.Em. ...174	97.35G	97.35G
6 K.-O.Em. 27	88.95G	88.95G
8 K.-O.Em. ..184	97.10G	97.10G
Schl.-H.Landsch.		
6 Pfbr.R. 13	86.95G	86.95G
7 Pfbr.R. 25	85.80G	85.80G
6 K.-O.S. 315	86.55G	86.55G
7 K.-O.S. 291	[illegible]	91.90G

(Ausschnitt) Quelle: FAZ

9.5 K.-O.S. ... 136	9,5prozentiger Pfandbrief der Hamburgischen Landesbank Girozentrale Serie 136
100.35G 100.30G	Kassakurs Börse Hamburg am 31.5.90: 100,35 %; Geld am 1.6.90: 100,3 %; Geld

Sonderinstitute

6	DSL Pfbr. R.47	81.10G	81.10G
7	Pfbr. R.112	97—G	97—G
6.5	Rt. Sch. R.297	88.17G	88.17G
10	KfW.........v.81	100.80	100.90
8.5	KfW.........v.82	98.85G	98.85G
→ 7.5	KfW.........v.83	98.90G	99—
8¼	KfW.........v.83	99.05	99.05
8	KfW.........v.84	98.40	98.40G
7¼	KfW.........v.84	93.65G	93.55
7¾	KfW.........v.85	97.10G	97—
6.5	KfW.........v.85	89.80G	89.80G
6¾	KfW.........v.85	93.30	93.40G
6⅜	KfW.......v.86 I	88.60	88.50G
6	KfW.........v.86	86.05G	86.10
6⅜	KfW.........v.87	87—	87.20
6	DtA-Bank. v.86	86.70G	86.70
6.5	DtA-Bank R.15	90—G	90—G
6¾	DtA-Bank R.16	88.50G	88.50G
6¾	DtA-Bank R.17	92.10G	92.10G
6	Ld.Rt.-Bk..223	93.40G	93.40G
7	Ld.Rt.-Bk..207	91.30G	91.30G
6.5	Ld.Rt.-Bk..221	88.45G	88.45G
6¾	Ld.Rt.-Bk..225	89.10G	89.10G
5.5	Ld.Rt.-Bk..245	91.75G	91.75G
8¼	Ld.Rt.-Bk..158	99.65G	99.65G
5.5	Ind.Kred....515	94.85G	94.85G
6	Ind.Kred...108	92.45G	92.45G
6.5	Ind.Kred....521	86.75G	86.75G
7	Ind.Kred...410	92.75G	92.75G

(Ausschnitt) Quelle: FAZ

7.5 KfW ... v. 83	7,5prozentige Bankschuldverschreibungen der Kreditanstalt für Wiederaufbau von 1983
98.90G 99 –	Kassakurs Börse Frankfurt
	am 31.5.90: 98,9 %; Geld
	am 1.6.90: 99 %

Neuemission
30. Januar 1989

EUROPÄISCHE INVESTITIONSBANK
Luxemburg

DM 600.000.000,–
6¼% Anleihe von 1989/1999
– Wertpapier-Kenn-Nr. 486190 –

Verkaufskurs:	100⅝%
Verzinsung:	6¼% p.a., Jahreskupon 30. Januar
Rückzahlung:	30. Januar 1999
Börseneinführung:	Frankfurt am Main, Berlin, Düsseldorf, Hamburg und München

Deutsche Bank
Aktiengesellschaft

Dresdner Bank
Aktiengesellschaft

Commerzbank
Aktiengesellschaft

Westdeutsche Landesbank Girozentrale

... Banking Corporation – Baden-Württembergische Bank – Bank für Gemeinwirtschaft

(Ausschnitt) Quelle: HB

US-INDUSTRIEANLEIHEN / Nicht nur „Zwerge" fielen

Zahlungsunfähigkeit 1989

HANDELSBLATT, Donnerstag, 11.1.1990
je NEW YORK. Mehr Firmen denn je stellten im letzten Jahr ihre Zahlungen auf langfristige Anleihen ein. Insgesamt 47 Anleihen mit einem Gesamtvolumen von 11,47 Mrd. $ gingen den Bach herunter. Das waren mehr als doppelt soviel wie die 36 Anleihen in Höhe von 5 Mrd. $ des Vorjahres. Dies ist das Ergebnis einer jetzt vorgelegten Untersuchung der Bond Investors Association, einer gemeinnützigen Wirtschaftsforschungsgesellschaft aus Florida.

Der größte Teil der Zahlungsunfähigkeit betraf 1989 Risikoanleihen. Dieser Markt, der seit Anfang der 80er Jahr von 20 Mrd. $ auf das Zehnfache dieses Volumens schwoll, geriet im letzten Jahr in die Krise. Nicht nur stieg die Zahl der Pleiten, sondern die Aufnahmefähigkeit des Marktes nahm stark ab. Mit 250 Anleihen im Wert von insgesamt 51 Mrd. $ wurden 15 % weniger als im Vorjahr begeben, wobei die Emissionen im Verlauf des Jahres immer weiter austrockneten.

Neben vielen Zwergen stürzten im letzten Jahr auch einige Riesen. So ging die Kohlberg, Kravis-Tochter Hillsborough Holdings pleite und stellte die Zahlung auf 2,19 Mrd. $ ein. Southmark Corp. ging mit 1,8 Mrd. $

(Ausschnitt) Quelle: HB

Neue internationale Anleihen

16.10.1990

Emissions-datum	Währung	Betrag (in Mill.)	Emittent	Rating**)	Zins %	Aus-gabe-kurs (%)	Laufz. (max. Jahre)	Valuta	Konsortialführer
26.09.90	DM	160	Nippon Zeon[1])		5¼	100	4	18.10.	Deutsche Bank
26.09.90	DM	4000	Staatsbank Berlin[3])		6F+5	100	4	17.10.	Dt.und Dr.Bank
26.09.90	DM	4000	Staatsbank Berlin[3])		3F+5	100	29.4.94	17.10.	Dt.und Dr.Bank
09.10.90	DM	75	Unitika[1])		5⅛	100*)	4	25.10.	Daiwa
11.10.90	DM	100	Sodick Co.[1])		5¼	100	4	8.11.	Nomura
02.10.90	US-$	300	EBN (Niederl.)		9	99,75	5	17.10.	Morgan Stanley
02.10.90	US-$	50	Neturen Co. Ltd.[1])		5½*)	100	4	25.10.	Daiwa
02.10.90	US-$	110	Shinko Electric[1])		5⅛*)	100	4	18.10.	Nomura
03.10.90	US-$	250	Natwest Bank[3])	AA/Aa1	L+0,1875	100	10		Salomon Bros.
03.10.90	US-$	56	EIB[3])	AAA/Aaa	L+10	100	18	22.10.	G.P. Morgan
03.10.90	US-$	300	Finnish Export Credit	AAA/Aaa	8¾	101,175	3	26.10.	Morgan Stanley
08.10.90	US-$	845	Euro-Credit Card Trust	AAA/Aaa	9½	99,60	5	6.11.	UBS
09.10.90	US-$	200	Citizen Watch[1])		4⅞	100	4	1.11.	Nikko
09.10.90	US-$	100	Mizuno[1])		5⅛*)	100	4	25.10.	Nomura
09.10.90	US-$	100	Bando Chemical Ind.[1])		5	100	4	25.10.	Nomura
09.10.90	US-$	230	Toyota Motor Finance	AAA/Aaa	9	101,425	4	31.10.	Nomura
10.10.90	US-$	153	EGKS	/Aaa	9½	101⅞	8	29.10.	Mitsubishi Fin.
11.10.90	US-$	100	Fujitec Co.[1])		5⅛*)	100	4	1.11.	Nomura
11.10.90	US-$	100	Oil Nippon Airways		9¾	102	10	25.10.	Daiwa
18.09.90	kan$	100	American Express	AA/Aa2	11¾	101,175	3	1.10.	Lehman Bros.
24.09.90	A$	100	P and O Steam		14,80	102	5	11.10.	Sam. Montagu
24.09.90	A$	60	National Australia Bank		14	101¾	4	18.10.	Dresdner Bank
26.09.90	A$	100	ABB Finance		13¾	101,40	5	18.10.	Deutsche Bank C.M.
26.09.90	A$	100	Weltbank		13½	101,15	5	23.10.	Hambros Bank
05.10.90	A$	75	IBM Australia		14	101,95	3	12.11.	Westpac
10.10.90	A$	1000	NSW Treasury[7])	AA/Aaa	0	2,75	30	23.11.	Hambros Bank
10.10.90	A$	50	GIO of NSW		14⅛	101,95	3	19.11.	Westpac
04.10.90	NZ$	60	Shell Australia		14	102	4	16.11.	Hambros Bank
20.09.90	Yen	15 000	British Airports Fin.[3])		L+10	100	25.1.96	25.10.	Daiwa
11.10.90	Yen	20 000	Toyota Motor Credit	AAA/Aaa	8½	101⅛	19.2.93	19.11.	Daiwa
11.10.90	Yen	20 000	Tokyu Land Corp.		8½	101⅜	24.3.95	24.10.	Nomura
11.10.90	Yen	5 000	Deutsche Finance		[6])	101⅝	4	19.10.	Daiwa
16.10.90	Yen	5 000	Mitsui Real Estate		8¼	101¼	24.3.95	24.10.	Nomura
16.10.90	Yen	5 000	Mitsui Real Estate		8½	101½	24.3.95	24.10.	Nomura
20.09.90	Ecu	100	Crédit Local de France	AAA/Aaa	10⅝)	100⅞	3	22.10.	Crédit Lyonnais
27.09.90	Ecu	200	Exim Bank Japan	AAA/Aaa	10⅝)	101⅝	5	19.10.	Paribas C.M.
04.10.90	Ecu	1000	Italien[3])		L	100	15	30.10.	Banco di Roma
11.10.90	Ecu	150	Crédit Lyonnais		10½	101,35	3	9.11.	Crédit Lyonnais
25.09.90	£	150	Brad. & Bing. B/S[3])		L+8	100[8])	7[8])	10.10.	CSFB
25.09.90	£	90	BHH Int. Fin.[3])	AAA/Aaa		100	5	5.10.	Paribas C.M.
25.09.90	£	100	Ashikago Bank[3])		L+35[5])	100	10	28.10.	Nikko
04.10.90	£	250	Halifax B/S[3])		L+1/16	100	7	1.11.	Warburg
06.10.90	£	70	Asda Fin.		10½*)	100	15	25.10.	Warburg
08.10.90	£	50	Nacionwide Anglia B/S		14*)	100	5	9.10.	Citicorp
26.09.90	FF	500	CCF		13½[5])	100,775	24.1.92	24.10.	CCF
08.10.90	FF	800	Compagnie Bancaire[3])	/Aa+	P	99,75	7	13.12.	Société Générale
15.10.90	FF	1000	Ferrovie dello Stato[3])		L+2	100	5	23.11.	CCF
25.09.90	Lira	150 000	Weltbank	AAA/Aaa	12¾	101½	4	31.10.	BCI
02.10.90	Lira	150 000	EDC Canada	AAA/Aaa	12¾	101,25	3	29.10.	Ist.Banc.Torino
10.10.90	Lira	500 000	Ferrovie dello Stato[3])		L	101	10	5.11.	Banca Lavoro
10.10.90	Lira	300 000	Ferrovie dello Stato	AAA/Aaa	12	101⅜	5	5.11.	Banco di Napoli
09.10.90	lfr	1 500	Eurofima	AAA/Aaa	9⅞	101⅝	5	14.11.	Caisse d'Epargne
19.09.90	skr	400	Weltbank	AAA/Aaa	13⅞	101⅜	5	25.10.	Svenska Int.
05.10.90	dkr	300	Finance for Danish Industry		10¾	101¾	3	26.11.	Kredietbank
10.09.90	Fmk	750	Industrial Bank of Fin.	AA–/	13		6		UBF

*) Vorläufige Konditionen; **) letzte vorliegende Daten von Standard & Poor's/Moodys; die Ratings beziehen sich zum Teil auf frühere bzw. ähnliche Emissionen des Schuldners; [1]) Options-Anleihe; [2]) Wandelanleihe; [3]) Anleihe mit variabler Verzinsung; [4]) Doppelwährungsanleihe; [5]) Emissionsbetrag, Zinsausstattung, Laufzeit oder Tilgung mit besonderem Element; [6]) Privatplazierung; [7]) Nullkupon-Anleihe; [8]) Anleihe ohne feste Endlaufzeit; [9]) Anleihe austauschbar in andere Anleihe

Quelle: HB

18.09.90 Kan $		100 Mio. Kanadische Dollar Anleihe
100 American Express		der Fa. American Express vom 18.9.1990
AA / Aa2		Bonitätseinstufung der Rating-Agenturen Standard & Poor's / Moody's: sehr gute Anleihe, (hohe Qualität)
$11^3/_4$	101, 1753	laufende Verzinsung 11,75 %; Ausgabekurs 101, 175 %; Laufzeit 3 Jahre
1.10.	Lehmann Bros.	Zinszahlung 1.10.; Konsortialführer: Lehmann Bros.

Notierungen

Auslandsanleihen

$6\frac{3}{8}$	Abbey Nt.T. 89	87.10	87.15G
6.5	ADT Fin. 88	84.90T	84.75T
8	Afr.Entw.B..84	99.25T	99—T
→ $6\frac{1}{4}$	Afr.Entw.B..86	86.10T	86—
7	Afr.Entw.B..87	91.50G	91.50G
$6\frac{1}{8}$	Afr.Entw.B..88	82.25G	82.25G
9	Air Canada.82	99.50G	99.45G
$7\frac{3}{8}$	Air Canada.83	94.50T	94.65
$5\frac{3}{8}$	Akzo v.88	90.25	90.30
7.5	Allied Ch....84	93.50G	93.60
$7\frac{3}{8}$	Amca Ov....85	93.50T	93—bG
$5\frac{3}{4}$	Amro Bk. ...86	89.25	89.05
$6\frac{1}{8}$	Amro Bk. ...88	83.20	83.05
8.5	A.N.A.S...v.84	99.25T	99.25T
5.5	Arab Bank. 87	93—T	92.50T
6	Arab Bank. 88	87.10G	87.10G
6	Archer-D. ...87	82.25G	83—
$6\frac{3}{4}$	Asfinag 85	92—	91.25T
6	Asfinag 88	82—G	82—G
$9\frac{1}{4}$	As.Entw.....82I	100.10	100.40
$9\frac{1}{4}$	As.Entw....82II	100.25	100.25G
$8\frac{1}{4}$	As.Entw.B. 82	98.05T	98.15

(Ausschnitt) Quelle: FAZ

$6^1/_4$ Afr.Entw. B … 86	6,25prozentige Auslandsanleihe der Afrikanischen Entwicklungsbank von 1986 (Laufzeit bis 1996)
86.10T 86–	Kassa Kurse Börse Frankfurt am 31.5.90: 86,1 %; Tax Kurs am 1.6.90: 86 %

Industrieanleihen

	6 Badenw...v.78	99.40G	99.40G
	4.5 Harpen....v.59	3000—G	3000—G
	7⅜ Schenker....85	93.50G	93.50G
	7¼ Thyssen.....77	97.50T	97.50G
→	6¾ Viag........v.87	88.30G	88.30T

(Ausschnitt) Quelle: FAZ

$6^3/4$ Viag ... v. 87	6,75prozentige Industrieanleihe der VIAG von 1987 (Laufzeit bis 1997)
88.30 G 88.30T	Kassa Kurse Börse Frankfurt am 31.5.90: 88,3 %; Geld am 1.6.90: 88,3 %; Tax Kurs

Währungsanleihen

	7⅜ EuratomEcu86	86—G	86—G
	8⅞ EWG Ecu ..85	97.50T	97.50T
	7.5 Exp. Dev. $85	112—T	111—T
→	10⅞ KfW Ecu...90	102—	102—G
	7⅝ M.-EWG Ecu88	88—T	88—T
	14¾ Tasm. A$.87	104—T	——

(Ausschnitt) Quelle: FAZ

$10^7/8$ KfW ECU ... 90:	10,875prozentige Währungsanleihe der Kreditanstalt für Wiederaufbau in ECU von 1990
102– 102–G:	Kassa Kurse Börse Frankfurt am 31.5.90: 102 % am 1.6.90: 102 %; Geld

METALL MINING / Plazierung in Kanada und Europa

Wandelschuldverschreibung mit Kupon um 7 ½ Prozent

HANDELSBLATT, Montag, 26.6.1989

swa FRANKFURT. Die Metall Mining Corporation zapft (wie vor einigen Wochen bereits angekündigt) erstmals seit ihrem Einstiegsangebot von Aktien bei Gründung 1987 den Kapitalmarkt an — und zwar mit einer Wandelschuldverschreibung.

Die Emission der mehrheitlich von der Metallgesellschaft AG (zu 62,5 %) kontrollierten kanadischen Bergbautochter solle Mitte Juli im kanadischen Markt lanciert werden, kündigte Metall-Mining-Chef Klaus Zeitler zeit der Titel liege bei 10 Jahren. Von dem Gesamtvolumen will Mehrheitsaktionär Metallgesellschaft 25 Mill. can$ aufnehmen, wodurch sich der MG-Anteil letztlich auf etwa 55 % verringern würde.

MG-Vorstandschef Heinz Schimmelbusch betonte allerdings, daß die MG nicht die Absicht habe, bei Metall Mining die Mehrheit aufzugeben. Zu einer Verringerung des derzeit über 60%igen Anteils habe man sich vielmehr bewußt entschlossen, um vor allem amerikanischen Investoren vor Augen zu führen, daß „Metall Mining nicht nur der Ableger eines Frankfur- ... ist, sondern als Bergbau-

(Ausschnitt) Quelle: HB

JUNK BONDS / Bisher größte Emission plaziert

Ein glänzendes Timing

HANDELSBLATT, Montag, 15.5.1989

je NEW YORK. Mit einem glücklichen Timing, das kaum hätte besser sein können, plazierten jetzt die amerikanischen Investmenthäuser Drexel Burnham Lambert Inc. und Merrill Lynch Co. insgesamt 4 Mrd.$ an „Junk Bonds" für die RJR Holdings Capital Corp.. Es war die bisher größte Emission von langfristigen Schuldpapieren mit niedrigem Bonitätsgrad und hoher Rendite, die dazu diente, einen Teil der 25 Mrd.$-Übernahme von RJR Nabisco Inc. durch die Investmentfirma KKR & Co. zu finanzieren.

Seit Wochen warf diese Emission ihre Schatten voraus und sorgte dafür, zeugt, daß die RJR-Anleihe, die in eine Reihe anderer Junk-Emissionen eingebettet war und mit einer hohen Quartalsrefinanzierung der Treasury zusammenfiel, den Markt überfordern würde. Stattdessen schossen am Freitag, nach der Veröffentlichung der Großhandelspreis-Statistik für April, die einen geringeren Zuwachs als erwartet auswies und neue Hoffnung auf eine allgemeine Zinssenkung in den USA weckte, die Kurse für langfristige Schatzpapiere um über zwei volle Punkte nach oben und drückten entsprechend deren Rendite deutlich unter 9 %. Dies wiederum rückte die RJR-Papiere, deren Emissionskurs den Anlegern zum Teil einen Effektivzins von über 13 % versprach, in ein

(Ausschnitt) Quelle: HB

Dt. u. Int. Wandelanleihen

4	Dt. Bank..v.84	307.75G	310.75
5	Fuchs Petrol 88	136—	140—
6.5	K.S.B. v.83	334—	339—
→ 6	Pfaff...........84	250—bG	250—G
6	Südmilch....87	199—	199—
5	Asics Corp. 83	162—G	162—G
2⅞	Dai-Ichi ..v.89	84.25G	84.50
2¾	Daikyo v.85	225—T	225—T
3	Elders.....v.86	82—G	82—G
2.5	Elders.....v.87	73—G	73 G
2.5	Fujitsu.....v.85	126—G	126—
2	J. Baer.......87	81.50	81.25bG
6	Komatsu... 76	345—G	350—
2¼	Minolta.......85	97—G	97—G
–	Minolta.......87	124—	124—G
2.5	Mitsub. Bk..89	81.90	81.90
6¾	Mitsub. H 80	510—G	510—G

(Ausschnitt) Quelle: FAZ

6 Pfaff ... 84:	6prozentige Wandelanleihe der Pfaff AG von 1984 (Laufzeit bis 1993, Nennwert 50,–; 500,–; 100,– DM)
250–bG 250–G:	Kassa Kurse Börse Frankfurt
	am 31.5.90: 250 %; bezahlt Geld
	am 1.6.90: 250 %; Geld

Wandelbedingungen

je 250,– DM Wandelanleihe können zwei Pfaff Aktien a 50,– DM Nennwert erworben werden unter Zuzahlung von 15,– DM je Aktie

Wandelverhältnis

250 : 2 . 50 = 250 : 100 = 2,5 :1 = 5 : 2

Wandlungspreis

gibt an, wieviel der Erwerb der Aktie über die Wandelanleihe kostet

500,– DM Anleihe kosten beim Kurs von 250 %	=	1.250,– DM
+ Zuzahlung 4 • 15,–		60,– DM
Preis für 4 Aktien		1.310,– DM
Preis für 1 Aktie		327,50 DM
Zum Vergleich: Der Kassa Kurs der Pfaff Aktie betrug am 1.6.90		342,– DM

Morgan Stanley mit neuen Warrants

HANDELSBLATT, Donnerstag, 20.4.1989

ef ZÜRICH. Die Morgan Stanley Capital (Jersey) Ltd. begibt über ein Konsortium unter der Federführung ihrer Zürcher Schwester, Morgan Stanley SA, Covered Warrants zum Bezug von Aktien der amerikanischen Chemie- und Ölgesellschaft E.I. Du Pont de Nemours & Company und des Multiproduktunternehmens Minnesota Mining and Manufacturing (3M).

Jeder der 150 000 Optionsscheine, der in der Zeit vom 9.5.1989 bis zum 25.1.1991 zum Bezug von je zwei Du Pont-Aktien zum Kurs von 97 1/8 $ pro Aktie berechtigt, kostet 84 sfr.

Im Falle von 3M kommen 100 000 Warrants zur Ausgabe. Jeder dieser Optionsscheine berechtigt in der Zeit vom 9.5.1989 bis zum 1.2.1991 zum Bezug von je fünf Aktien der 3M zum Kurs von 59 $ pro Aktie. Der Preis pro Warrant wurde von Morgan Stanley auf 157 sfr festgelegt. Die Aktien beider amerikanischen Unternehmen werden auch amtlich an den Wertpapierbörsen in Frankfurt und Düsseldorf notiert.

Quelle: HB

Neuemission 10. Mai 1989

Allianz Finance B.V.
Amsterdam, Niederlande

DM 500.000.000
7% Optionsanleihe von 1989/1996

mit Optionsscheinen zum Bezug von 300.000 Namensaktien der Allianz Aktiengesellschaft Holding
zum Optionspreis von DM 1.840 je Aktie im Nennbetrag von DM 50

unter der unbedingten und unwiderruflichen Garantie der

Allianz Aktiengesellschaft Holding
Berlin und München

Verkaufskurs: 131⅝%

Dresdner Bank Aktiengesellschaft
Bayerische Vereinsbank Aktiengesellschaft
CSFB-Effectenbank
Deutsche Bank Aktiengesellschaft
Bayerische Hypotheken- und Wechsel-Bank Aktiengesellschaft
Banque Paribas Capital Markets GmbH
BHF-Bank
Commerzbank Aktiengesellschaft

(Ausschnitt) Quelle: Anzeige HB

Dt. u. Int. Optionsanleihen – Optionsscheine

	m. Opt.-Schein 31.5.90	m. Opt.-Schein 1.6.90	o. Opt.-Schein 31.5.90	o. Opt.-Schein 1.6.90	Optionsschein 31.5.90	Optionsschein 1.6.90
4.5 Adia 85	90.50bG	90.50	77.75G	78—	165—bG	166—bG
3.5 Agab..........87	184—G	184—G	81—bG	81—bG	176—	177—
7 Allianz Fin. 89	169.50	169—T	91.65	91.50bG	1261—	1294—
6¾ Anzag 86	250—T	251—G	88.25T	88—T	264.50	265—bG
3 Asko 86	104.50G	104.50G	85—bB	85—bG	212—	214—
6.5 AVA 89	325—	330—T	83.30	83.50T	1285—	1310—
2¼ Bando Ch. .86	208—G	208—G	92—T	92—T	6200—	6200—G
2.5 Banesto 88	92—G	92—G	79.50	80.40	9—	9.30
2.5 Bank Leu ...86	73—G	73—G	71—T	71—T	23—	24—G
3 BASF 85	198—	198—	80—	80.75	150.50	156.90
→ 3¼ Bayer.........84	197—bG	197—	83.65	83.50bB	161—bG	166.50bG
2¾ Bayer.........85	165—G	165—G	78.75bG	78.75bG	145—	150.50
6¼ Bayer.........87	121.20	122—bG	84.90bB	84.95	99.10	98—
3 Bayr.Hyp....85	120.30G	121.50G	83—bG	83—bG	139.50	138—
3 Bayr.Hyp....86	105—G	101—	73.70bB	73.50G	117—	117—
7 Berl. El. 89	140—	140—	86—T	86.25bB	555—	550—bB
7 BHF Fin. 85	145—G	145—G	91—G	91—G	174.50	177.90
6⅜ BHF Fin. 86	110—	109.50	83.30G	83.30G	131—	134—
7¼ BHF Fin. 89	116—G	115.75	88—bG	87.50G	130.50	132.20
5 Continental 84	290—T	290—T	87.30	87.50G	210—	211—
5.5 Continental 86	133.50G	134—G	82—bG	82.25G	97—	98.60
6¾ Continental 87	113—T	114—	86.50T	87—T	88—	91—
5⅜ Cosag 88	112—G	112—G	86.60G	86.75T	65.80	70—
1¾ Daio Paper.89	86—	86—G	74—T	74—T	122—	128—bG
6¼ Dt. Bk. $....83	293—G	293—G	97.50G	98—T	455.50	462—
3¾ Dt. Bank.....83	233—G	234—G	95.30	95.60	455.50	462—
6¼ Dt. Finance .86	127—	126.50	87.50bB	87.50bB	281—	283.50
5 Dt. Finance .87	139.50bG	140.50bG	90.75bB	90.75bB	280—	282.80
2.5Dt.Gen.Bank 87	183.50G	183—G	84—bB	84—T	186.10	185—
3¾ Didier.........85	145.50T	145.50T	77.50G	77.50G	136—bG	136—
4 Dresd.Bk....83	199—G	199—G	99.70G	99.75T	256—	259.50
8 Dresd.Bk. ..84	210—G	210—G	97.75	97.80G	286—	290—

(Ausschnitt) Quelle: FAZ

3¼ Bayer … 84:	Optionsanleihe der Bayer AG von 1984	
	Verzinsung: 3,25 %	
197–bg 197–:	Kurs der Anleihe *mit* Optionsschein	
	am 31.5.90:	197 %, bezahlt Geld
	am 1.6.90:	197 %
83.65 83.50bB:	Kurs der Anleihe *ohne* Optionsschein	
	am 31.5.90:	83,65 %
	am 1.6.90:	83,5 %, bezahlt Brief

161–bG 166.50bG:	Kurs des Optionsscheines	
	am 31.5.90:	161,– DM/Stück; bezahlt Geld
	am 1.6.90:	166,50 DM/Stück; bezahlt Geld

Berechnung des Aufgeldes

Bayer Optionsanleihe von 1984 bis 1994, kleinste Stückelung 1.000,– DM +
1 Optionsschein für 7 Bayer Aktien zum Optionspreis von 140,– DM/Aktie.

Kauf 1 Aktie über Optionsschein:	166,50 DM
	+ 140,– DM
	306,50 DM
Kassa Kurs der Bayer Aktie am 1.6.90	304,50 DM
Aufgeld (Prämie)	2,– DM = 0,65 %

Die Aktie kann zum Zeitpunkt 1.6.90 günstiger direkt an der Börse erworben werden. Der Inhaber des Optionsscheines wird den Schein noch nicht einlösen, sondern warten, bis die Aktie im Kurs steigt.

Berechnung des Hebels

Unter der Voraussetzung, daß der Kurs der Aktie um 10 Prozent steigt und die Optionsprämie (= Aufgeld) unverändert bleibt:

Kassa Kurs der Aktie	304,50 DM
+ 10 % Kursanstieg	30,45 DM
Preis der Aktie nach 10 % Kursanstieg	334,95 DM
+ 0,65 % Prämie (Aufgeld)	2,18 DM
Preis der Aktie einschl. Prämie	337,13 DM
– Optionspreis	140,– DM
rechnerischer Wert des Optionsscheines	197,13 DM
– Preis des Optionsscheines	166,50 DM
Steigerung des Optionsscheines	30,63 DM = 18,8 %
	Hebel = 1,8

Wenn der Aktienkurs um 10 Prozent steigt, erhöht sich der Wert des Optionsscheines um 18,4 Prozent, d. h. fast um das Doppelte.

Dt. u. Int. Optionsscheine

BASF $.........v.86	97.40	101.50
Bay. Hyp. $...v.89	6.80G	6.70
Bay. Hyp. v.89	103.50	104—
Berl. Bank.....v.86	95.50	97.10
BHF Fin. „B" ...89	150.50	148.50
Christ. Bank...v.86	8—G	7.25
Citibank .. 89 (92)	16.50	16.50
Citibank .. 89 (91)	2.80	2.80
Citibank 89 (90)II	0.02T	0.01
Citibank 89 (90)III	0.06	0.05
Citibank 89 (90)IV	16.50G	15.70G
Dai-Ichi Kan..v.86	8.60bG	8.20T
→ Degussa $.....v.83	285—	285—
Dresd. Bk. $..v.83	268—	271.50
Dr.Bk. Dax/Bull 89	177—	182—
Dr.Bk. Dax/Bear89	17.10	15.90
Elektrowatt „A" 85	0.25T	0.27bB
dgl. „B"........v.85	14.50bB	15.20
dgl. „B"........v.87	27—bB	27—bG
Glunz „B".....v.89	232—	235—
Hoechst £.....v.75	685—	710—
Hoechst $.....v.83	171.50	179.80
Jacobs „B"......87	74.80bG	75—bB
Kaufhof „A"..v.89	165—	168—
Kaufhof „B"..v.89	193.50	193.50
Metallges..........88	0.21	0.23
Preussag.......v.84	284.50	283.10
Schering £....v.83	480—	484—T
Siemens $.....v.86	275.50	276.20
Sixt „A"........v.90	38.10	38.80
Sixt „B"........v.90	40.20	40.40
Stumpf..........v.81	230—G	226—
Svensk Exp...v.89	30—T	30—T
Taemit..........v.89	0.72	0.70G
Trinkaus V ... v.89	3.95	4.05

(Ausschnitt) Quelle: FAZ

Degussa $ ... v. 83	Dollar-Optionsanleihe der Degussa von 1983 (Laufzeit bis 1993, Optionspreis 287,– DM) Kurs des Optionsscheines Börse Frankfurt
285–	am 31.5.90 285,– DM/Stück
285–	am 1.6.90 285,– DM/Stück

5.3.3 Spezielle Anleihen

Genußscheine

Genußscheine (= Genüsse) sind Gewinnschuldverschreibungen, die als Wertpapiere zwischen Aktien und Festverzinslichen liegen. Genußscheine bieten den ausgebenden Gesellschaften zahlreiche Ausstattungsmöglichkeiten. Die Teilnahme und das Stimmrecht bei der Hauptversammlung wird allerdings in jedem Fall ausgeschlossen. Als Ausgleich dafür liegt die Verzinsung über der von festverzinslichen Wertpapieren. Genußscheine können unterschiedliche Genußrechte verbriefen: feste Verzinsung, variable Verzinsung (abhängig vom Gewinn oder der Dividende der ausgebenden Gesellschaft), eine Kombination aus fester und variabler Verzinsung, Bezugsrechte oder Umtauschrechte in Aktien. Es können aber auch Verlustbeteiligungen vorgesehen werden. Als 1988 die Klöckner & Co. KGaA das Grundkapital aufgrund von Verlusten in Höhe von über 600 Millionen DM aus Rohöl-Termingeschäften auf Null herabsetzte, wurden die Klöckner Genüsse wertlos. Wegen dieser unterschiedlichen Ausstattungsvarianten lassen sich die Genußscheine verschiedener Emittenten schwer miteinander vergleichen. Der Anleger sollte daher die Konditionen genau prüfen, ob sie seinen persönlichen Anlagekriterien entsprechen. Für die Emittenten haben Genußscheine den Vorteil, daß die Ausschüttungen als Betriebsausgaben abgesetzt werden können, während Dividenden vom zu versteuernden Gewinn zu zahlen sind. Darum wurden in den letzten Jahren wieder mehr Genußscheine ausgegeben.

Anleihen mit besonderen Konditionen

Es gibt heute eine Vielzahl spezieller Anleihen auf dem Markt für festverzinsliche Wertpapiere, deren besondere Namen im Wirtschaftsteil der Zeitung immer wieder vorkommen. Grundsätzlich werden – auch außerhalb des englisch/amerikanischen Sprachgebrauchs – Anleihen mit einer Laufzeit von bis ca. zehn Jahren als Notes und Anleihen mit längerer Laufzeit als Bonds bezeichnet.

Euroanleihen (= Eurobonds)

Der Eurokapitalmarkt (= Euromarkt) unterliegt keinen nationalen Grenzen, er wird weltweit von Kreditnehmern und Kreditgebern in Anspruch genommen. *Euroanleihen* werden in den wichtigsten Währungen oder Rechnungseinheiten wie ECU von internationalen Konsortien aus Banken und Emissionshäusern aufgelegt, angeboten und gehandelt. *Auslandsanleihen* sind Anleihen ausländischer Schuldner, die nur auf einem nationalen Markt und von einem inländischen Konsortium emittiert werden.

Euroanleihen werden öffentlich oder privat plaziert und weltweit gehandelt. Die öffentlichen Emissionen werden nach der Zeichnung an einer Börse amtlich gehandelt, meistens in Luxemburg oder London.

ECU-Anleihen stehen am Eurobondmarkt nach Dollar- und DM-Anleihen an dritter Stelle. Deutsche Emittenten dürfen keine ECU-Anleihen auflegen. Deutsche Anleger können aber ECU-Anleihen ausländischer Schuldner erwerben.

Nullkupon-Anleihen (= Zerobonds)

In den USA und am Euromarkt gibt es seit 1981 – in der Bundesrepublik seit 1985 – *Zerobonds*, also „zinslose Anleihen". Diese Übersetzung ist jedoch irreführend, denn die Anleihen werden selbstverständlich verzinst, wenn auch in anderer Form als die normalen festverzinslichen Anleihen. Weil diese Schuldverschreibungen keine Zinskupons haben, werden sie in Deutschland richtigerweise als *Nullkupon-Anleihen* bezeichnet.

Die Zinsen für die gesamte Laufzeit werden bereits bei der Ausgabe der Anleihe als Abschlag berücksichtigt.

> *Beispiel:*
> Ein Zerobond mit einer Laufzeit von zehn Jahren wird bei einem Zinsniveau von 7 Prozent zu einem Kurs von z. B. 50,8 Prozent ausgegeben.

In dem Abschlag ist die Wiederverzinsung der zwischenzeitlich anfallenden Zinsen berücksichtigt. Die Zinsen sind erst bei Fälligkeit der Anleihe oder beim vorzeitigen Verkauf zu versteuern. Das kann für einen Anleger vorteilhaft sein, der bei Rückzahlung der Anleihe einen geringeren Steuersatz zu entrichten hat, weil er zwischenzeitlich Rentner oder Pensionär geworden ist.

Nullkupon-Anleihen werden vor allem in den USA und am Euromarkt gehandelt, in der Bundesrepublik börsentäglich als Dollar- und DM-Anleihen. Wer Zerobonds in Fremdwährungen erwirbt, muß zusätzlich zur Bonität das Währungsrisiko beachten.

Neben dieser „Originalform" der Nullkupon-Anleihen (Zerobonds) gibt es in den USA noch sogenannte *synthetische Zeros* (= Stripped Bonds). Brokerfirmen kaufen bereits umlaufende US-Staatsanleihen, trennen die eigentliche Anleihe-Urkunde (= Mantel) und die Zinskupons (= Bogen) voneinander und handeln beide separat. Einzelne Brokerhäuser bringen dabei eigene Zerobonds heraus, z. B.

Solomon Brothers:	CATS (Certificates of Accrualo on Treasury Securities)
Merrill Lynch:	TIGR's (Treasury Investment Growth Receipts)
Broker Konsortium:	TR (Treasury Receipts)

Teilzahlungsanleihen (Partly Paid Bonds)

Bei Ausgabe einer *Teilzahlungsanleihe* hat der Anleger nur einen geringen Teil – meistens 10 oder 20 Prozent zu zahlen, den Rest später, z. B. nach einem Jahr. Wenn ein Anleger mit fallenden Zinsen rechnet, kann er sich dadurch einen höheren Zinssatz sichern, ohne voll zu investieren. Wer mit fallendem Dollarkurs rechnet, muß nach einem Jahr für den Restbetrag in Dollar weniger DM aufbringen.

Zinsvariable Anleihen (= Floating Rate Notes)

Anleihen mit variabler Verzinsung – kurz *Floater* genannt – werden am Euromarkt bereits seit den 70er Jahren emittiert. In der Bundesrepublik sind sie erst seit 1985 zugelassen. Diese Anleihen sind nicht mit einem festen Zinssatz über die gesamte Laufzeit von vier bis zwölf Jahren ausgestattet, sondern werden vom Emittenten regelmäßig alle drei oder sechs Monate dem aktuellen Zinsniveau angepaßt. Durch diese Zinsanpassung ist der Anleger weitgehend vor einem Kursverfall geschützt, denn die Anleihen weichen während ihrer Laufzeit nur geringfügig vom Ausgabekurs ab. Kleinste handelbare Einheiten sind in der Regel Beträge *ab 10.000,– DM*. Die Zinshöhe der Floater richtet sich nicht nach dem aktuellen Zinssatz für vergleichbare festverzinsliche Anleihen, sondern nach dem Zinssatz für kurzfristige Kredite unter Banken. Für DM-Anleihen gilt dabei die Frankfurt Interbank Offered Rate (*Fibor*). Floater am Euromarkt orientieren sich an der London Interbank Offered Rate (*Libor*). Fibor- und Liborsatz werden täglich berechnet. Die Fibor ergibt sich aus dem Durchschnitt der Zinssätze für Drei- und Sechsmonatstermingelder, die zwölf ausgewählte Kreditinstitute melden.

In den letzten Jahren wurden spezielle Floater angeboten mit *Cap, Floor* und *Collar*. In *Cap-Anleihen* ist ein Höchstzins vereinbart bis zu dem die Zinsen angeglichen werden, in *Floor-Anleihen* ein Mindestzins, der auf jeden Fall zu zahlen ist. *Collar-Anleihen* sind Kombinationen aus Cap und Floor, festgelegt sind der Höchst- und Mindestzinssatz.

Eine besondere Floater-Variante sind *Perpetuals*. Diese ewig laufenden Anleihen können vom Schuldner einseitig gekündigt werden, werden dafür aber höher verzinst.

Doppelwährungsanleihen (Dual Currency Bonds)

Anleihen, die in einer Währung emittiert und verzinst, dagegen in einer anderen Währung zurückgezahlt werden, sind *Doppelwährungsanleihen*. Wenn z. B. ein amerikanischer Emittent am deutschen Kapitalmarkt eine Doppelwährungsanleihe auflegt, erwirbt der Anleger die Anleihe in DM und bekommt auch die Zinsen in DM ausgezahlt. Die Rückzahlung erfolgt dagegen in US-Dollar zu einem vorher festgelegten Kurs oder Tageskurs. Da der Kurs bei Fälligkeit über einen längeren Zeitraum schwer vorauszusagen ist, sind Doppelwährungsanleihen sehr spekulativ. Dieses Risiko wird durch eine höhere laufende Verzinsung gegenüber normalen Anleihen ausgeglichen.

Währungs-Optionsanleihen

Auf den internationalen Kapitalmärkten wurden in den letzten Jahren – neben den normalen Optionsanleihen, die zum Bezug von Aktien berechtigen – auch Anleihen mit Optionsscheinen für festverzinsliche Wertpapiere aufgelegt. So hängt z. B. an einer Ursprungsanleihe (= Front Bond) von je 1.000 US-Dollar ein Optionsschein, der zum Bezug von Nominal 1.000 US $ einer neuen Anleihe des gleichen Emittenten berechtigt zu vorher festgelegten Konditionen. Festverzinsliche Anleihen werden auch mit Optionsscheinen (= Warrants) als *Währungsoptionsanleihen* angeboten. Die Währungsoptionsscheine verbriefen das Recht, innerhalb einer festgelegten Frist den bestimmten Betrag einer Währung A zu einem vorbestimmten Wechselkurs zu erwerben zur Zahlung in einer Währung B. Dabei muß die Währung der Anleihe nicht mit der Optionswährung übereinstimmen. Die Optionsscheine können von der Anleihe abgetrennt und separat gehandelt werden.

Annuitätenanleihen (Annuitäten-Bonds)

Annuitäten-Bonds werden kurz *Abos* genannt. Sie sind mit den Nullkupon-Anleihen vergleichbar, weil sie keine laufende Verzinsung abwerfen. Im Gegensatz zu den Zero-Bonds werden die Annuitätenanleihen zu 100 Prozent emittiert und die Rückzahlung einschließlich der Zinsen erfolgt nach Ablauf einer tilgungsfreien Zeit in mehreren, gleichhohen Jahresraten (= Annuitäten):

Bei einer Annuitätenanleihe der BMW AG, die damit ihr neues Forschungs- und Entwicklungszentrum in München finanziert hat, wurde die 325 Millionen-Emission in fünf verschiedene Anleihen mit einer Laufzeit von 10, 15, 20, 25 und 30 Jahre eingeteilt. Die Annuitätenjahre betragen jeweils fünf Jahre. Ein Anleger, der 10.000,– DM der Tranche C (= 20 Jahre) gezeichnet hat, erhält die letzten fünf Jahre jeweils 6.729,– DM zurückgezahlt, insgesamt 33.645,– DM.

Mit Abos können z. B. zukünftige Zeiten mit höherem Kapitalbedarf wie Studium der Kinder oder Zusatzrenten finanziert werden.

Index-Anleihen

Eine *Index-Anleihe* verbrieft – neben einer festen Verzinsung – die Rückzahlung, die an die Entwicklung eines repräsentativen Index für einen Aktienmarkt gekoppelt ist. Dabei sind grundsätzlich zwei Anlageformen möglich: Die *Hausse-Anleihe*, deren Wert sich mit steigendem Index erhöht und mit fallendem Index sinkt, sowie die *Baisse-Anleihe*, deren Rentabilität sich genau umgekehrt entwickelt. Ein fallender Index bewirkt einen Wertzuwachs, ein steigender Index einen Wertverlust. Wer mit steigenden Aktienkursen rechnet, wird die Hausse-Anleihe (auch *Bull*-Anleihe genannt) zeichnen, pessimistische Anleger dagegen die Baisse-Anleihen (= *Bear*-Anleihen). Die Begriffe *Bullen* und *Bären* stammen aus dem amerikanischen Börsenjargon und symbolisieren Bullen, die mit ihren Hörnern die Kurse nach oben drücken und Bären, die mit ihren Tatzen die Kurse herunterschlagen.

Bei der Index-Anleihe der Deutschen Bank AG (Laufzeit: fünf Jahre, Zinssatz: 3 Prozent, Zeichnungskurs: 100 Prozent) konnte der Anleger wählen zwischen Tranche A und B. Bei beiden ist der Rückzahlungskurs an den Aktienindex der FAZ vom 15.8.1991 gekoppelt. Bei der A-Tranche (= Hausse-, Bullanleihe) beträgt der Rückzahlungskurs (RZK) = 1,1539 x FAZ-Index, bei der B-Tranche (= Baisse-, Bearanleihe) ist der RZK-Index 217 – 0,1539 x FAZ-Index.
Fällt beispielsweise der FAZ-Index auf 500, betragen die Rückzahlungskurse 77 Prozent (= 0,1539 x 500) bei der Hausse-Anleihe und

140 Prozent (= 217 –77) bei der Baisse-Anleihe. Steigt der FAZ-Index z. B. auf 800, errechnen sich die Rückzahlungskurse bei der Bull-Anleihe mit 123 Prozent (= 0,1539, x 800) und bei der Bear-Anleihe mit 94 Prozent (= 217 – 123).

Einlagenzertifikate (Certificates of Deposit)

Im Gegensatz zu den normalen festverzinslichen Wertpapieren wie Anleihen und Pfandbriefe mit einer Mindestlaufzeit von vier Jahren, sind *Einlagenzertifikate* (CDs) Geldmarktpapiere mit Laufzeiten zwischen ein und zwölf Monaten. Der Vorteil gegenüber Festgeldanlagen ist, daß diese Wertpapiere an den Börsen gehandelt werden. Anleger können ihre CDs, die mit einem festen Zins ausgestattet sind, jederzeit verkaufen.

Renten-Optionen

Zum Optionshandel sind seit 1986 an den Börsen in Düsseldorf und in Frankfurt 14 ausgewählte Anleihen von Bund, Bahn und Post zugelassen. Der Handel wird bis auf folgende Abweichungen genau so abgewickelt wie der Aktienoptionshandel:

- der Mindestabschluß beträgt 100.000,– DM (bei Aktien 50 Stück)
- es gibt zwei Laufzeiten (bei Aktien 3): sechs und zwölf Monate. Verfalltermine sind jeweils der 25. Januar, April, Juli oder Oktober.
- die Basispreise sind jeweils um zwei Prozentpunkte oder einem Vielfachen davon gestaffelt.:
  ist der aktuelle Kurs beispielsweise 98 Prozent, kann der Basispreis 96, 94, 92, oder 100, 102 Prozent betragen.
- die Optionspreise werden in Prozent angegeben:
  bei einem Optionspreis von z. B. 1,6 Prozent ist bei einem Mindestabschluß über 100.000,– DM ein Optionspreis von 1.600,– DM zu bezahlen.

Der Renten-Optionshandel konnte sich in der Bundesrepublik nicht entwickeln. Er verlagerte sich an ausländische Terminbörsen, vor allem an die London International Financial Futures Exchange (LIFFE). Im Renten-Optionshandel kommen in Frankfurt und Düsseldorf seit September 1988 keine Geschäfte mehr zustande, er wurde jedoch nicht offiziell eingestellt. An der neuen Deutschen Terminbörse (DTB) soll der Handel mit Renten-Optionen wieder aufgenommen werden.

WESTLB / Kapital wird erhöht

Erste Genußschein-Plazierung

HANDELSBLATT, Sa./So., 25./26.11.1989

ap-dj/HB DÜSSELDORF. Die Westdeutsche Landesbank, Düsseldorf/Münster, hat am Freitag vergangener Woche die Ausgabe von Genußscheinen im Werte von 500 Mill. DM bekanntgegeben.

Das ist die erste Tranche einer im Mai genehmigten Kapitalerhöhung über die Plazierung von Genußscheinen im Gesamtbetrag von 1,13 Mrd. DM. Diese Genußscheine sollen bei den Sparkassen in Nordrhein-Westfalen plaziert werden.

Die Genußscheine haben eine Laufzeit von zwölf Jahren und sind mit einem Zinssatz von 8,4 % bei einem Ausgabepreis von 100 Prozent ausgestattet.

Mit dieser Palzierung wird sich das Eigenkapital der Bank auf über 5 Mrd. DM erhöhen. Vorangegangen war eine Erhöhung des Stammkapitals von ebenfalls 500 Mill. DM.

Wie die Bank ferner erklärt, will sie die ihr aus der neuen Kapitalerhöhung zufließenden Mittel für die Stärkung ihrer Frankfurter Niederlassung und die Expansion in Europa nutzen.

Quelle: HB

BERTELSMANN AG

Genußkapital wurde erhöht

HANDELSBLATT, Donnerstag, 25.8.1988

fo DÜSSELDORF. Vorstand und Aufsichtsrat der Bertelsmann AG, Gütersloh, haben beschlossen, das Genußkapital um 24,626 Mill. DM auf 395,3181 DM durch Ausgabe neuer, auf den Inhaber lautender Genußscheine zum Kurs von 144 % zu erhöhen. Wie aus dem Bundesanzeiger weiter hervorgeht, sind die neuen Genußscheine mit Ausschüttungsanteilberechtigung erstmals für das Geschäftsjahr 1987/88 – für dieses Geschäftsjahr mit voller Ausschüttungsanteilberechtigung – ausgestattet. Die Genußscheine wurden im Zuge der Mitarbeiter-Gewinnbeteiligung ausgegeben.

Quelle: HB

Berliner Commerzbank: Nochmals Genußscheine

vwd BERLIN. Wegen der schnellen Plazierung und der großen Nachfrage nach den am 25. September aufgelegten 8 %igen Genußscheinen, hat der Vorstand der Berliner Commerzbank beschlossen, eine zweite Tranche über wiederum 25 000 000 DM aufzulegen. Die Verzinsung beträgt nach Angaben des Instituts wieder 8 % des Nennbetrages, der Ausgabekurs 100,50 %. Die Genußscheine lauten auf den Inhaber und sind vom 1. Oktober 1989 an ausschüttungsberechtigt. Die Laufzeit der Genußscheine ist bis zum Ende des Geschäftsjahres 1999 befristet.

Quelle: HB

Genußscheine 1.6.90

Bay. Hyp. Bk. m.O. 118,50bG, dgl. o.O. 89G, Bayer. Raiff. (Mü) 91,70G, Berl. Bank m.O. 222, dgl. o.O. 81,75G, dgl. v. 88 89,90, dgl. v. 89 91,50, Commerzbank 102,65, DG Bank v. 85 101,90, dgl. v. 87 91,80G, Dt. Pfandbr. 92,50, Ford Bank (Dü) 87, Hambg. Ldsbk. Em. 1 (Hbg) 90,80G, dgl. Em. 2 (Hbg) 89,25G, Ldsbk. Stuttg. (Stg) 100G, Ldw. Rentenbank 87, Sixt m.O. 129, dgl. o.O. 91,90, Stg. Bank (Stg) 92,50G, Westdt. Gen. Zentr. „A" (Dü) 96,50G, dgl. „B" (Dü) 97,50, dgl. „C" (Dü) 97,50G.

Quelle: FAZ

Commerzbank	Genußschein der Commerzbank
102,65	Kassa Kurs Börse Frankfurt
	am 1.6.90: 102,65 %
DG Bank v. 85	Genußschein der Deutschen Genossenschaftsbank von 1985
101,90	Kassa Kurs Börse Frankfurt
	am 1.6.90: 101,9 %

Ausschüttung

Commerzbank Genußschein: 8,25 % vom Nennwert
+ 0,25 % für jede 0,50 DM über der Commerzbank Dividende von 6,– DM.
Beispiel bei 9,– DM Dividende

	8,25 %
+ 6 x 0,25 % =	1,50 %
	9,75 %

DG Bank Genußschein: 170 % der DG Bank Dividende

New Issue
April 20, 1989

This announcement appears as a matter of record only. These Bonds have not been registered under the United States Securities Act of 1933. Neither these Bonds nor any portion thereof may be offered or sold directly or indirectly in the United States of America, or its territories or possessions or to nationals or residents thereof.

Daimler-Benz International Finance B.V.
Utrecht, The Netherlands

U.S. $ 100,000,000
10% Bonds of 1989, due 1999

unconditionally and irrevocably guaranteed by

Daimler-Benz Aktiengesellschaft
Stuttgart

Deutsche Bank Capital Markets Limited

Credit Suisse First Boston Limited

Chase Investment Bank Limited

Dresdner Bank Aktiengesellschaft

J. P. Morgan Securities Ltd.

Morgan Stanley International

Quelle: HB

Rekord am Euromarkt im ersten Halbjahr

vwd LONDON. Die Emissionstätigkeit am Euromarkt erreichte im ersten Halbjahr nach Angaben von „Euromoney" ein Rekordergebnis. In den sechs Monaten wurden neue Anleihen im Wert von 119,05 Mrd. $ ausgegeben gegenüber 98,5 Mrd. zur gleichen Vorjahreszeit. Die Zahl der Emissionen stieg auf 840 (826). Der Zuwachs geht vor allem auf das Konto von Optionsanleihen japanischer Unternehmen, deren Wert sich auf 39,9 (15,78) Mrd. $ mehr als verdoppelt hat.

Quelle: HB

Euro-Anleihe: Die BP America Inc begibt eine 9,75prozentige Euroanleihe über 200 Mill. Dollar mit Fälligkeit am 1. März 1999. Bei einem Ausgabekurs von 101,5 Prozent stellt sich die Rendite nach Angaben von Konsortialführer Morgan Stanley International auf 9,83 Prozent.

Quelle: DW

Anleihe: Die Ford Motor Credit Corp. legt eine Euroanleihe über 200 Mio. Dollar mit zehn Prozent Kupon bis 23. März 1992 auf. Die Emission in einer Stückelung von 5000 und 10 000 Dollar wird zu 101 3/8 Prozent zum Verkauf gestellt. Die Anleihe soll in Luxemburg notiert werden.

Quelle: DW

Zerobonds auch auf dem DM-Kapitalmarkt

In den USA und auch am Euromarkt kennt man sie schon seit langem, die „Zerobonds“, auch „Nullprozenter“ oder „zinslose Anleihen“ genannt. In der Bundesrepublik haben Banken in den letzten Monaten auch solche auf DM lautende Zerobonds herausgebracht, darunter die Dresdner Bank im Gesamtvolumen von 300 Millionen DM.

Der Name für diese speziellen Anleihen ist irreführend. Sie sind sehr wohl mit einem attraktiven Zins ausgestattet, sonst würden sie nicht so lebhaft gekauft. Im Unterschied zu den traditionellen festverzinslichen Wertpapieren mit regelmäßiger Zinszahlung wird bei den Zerobonds der Zinsbetrag für die gesamte Laufzeit von vornherein im Ausgabepreis berücksichtigt. Er liegt also wesentlich unter dem der Anleihe aufgedruckten Nominalwert, der nach Jahren bei Fälligkeit zurückgezahlt wird. So zahlt der Anleger z. B. – je nach Laufzeit – nur 2000 bis 5000 DM für ein Papier, für das er bei Endfälligkeit 10 000 DM zurückerhält. Zerobonds können – wie alle anderen börsennotierten Anleihen – aber auch jederzeit vor ihrer Fälligkeit zum jeweiligen Marktpreis erworben bzw. verkauft werden.

Wesentliches Merkmal der „Nullkupon-Anleihe“ ist ein vergleichsweise hohes Kurssteigerungspotential in Phasen rückläufiger Zinsen. Diese Hebelwirkung kommt jedoch auch in umgekehrter Richtung uneingeschränkt zur Geltung. Mittelfristig erwartet die Dresdner Bank allerdings einen weiteren Zinsrückgang und sieht daher hier noch Chancen auf Kurssteigerungen. Derzeit lassen sich im Markt beispielsweise bei zehnjährigen Dollar-Zerobonds erster Adressen noch Rediten von über zehn Prozent, bei DM-Zerobonds von etwa 6¾ Prozent erzielen.

Quelle: TV

LB Rheinland-Pfalz Finance B.V. mit Zero Bond Anleihe

Die LB Rheinland-Pfalz Finance B. V., Amsterdam – eine hundertprozentige Tochter der Landesbank Rheinland-Pfalz, Mainz –, hat eine Zero-Bond-Anleihe über 75 Millionen australische Dollar begeben. Damit ist die Landesbank Rheinland-Pfalz-Gruppe als erstes deutsches Kreditinstitut mit einer Zero-Bond-Anleihe in australischen Dollar am Markt. Die Schuldverschreibungen werden mit einer Rendite von 13,65 Prozent p. a., einer Laufzeit von fünf Jahren und einem Kurs von 52⅔ Prozent emittiert. Die Anleiheführung liegt bei der Orion Royal Bank Limited, London. Mitführer sind die Deutsche Bank Capital Markets, die Hambros Bank Limited und die Landesbank Rheinland-Pfalz.

Quelle: TV

Nullkupon-Anleihe: Die WestLB International S. A., Luxemburg, legt eine Nullkupon-Anleihe über 100 Mill. KanDollar auf. Sie hat eine Laufzeit von sieben Jahren hat sie einen Auszahlungskurs von 50,47 Prozent. Die Emissionsrendite beträgt damit 10,26 Prozent. Die Stückelung der Anleihe liegt bei 1000 und 10 000 KanDollar.

Quelle: DW

Nullkupon-Anleihen

BMW ,A' 87/97....	105.30G	104.25
BMW ,B' 87/02....	100.50	101—
BMW ,C' 87/07....	99.20G	99.25T
BMW ,D' 87/12....	97—G	97—G
BMW ,E' 87/17....	95.50G	95—G
Belgien 86/96......	60.25	59.90T
Comm.Bk.85/95...	66—	65.85
→ Comm.Bk.85/00...	42.35	42.40
Continental 85/00	41—	41.65
Euro-DM ,A' 86/01	40.80	40.80
Euro-DM ,A' 86/06	27.15T	27—
Euro-DM ,A' 86/11	18.30	18.30
Euro-DM ,A' 86/16	13.15	13.20
Euro-DM ,B' 86/01	40.60G	40.80
Euro-DM ,B' 86/06	26.95G	26.95
Euro-DM ,B' 86/16	13.10G	13.20
Euro-DM ,C' 86/96	60.50	60.50G
Euro-DM ,C' 86/06	27—	27—
Euro-DM ,C' 86/16	13.20G	13.20
Euro-DM ,D' 86/06	26.95	26.95
Euro-DM ,D' 86/11	18.30	18.40
Euro-DM ,D' 86/21	9.10	9.20
Euro-DM ,D' 86/26	7.50	7.50
Federal Sec.86/07	25—T	24.50
Haindl 85/00........	41.60bB	41.50G
Österreich 86/16..	124.50G	124.50G
Otto 86/01...........	39.40T	39.50T
Weltbank 85/15....	14.28	14.30

Quelle: FAZ

Comm. BK 85/00		Nullkupon-Anleihe der Commerzbank AG	
		Laufzeit von 1985 bis 2000 (= 15 Jahre)	
42.35	42.40	Kassa Kurs Börse Frankfurt	
		am 31.5.90:	42,35 %
		am 1.6.90:	42,4 %

Ausgabekurs/Rendite

Der Ausgabekurs im Mai 1985 betrug bei der

10jährigen Anleihe (siehe Comm. BK 85/95): 50 % (Rendite 7,18 %)

15jährigen Anleihe: $33^1/2$ % (Rendite 7,46 %)

Die Rückzahlung erfolgt jeweils zu 100 %.

Neuemission 11. Januar 1990

Dresdner Finance B.V.

Amsterdam, Niederlande

DM 1.000.000.000
Anleihe mit variablem Zinssatz 1990/2000

unter der unbedingten und unwiderruflichen Garantie der

Dresdner Bank
Aktiengesellschaft

Verkaufskurs: 100,05 %

Verzinsung: 6-Monats-LIBOR

Vorzeitige Kündigung: möglich ab 11. Januar 1995 und zu jedem darauffolgenden 11. Januar durch
- die Anleiheschuldnerin zum Nennwert
- den Inhaber von Teilschuldverschreibungen zu 99,95 %.

Wertpapier-Kenn-Nr.: 489 380

Dresdner Bank
Aktiengesellschaft

Banque Nationale de Paris S.A. & Co. (Deutschland) oHG

Kidder, Peabody International Limited

Merrill Lynch Bank AG

Morgan Stanley GmbH

Bankers Trust GmbH ... **S.A.** **Banque Française du Commerce**

(Ausschnitt) Quelle: Anzeige HB

MERRILL LYNCH / DM-Kurzläufer mit „Dreh“

15 Prozent Zins locken – Kupon steht und fällt mit der Pesete

HANDELSBLATT, Dienstag, 4.7.1989

swa FRANKFURT. Für Stirnrunzeln hat der am Montag lancierte erste DM-Kurzläufer gesorgt, den die Merrill Lynch Bank AG für die Finnish Export Credit (FEK) geschneidert hat. Im Markt äußerte man sich vor allem etwas unmutig darüber, daß der Informationsfluß vom Konsortialführer an den Kurs der Pesete fünf Tage vor Fälligkeit gekoppelt.

Dabei gab Merrill Lynch folgende Formel mit an die Hand: (DM 300 x 63,5 / Y) – 200 (DM). Im Klartext bedeutet dabei das Y den Wechselkurs DM/Pesete fünf Tage vor Fälligkeit der Bond. Bondexperten haben aus dieser Formel inzwischen einen Hebel von eins zu drei errechnet. Das heißt:

(Ausschnitt) Quelle: HB

Neuemission — 15. Februar 1988

Wiedereingliederungsfonds des Europarates

für die nationalen Flüchtlinge und die Überbevölkerung in Europa

Straßburg/Paris

DM 150 000 000,–

5¾ % Anleihe von 1988/1995

Verkaufskurs:	100¼ %
Zinstermin:	15. Februar
Rückzahlung:	15. Februar 1995
Börseneinführung:	Frankfurt am Main

1 500 000 Währungsoptionsscheine

Verkaufskurs:	DM 13,50 je Währungsoptionsschein
Optionsrecht:	Ab 15. Februar 1988 bis zum 25. Januar 1990 können je Optionsschein US-$ 100,– zum Wechselkurs von DM 1,5990 je US-$ erworben werden.
Börseneinführung:	Frankfurt am Main

BHF-BANK

Morgan Stanley GmbH — Trinkaus & Burkhardt Kommanditgesellschaft auf Aktien

Banca del Gottardo — Bank Brussel Lambert N. V. — Banque Internationale à Luxembourg S. A.

Banque Paribas Capital Markets GmbH — Bayerische Hypotheken- und Wechsel-Bank Aktiengesellschaft — Bayerische Landesbank Girozentrale

Bayerische Vereinsbank — Commerzbank — Crédit Commercial de France

(Ausschnitt) Quelle: Anzeige HB

VW / Optionen zum Bezug von Vorzugsaktien

Anleihen in drei Währungen

HANDELSBLATT, Montag, 19.9.1988

hk FRANKFURT. Am internationalen Kapitalmarkt gab es zum Wochenauftakt eine Fülle von neuen Emissionen. Thema Nummer eins am Nachmittag waren drei Optionsanleihen in verschiedenen Währungen des VW-Konzerns. In der D-Mark wurden ferner Auslandsanleihen der französischen CNT (Konsortialführer WestLB) und als Privatplazierung der norwegischen Storebrand Finans (BHF-Bank) aufgelegt. Die VW International Finance N.V. (Amsterdam) begibt die drei folgenden Optionsanleihen, denen jeweils identische und untereinander fungible Scheine zum Bezug von VW-Vorzugsaktien zum Kurs von 238 DM beigefügt sind (ausübbar vom 28.10.88 bis 27.10.98): 300 Mill. DM über die Deutsche Bank AG, 120 Mill. US-Dollar über die Deutsche Bank Capital Markets und 230 Mill. Schweizer Franken über die Schweizerische Kreditanstalt (siehe Seiten 35 und 48).

Quelle: HB

5.3.4 Kosten, Rendite und Berichte

Kosten beim Kauf und Verkauf

Genau wie bei Aktien fallen beim Kauf und Verkauf von festverzinslichen Wertpapieren – außer bei Neuemissionen – Bankspesen und Maklergebühren an. Dabei werden Bankprovisionen vom Kurswert (bei Kursen unter 100 vom Nennwert) und die Maklercourtage vom Nennwert berechnet. Die Maklergebühr ist gestaffelt und nimmt mit steigendem Auftragswert ab: Sie beträgt z. B. bis 50.000,– DM Nennwert 0,75 Promille, zwischen 50 und 100.000,– DM 0,40 Promille.

Eine Besonderheit ist, daß beim Kauf und Verkauf von Festverzinslichen die Zinsen zwischen Käufer und Verkäufer aufgeteilt werden, wenn der Zinsschein mitgeliefert wird. Das ist in der Regel der Fall, außer wenn der Zinsschein bereits kurz vor dem Zinstermin abgetrennt wurde. Beispiel:

Jemand kauft am 3.5. eines Jahres für 10.000,– DM 8prozentige Pfandbriefe (Zinstermine 1.1. und 1.7.) zum Kurs von 102,75.

10.000,– zum Kurs von 102,75 %	10.275,–
Stückzinsen für 153 Tage (1.1. bis 3.5.)	340, –
Bankspesen 0,5 % von 10.275,–	51,40
Maklercourtage 0,075 % von 10.000,–	10,28
	10.684,18

Der Käufer erhält am 1.7. erstmalig DM 400,– Zinsen.

Für die Verwahrung und Verwaltung der festverzinslichen Wertpapiere berechnen die Banken und Sparkasse Depotgebühren. Dafür übernehmen sie die sichere Aufbewahrung und die Verwaltungsarbeit wie das Abtrennen und Einlösen der Zinsscheine, Überweisen der Zinsen und Einlösen fälliger Anleihen.

Renten – Rendite

Bei der Renditeberechnung für festverzinsliche Wertpapiere ist neben der laufenden Verzinsung und der Restlaufzeit auch der Kaufkurs zu berücksichtigen. Bei Kaufpreisen unter dem Nennwert muß der Abschlag (= Disagio), bei Kaufkursen über dem Nennwert der Aufschlag (= Agio) mit in die Rechnung eingehen. Das ist nur mit relativ komplizierten Finanzmathematischen Formeln möglich, wobei die Expertenmeinungen darüber auseinandergehen, wie die Tilgungsgewinne bzw. -verluste am zweckmäßigsten und genauesten zu berücksichtigen sind.

Von den drei wichtigsten Verfahren wird in de Bundesrepublik die *Methode* der *Vereinigung der internationalen Rentenhändler* (Association of International Bond Dealers, AIBD) angewendet.

Die aktuellen Renditen von festverzinslichen Wertpapieren werden in den Wirtschaftsteilen der überregionalen Zeitungen veröffentlicht. Die FAZ zeigt täglich die Verzinsung von öffentlichen Anleihen, Pfandbriefen und Kommunalobligationen mit (Rest)-Laufzeiten von vier bis zehn Jahren entsprechend ihrer Kursentwicklung an der Börse. Der Berechnung der FAZ-Rentenrendite liegt folgende Formel zugrunde:

$$C = p \cdot \frac{\left(1+\frac{p'}{100}\right)^n - 1}{\left(1+\frac{p'}{100}\right)^n \cdot \frac{p'}{100}} + \frac{V}{\left(1+\frac{p'}{100}\right)^n}$$

C = mathematischer Kurs
p = nominelle Verzinsung
p' = effektive Verzinsung
n = Restlaufzeit in Jahresbruchteilen
V = Rückzahlungskurse.

Da die Berechnung der aktuellen Verzinsung p' mathematisch nicht einwandfrei gelöst werden kann, geht man den umgekehrten Weg. Man schätzt p' und setzt p' in die Formel ein. Mittels Computer errechnet man solange den mathematischen Kurs, bis dieser mit dem aktuellen Tageskurs der Börse übereinstimmt.

Der dabei verwendete Wert für p' ergibt die aktuelle Verzinsung.

Beispiel:

p =7,5 %;V = 100 %; p' (geschätzt) = 7,03 %; n = 5

$$C = 7{,}5 \cdot \frac{\left(1+\frac{7{,}03}{100}\right)^5 - 1}{\left(1+\frac{7{,}03}{100}\right)^5 \cdot \frac{7{,}03}{100}} + \frac{100}{\left(1+\frac{7{,}03}{100}\right)^5}$$

$$1 + \frac{7{,}03}{100} = 1{,}0703$$

$$1{,}0709^5 = 1{,}4045$$

$$C = \frac{7{,}5 \cdot 0{,}4045}{1{,}4045 \cdot 0{,}0703} + \frac{100}{1{,}4045}$$

C = 30,725 + 71, 199 = 101,42 (Kurs 101,9)

Für eigene überschlägige Rechnungen können folgende Formeln verwendet werden:

1. Der Kaufpreis liegt unter dem Nennwert:

$$\text{Rendite} = \frac{\text{Zinssatz} \cdot 100}{\text{Kaufkurs}} + \frac{\text{Disagio} \cdot 100}{\text{Laufzeit} \cdot \text{Kaufkurs}}$$

Beispiel: Eine Anleihe mit einer Verzinsung von 6¾ % und einer Restlaufzeit von drei Jahren 11 Monaten wurde bei einem Kurs von 99,95 % gekauft.

$$\text{Rendite} = \frac{6{,}75 \cdot 100}{99{,}95} + \frac{0{,}05 \cdot 100}{3{,}92 \cdot 99{,}95} = 6{,}75 + 0{,}01 = 6{,}76\,\%$$

2. Der Kaufpreis liegt über dem Nennwert:

$$\text{Rendite} = \frac{\text{Zinssatz} \cdot 100}{\text{Kaufkurs}} - \frac{\text{Agio} \cdot 100}{\text{Laufzeit} \cdot \text{Kaufkurs}}$$

Beispiel: Eine 5jährige, $7^1/_2$ % Kommunalobligation wird zu einem Kaufkurs von 101,9 % erworben.

$$\text{Rendite} = \frac{7{,}5 \cdot 100}{101{,}9} - \frac{1{,}9 \cdot 100}{5 \cdot 101{,}9} = 7{,}36 - 0{,}37 = 6{,}99\,\%$$

Bei folgender Berechnung kommt man mit *einer* Formel aus:

$$\text{Rendite} = \left(\text{Nominalzinssatz} + \frac{\text{Rückzahlungskurs} - \text{Tageskurs}}{\text{Restlaufzeit in Jahren}}\right) \cdot \frac{100}{\text{Tageskurs}}$$

Beispiel: Eine 7prozentige Anleihe mit einer Restlaufzeit von acht Jahren wir an der Börse zum Kurs von 95 % gekauft.

$$\text{Rendite} = \left(7{,}5 + \frac{100 - 95}{8}\right) \cdot \frac{100}{95} = 8{,}55\,\%$$

Bei genauen Renditeberechnungen sind zusätzlich zu den Kaufkursen der festverzinslichen Wertpapiere noch gegebenenfalls anfallende Kosten für Bankspesen und Maklerprovisionen zu berücksichtigen.

Rentenmarkt-Berichte

Der Rentenmarktbericht zeigt wichtige Veränderungen am Rentenmarkt auf, wie z. B. Kurs- und Renditeänderungen. Es werden aktuelle Rentenkurse kommentiert, sowie über Neuemissionen berichtet und deren Konditionen. Meinungen von Marktteilnehmern werden veröffentlicht und die allgemeine Lage am Rentmarkt beschrieben. Dabei werden Tendenzen aufgezeigt und – ähnlich wie im Börsenbericht über die Aktien – mit bestimmten, immer wieder verwendeten Begriffen beschrieben. Ausführliche Rentenmarktberichte, die auch die ausländischen Rentenmärkte mit einschließen, stehen täglich in den Wirtschaftsteilen der überregionalen Zeitungen.

Anleger starren auf den Zins

Rendite öffentlicher Anleihen erreicht neues Jahreshoch

Am deutschen Rentenmarkt kam auch in der Berichtswoche wenig Freude auf. Die anhaltenden Sorgen über die Zinsentwicklung lähmen weiterhin die Anlageneignung der Investoren.

Zwar haben die Konditionen der neuen Bundesanleihe die Erwartungen der Marktteilnehmer nicht enttäuscht, aber bei anhaltend steigender Zinstendenz erwies sich die Rendite von 6,68 Prozent bald wieder als eher zu niedrig. Die Durchschnittsrendite öffentlicher Anleihen kletterte zur Wochenmitte auf das neue Jahreshoch von 6,71 Prozent.

Solange die gegenwärtige Schwäche der deutschen Währung anhält und im Ausland höhere Renditen locken, dürfte der deutsche Rentenmarkt aus seiner Lethargie nicht herausfinden. (DW.)

Emissionen	3. 2. 89	27. 1. 89	30.12. 88	30.12. 87	30.12. 86
Anleihen von Bund, Bahn und Post	6,57	6,40	6,12	5,32	5,57
Anleihen der Städte, Länder und Kommunalverbände	6,33	6,23	6,02	5,87	5,84
Schuldverschreibungen von Sonderinstituten	6,57	6,32	5,89	4,96	5,48
Schuldverschreibungen der Industrie	6,55	6,49	6,34	6,01	6,16
Schuldverschreibungen öfftl.-rechtl. Kreditanstalten u. Körperschaften	6,65	6,44	6,04	5,18	5,56
Titel bis 4 Jahre rechnerische bzw. Restlaufzeit	6,52	6,28	5,79	4,57	5,17
Titel über 4 Jahre rechnerische bzw. Restlaufzeit	6,77	6,60	6,34	5,99	6,17
Inländische Emittenten insgesamt	6,62	6,41	6,02	5,19	5,56
DM-Auslandsanleihen	6,40	6,26	6,05	5,93	6,31

Quelle: DW

Internationale Anleihe – Renditen

Effektiv-Verzinsung in Prozent – Stand: 28. 11. 1990

Währung	(Rest-) Laufzeit in Jahren 3	5	7	10
DM (Inhaber)	9,13 (9,12)	9,04 (9,05)	9,00 (9,03)	8,95 (9,00)
DM (Bund)	8,90 (8,85)	9,07 (9,00)	9,00 (8,95)	8,83 (8,75)
US-$	7,66 (7,64)	7,92 (7,89)	8,17 (8,15)	8,44 (8,43)
Kanad.$	10,35 (10,39)	10,36 (10,34)	10,47 (10,47)	10,48 (10,45)
Brit. Pfund	11,12 (11,01)	10,92 (10,87)	10,93 (11,13)	10,81 (11,05)
Franz. Franc	10,11 (10,09)	10,20 (9,99)	10,03 (9,99)	10,09 (10,02)
Holl. Gulden	9,14 (9,09)	9,22 (9,17)	9,17 (9,13)	9,14 (9,05)
Yen	7,16 (7,21)	7,27 (7,37)	7,49 (7,67)	7,44 (7,20)
Austr.-$	12,07 (12,05)	12,22 (12,19)	12,23 (12,28)	12,16 (12,23)
Neuseel.-$	12,97 (13,22)	12,67 (12,98)	12,69 (12,99)	
ECU	9,53 ((9,64	9,92 (9,81)	10,07 (10,11)	10,18 (10,19)
Schw. Kronen	13,90 (14,00)	13,30 (13,35)	12,87 (12,97)	12,67 (12,80)
Dänenkronen	10,48 (10,47)	10,51 (10,64)	10,50 (10,60)	10,53 (10,56)
Span. Peseten	13,90 (13,58)	13,50 (13,45)	13,67 (13,60)	13,73 (13,75)

Werte in Klammern: Stand vor einer Woche; Sätze unter Banken
Quelle: Bayerische Landesbank – Girozentrale, München

Quelle: SZ

F.A.Z.-Renten-Rendite

Restlaufzeit*)	4	5	6	7	8	9	10
Öffentliche Anleihen							
29. 12. 88	6,04	6,18	6,31	6,43	6,55	6,58	6,61
28. 12. 89	7,74	7,68	7,65	7,67	7,63	7,52	7,30
31. 1. 90	8,10	8,14	8,13	8,12	8,07	7,97	7,74
28. 2. 90	8,90	8,93	8,93	8,97	8,89	8,89	8,61
30. 3. 90	8,80	8,86	8,82	8,82	8,72	8,59	8,36
30. 4. 90	8,93	9,09	9,01	9,02	9,01	8,90	8,86
→ 28. 5. 90	8,98	9,04	9,01	9,00	8,99	8,91	8,79
29. 5. 90	8,97	9,02	9,00	9,01	8,99	8,90	8,78
30. 5. 90	8,96	9,01	8,96	8,98	8,98	8,84	8,71
31. 5. 90	8,96	9,01	8,99	8,98	8,99	8,86	8,74
1. 6. 90	8,97	9,01	8,98	8,98	8,97	8,84	8,70
Pfandbriefe und Kommunalobligationen							
29. 12. 88	6,06	6,17	6,32	6,45	6,56	6,65	6,69
28. 12. 89	7,82	7,83	7,81	7,73	7,76	7,75	7,74
31. 1. 90	8,23	8,15	8,20	8,13	8,13	8,11	8,09
28. 2. 90	9,05	9,01	9,01	8,97	8,98	8,83	8,87
30. 3. 90	9,01	9,00	8,97	8,92	8,88	8,93	8,92
30. 4. 90	9,04	9,00	9,03	8,87	8,95	8,91	8,89
28. 5. 90	9,03	9,06	8,97	8,93	8,95	8,90	8,88
29. 5. 90	9,04	9,06	8,97	8,93	8,95	8,91	8,88
30. 5. 90	9,04	9,06	8,97	8,93	8,95	8,91	8,88
31. 5. 90	9,04	9,06	8,97	8,93	8,94	8,91	8,88
1. 6. 90	9,03	9,05	8,96	8,93	8,95	8,90	8,87

*) Die in die Berechnung einbezogenen Papiere haben Restlaufzeiten von einem halben Jahr weniger bis zu sechs Monaten mehr als die angegebenen vollen Jahre.

Quelle: FAZ

28.5.90 … 8,98	FAZ-Renten-Rendite für Öffentliche Anleihen berechnet nach den Tageskursen am 28.8.90		
	mit einer Restlaufzeit von 4 Jahren:		8,98 %
9,04 … 8,79	Restlauf von	5 Jahren:	9,%
		10 Jahren:	8,79 %

Renten knapp behauptet

DW - Die deutschen Rentenmärkte beendeten die Mittwochssitzung bei uneinheitlicher Kursentwicklung knapp behauptet. Händler bezeichneten das Umsatzvolumen als gering. Der Markt zeigte sich angesichts einer fehlenden Orientierung in der Zinsentwicklung ohne klare Tendenz. Auch der Liffe-Bund-Future gab wenig Anregung. Die Durchschnittsrendite erhöhte sich weiter um einen Basispunkt auf 9,06 Prozent.

Quelle: DW

BUNDESBANK / Fremdwährungsanleihen weiter gefragt

Dollar-Bonds noch immer beliebt

HANDELSBLATT, Mittwoch, 21.6.1989

swa FRANKFURT. Die Anlagewährung Dollar ist noch immer des deutschen Rentenanlegers liebstes Kind. Dies jedenfalls stellt die Deutsche Bundesbank in ihrem Monatsbericht Juni fest. Von den Gesamtzukäufen an in- und ausländischen Rentenwerten von rund 38 Mrd. DM in den ersten vier Monaten dieses Jahres entfielen allein 22 Mrd. DM auf ausländische Anleihen und Investmentzertifikate.

Der Löwenanteil der Auslandsanleihen wiederum – so hebt die Bundesbank hervor – floß in Fremdwährungsbonds, und hier vornehmlich in US- und Kanada-Dollar-Papiere. Resmümieren die Bundesbanker: „Neben der attraktiven Verzinsung dürften diese Titel auch in Erwartung kurzfristig realisierbarer Kursgewinne gekauft worden sein, zumal sich die Zinsdifferenzen (von DM-Papieren) gegenüber diesen Währungen deutliche verkürzt haben."

Neben der direkten Anlage in Auslandsanleihen investierten die Deutschen auch indirekt über Kapitalanlage-Gesellschaften in ausländische Renten. So verzeichneten allein die inländischen Investmentgesellschaften im ersten Jahresdrittel einen Rekordzufluß bei ihren Rentenfonds von 9 Mrd. DM. Allerdings vermerkt die Bundesbank abschließend, daß das Anlegerinteresse an ausländischen Investmentfonds wieder etwas abzuebben scheine.

Quelle: HB

ANLEIHEN / Interbankenhandel sorgt für hohe Umsätze

Öffentliche Titel können sich um bis zu 1 DM verbessern

HANDELSBLATT, Donnerstag, 17.1.1991

rob FRANKFURT. Die Händler am Rentenmarkt waren von den Entwicklungen nach dem Ausbruch der mili... Händler auf fallende Kurse bei Kriegsausbruch gesetzt. Ein Teil machte Leerverkäufe. Nun mußten sie sich glattstellen. Ansonsten hätten

(Ausschnitt) Quelle: HB

Die Renditen für Ecu-Bonds steigen

Der Wochenbericht vom internationalen Kapitalmarkt

b. ZÜRICH, 7. Januar. Wie es mit dem Wert der europäischen Kunstwährung Ecu bestellt ist, läßt sich immer noch am besten an den Euro-Zinsen ablesen. In Luxemburg wurden am Freitag für Sechs- und Zwölf-Monats-Ecu 11⅜ Prozent gezahlt, also fast 3 Prozent mehr als für vergleichbare Anlagen in Deutscher Mark. Am langfristigen Bondsmarkt legte die Cegrem Finance (über die Credit Lyonais) eine dreijährige Ecu-Anleihe mit einem Kupon von 10¼ Prozent auf. Der Ausgabekurs von 101⅞ wurde am freien Markt sofort bis auf pari unterboten. Von der neuen Freiheit der Auflage von Ecu-Emissionen direkt in Frankfurt (und nicht mehr nur über Luxemburg) wird wohl bald Gebrauch gemacht werden, wobei man Kupons von 10⅜ bis 10½ Prozent bei mittlerer Laufzeit erwarten darf. Wird das nicht eine Konkurrenz zu den viel geringer verzinsten DM-Inlands- und DM-Auslands-Anleihen werden? Am Markt wird diese Frage freilich nicht bejaht. Nachdem der Wechselkurs des risiko gegen D-Mark gegenüber, was Vorsicht bei der Anlage weiter geboten erscheinen lassen dürfte. Erst nach der Bindung des Pfundes im EWS werden längerfristige Pfund-Anlagen auf dem Kontinent kalkulierbarer.

Neue Euro-Anleihen auf Yen (Kupons von 6,9 Prozent für erste Adressen) werden vorwiegend im Fernen Osten plaziert. Sie stoßen kaum auf ein großes Interesse in Europa. Ein Steigen der Yen-Renditen auf mindestens 7,5 Prozent für Anleihen wird im Jahresverlauf am Euromarkt erwartet.

Die Zinsen für Australien-Dollar sind leicht zurückgegangen. Aber sogleich ist auch der Wechselkurs des A-Dollars gegen Mark am Freitag weiter bis auf 1,3262 DM gefallen. Mehrere potente Adressen bringen für die neue Woche neue A-Dollar-Emissionen auf vier bis fünf Jahre an den Markt mit Kupons von 14 bis 14¾ Prozent. Vorwiegend ist hier mit britischen Anlageinteressen zu rechnen.

legt eine ... Millionen-Pfund-Euroanleihe auf vier Jahre zu 12¼ Prozent auf (Ausgabekurs 101¼). Der Zinsvoraus gegenüber neuen DM-Anleihen (zum Beispiel 7½prozentige Deutsche Bank) beträgt 4¾ Prozent. Aber dem steht das nicht überschaubare Pfund-Wechselkurs-

ten bei Laufzeiten bis über das Jahr 2000 hinaus von rund 6,7 Prozent errechnen. Eine solche Rendite bringt die neue Anleihe der Europäischen Investitionsbank mit einem Kupon von 6¼ Prozent, aber einem Börsenkurs von nur noch 95½ Prozent.

Internationale Anleihe-Renditen

(in Prozent)

Restlaufzeit in Jahren	5		7		10	
Währung	29.12.	4.1.	29.12.	4.1.	29.12.	4.1.
D-Mark (Staatsanleihen)	7,65	7,91	7,61	7,91	7,31	7,57
D-Mark (Euro-Anleihen)	7,84	7,97	7,64	7,88	7,32	7,50
Sfr (AAA Auslandsanleihen)	6,80	6,95	6,73	6,83	6,64	6,70
Gulden (Staatsanleihen)	8,03	8,29	7,94	8,20	7,88	8,07
US-Dollar (Staatsanleihen)	8,16	8,20	8,27	8,33	8,22	8,28
Kan. Dollar (Staatsanleihen)	10,38	10,43	10,23	10,34	10,00	10,16
Pfund (Staatsanleihen)	11,78	11,84	11,10	11,10	10,85	10,86
Fr. Franc (Staatsanleihen)	10,00	10,23	9,34	9,49	9,37	9,53

Anleihen in D-Mark, Schweizer Franken, Gulden und Fr. Franc mit Jahres-Kupons, in US-Dollar, Kan.-Dollar und Pfund mit Halbjahres-Kupons. Alle Anleihe-Renditen auf Jahresbasis gerechnet. Quelle: J. P. Morgan.

(Ausschnitt) Quelle: FAZ

5.4 Investmentanteile

Investmentzertifikate

Investmentzertifikate verbriefen ein Miteigentum an einer Kapitalanlagegesellschaft (= Investmentgesellschaft). Der Besitzer hat das Anrecht auf Beteiligung am Ertrag und auf Rücknahme des Zertifikates. Investmentpapiere werden nicht an der Börse gehandelt. In Deutschland wurde diese Anlageform Mitte der 60er Jahre bekannt durch die Investmentgesellschaft IOS.

Investmentfonds

Ein *Investmentfonds* kann man sich als großen Topf vorstellen, in den Anleger ihr Geld einzahlen. Die Fondsmanager legen dieses Geld in Wertpapieren oder Immobilien an. Die Anleger erhalten dafür entsprechende Zertifikate ausgestellt. Diese Anteilscheine bestehen wie Aktien aus drei Teilen: dem *Mantel* als eigentlicher Urkunde, dem *Bogen* mit den *Kupons* für die Ertragsausschüttungen und dem *Erneuerungsschein* (= Talon) für einen neuen Bogen, wenn die Ertragsscheine verbraucht sind.

Nach der Art der Anlagewerte unterscheidet man

- *Wertpapierfonds*, die in Aktien (= *Aktienfonds*), Rentenwerten (=*Rentenfonds)* oder beiden (=*gemischte Fonds*) anlegen.
- *Immobilienfonds*, die ihr Geld in Grundstücken, Häusern, Fabriken usw. investieren.
- *Spezialitätenfonds*, die auf bestimmte Waren (= *Warenfonds*), Branchen (= *Branchenfonds*), Technologien (= *Technologiefonds*) oder Länder (= *Länderfonds*) spezialisiert sind.

Je nach Anlageziel unterscheidet man weiter Fonds mit inländischen oder ausländischen Anlagen, mit konservativer oder mehr risikoreicher Anlagepolitik und – in bezug auf die Verwendung der Erträge – *Einkommenfonds* und *Wachstumsfonds*. Bei den Einkommenfonds werden die Erträge aus Dividenden und Kursgewinne ausgeschüttet, bei den Wachstumsfonds (= thesaurierende Fonds) nicht ausgeschüttet, sondern reinvestiert und bei den gemischten Fonds zum Teil ausgeschüttet (z. B. die Zinsen) und zum Teil wiederangelegt (z. B. die Kursgewinne).

Investmentgesetze

In der Bundesrepublik gelten strenge *Investmentgesetze.* Ausländische Fonds werden in Deutschland nur nach Prüfung durch das Bundesaufsichtsamt für das Kreditwesen in Berlin zugelassen. Besondere Vorsicht ist geboten bei Investmentgesellschaften, die ihre Zertifikate aus dem Ausland vertreiben: sogenannte Exotenfonds z. B. mit Sitz in Panama oder auf den Bahamas.

Grundsätzlich verboten sind in Deutschland

- *Funds of Funds* (sogenannte Dachfonds), die nur bei Investmentfonds anlegen.
- *Hedge Funds*, bei denen spekulative Börsentechniken angewendet werden wie z. B. Leerverkäufe, das heißt, Wertpapiere werden verkauft, die noch nicht im Besitz der Gesellschaft sind, sondern erst später gekauft werden.
- *Leverage Funds*, bei denen Fondsanlagen überwiegend durch Kredite finanziert werden.

Offene und geschlossene Fonds

In der Bundesrepublik sind nur sogenannte *offene Fonds* zugelassen, die laufend neue Zertifikate ausgeben und dafür neue Anlagewerte erwerben. *Geschlossene Fonds* geben einmalig eine bestimmte Anzahl von Zertifikaten aus. Sie sind in Wirklichkeit keine Fonds (der Name Fonds ist gesetzlich nicht geschützt), sondern Beteiligungsgesellschaften, die für ein bestimmtes Objekt – wie ein Ladenzentrum oder ein Seniorenheim – gegründet werden und das Risiko auf die Anteilsnehmer verlagern.

Eine besondere Form der geschlossenen Fonds sind die *Länderfonds* von Schwellen- und Entwicklungsländern, die teilweise von der International Finance Corporation (IFC) aufgelegt werden, um diesen Ländern Kapital zuzuführen. Wenn die festgelegte Zahl der Anteile plaziert ist, werden sie wie Aktien an der Börse gehandelt, vorwiegend in New York und London. In der Bundesrepublik werden zur Zeit 26 Auslandsfonds im Freiverkehr notiert wie der Brazil Fund, Korea Fund und der Taiwan Fund.

Vorteile

Investmentzertifikate weisen eine Reihe von Vorteilen auf: Die *Sicherheit des Fondsvermögens* ist dadurch gewährleistet, daß nach dem deutschen Investmentrecht eine Depotbank zwischengeschaltet sein muß. Die Fondsmanager können dadurch die vorhandenen Mittel nur für den Kauf von Wertpapieren und Immobilien verwenden.

Die *Risikostreuung* ist gegeben, weil bei Aktienfonds ein Wertpapier maximal 5 Prozent des Fondsvermögens ausmachen darf, d. h., es müssen mindestens 20 verschiedene Aktien im Fonds vorhanden sein. Fallen beispielsweise die Aktien einer AG, die 5 Prozent des Fondsvermögens betragen, um 20 Prozent, bedeutet das für den Fonds nur einen Verlust von 1 Prozent. Bei Immobilienfonds müssen mindestens zehn verschiedene Immobilien vorhanden sein, von denen keine bei Erwerb mehr als 15 Prozent des Fondsvermögens ausmachen darf.

Eine *hohe Liquidität* ist durch die tägliche Rückgabe gegeben, eine gute *Transparenz* dadurch, daß die Tagespreise in mindestens einer überregionalen Zeitung veröffentlicht werden müssen und Halbjahresberichte sowie jährliche Rechenschaftsberichte vorgeschrieben sind.

Weitere Vorteile sind die *kleine Stückelungen der Anteile*, die bei Ausgabe unter 100,– DM liegen müssen – in der Praxis aber meist deutlich niedriger sind – und die *Verwaltung durch Fachleute*. Aufgrund dieser Vorteile verwalten bislang über 300 Publikumsfonds in der Bundesrepublik eine Anlagesumme von mehr als 120 Milliarden DM.

Nachteile

Nachteilig kann sich bei Investmentanteilen die *Unbeweglichkeit* großer Fondsvermögen auswirken. Bei größeren Depotumschichtungen können massive Käufe zu Kurssteigerungen und massive Verkäufe zu Kursverlusten führen. Oft erreichen Investmentfonds nur eine *durchschnittliche Werteentwicklung*, weil z. B. Kurssteigerungen bei einem Aktienwert (maximal 5 Prozent) nicht voll durchschlagen. Aus diesem Grund werden immer mehr Spezialfonds wie Branchenfonds oder Länderfonds gegründet.

Relativ hohe Kosten fallen an bei Ausgabe in Höhe von etwa 3 Prozent bei Renten und 5 Prozent bei Aktien sowie oft 1 Prozent bei Rücknahme und zusätzliche Kosten für die Verwaltung, die aus den Erträgen oder aus dem Fondsvermögen bezahlt werden.

Weitere Nachteile liegen darin, daß kein Börsenhandel existiert und eventuell Ausschüttungen vom Substanzwert vorgenommen werden.

Preise

Investmentzertifikate werden nicht an der Börse gehandelt: Sie können nur von der Investmentgesellschaft gekauft und an sie verkauft werden. Es gibt deshalb keine Kursnotierungen, sondern lediglich *Preise*.

Die Preise sind von den Investmentgesellschaften täglich neu festzusetzen, abhängig vom Kurswert der Wertpapiere und dem sonstigen Vermögen. Da es für Immobilien keine Börsenpreise gibt, muß eine Bewertung der Objekte durch einen Sachverständigenausschuß erfolgen. Die Objektbewertung muß mindestens einmal im Monat erfolgen, bei einigen Gesellschaften wird sie zweimal vorgenommen, z. B. am 1. und 15. des Monats.

Investmentgesellschaften sind gesetzlich verpflichtet, ihre Zertifikate zurückzukaufen und Preise in den Wirtschaftsteilen der überregionalen Zeitung zu veröffentlichten. Beispiel für die Berechnung des Anteilwertes eines gemischen Wertpapierfonds:

	Kurswert der Aktien	83.200.000,– DM
+	Kurswert der festverzinslichen Wertpapiere	27.390.000,– DM
+	Bankguthaben	28.900,– DM
–	Verbindlichkeiten	13.600,– DM

Fondsvermögen 110.632.500,–DM

Umlaufende Anteile 3 219 473

$$\text{Anteilswert} = \frac{\text{Fondsvermögen}}{\text{umlaufende Anteile}} = \frac{110.632.500,–}{3.219.473} = 34{,}36\ \text{DM}$$

Ausgabepreis = Anteilswert + 5 % = 34,36 + 1,72 = 36,08 DM

Rücknahmepreis = Anteilswert - 1 % = 34,36 - 0,34 = 34,02 DM
abgerundet 34,– DM

Rentabilität

Eine hohe Ausschüttung bedeutet nicht unbedingt eine hohe Rendite, wie das Beispiel zeigt:

	Fonds I	Fonds II
Anteil bei Kauf	30,– DM	30,– DM
Ausschüttung nach 1 Jahr	3,– DM	3,– DM (davon 2,– aus Fondsvermögen
„optische Rendite“	10 %	10 %
Anteil nach Ausschüttung	30,– DM	28,– DM
reale Rendite	10 %	3,3 %

Das entscheidende Kriterium zur Beurteilung ist der Wertzuwachs des Vermögens der Investmentgesellschaft. Diese Leistung des Fondsmanagements wird mit *Performance* bezeichnet.

Dazu folgendes *Beispiel*:
Wenn ein Zertifikat am 1. Januar eines Jahres einen Wert von 50,– DM hat und im Jahr einen Ertrag von 5,– DM erwirtschaftet wird, beträgt die Fonds-Performance 10 Prozent. Für den Inhaber ist es egal, ob am 31. Dezember

– die vollen 5,– DM ausgeschüttet werden (Zertifikatwert 50,– DM)
– nur 3,– DM ausgeschüttet werden (Zertifikatwert 52,– DM) oder
– nichts ausgeschüttet wird (Zertifikatwert 55,– DM.

Dem Zertifikatbesitzer geht nichts verloren. Der Teil des Betrages, der nicht ausgeschüttet wird, steckt im höheren Wert des Investmentzertifikates.

Performance-Vergleiche der einzelnen Fonds führt der *Bundesverband deutscher Investmentgesellschaften* (DVI) jedes Vierteljahr durch. Die Ergebnisse werden in den Wirtschaftsteilen der überregionalen Zeitungen in Auszügen veröffentlicht. Vergleiche über die Werteentwicklung werden errechnet für ein Jahr, fünf, zehn, fünfzehn und zwanzig Jahre.

Deka plant Lux-Immobilienfonds

Sparkassen-Fonds gewinnen Marktanteile / Rekordabsatz

os. **Frankfurt** (Eigener Bericht) – *Einen offenen Immobilienfonds nach dem liberaleren Luxemburger Recht plant die zur Sparkassen-Organisation gehörende* Deka Deutsche Kapitalanlagegesellschaft mbH, Frankfurt, *noch 1990. In der ersten Hälfte dieses Jahres wird auch der geldmarktnahe Dekalux-Flex kommen. Einschließlich des Luxemburg-Geschäfts hat die Deka-Gruppe ihre Marktanteile – gemessen am Vermögen – von 9,6% auf 10,9% und am Neugeschäft sogar von 7,4% auf 16,2% erhöht. Für die Märkte zeigt sich die Gesellschaft optimistisch. Geschäftsführer Horst Zirener sagt der deutschen Aktienbörse auch für 1990 ein deutlich zweistelliges Ergebnis voraus. Am Rentenmarkt sei das Zinssteigerungsrisiko nunmehr relativ eng begrenzt.*

Einschließlich der Luxemburgfonds verwaltete die Deka Ende 1989 ein Vermö- flüsse gegenüber.Auch im Spezialfonds-Geschäft wurden hohe Wachstumsraten

(Ausschnitt) Quelle: SZ

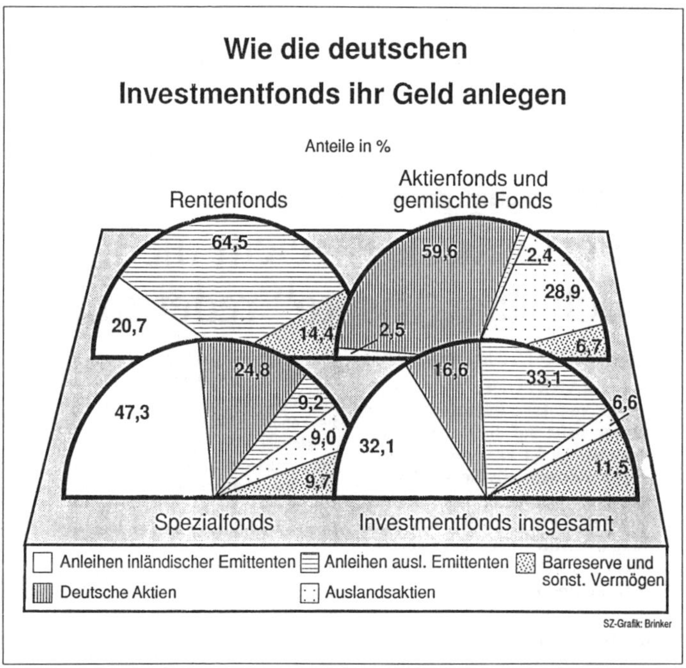

Quelle: SZ

Deka schüttet 400 Millionen DM aus

Deka Deutsche Kapitalanlagegesellschaft mbH, Frankfurt. Mitte Februar will die Deka den Anteilinhabern von vier Wertpapierfonds die Erträge für das Geschäftsjahr 1988 auszahlen. Die Investmentgesellschaft der Sparkassenorganisation wird dann nach eigenen Angaben insgesamt rund 400 Millionen DM ausschütten. Für das vorangegangene Jahr waren es lediglich etwa 320 Millionen DM gewesen. Damit konnten die Ausschüttungen um nicht weniger als 25 Prozent erhöht werden. Von den Fondserträgen werden soweit sie der seit 1. Januar geltenden Quellensteuer unterliegen – 10 Prozent von der Ertragsausschüttung einbehalten und direkt an das Finanzamt abgeführt. Bei Dekarent, dem international anlegenden Rentenfonds von Deka, ist die Ausschüttung je Anteil von 1,80 auf 2,30 DM erhöht worden, wie die Fondsverwaltung mitteilt. Das entspricht sogar einer Steigerung um 28 Prozent. Als Grund hierfür werden gestiegene Zinseinnahmen im vergangenen Jahr genannt. Denn nach

(Ausschnitt) Quelle: FAZ

WestLB mit offenem Immobilienfonds

Py. **Düsseldorf**

Die Westdeutsche Landesbank (WestLB), Düsseldorf, legt in diesen Tagen mit ihrem WestInvest 1 einen ersten eigenen offenen Immobilienfonds auf. Zu diesem Zweck ist die Fondsverwaltungsgesellschaft Rheinisch-Westfälische Grundstücks-Investment GmbH, (RWG), Düsseldorf, mit einem Stammkpaital von 5 Mill. DM gegründet worden. Als Depotbank fungiert die WestLB. Die Gesellschaft kann Geschäfts-, gemischt genutzte und Mietwohn-Grundstücke im Inland und (begrenzt) im Ausland erwerben, wobei gewerblich genutzte Objekte bevorzugt werden. Der Erwerb von vier Objekten (Hamburg, Duisburg, Bonn und Brüssel) wurde bereits gesichert. Der Ausgabepreis je Anteil beträgt bei Erstemission 40 DM (einschl. 5,5 Prozent Ausgabeaufschlag). Der Anlageerfolg ergibt sich aus jährlichen Ertragsausschüttungen

(Ausschnitt) Quelle: DW

FONDS / Vergleich der Renditen sagt nicht alles

„Performance" reicht nicht – auch das „Risiko" redet mit

HANDELSBLATT, Donnerstag, 27.7.1989

ina FRANKFURT. Beim Vergleich von Investmentfonds wird bisher meist auf die Renditen abgestellt. Es ist aber nicht gleich, unter welchem Risiko sie erwirtschaftet wurden. Wer unklare Vorstellungen von der Entwicklung der Märkte hat oder nur auf Sicht von wenigen Jahren anlegen will, kommt daran nicht vorbei.

Alle Vierteljahr schlägt die Stunde des Bundesverbandes der Deutschen Investmentgesellschaften (BVI). Die fonds kann man sehen, wie man mit dem Risiko umgehen muß. Aus der Grafik ist abzulesen, daß zum Beispiel die Fonds Investors (Nr. 5) und der Uniglobal (14) in den letzten 10 Jahren mit durchschnittlich 8,5 % Plus jährlich eine ähnliche Wertentwicklung vorzuweisen hatten. Doch hat der Fonds Investors in seiner Wertentwicklung in den einzelnen Jahren weniger stark geschwankt, das gleiche Ergebnis also mit weniger Risiko erzielt.

Wer dieses Ergebnis noch verbessern wollte, muß sich in der Grafik

(Ausschnitt) Quelle: HB

Wertentwicklung deutscher Aktienfonds

Fonds	Wertentwicklung (in Prozent) 1988	1983/88	1978/88
Anlageschwerpunkt: Deutsche Aktien			
Adifonds	26,7	87,7	184,1
Adiverba	32,7	101,5	272,8
Alte Leipziger Trust Fonds A	24,2	–	–
Bayern-Spezial*	25,8	45,5	–
Concentra*	29,2	93,5	199,7
Dekafonds*	34,0	85,8	185,0
Devif-Invest	38,7	82,3	175,8
DIT-Fonds für Vermögensbildung*	24,0	81,2	152,4
DIT-Spezial*	30,7	–	–
DIT-Wachstumsfonds*	33,2	–	–
Fondak*	30,7	78,2	179,3
FT Frankf.-Eff.-Fonds*	26,0	119,9	289,7
Investa	29,4	81,7	195,1
MK Alfakapital	31,1	67,9	164,9
Provesta	34,2	–	–
SMH-Special-Fonds I*	29,8	129,3	238,5
Thesaurus*	31,4	89,3	196,9
Unifonds*	28,1	74,1	186,2
Zürich Aktienfonds DWS	21,4	–	–
Anlageschwerpunkt: Ausland			
Aditec	22,1	18,8	–
Akkumula	37,0	133,9	309,2
Arideka	28,5	68,3	155,9
Austral.-Pazifik-Fonds	14,9	– 22,1	–
Dekaspezial	16,5	9,1	98,8
DIT-Fonds für Wandel- und Optionsanleihen	16,7	57,6	–
DIT-Pazifikfonds*	28,4	97,5	–
DIT-Rohstoffonds	9,9	14,5	–
DIT-Technologiefonds	14,1	1,7	–

Fonds	Wertentwicklung (in Prozent) 1988	1983/88	1978/88
DWS-Energiefonds	15,9	41,1	–
DWS-Rohstoffonds	19,6	47,3	–
DWS-Technologiefonds	7,0	9,6	–
Fondiro	26,1	–	–
Fondis	29,2	100,8	307,5
FT Amer. Dyn. Fonds*	19,1	9,6	121,4
FT Interspezial	22,2	89,0	253,5
FT Interspezial II	14,0	74,1	230,2
FT Nippon Dyn. Fonds*	16,1	112,2	359,0 ←
Gerling Dynamik Fonds	21,1	64,4	201,9
Hansaoour	30,0	30,7	00,2
Industria	27,6	81,3	189,0
Inka-Global	19,6	13,4	84,1
Interglobal	17,0	60,9	237,6
Interkapital	25,0	18,1	94,9
Intervest	20,5	56,9	239,6
Ivera Fonds	24,6	51,7	175,0
Japan-Pazifik-Fonds	11,0	6,5	83,7
Kapitalfonds Spezial	27,3	61,4	199,8
Magdeburger Wert-Fonds DIT	21,7	–	–
Medico-Invest	22,4	8,1	71,1
MK Analytik Fonds	16,7	4,6	70,6
MK Investors Fonds	18,2	8,5	96,3
Oppenheim Privat	16,8	38,3	116,4
Oppenheim Spezial II	9,8	–	–
Privatfonds	19,2	74,9	181,8
Ring-Aktienfonds	29,4	40,5	125,8
SMH-Intern. Fonds	2,9	63,6	207,9
Südinvest 1	15,9	30,1	153,6
Transatlanta*	18,2	20,6	180,7
Uniglobal	15,3	– 3,5	113,5
Unispecial	1,3	–23,8	43,1
VAF	17,9	47,6	122,2
Wekanord	34,4	40,7	99,3

*** Diese Fonds legen nicht im Ausland bzw. im Fall international anlegender Fonds nicht im Inland an.**
Quelle: Bundesverband Deutscher Investmentgesellschaften (BVI), Frankfurt.

Quelle: SZ

FT Nippon Dyn. Fonds	Nippon Dynamic Fonds der Frankfurter Trust Investmentgesellschaft (Tochtergesellschaft der BHF Bank). Der Fonds investiert hauptsächlich in japanische Wachstumsindustrien
16,1	Werteentwicklung 1981: 16,1%
112,2	Werteentwicklung 1983-88: 112,2% Im Durchschnitt der letzten 5 Jahre: 112,2% : 5 = 22,4%
359,0	Werteentwicklung 1978-88: 359% Im Durchschnitt der letzten 10 Jahre: 35,9%

Investment-Zertifikate

Preise in DM	Rückn. 31.5.90	Ausg. 1.6.90	Rückn. 1.6.90
→ Adiasia	67.41	70.78	67.41
Adifonds	82.67	86.80	82.67
Adikur	84.22	85.90	84.22
Adirenta	21.16	21.79	21.16
Adirewa	126.39	130.18	126.39
Adiropa	84.94	87.49	84.94
Aditec	110.07	115.57	110.07
Adiverba	163.67	171.85	163.67
Aegis Einkommen	30.37	31.89	30.37
Aegis Wachstum	64.06	67.26	64.06
AGI Fds. I	170.80	179.34	170.80
Agrippina	80.24	83.05	80.24
Akku-Invest	109.33	112.61	109.33
Akkumula	335.41	352.20	335.41
Albingia Rend.-F.	46.28	48.00	46.28
Allianz Inter-Rent	94.81	98.37	94.81
Allianz Rentenf.	110.51	113.27	110.51
A. Leipz. Tr.A.	75.31	79.08	75.31
A. Leipz. Tr.R.	71.68	74.55	71.68
Arag Rend.-F. Kl	66.56	68.89	66.56
Ara Rend. F.	50.35	52.16	50.35
Arideka	65.61	69.06	65.61
Assecura I	84.40	84.82	84.40
Aufhäuser Univ.	90.57	95.10	90.57
Augsb. Akt.-F.	94.00	96.35	94.00
Augsb. Rent.-F.	73.27	74.37	73.27
Austr. Pazifik	27.20	28.56	27.20
BayRent	84.10	87.15	84.10
BB Europa Invest	66.46	69.78	66.46
BBV-Fonds-Union	80.85	83.30	80.85
BW – Renta	44.60	45.72	44.60
DVG Vario Rent	—	—	—
DVG Int. V.Rent	—	—	—
DWS-Bayer	98.91	103.90	98.91
DWS-Energie	109.03	111.80	109.03
DWS-Eurovesta	96.55	99.95	96.55
DWS-Iberia	82.94	85.05	82.94
DWS-Rohstoff	104.17	106.80	104.17
DWS-Techn.	76.76	78.70	76.76
Elfozins	46.35	48.09	46.35
Elfoaktiv	82.13	86.03	82.13
Elfoflex	55.36	57.99	55.36
Euronordrenta	80.10	82.90	80.10
Fiduka-Univers.	78.53	83.24	78.53
Focus-Fonds	84.91	88.73	84.91
Fondak	84.33	88.55	84.33
Fondamerika	82.58	86.71	82.58
Fondirent	76.85	79.16	76.85
Fondis	72.44	76.06	72.44
Fondiro	90.43	94.95	90.43
Fondiropa	92.12	96.73	92.12
Fondra	114.12	119.83	114.12
Frankf. Sparinv.	108.29	112.81	108.29
F.T. Accurent „K"	107.77	109.39	107.77
F.T. Accuzins	170.15	175.25	170.15
F.T. Am. Dynam.	21.20	22.26	21.20
F.T. Effekten Fd.	176.04	184.84	176.04
F.T. Intersp. I	31.89	33.48	31.89
F.T. Intersp. II	32.99	34.64	32.99
F.T. Interzins	39.22	40.10	39.22
F.T. Nipp.-Dyn.	101.60	106.68	101.60
F.T. Re-Spezial	200.40	210.42	200.40
Gerling Dynamik	69.58	72.71	69.58
Gerling Global	45.99	47.72	45.99
Gerl. Rendite	45.95	47.33	45.95
GKD-Fonds	70.53	73.35	70.53
Gotharent	86.33	89.44	86.33

(Ausschnitt) Quelle: FAZ

Adiasia:	Investmentfonds des ADIG (Allgemeine Deutsche Investment-Gesellschaft mbH) Anlage in Aktien und Anleihen des asiatischen Raums mit Schwerpunkt Japan
67.41:	Rücknahmepreis am 31.5.90: 67,41 DM/Anteil
70.78:	Ausgabepreis (Fondsanteil + Verkaufspreis) am 1.6.90: 70,78 DM/Anteil
67.41	Rücknahmepreis am 1.6.90: 67,41 DM/Anteil

6. Geld, Währung und Devisen

6.1 Geld und Währung

Währung

Die staatliche Ordnung des Geldwesens bezeichnet man als *Währung*. Im engeren Sinne ist die Währung die Geldeinheit (= Währungseinheit) eines Staates: Man spricht von der Dollar-Währung in den USA, der Franc-Währung in Frankreich und der Rubel-Währung in der UdSSR. Die Währungseinheit der Bundesrepublik ist seit 1948 die Deutsche Mark (DM). Frühere Währungen waren in Deutschland die Mark, Rentenmark und Reichsmark.

Münzgeld

Banknoten und Münzen sind das *Währungsgeld*. *Münzgeld* gab es bereits 500 v. Ch. im Perserreich. Die Perser prägten gewichtsgleiche, einheitlich geformte Metallscheiben mit einem Obrigkeitsstempel, der die Gewähr bot für das genaue Gewicht und den vorgeschriebenen Metallanteil. Früher entsprach der Wert der Münzen ihrem Metallwert (= Kurantmünzen), heute sind die Münzen in der Regel Scheidemünzen, deren Wert vom Metallwert stark abweicht.

Papiergeld

Papiergeld entstand im Mittelalter aus Empfangsbescheinigungen für hinterlegtes Münzgeld, als Schutz vor Wegelagerern und Raubrittern. Diese Papierscheine mußten von den Banken auf Verlangen in Gold und Silber umgetauscht werden. Unser heutiges Papiergeld besitzt kein Umtauschrecht auf Edelmetalle. Die von der Bundesbank herausgegebenen Banknoten sind auch nicht durch einen entsprechenden Gold- oder Silberbestand gedeckt. Die Deutsche Mark ist eine *freie Währung,* d. h. ohne

Bindung an ein Währungsmetall. Dies hat den Vorteil, daß die Bundesbank die Geldmenge der vorhandenen Gütermenge anpassen kann, um Einfluß auf die Wirtschaftskonjunktur zu nehmen.

Buchgeld

Die meisten Zahlungen werden heute nicht mehr mit Bargeld (= Papiergeld und Münzen) vorgenommen, sondern durch Verrechnung von Konto zu Konto. Man bezeichnet diese Kontogutschriften als *Buchgeld* (= Giralgeld), das jederzeit wieder zu Bargeld gemacht werden kann.

Geldwert

Da die meisten Arbeitnehmer ein gleichbleibendes Einkommen haben, sind sie daran interessiert, daß die Preise nicht steigen. Wenn die Preise steigen, erhält man für sein Geld weniger Waren und Dienstleistungen: Der *Geldwert* fällt. Wenn umgekehrt die Preise fallen, steigt der Geldwert. Der Geldwert ist die *Kaufkraft* gegenüber Gütern und Dienstleistungen.

In bezug auf den Lohn unterscheidet man daher zwischen dem Nominallohn und dem Reallohn. Der Nominallohn ist nur ein rechnerischer Betrag, der angibt, wieviel DM oder Dollar jemand verdient. Der Reallohn gibt dagegen an, wieviel man sich dafür kaufen kann, d. h. wieviel Kaufkraft dieser Betrag hat.

Devisen und Sorten

Bei ausländischen Zahlungsmitteln wird klar getrennt zwischen *Devisen* und *Sorten*. Guthaben bei ausländischen Kreditinstituten und Notenbanken (= Buchgeld) sowie Wechsel und Schecks in fremder Währung sind Devisen, ausländische Münzen und Banknoten dagegen sind Sorten.

Reise-Devisen

Jeder, der eine Urlaubs- oder Geschäftsreise ins Ausland plant, muß sich vor Antritt seiner Reise entscheiden, ob er sein Bargeld im Inland tauscht oder im jeweiligen Land, ob er Reiseschecks erwirbt oder mit einer Kreditkarte reist.

Beim *Umtausch* stellt sich immer die Frage, ob günstiger im Inland oder im Ausland getauscht wird. Generell kann die Frage nicht beantwortet werden, in der Regel tauscht man in Ländern mit schwacher Währung – wie z. B. der Türkei – im Ausland günstiger.

Zu beachten sind außerdem die Devisenbestimmungen und die landesüblichen Zahlungsmittel. So wird in den USA fast ausschließlich mit Scheckkarte bezahlt z. B. von American Express oder VISA, dagegen nicht bar oder mit Euroscheck. Aktuelle Umtauschempfehlungen werden in den Wirtschaftsteilen der Zeitungen veröffentlicht.

Vergleichsrechnungen

Bei Vergleichsrechnungen ist zu beachten, daß im Inland mit dem *Briefkurs* (= Verkaufskurs), im Ausland dagegen mit dem *Geldkurs* (= Ankaufskurs) gerechnet werden muß. Bei einem eventuellen Rücktausch von ausländischer Währung im Inland gilt umgekehrt der Geldkurs, im Ausland dagegen der Briefkurs.

Zu beachten sind auch unterschiedliche Mengennotierungen: in der Regel 100. Ausnahmen bei Pfund und Dollar: 1 sowie bei Lire: 1.000.

Beispiel:
Jemand will 2.600,– DM in Türkische Lira (TL) umtauschen.
Briefkurs in der Bundesrepublik: 100 TL = 0,13 DM.
Geldkurs in der Türkei: 100,– DM = 109.763 TL.

Umtausch in der Bundesrepublik:

$$\frac{2.600,\!-\,\text{DM} \cdot 100\,\text{TL}}{0,\!13\,\text{DM}} = 2.000.000\,\text{TL}$$

Umtausch in der Türkei:

$$\frac{2.600,\!-\,\text{DM} \cdot 109.763\,\text{TL}}{100,\!-\,\text{DM}} = 2.853.838\,\text{TL}$$

Kursgewinn beim Umtausch in der Türkei: = 853.838 TL (= 43 %)

Urlauber profitieren von DM-Höhenflug

Mittelmeerländer bieten das billigste Urlaubsvergnügen

Die deutschen Auslandsurlauber profitieren von der Aufwertung der Deutschen Mark gegenüber dem US-Dollar und wichtigen europäischen Währungen.

Nach einer Untersuchung der Commerzbank AG (Frankfurt) über die Kaufkraft der Mark im Vergleich zu ausgewählten Reisewährungen bieten derzeit die Mittelmeerländer das preiswerteste Urlaubsvergnügen. Allen voran liegt die Türkei, wo die Sonnenanbeter jetzt fast doppelt soviel für ihr Geld wie daheim bekommen. Aber auch in Griechenland und Portugal lassen sich beim „Überwintern" 35 beziehungsweise 29 Prozent sparen. Die „Hitliste" der preisgünstigsten Skigebiete führt Jugoslawien an: trotz hoher Inflationsraten bekommt der erholungsuchende Bundesbürger dort immer noch 29 Prozent mehr für seine Mark als zu Hause. Relativ teuer bleiben Österreich und die Schweiz, wo der Winterurlaub rund zehn Prozent beziehungsweise ein Viertel mehr kostet als in der Bundesrepbulik.

Den höchsten Kaufkraftgewinn erzielt die Deutsche Mark in den USA: War sie im Winter 1984/85 von der Kaufkraft her gesehen in Amerika nur 66 Pfennig wert, verbesserte sich der Wert bis zum Winter 1985/86 auf 93 Pfennig und beträgt jetzt sogar 1,19 DM.

Quelle: TV

Geldumtausch im Urlaub kann das Doppelte bringen

DÜSSELDORF. Mehr als das Doppelte an bestimmten ausländischen Devisen können Reisende herausschlagen, wenn sie die Deutsche Mark am Urlaubsort umtauschen. Das geht aus einem Bericht des Wirtschaftsmagazins „DM" am Montag nach einer Untersuchung in mehreren Ländern hervor. Besonders günstig schnitten dabei Reisende in Jugoslawien ab. Dort erhielten sie mit einem Postsparbuch für 1000 Mark rund 4,6 Millionen Dinar – 2,6 Millionen Dinar mehr als am gleichen Tag bei der Deutschen Bank in Düsseldorf. Rund 60 Prozent mehr Devisen erhalte der Urlauber, wenn er bei einer türkischen Bank tauscht. In Portugal bringe das Wechseln vor Ort zwölf Prozent und in Griechenland neun Prozent mehr in die Reisekasse. Nach Angaben von „DM" reist der Urlauber am günstigsten mit einem Postsparbuch. Es schlage außer in Jugoslawien auch in Dänemark, Frankreich, Großbritannien, Italien, den Niederlanden, Österreich und Spanien Eurocheque, Kreditkarte und Reisescheck, da die Post keine Umrechnungsgebühr berechne.

Quelle: TV

Währungsreserven der Bundesbank gestiegen

vwd FRANKFURT. Die Brutto-Währungsreserven der Deutschen Bundesbank sind in der Woche zum 23. Mai unter dem Einfluss von Zinseinnahmen der Bundesbank für ihre Auslandsanlagen um 0,5 Mrd. DM auf 94,8 Mrd. DM gestiegen. Gleichzeitig nahmen die Auslandsverbindlichkeiten der Bundesbank (DM-Dispositionen ausländischer Währungsbehörden bei der Bundesbank) um 3,8 Mrd. DM auf 40,1 Mrd. DM zu, so daß die Netto-Währungsreserven per saldo in der Berichtswoche um 3,3 Mrd. DM auf 54,8 Mrd. DM sanken.

Quelle: HB

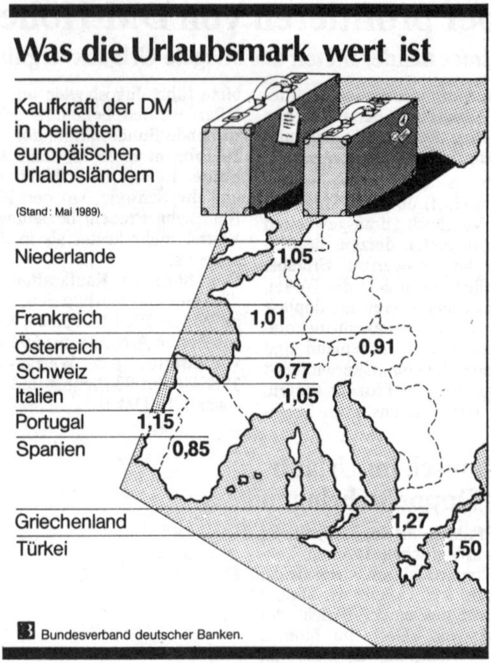

Quelle: HB

Wachsende Kaufkraft

pt DÜSSELDORF. Die Bruttoeinkommen sind in den vergangenen dreißig Jahren im Durchschnitt wesentlich stärker als die Preise gestiegen. So nahm das Bruttoeinkommen eines Vier-Personen-Arbeitnehmer-Haushalts von 613 DM im Monat (1958) auf rund 4200 DM (Schätzung für 1988) um das Siebenfache zu, während sich die Verbraucherpreise nicht einmal verdreifachten.

beit kostete vor dreißig Jahren das Monatsabonnement einer Tageszeitung. Heute reicht eine Stunde. Gerade bei den Grundnahrungsmitteln ist die Arbeitszeit, die notwendig ist, um das Geld für den Kauf zu verdienen, deutlich geschrumpft, bei Buttern und Eiern auf ein Fünftel des Wertes von 1958.

Überdies — und das gilt insbesondere für die Verbrauchsgüter

(Ausschnitt) Quelle: HB

6.2 Währungssysteme

Fixierte Wechselkurse

Grundlage des Weltwährungssystems ist auch heute noch das Abkommen des *Internationalen Währungsfonds (IWF)*, das 1944 in Bretton Woods (USA) geschlossen wurde. Seit 1978 ist dieses Abkommen aber wesentlich verändert.

Ursprünglich mußte jedes Land, das dem IWF beitreten wollte, für seine Währung einen Wechselkurs (=Parität) gegenüber dem Dollar festlegen. Dadurch entstand ein System *fixierter Wechselkurse* zwischen den Mitgliedsländern. Abweichungen vom festgelegten Währungskurs über +/– 1 Prozent hinaus mußten durch Interventionen der Zentralbanken – d. h. durch An- und Verkauf von Dollarbeträgen – unterbunden werden.

Schwankende Wechselkurse

Im Laufe der Jahre kam es immer häufiger zu Wechselkursänderungen – die ursprünglich nur für den Notfall vorgesehen waren – einzelner Länder, z. B. um der Exportindustrie Wettbewerbsvorteile zu verschaffen. Anfang der 70er Jahre brach das System fester Wechselkurse zusammen. Es folgte ein System *schwankender Wechselkurse (=Floating)*, das 1978 legalisiert wurde. Seitdem bestimmen Angebot und Nachfrage das Austauschverhältnis zwischen den Währungen. Da sich der Devisenbedarf laufend ändert, schwanken die Wechselkurse dauernd, was sich für den Export nachteilig auswirken kann.

Seit 1978 ist es jedem Mitgliedsland freigestellt, das zweckmäßigste Währungssystem zu wählen. Seitdem halten einige Länder untereinander an fixierten Wechselkursen fest, wie die Mitgliedsländer des Europäischen Währungssystems (EWS), andere orientieren sich weiter an Leitwährungen, z. B. am Dollar.

Europäisches Währungssystem

Im Jahr 1979 traten alle EG-Länder mit Ausnahme von Großbritannien und Griechenland dem *Europäischen Währungssystem (EWS)* bei. Seit Oktober 1990 ist auch das britische Pfund Sterling in den Wechselmechanismus des EWS eingebunden.

Das Wechselkurssystem arbeitet mit festen, aber anpassungsfähigen Wechselkursen zwischen den Mitgliedsländern. Der Rat der EG legt für alle beteiligten Währungen die Beiträge fest, mit der sie an der *Europäischen Währungseinheit ECU* (= European Currency Unit) beteiligt sind. Mit Hilfe dieser Leitkurse werden dann die Wechselkurse zwischen den beteiligten Ländern ermittelt. Von diesen Wechselkursen dürfen die Devisenkassakurse maximal +/– 2,25 Prozent (bei neuen Mitgliedern max. +/– 6 Prozent) nach oben und unten abweichen. Gehen die Devisenkurse über diese Bandbreite hinaus, sind die Notenbanken verpflichtet, durch An- oder Verkauf ihrer Währungen eine stärkere Kursabweichung zu verhindern. Gegenüber außenstehenden Währungen, wie z. B. dem Dollar, wird kein bestimmtes Kursverhältnis angestrebt und deshalb auch nicht systematisch am Devisenmarkt interveniert.

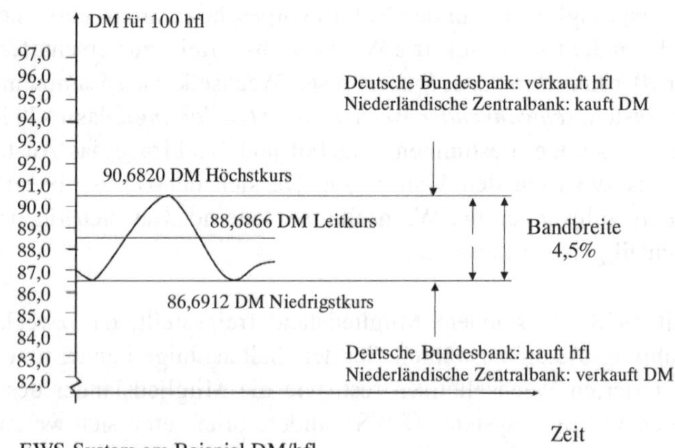

EWS-System am Beispiel DM/hfl

Das EWS hat sich in der Vergangenheit bewährt, EWS-Länder erreichten eine hohe Währungsstabilität. Die Unternehmen konnten verläßlich planen in bezug auf ihre Exporte in die EWS-Länder – über die Hälfte des deutschen Exports geht in die EG, davon drei Viertel in die EWS-Länder – und ihre Importe, wie z. B. Zulieferungen aus diesen Ländern.

Großbritannien ist zwischenzeitlich zwar EWS-Mitglied, beteiligt sich aber mit seiner Währung nicht am System der Wechselkursanpassungen.

Europäische Währungseinheit

Die Europäische Währungseinheit ECU ist eine Kunstwährung. In Ecu geben die Länder des Europäischen Währungssystems (EWS) ihre Wechselkurse und Wechselkursabweichungen an, gleichen die EG-Länder ihre Forderungen sowie Verbindlichkeiten untereinander aus und überweisen die angeschlossenen Notenbanken ihre Zahlungen.

Der ECU wird anhand eines sogenannten Währungskorbes errechnet, der sich aus den festen Währungsbeträgen der beteiligten Länder zusammensetzt. Die Anteile der Länder an diesem Währungskorb richten sich nach der wirtschaftlichen Bedeutung des jeweiligen Landes (DM-Anteil über 30 Prozent). Als Kriterien dienen dabei u. a. die Länderanteile am innergemeinschaftlichen Handel und am Sozialprodukt der EG. Eine Neufestsetzung erfolgt spätestens alle fünf Jahre.

Der Termin wird vorgezogen, wenn dauernde Ungleichgewichte an den Devisenmärkten zu ständigen Interventionen zwingen und wenn neue Währungen in das Währungssystem aufgenommen werden, wie im September 1989 die spanische Peseta und der portugiesische Escudo.

Die zwölf Währungen des ECU und ihre Anteile		
fester Währungsbetrag	Währung	Anteil (%)
0,6242	Deutsche Mark	30,10
1,332	Französische Francs	19,00
0,08784	Britische Pfund	13,00
151,8	Italienische Lire	10,15
0,2198	Holländische Gulden	9,40
3,301	Belgische Francs	7,60
6,885	Spanische Pesetas	5,30
0,1976	Dänische Kronen	2,45
0,008552	Irische Pfund	1,10
1,393	Portugiesische Escudo	0,80
1,440	Griechische Drachmen	0,80
0,130	Luxemburgische Francs	0,30
		100 %

Der prozentuale Anteil der einzelnen Währungen schwankt aufgrund der Tageskurse.

Wechselkurse

Aus dem festen Währungsbetrag und dem Anteil der Landeswährung am Währungskorb läßt sich der ECU-Kurs für jede Landeswährung errechnen. Beispiel DM:

$$30{,}1\ \% = 0{,}6242\ \text{DM}$$

$$100\ \% = \frac{0{,}6242\ \text{DM} \cdot 100\%}{30{,}1\%} = 2{,}07375\ \text{DM}$$

$$1\ \text{ECU} = \text{ca. } 2{,}07\ \text{DM}$$

Setzt man die ECU-Leitkurse verschiedener Länder zueinander in Beziehung, kann man die Wechselkurse der Währungen dieser Länder ermitteln.

Beispiel Holländische Gulden – DM:

$$9{,}4\ \% = 0{,}2198\ \text{hfl}$$

$$100\ \% = \frac{0{,}2198\ \text{hfl} \cdot 100\ \%}{9{,}4\ \%} = 2{,}33829\ \text{hfl}$$

$$\frac{1\ \text{ECU} = 2{,}33829\ \text{hfl}}{1\ \text{ECU} = 2{,}07375\ \text{DM}}$$

$$2{,}33829\ \text{hfl} = 2{,}07375\ \text{DM}$$

$$100\ \text{hfl} = \frac{2{,}07375 \cdot 100\ \text{hfl}}{2{,}33829\ \text{hfl}} = 88{,}6866\ \text{DM}$$

100 Holländische Gulden kosten ca. 88,69 DM.

Das Auf und Ab des US-Dollar

Rekordtief mit 1,5293 DM – Entwicklung der letzten Jahre

HAMBURG. Mit 1,5293 DM ist der US-Dollar am 9. Oktober 1990 auf ein historisches Tief gefallen. Noch nie war die US-Währung in der Bundesrepublik so billig. Damit setzte sich der Niedergang der einstmals stärksten Währung der Welt in verstärktem Tempo fort. Erst vor fünf Tagen hatte der Dollarkurs den letzten Tiefstand erreicht.

Seit dem 2. Weltkrieg hat die US-Währung, der in dem 1944 im amerikanischen Bretton Woods vereinbarten System fester Wechselkurse die führende Rolle in der Weltwirtschaft zugefallen war, gegenüber der Deutschen Mark zahlreiche Auf- und Abbewegungen erlebt. Bei der Währungsreform im Juni 1948 zunächst auf ein Dollar gleich 3,33 DM festgelegt, wurde das Kursverhältnis im September 1949 auf 4,20 DM verändert. Auf diesem Stand blieb es mehr als zwölf Jahre. Das allmähliche Erstarken der deutschen Wirtschaft führte in den 60er Jahren zu ersten DM-Aufwertungen: 1961 auf ein Dollar gleich 4,00 DM und 1969 auf 3,66 DM. Die währungspolitisch turbulente Zeit Anfang der 70er Jahre brachte weitere Dollarabwertungen und schließlich das Ende des Abkommens von Bretton Woods. Seitdem entwickelt sich der Dollarkurs frei und deutlich nach unten.

Nach der Wahl von Ronald Reagan zum Präsidenten im November 1980 begann die US-Währung eine steile Aufwärtsbewegung. Reagans politische Stärke, seine expansive Finanzpolitik und die restriktive Geldpolitik der US-Notenbank schufen einen US-Boom und trieben den Dollar bis zum Februar 1985 auf ein Zwischenhoch von 3,4690 DM. Als jedoch die Risiken der „Reaganomics“, vor allem die gigantischen Staatsdefizite, immer offenkundiger wurden, ging es wieder abwärts, bis am 31. Dezember 1987 mit 1,5815 DM ein neuerliches Rekordtief erreicht wurde. Danach kletterte der Dollar zwar bis Mai 1989 wieder auf über 2 DM, zeigte aber seitdem wieder deutliche Schwächen.

Quelle: TV

Das Pfund im europäischen Wechselkurssystem

LONDON, 5. Oktober (Reuter). Großbritannien will am Montag das Pfund Sterling in den Wechselkursmechanismus des Europäischen Währungssystems (EWS) einbinden. Das Schatzamt teilte am Freitag mit, dieser Schritt werde mit einer zeitlich begrenzten Wiedereinführung des Mindesausleihungsatzes der Bank von England mit 14 Prozent begleitet. Die Bandbreite des Pfund im EWS solle anfangs sechs Prozent betragen, der Mittelkurs zur D-Mark bei etwa 2,95 D-Mark liegen. Das Pfund stieg nach dieser Ankündigung auf mehr als drei Mark an. Die Einführung des Mindestausleihungsatzes begründete das Schatzamt damit, daß eine Herabsetzung der Basiszinsen während des Wochenendes mit Geldmarktinstrumenten nicht erreicht werden könne. (Siehe Wirtschaft.)

Quelle: Reuter/FAZ

Italienische Lira hat den DM-Mittelkurs erreicht

grö MAILAND. Die italienische Lira hat am Donnerstag nach einem weiteren starken Rückgang gegenüber der D-Mark mit 747 Lire bis auf eine Lire den Mittelkurs im EWS-System erreicht. Noch vor wenigen Tagen stand die Lira gegenüber der D-Mark am oberen Interventionspunkt und die Notenbanken beider Länder bemühten sich, durch Interventionen eine Abwertung der D-Mark zu verhindern. Auch gegenüber den anderen Währungen des EWS und vor allem gegenüber dem Schweizer Franken befindet sich die Lira auf dem Rückzug. Fachleute der Notenbank halten diese Entwicklung in gemäßigten Grenzen für günstig, da sie der italienischen Exportwirtschaft wieder Luft verschafft.

Quelle: HB

6.3 Währungsstörungen

Währungsreform

Nach dem Zweiten Weltkrieg konnte in den zerstörten und teilweise demontierten Fabriken der Bundesrepublik Deutschland nur wenig produziert werden. Die Menschen hatten zwar Geld, konnten aber keine Waren kaufen. Einer großen Geldmenge stand eine geringe Warenmenge gegenüber. Mit Festpreisen sollten Preissteigerungen verhindert werden.

Die Menschen waren aber bereit, auf dem *schwarzen Markt* ein Vielfaches dieser Festpreise für bestimmte Waren zu bezahlen: z. B. für ein Pfund Butter (Ladenpreis 1,80 RM auf Zuteilung) 200,– Reichsmark (RM) und für ein Pfund Bohnenkaffee (im Laden nicht erhältlich) 500,– RM. Die Schwarzmarktpreise stiegen weiter, die Reichsmark verlor ständig an Wert.

Die fortschreitende Geldentwertung (= Inflation) wurde 1948 durch die *Währungsreform* gestoppt: Die Geldmenge wurde der tatsächlich vorhandenen Gütermenge angepaßt. Als Währungseinheit wurde die *Deutsche Mark (DM)* eingeführt. Jeder Verbraucher erhielt ein „Kopfgeld" von 40,– DM, die Spargelder wurden im Verhältnis 100 : 6,5 umgetauscht.

Gesunde Währung

Bei einer *gesunden Währung* steht der umlaufenden Geldmenge eine entsprechende Gütermenge zu einem ausgeglichenen Preis gegenüber. Die Kaufkraft bleibt dadurch gleich. In Deutschland fällt der Deutschen Bundesbank die Aufgabe zu, die Geldmenge der vorhandenen Gütermenge anzupassen.

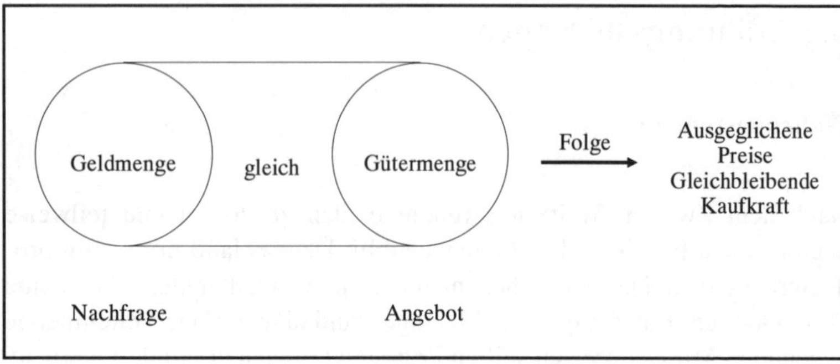

Inflation

Bei einer Inflation steht – wie bereits beschrieben – einer geringen Gütermenge eine große Geldmenge gegenüber. Die Preise steigen, die Kaufkraft nimmt ab. Die Unternehmer weiten ihre Produktion aus, es herrscht Vollbeschäftigung. Ist die Inflation an ständig steigenden Preisen zu erkennen, spricht man von einer *offenen Inflation*. Wird die Inflation wie in Deutschland vor der Währungsreform – durch Stoppreise und Bezugsscheine verschleiert, handelt es sich um eine *verdeckte Inflation*.

Geht die Inflation sehr langsam vor sich, liegt eine *schleichende Inflation* vor. Steigen die Preise sprunghaft, spricht man von *galoppierender Inflation* oder von *Hyperinflation*. Galoppierende Inflation haben heute einige südamerikanische Länder und hatten wir in Deutschland in den Jahren 1920 bis 1923. So kostete beispielsweise 1923 ein Pfund Brot im November 30 Milliarden, im Dezember bereits 260 Milliarden Reichsmark.

Eine *importierte Inflation* wird durch Gelder aus ständigen Exportüberschüssen verursacht oder durch Auslandsgelder, die wegen hoher Zinsen im Inland angelegt werden.

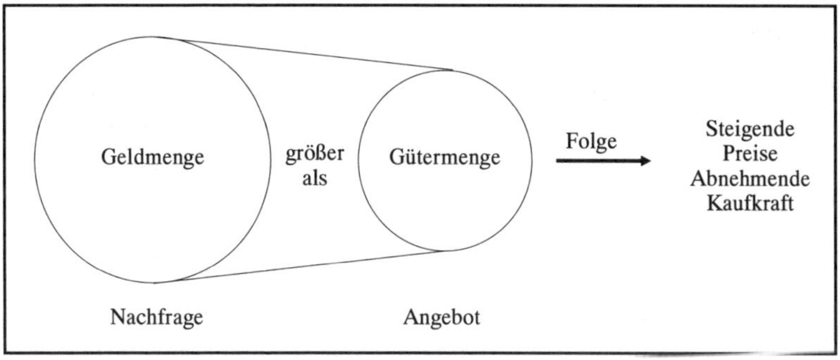

Deflation

Bei der Deflation steht der vorhandenen Gütermenge eine kleine Geldmenge gegenüber. Die Preise fallen, der Verbraucher erhält für sein Geld eine größere Gütermenge, der Geldwert steigt.

Die Unternehmen drosseln ihre Produktion und entlassen Arbeiter und Angestellte. Es kommt zu Arbeitslosigkeit und Rückgang des Wirtschaftswachstums.

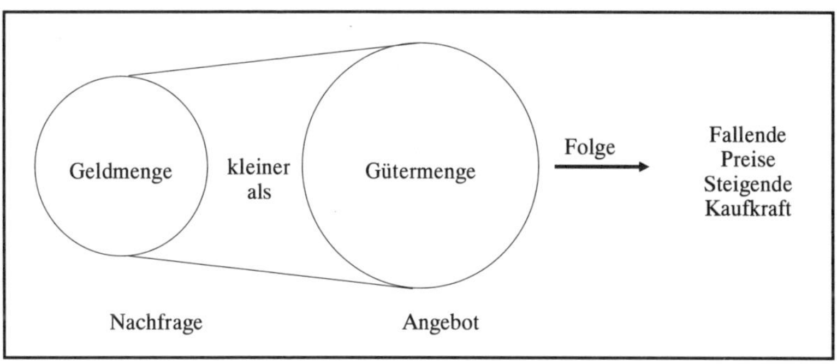

Stagflation

In den letzten Jahrzehnten mußte man feststellen, daß Volkswirtschaften nicht nur von Inflation oder Deflation betroffen werden können, sondern auch gleichzeitig von beiden. Bei einem Stillstand (= Stagnation) oder Rückgang des Wirtschaftswachstums kann es gleichzeitig zu Arbeitslosigkeit und Preissteigerungen kommen. Dafür wurde der Begriff Stagflation (zusammengesetzt aus Stagnation und Inflation) eingeführt.

Die Beseitigung der Stagflation ist äußerst schwierig. Staatliche Maßnahmen zur Bekämpfung der Inflation wie die Verminderung öffentlicher Ausgaben, Aufwertung der Währung zur Dämpfung des Exportes, Steuererhöhung zur Dämpfung der Nachfrage und Diskonterhöhungen zur Verminderung der umlaufenden Geldmenge, gefährden das Wirtschaftswachstum und damit die Arbeitsplätze. Umgekehrt wird die Geldwertstabilität gefährdet durch staatliche Maßnahmen zur Bekämpfung der Stagnation und der Arbeitslosigkeit, z. B. durch Erhöhung der öffentlichen Ausgaben, Abwertung der Währung zur Ankurbelung des Exports, Steuersenkungen durch Belebung der Nachfrage und Diskontsenkung zur Erhöhung der umlaufenden Geldmenge.

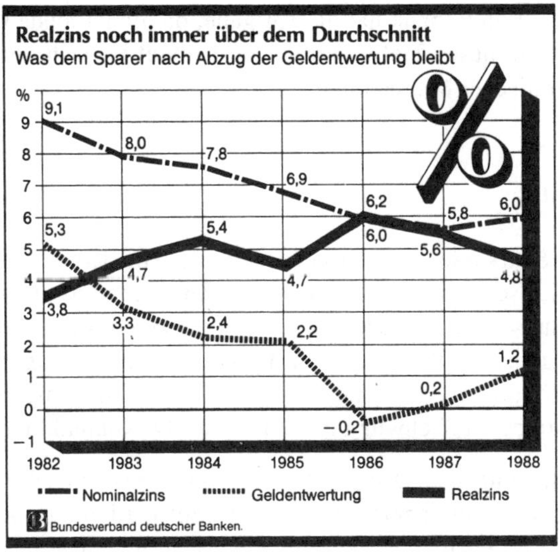

Quelle: HB

Brasilien an der Grenze zur Hyperinflation

Rio de Janeiro (dpa/vwd) – Mit einer jährlichen Geldentwertung von 933,6 Prozent hat sich Brasilien 1988 der Hyperinflation genähert, die für viele Geldexperten bei 1000 Prozent beginnt. Wie aus den veröffentlichten Zahlen hervorging, verlor Brasiliens Cruzado-Währung allein im Dezember 28,79 Prozent an Kaufkraft. Die Bevölkerung leidet nur relativ unter dem Inflationsgalopp, da die Einkommen, Sparzinsen und andere Wirtschaftsdaten ständig an die Inflation angepaßt werden. Da dieser Mechanismus aus sich heraus inflationstreibend wirkt, denkt Brasiliens Regierung jetzt daran, das System der automatischen Inflationsanpassungen zu lockern.

Quelle: SZ

Perus Jahresteuerung über 1700 Prozent

Lima (vwd) – Mit 1722 Prozent hat die peruanische Inflationsrate 1988 ein Rekordhoch erreicht. Nach Angaben des statistischen Amtes war bisher die Teuerungsrate 1985 von 158,3 Prozent die höchste gewesen. Im Dezember waren die Verbraucherpreise in Peru um 40,9 Prozent gegenüber dem Vormonat gestiegen. Die Beschleunigung der Inflation wird von Wirtschaftswissenschaftlern mit einer wirtschaftlichen Rezession in Peru begründet. Wirtschaftsminister Carlos Rivas hat angekündigt, daß die peruanische Wirtschaft 1988 nach ersten Schätzungen um 8,4 Prozent geschrumpft sein dürfte. 1987 war ein Wachstum von 6,7 und 1986 von 8,5 Prozent erzielt worden. Sparmaßnahmen zum Abbau der staatlichen Subventionen werden nach Darstellung von Rivas die Inflationsrate [illegible] die Hälfte

(Ausschnitt) Quelle: SZ

6.4 Behebung von Währungsstörungen

Die Deutsche Bundesbank hat die Aufgabe, die umlaufende Geldmenge zu steuern. Um dieses Ziel zu erreichen, bedient sie sich verschiedener währungspolitischer Maßnahmen:

Diskontpolitik

Banken und Sparkassen nehmen bei der Bundesbank Kredite in Anspruch, für die sie Zinsen bezahlen müssen. Der Zinssatz wird als *Diskontsatz* (ital.: diskonto = Abzug) bezeichnet. Setzt die Bundesbank den Diskontsatz herauf, geben die Kreditinstitute den höheren Zinssatz an ihre Kunden weiter. Da Kredite und Darlehen teurer werden, wird weniger investiert. Dadurch wird der Aufschwung der Wirtschaft (= Konjunktur) gebremst.

Mit der Erhöhung des Diskontsatzes ist meistens eine Erhöhung des Zinssatzes für Spareinlagen verbunden. Damit wird ein größerer Anreiz zum Sparen gegeben, der Konsum eingeschränkt und die Wirtschaft gedrosselt.

Wird der Diskontsatz von der Bundesbank herabgesetzt, können die Kreditkunden der Banken und Sparkassen billigere Kredite erhalten. Dadurch wird mehr verbraucht, gebaut und investiert und die Wirtschaft angekurbelt.

Mindestreservepolitik

Banken und Sparkassen dürfen ihre eingenommenen Gelder nicht wieder vollständig ausleihen, sondern müssen einen Teil zinslos bei der Bundesbank hinterlegen. Diese Guthaben sind *Mindestreserven*.

Senkt die Bundesbank den *Mindestreservesatz*, steht den Kreditinstituten mehr Geld zur Verfügung, das sie als Kredite und Darlehen geben können. Dadurch wird die Wirtschaft belebt.

Wenn die Deutsche Bundesbank umgekehrt den Mindestreservesatz erhöht, müssen die Banken und Sparkassen mehr Geld hinterlegen. Folglich können sie weniger Geld an ihre Kunden ausleihen. Die Kredite werden teurer und die Wirtschaft gedämpft.

Lombardpolitik

Banken und Sparkassen können bei der Bundesbank für einen gewissen Zeitraum bestimmte Wertpapiere bis zu 75 Prozent beleihen (= lombardieren). Für diese *Lombardkredite* berechnet die Bundesbank einen Zinssatz, den sogenannten *Lombardsatz.* Er liegt in der Regel 1 bis 2 Prozent über dem Diskontsatz. Über die Lombardkredite wird das Geldvolumen und damit der Kreditspielraum der Geschäftsbanken erweitert.

Offenmarktpolitik

Die Bundesbank ist berechtigt, am Geldmarkt erstklassige Wertpapiere wie Staatsanleihen zu kaufen und zu verkaufen. Wenn die Bundesbank von den Banken Wertpapiere kauft, erhalten diese zusätzliches Geld für Kredite. Soll den Kreditinstituten Liquidität entzogen werden, bietet die Bundesbank Wertpapiere zu günstigen Konditionen an. Gehen die Banken auf das Angebot ein, bleibt ihnen weniger Geld zur Kreditvergabe.

Seit 1971 können auch Privatpersonen und Institutionen wie z. B. Pensionskassen von der Bundesbank Wertpapiere erwerben. Weil dieser Wertpapiermarkt seitdem „offen“ ist, nennt man ihn *Offenmarkt.*

Abwertung

Staatliche Maßnahmen können die Währungspolitik der Deutschen Bundesbank ergänzen.

Importe von landwirtschaftlichen Erzeugnissen und Rohstoffen in die Bundesrepublik müssen in der Regel mit den entsprechenden ausländischen Währungen wie US-Dollar oder Französische Francs bezahlt werden. Umgekehrt benötigen ausländische Importeure zur Bezahlung von deutschen Exporten wie Autos, Maschinen, Chemie- und Elektroprodukten Deutsche Mark. Je mehr Dollar, Francs und japanische Yen in DM umgetauscht werden, desto knapper und damit teurer wird die DM an den internationalen Devisenbörsen. Dadurch steigt der Wechselkurs und damit der Außenwert (= Parität) der DM. Als Folge wird es für Ausländer uninteressant, Waren in der Bundesrepublik zu kaufen. Eine Neufestsetzung der Wechselkurse – in diesem Fall eine *Abwertung* – ist unumgänglich.

Bei einer Abwertung wird der Außenwert einer Währung herabgesetzt. Die inländische Währung wird für das Ausland billiger, die ausländische Währung wird teurer. Als Folge verbilligen sich die Exporte, während sich Einfuhren und Auslandsreisen verteuern. Abwertungen haben preissteigernde, konjunkturfördernde Wirkungen.

Aufwertung

Eine *Aufwertung* bedeutet, daß der Außenwert einer Währung heraufgesetzt wird. Die inländische Währung wird für das Ausland teurer, die ausländische Währung wird billiger. Dadurch verbilligen sich die Einfuhren und die Auslandsreisen, während sich die Exporte verteuern. Aufwertungen haben preisdämpfende und konjunkturdämpfende Wirkungen und gefährden die Arbeitsplätze. Ein Beispiel für die Wirkungen im Inland bei einer DM-Aufwertung zeigt die Grafik auf der folgenden Seite:

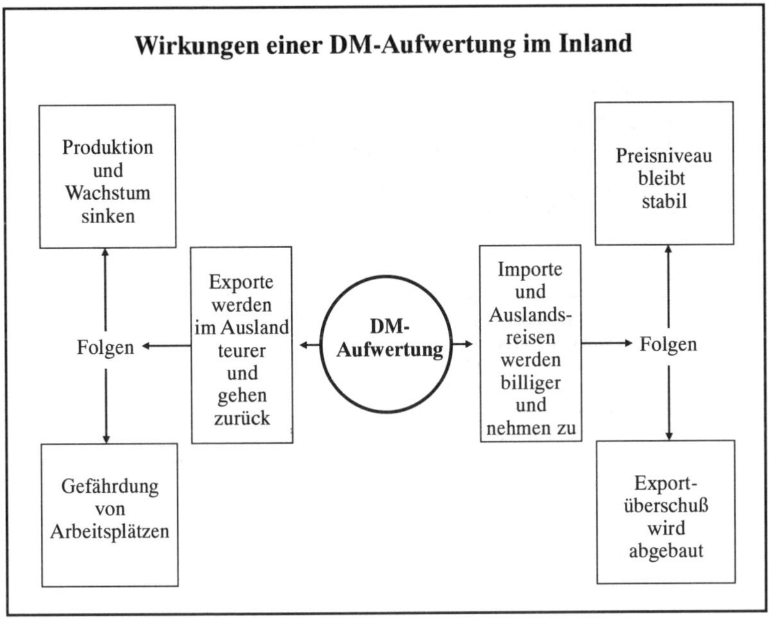

Weitere staatliche Maßnahmen

Der Staat hat eine Reihe weiterer politischer Möglichkeiten, Währungsstörungen zu beeinflussen, z. B. durch

- steuerpolitische Maßnahmen wie Erhöhen oder Herabsetzen von Steuern, Erheben von Stabilitätsabgaben
- zollpolitische Maßnahmen wie Zollerhöhungen oder Zollsenkungen
- haushaltpolitische Maßnahmen wie Erhöhen oder Senken der öffentlichen Ausgaben
- subventionspolitische Maßnahmen wie Einführen oder Streichen von staatlichen Unterstützungen.

GELDPOLITIK / Starke Expansion bei Kreditgewährung

Im Mai dem Geldmengenziel sehr viel näher gekommen

HANDELSBLATT, Mittwoch, 21.6.1989

fk FRANKFURT. Die monetäre Expansion hat sich im Mai stärker dem Geldmengenziel 89 genähert als von der Notenbank selbst in dem früher fertiggestellten, für heute freigegebenen Juni-Bericht vermutet: Statt „nahe 6 %" hat sich die Rate auf 5,4 % verringert.

Nach den noch vorläufigen Mai-Zahlen kann die Bundesbank jedenfalls mit noch ruhigerer Hand „auch weiter darauf bedacht sein, die laufende Ausweitung der monetären Bestände nachhalti... ...grenzen" (Mon... aber möglichst stetigen Kurs, der nötigenfalls - bei spekulativen Überreaktionen der Kreditwirtschaft - mit hoher Instrumenten-Flexibilität gesteuert wird. So läßt die Notenbank außer Zweifel, daß die Banken mit kleineren Pensionsgeschäften rechnen müssen, wenn sie in starkem Maß auf das offene Lombardfenster ausweichen.

Die Geldmenge M-3 hat sich nach einer Expansionsrate von noch 6,2 % im April mit zuletzt 5,4 % „dem für das gesamte Jahr geltenden Geldmengenziel von etwa 5 % weiter angenähert". Während sich zu Jahresbeginn ungewöhnlich hohe Freigaben vermögens...samer Sparleistungen und eine

(Ausschnitt) Quelle: HB

Lombardsatz wird erhöht

H. WI. **Frankfurt**

Die Deutsche Bundesbank erhöht heute den Lombardsatz um 0,5 auf fünf Prozent. Dieser Beschluß wurde gestern vom Zentralbankrat gefaßt. Der Lombardsatz ist neben dem Diskontsatz, der unverändert bei drei Prozent liegt, der Leitzins, mit dem die Frankfurter Währungshüter die kurzfristigen Finanzierungskosten der Kreditinstitute und damit indirekt die Zinsentwicklung am deutschen Markt steuern. „Mit der Maßnahme trägt die Bundesbank den Spannungen am Devisenmarkt Rechnung", hieß es dazu in einer offiziellen Presseerklärung.

...leichzeitig mit der Bundesb...

(Ausschnitt) Quelle: DW

Bundesbank macht Geldinstitute flüssiger

Frankfurt (AP) – Die Deutsche Bundesbank hat den Kreditinstituten schätzungsweise drei bis vier Milliarden Mark zusätzlich zur Verfügung gestellt, um eine Entspannung bei den kurzfristigen Zinsen am Geldmarkt zu bewirken. Händler mehrerer Banken erklärten am Freitag in Frankfurt, die Bundesbank habe erstmals seit mehreren Monaten wieder von der Möglichkeit Gebrauch gemacht, bei ihr hinterlegte flüssige Mittel der öffentlichen Haushalte vorübergehend in das Bankensystem zu schleusen. Daraufhin ermäßigte sich der sogenannte Tagesgeldsatz, der Zinssatz für Geldgeschäfte zwischen den Kreditinstituten mit der kürzestmöglichen Laufzeit von 24 Stunden, von acht Prozent auf Sätze zwischen 7,85 und 7,90 Prozent.

Maßnah... ...Notenbank wurde je-

(Ausschnitt) Quelle: SZ

6.5 Devisenhandel

Devisenmarkt

Wie Wertpapiere werden Devisen auf einem speziellen Markt, dem Devisenmarkt, gehandelt. An den Devisenbörsen werden für ausländische Zahlungsmittel in Form von Bankguthaben, Schecks und Wechseln von amtlichen Kursmaklern entsprechende Wechselkurse errechnet. Daneben wickeln Banken und Devisenabteilungen von Unternehmen ihre Kauf- und Verkaufsaufträge untereinander weltweit rund um die Uhr im sogenannten Telefonhandel ab. An den Devisenbörsen werden keine Sorten- und keine Termingeschäfte ausgeführt.

Konvertierbarkeit der DM

In der Bundesrepublik kann die Deutsche Mark seit 1958 frei konvertierbar, d. h. ohne mengenmäßige Begrenzung, gehandelt werden. Dadurch ist gewährleistet, daß dem Handel jederzeit die erforderlichen ausländischen Währungen zur Verfügung stehen, und die im Inland nicht zugelassenen Zahlungsmittel in DM umgetauscht werden können. In der Bundesrepublik dürfen *Devisenkonten* mit ausländischen Zahlungsmitteln unterhalten werden. Damit können Wechselspesen eingespart werden und Kursverluste bzw. Kursgewinne ausgeglichen werden.

Aufgabe der Bundesbank

Die Bundesrepublik ist als Mitglied im Europäischen Währungssystem (EWS) verpflichtet, durch die Deutsche Bundesbank mittels Devisenankauf und -verkauf dafür zu sorgen, daß die Wechselkurse zwischen der DM und den Währungen anderer Mitgliedsländer nur zwischen festgelegten Höchst- und Tiefstkursen schwanken. Daneben kann die Bundesbank auch aus wirtschaftspolitischen Gründen an der Devisenbörse auftreten, um z. B. den Dollarkurs auszugleichen. Durch Dollarankauf kann sie den Kurs stützen, durch Dollarverkauf Kurssteigerungen abschwächen.

Devisentermingeschäfte

In der Bundesrepublik sind *Devisentermingeschäfte* erlaubt. Beim Devisenterminhandel gelten keine amtlichen Kurse. Am Devisenterminmarkt werden alle Terminhandelsgeschäfte unter dem Begriff „Swap" (= Tausch) zusammengefaßt. *Swapsätze* sind die Aufschläge (= Report) bei aufwertungsverdächtigen Währungen und die Abschläge (= Deport) bei abwertungsverdächtigen Währungen, die am Devisenterminmarkt gegenüber den Devisenkassakursen bei freier Preisbildung gezahlt werden müssen. Dazu ein Beispiel:

> Ein Exporteur erhält für seine Lieferung drei Monate später 80.000 US-Dollar. Um sich gegen das Währungsrisiko abzusichern, schließt er ein Devisentermingeschäft ab. Die Bank verpflichtet sich zum Ankauf der 80.000 US-Dollar zum Wechselkurs bei Vertragsabschluß. Dafür berechnet die Bank den durch den Swapsatz festgelegten Zuschlag oder Abschlag gegenüber dem Kassakurs.

Devisenbörse

Die Devisenbörse ist ein Teil der Wertpapierbörse. Alle Personen und Unternehmen, die zum Börsenhandel zugelassen sind, können auch im Devisenhandel tätig werden.

In der Bundesrepublik gibt es Devisenbörsen in Frankfurt, Berlin, Düsseldorf, Hamburg und München. Die Devisenbörse in Frankfurt hat die Funktion einer *Leitbörse*. Nur in Frankfurt werden die amtlichen Devisenkurse festgelegt, und nur hier sind Vertreter der Bundesbank am Devisenhandel beteiligt. Händler von ca. 40 Banken wickeln Kundenaufträge und Eigengeschäfte ab. Die Devisenbörsen sind montags bis freitags ab 13.00 Uhr geöffnet.

Kursfeststellung

In Frankfurt sind zwei amtliche Kursmakler mit der Kursfestsetzung der an der Devisenbörse zugelassenen Währungen beauftragt. Bereits vor Börsenbeginn nehmen die Makler schriftlich oder telefonisch limitierte und unlimitierte Aufträge entgegen. Bei unlimitierten Aufträgen akzeptieren die Händler den Kurs, den der Kursmakler als amtlichen Tageskurs festsetzt.

Kursspanne

Aus den zu Beginn der Devisenbörse vorliegenden Aufträgen kann der Kursmakler den endgültigen Kurs noch nicht ermitteln. Er gibt deshalb eine *Spanne* bekannt, in deren Grenzen der Kurs liegen wird. Bei dieser Spanne stützt sich der Makler auf Preise des außerbörslichen Devisenhandels vom Vormittag und auf Notierungen der ausländischen Börsen, die aufgrund der Zeitdifferenz bereits geschlossen haben.

> Wenn z. B. die vom Makler ermittelte Spanne für den US-Dollar zwischen DM 1.7392 und 1.7399 liegt, gibt er laut die Spanne „92 zu 99" bekannt. Damit liegen bereits die ersten zwei Stellen hinter dem Komma fest, und die weitere Kursfeststellung betrifft nur noch die dritte und vierte Stelle.
> Nachdem der Kursmakler die Kursspanne ausgerufen hat, werden von den Händlern weitere Aufträge erteilt oder bestehende Aufträge abgeändert. Die in Frankfurt anwesenden Händler machen dies mündlich, die von den anderen vier Börsenplätzen telefonisch über die dort tätigen Devisenmakler. Dabei bedient man sich wie beim Aktienhandels einer verkürzten Sprechweise. Mit „3 billigst" sind z. B. beim US-Dollar 3 Millionen gemeint. Neben Mindesthandelsbeträgen (beim Dollar 100 000) liegen auch die Reihenfolge der Kursfestsetzungen, die Anzahl der Stellen hinter dem Komma, die Auszahlungsorte und die Spannen zwischen Geld- und Briefkursen fest.

Amtlicher Kurs

Aufgrund der Abfrageergebnisse im Devisensaal und der anderen vier Börsenplätze versucht der Börsenmakler zu einem Ausgleich der Kauf- und Verkaufsaufträge zu kommen. Wenn dies auf Anhieb nicht möglich ist, gibt er eine neue, engere Spanne (= Kurstaxe) bekannt, z. B. „94 zu 98“ (1 Dollar = 1,7394 bis 1,7398 DM). Überhängende Beträge werden vom Makler angeboten. Da sich die Großbanken verpflichtet haben, solche Beträge zu übernehmen, kommt es relativ schnell zum Ausgleich der Kauf- und Verkaufsaufträge. Das könnte z. B. sein bei 1,7395 DM. Dies ist dann der *amtliche Kurs* für 1 US-Dollar.

Wäre kein Ausgleich zustande gekommen, hätte der Devisenhändler eine erneute Abfrage vornehmen müssen. Im Gegensatz zum Wertpapierhandel darf der Kursmakler selber keine Spitzenbeträge übernehmen, um einen Ausgleich herzustellen. Nach der Ermittlung des Dollarkurses erfolgt die Feststellung der Kurse für die anderen Währungen, die sofort an der Tafel im Devisensaal elektronisch angezeigt werden.

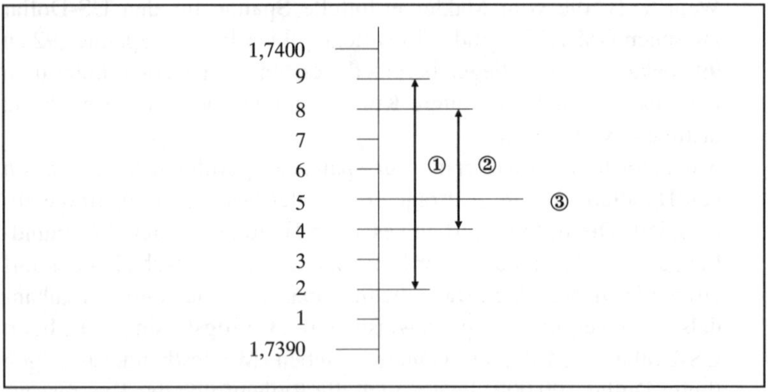

1)	1. ermittelte Kursspanne (Kurstaxe)	„92 zu 99“
2)	2. ermittelte Kursspanne	„94 zu 98“
3)	amtlich festgelegter Kurs	1,7395 DM

Mittelkurs, Geldkurs, Briefkurs

In Frankfurt werden die amtlichen Kurse als Mittelkurse festgestellt. Vom Mittelkurs werden durch Addition bzw. Subtraktion die *Geld-* und *Briefkurse* errechnet. Beim US-Dollar liegt die Spanne zwischen Geld- und Briefkurs bei 0,008 DM. Wenn der amtliche Mittelkurs 1,7395 DM beträgt, ergibt das einen Briefkurs von 1,7435 DM (1,7395 + 0,004) und einen Geldkurs von 1,7355 DM (1,7395 – 0,004).

amtlicher Mittelkurs	Geldkurs (= Ankaufskurs)	Briefkurs (= Verkaufskurs)
1,7395 DM	1,7395 DM – 0,0040 DM ――――― 1,7355 DM	1,7395 DM + 0,0040 DM ――――― 1,7435 DM

Nach den Geld- und Briefkursen rechnen die Banken mit ihren Kunden ab. Kauft ein Kunde Devisen, wird ihm der Briefkurs berechnet, beim Verkauf dagegen der niedrigere Geldkurs.

Sortenkauf

Beim Kauf und Verkauf von Sorten (= ausländische Münzen und Banknoten) spricht man nicht von Geld- und Briefkursen, sondern von *Kaufpreisen* und *Verkaufspreisen*. Die Spannen sind hier größer, weil sie im Gegensatz zu den Devisen nicht überwiesen werden können, sondern transportiert und in den Sortenkassen der Banken und Sparkassen zur Verfügung stehen müssen.

Bedeutung der Devisenbörsen

Die Devisenbörsen und Devisenmärkte beeinflussen die Wirtschaft eines Landes stark. Der hohe Dollarkurs bis Anfang 1985 hat die deutsche Exportindustrie begünstigt und war für ausländische Investoren ein Anreiz, in der Bundesrepublik zu investieren. Der drei Jahre später um über die Hälfte gefallene Dollarkurs erschwerte die Lage des deutschen Exportes erheblich. Der Import von Waren aus den USA und Reisen dorthin haben sich für die Bundesbürger dagegen stark verbilligt.

Rund um die Uhr werden heute auf der ganzen Welt Devisen gehandelt, allerdings nur ein geringer Prozentsatz davon an den Devisenbörsen. Trotzdem haben die Devisenbörsen große Bedeutung, weil hier der amtliche Kurs festgelegt wird. Dies geschieht öffentlich und ist damit transparent. Die amtlichen Devisenkurse bilden die Grundlage für alle Devisenabrechnungen mit Nichtbanken. Unentbehrlich sind die Devisenbörsen auch für die Währungspolitik der Notenbanken.

Devisenbericht, Devisennotierungen

Im Devisenbericht werden die wichtigsten Ereignisse und Tendenzen vom Devisenmarkt und von der Frankfurter Devisenbörse aufgezeigt.

Es folgen die wichtigsten *Devisen-Terminnotierungen* und die Tageskurse der in Frankfurt amtlich gehandelten Währungen. Dabei geben die Notierungen die Ankaufs- (= Geld-) und Verkaufs- (= Brief-) kurse wieder und nicht die in Frankfurt notierten amtlichen Mittelkurse. Für die Wirtschaft sind die Geld- und Briefkurse wichtiger, weil sie den effektiv zu zahlenden bzw. zu erzielenden Devisenpreisen entsprechen.

In einer weiteren Spalte des Devisenkurszettels sind die Kurse aufgelistet, die für den Ankauf von Wechseln auf ausländische Währung gelten. Es folgen Notenverkaufspreise in DM aus Frankfurt und in Schweizer Franken aus Zürich, weil dort viele Noten gehandelt werden. Da Sorten im

Gegensatz zu Devisen nicht an den Börsen gehandelt werden, gibt es keine amtlichen Sortenkurse. Die veröffentlichen Kurse stammen aus örtlichen Sortenpreislisten von Kreditinstituten in Frankfurt und Zürich.

Notenbanken bremsen erneut den Höhenflug des US-Dollar

Fed warf in drei Monaten zwölf Milliarden auf den Markt

DW. **Frankfurt**

In einer neuen konzertierten Aktion haben gestern die großen Notenbanken erfolgreich den Wechselkurs des US-Dollars daran gehindert, die Zwei-Mark-Grenze erneut zu überspringen. An der gemeinsamen Intervention der Zentralbanken gegen den Dollar beteiligten sich unter anderen die US-Notenbank (Fed), die Deutsche Bundesbank, die Bank von Kanada, die Österreichische Nationalbank, die Bank von Italien, die Bank von Frankreich und die Schweizer Nationalbank.

Nach Angaben von New Yorker Händlern verkaufte die Fed in den USA Dollar bei Kursen um 1,9855. Bei sehr ruhigem Geschäft notierte der Kurs des Greenback gestern in Frankfurt zum Fixing mit 1,9901 (1,9785) Mark.

Die amerikanische Notenbank bestätigt erst jetzt, daß sie in den drei Monaten Mai bis Juli fast 12 Milliarden Dollar im Zuge von Interventionen veräußert habe, davon mehr als sieben Milliarden für Yen- und mehr als vier Milliarden für D-Mark-Käufe. Dies sei der höchste Betrag in einer Dreimonatsperiode gewesen und dokumentiere den gemeinsamen Willen der Notenbanken, einen Höhenflug der amerikanischen Währung zu bremsen.

Der Zentralbankrat der Deutschen Bundesbank ließ gestern auf seiner Sitzung in Mainz die deutschen Leitzinsen erwartungsgemäß unverändert. Entgegen verschiedenen Spekulationen, die in den letzten Tagen an den Märkten aufgekommen waren, gelten weiterhin die erst im Juni angehobenen Sätze von fünf Prozent für den Diskont und sieben Prozent für den Lombard.

Quelle: DW

Schweizer Franken deutlich schwächer

b. BERN, 28. April. „Es gilt, beim Rückgang des Schweizer Frankens gegen die D-Mark einen kühlen Kopf zu bewahren, in gewissem Umfange ist die Abschwächung des Frankenkurses gerechtfertigt, denn der Überschuß der schweizerischen Ertragsbilanz hat sich stark vermindert.“ Dies hat der Präsident der Schweizerischen Nationalbank, Markus Lusser, in Bern erklärt. Der Franken hat sich nach der Rede Lussers gegen die D-Mark weiter abgeschwächt und den höchsten Stand des Jahres mit 88,90 Franken für 100 DM in Zürich erreicht. In einer Analyse der internationalen Geldpolitik der achtziger Jahre kritisierte Lusser die „Gruppe der 7“, die in gutem Glauben mit Dollar-Interventionen dem drohenden amerikanischen Protektionis-

(Ausschnitt) Quelle: FAZ

Notenbanken intervenieren gegen den Dollar

H. WI. **Frankfurt**

Der Kurs des US-Dollar befindet sich wieder auf dem Weg über die Hürde von zwei Mark. Mit 1,9902 (1,9799) Mark zum Frankfurter Fixing erreichte er gestern den höchsten Stand seit zweieinhalb Monaten. Schon vormittags hatte die amerikanische Währung auch gegenüber dem Yen an Boden gewonnen und die Hürde von 147 Yen genommen, obwohl die Bank of Japan nach Schätzungen von Händlern mit Verkäufen über rund eine halbe Milliarde Dollar den Aufwärtstrend zu bremsen ver-

(Auschnitt) Quelle: DW

DEVISENMARKT / US-Dollar sprang um gut einen Pfennig

D-Mark fällt auf breiter Front kräftig zurück

HANDELSBLATT, Donnerstag, 20.12.1990

wag DÜSSELDORF. Einen kräftigen Kursrückschlag auf breiter Front erlitt am Donnerstag nach dem überraschenden Rücktritt des sowjetischen Außenministers Eduard Schewardnadse die D-Mark. Starke Beachtung fand dabei auch seine Warnung vor einer neuen Diktatur in der UdSSR.

Die D-Mark wurde in dieser Entwicklung wieder als „Frontwährung" gesehen, nachdem sie zuvor aufgrund der anhaltenden Zinsspekulationen international stark gesucht war. Im Zuge der deutschen Wiedervereinigung und der labilen Lage in Mitteleuropa schlagen die Entwicklungen in der UdSSR, die bisher durch die Golf-Krise etwas verdrängt wurden, besonders stark auf die D-Mark durch. Die Demokratiebewegungen haben sich

Am Nachmittag zog der Dollar noch bis auf 1,4980 DM an und wurde gegen Schluß mit 1,4940/45 DM genannt. Das Pfund wurde mit 2,8650/60 DM, der Franken mit 116,55/65 DM und der Yen mit 1,1118/25 DM genannt. Im späten Mittwochshandel zeigte sich der Dollar mit New Yorker Schlußkursen von 1,4779/84 DM und 134,00/07 Yen wenig verändert bis etwas erholt. Die Überraschung durch die US-Diskontsenkung war recht schnell überwunden, es stützte wieder die sich verschärfende Lage im Golf. Ansonsten konzentrierte sich der Markt auf den DM-Crosshandel. Verwiesen wurde auf die Zinsspekulationen, wobei ein weiter steigender Trend in der Bundesrepublik und nachgebende Zinsen in den übrigen Ländern erwar-

(Ausschnitt) Quelle: HB

Dollar gut behauptet

Der Dollar notierte gut behauptet in einem Markt mit relativ geringen Umsätzen. Er bewegte sich innerhalb einer Schwankungsbreite von 1,6930 und 1,6960 DM. Schwächere Dollarkurse werden für die nächsten Wochen nur dann erwartet, wenn das Ergebnis der Arbeitslosenstatistik in den Vereinigten Staaten für den Monat Mai enttäuschend ausfallen sollte. Andernfalls könnte die Unsicherheit bezüglich der am 1. Juli beginnenden Währungsunion die D-Mark weiterhin belasten, heißt es am Markt. Als bremsend für die Dollarentwicklung könnte sich die Befürchtung erweisen, daß die Bundesbank bei Kursen über 1,70 DM wieder Dollarbestände reduzieren könnte. Amtlich wurde der Dollar mit 1,6940 DM notiert. Etwas besser schnitt die D-Mark gegen andere Währungen ab. Der Kurs des britischen Pfundes war mit 2,844 DM unverändert. Der Schweizer Franken fiel um 43 Pfennig auf 118,43 DM zurück. Die starken Worte aus der dortigen Nationalbank vom Vortag lösten also keine neue Nachfragewelle aus. Auch im Europäischen Währungssystem waren etwas höhere D-Mark-Kurse zu beobachten. So gaben der holländische Gulden um 3 Pfennig auf 88,79 DM, der französische Franc um 3,5 Pfennig auf 29,625 DM und der belgische Franc um 0,2 Pfennig auf 4,858 DM nach. Es ist nicht auszuschließen, daß die klärenden Bemerkungen aus der Bundesbankspitze zu angeblichen Disharmonien zwischen Regierung und Bundesbank der D-Mark zugute kamen. (rt.)

Quelle: Reuter (FAZ)

Devisen und Noten

1.6.90	Diskontsatz	Frankfurter Devisen Geld	Frankfurter Devisen Brief	Wechs. Ankfs.-Kurs[3])	Notenverk.* (DM)	Zürich Notenverk.
→ Am. Dollar[1])...	7	1.6900	1.6980	1.6854	1.74	1.46
Aust.Dollar[1])*)..		1.2950	1.3070	—	1.35	—
Belg. Fr....	10.25	4.8460	4.8660	4.8360	4.36	4.22
Brit. Pfund[1]).....		2.8370	2.8510	2.7900	2.93	2.47
Dän. Kronen..	7	26.155	26.275	26.055	27.10	22.75
D-Mark..........	6	—	—	—	—	85.75
Finnmark	7	42.57	42.77	42.23	43.55	37.00
Fr. Franc.........		29.545	29.705	29.475	30.55	25.75
Gr.Drach.*)	20.5	1.0000	1.0400	—	1.19	—
Holl. Gulden...	7	88.68	88.90	88.785	90.00	76.25
Ir. Pfund[1]).	13.25	2.6710	2.6850	2.6590	2.78	—
It. Lire[2]).....	12.5	1.3535	1.3635	1.3460	1.40	1.19
Jap. Yen...	5.25	1.1100	1.1130	1.1135	1.13	0.97
K.Dollar[1]).	13.92	1.4380	1.4460	1.4136	1.505	1.25
Neus.Dollar[1])*).		0.9700	0.9820	—	1.30	—
Norw. Kronen..		25.935	26.055	25.82	26.90	22.75
Öst. Schill..	6.5	14.192	14.2320	14.200	14.35	12.20
Port. Escudos	15	1.1270	1.1470	1.1160	1.30	1.05
Südaf. Rd. F[1])*)		0.4325	0.4490	—	0.83	—
Südaf. Rd. H[1])*)		0.6300	0.6420	—	—	—
Schw.Kron.	11	27.575	27.735	27.26	28.50	24.00

(Ausschnitt) Quelle: FAZ

Am. Dollar	US-Dollar
7	Diskontsatz in den USA am 1.6.90: 7 %
1.6900 1.6980	Kurse an der Frankfurter Devisenbörse am 1.6.90 für 1 US-Dollar Geldkurs (Ankauf): 1,69 DM Briefkurs (Verkauf): 1,698 DM
1.6854	Kurs für auf Dollar ausgestellte Wechsel mit einer Laufzeit von 60–90 Tagen: 1,6854 DM
1.74 1.46	Notenverkaufskurse für 1 US-Dollar am 1.6.90 in Frankfurt: 1,74 DM in Zürich: 1,46 sfr

Europäische Währungseinheit (Ecu) am 1. Juni:
→ In D-Mark 2,05294 (Ecu-Leitkurs: 2,04446)
In Dollar 1,21225 (12. März 1979: 1,35444)

Quelle: FAZ

ECU am 1. Juni:	Kurs am 1.6.90 für 1 ECU:
in D-Mark 2,05294	2,05294 DM
(ECU-Leitkurs 2,04446)	festgelegter Leitkurs: 2,04446 DM

Ortszeit	Dollar	Fed.[1]	2019[2]	TN94[3]	Gold
31. 5. 10.20	1,6918/28	8 3/16	101 7/16	99 19/32	362,85
31. 5. 12.00	1,6980/90	8 3/16	101 13/32	99 17/32	363,75
31. 5. 14.00	1,6960/70	8 3/16	101 9/16	99 19/32	363,95 ←
31. 5. letzt	1,6945/50	8 3/16	101 13/16	99 21/32	364,05
1. 6. 10.20	1,6840/45	8 1/4	103 11/32	100 5/32	363,75

[1]) Fed. Funds (G), [2]) 8¾ Treasury Bond (G), [3]) 8½ Treasury Notes (G), für Ausländer nicht registrierpflichtig.

Quelle: FAZ

31.5.14.00	Börse New York am 31.5.90 um 14 Uhr
1,6960/70	Dollar-Kursspanne: 1,696 – 1,697 DM
8 3/16	Federal Funds Rate (= Interbankensatz für kurzfristige Kredite unter Banken): 8 3/16 %
101 9/16	Kurs für 8 3/4%ige Treasure Bonds (= T-Bonds, Anleihen des US-Schatzamtes mit einer Laufzeit von 10–30 Jahren) mit einer Laufzeit bis 2019: 101 %.
99 19/32	Kurs für 8 3/2 %ige Notes (T-Notes, Anleihen des US-Schatzamtes mit einer Laufzeit bis 10 Jahre) mit einer Laufzeit bis 1999 : 99 19/32

Sortenkurse der Trierer Banken

	Ank.	Verk.	
100 franz. Francs	28,72	30,57	DM
100 belg./luxemb. Francs	4,72	4,96	DM
100 griechische Drachmen	0,89	1,19	DM
100 portug. Escudos	1,00	1,30	DM
100 Schweizer Franken	116,90	119,90	DM
100 österr. Schillinge	14,03	14,37	DM
1000 ital. Lire	1,305	1,405	DM
100 span. Peseten	1,558	1,678	DM
100 jugosl. Dinare (neue)	12,50	16,50	DM
100 holl. Gulden	87,70	90,05	DM
100 dän. Kronen	25,40	27,20	DM
1 austral. Dollar	1,21	1,35	DM
1 engl. Pfund	2,75	2,93	DM
→ 1 US-Dollar	1,63	1,74	DM
1 Kanada-Dollar	1,39	1,50	DM

Quelle: TV

1 US-Dollar	US-Dollar Sortenkurs (für Noten und Münzen) am Bankschalter in Trier am 5.6.90	
1,63 1,74 DM	beim Ankauf:	1,63 DM
	beim Verkauf:	1,74 DM

6.6 Geldmarkt

Während am Kapitalmarkt an der Börse langfristiges Kapital gehandelt wird – z. B. in Form von festverzinslichen Wertpapieren – werden am Geldmarkt kurzfristige Kredite gehandelt. Der Handel vollzieht sich nicht an der Börse, sondern wird per Telefon und EDV-Systemen zwischen Notenbanken, in- und ausländischen Banken und institutionellen Anlegern mit höchster Bonität abgewickelt. Weil es dabei meistens um Millionenbeträge geht, werden oft Zinsspannen bis auf 1/8 Prozent oder weniger ausgehandelt.

Diskont- und Lombardkredite

Die Kreditinstitute können bei der Deutschen Bundesbank Diskont- und Lombardkredite in Anspruch nehmen. Die Banken bieten der Bundesbank Kundenwechsel (= Handelswechsel), die bestimmten Anforderungen genügen, zum Kauf an und erhalten dafür Kredite eingeräumt. Der Zinssatz, den die Bundesbank für diese Kredite berechnet, ist der Diskontsatz, die Kredite heißen *Diskontkredite*.

Daneben können die Banken bei der Deutschen Bundesbank auch kurzfristig – höchstens drei Monate – Wertpapiere, wie z. B. Anleihen, beleihen. Dieses Beleihen wird als lombardieren bezeichnet, nach der oberitalienischen Lombardei, in der zuerst der Geldverleih gegen Pfänder praktiziert wurde. Die Banken erhalten von der Bundesbank *Lombardkredite* zu einem bestimmten Zinssatz, dem Lombardsatz.

Der Zentralbankrat der Bundesbank, der sich aus dem Direktorium der Bundesbank und den Präsidenten der Landeszentralbanken zusammensetzt, legt den Diskontsatz und den Lombardsatz von Zeit zu Zeit neu fest. Damit versucht die Bundesbank ihre gesetzliche Aufgabe zu erfüllen, die Wirtschaftspolitik der Bundesrepublik zu unterstützen. Um eine Wirtschaftsbelebung zu erreichen, senkt die Bundesbank den Diskont- und Lombardsatz, damit die Banken und Sparkassen diese Zinssenkungen in Form von billigeren Krediten an ihre Kunden weitergeben. Andererseits kann die Bundesbank das Wirtschaftswachstum dämpfen, indem sie den

Diskont- und Lombardsatz erhöht und dadurch indirekt die Kundenkredite verteuert.

Notenbank-Diskont und -Lombard werden täglich im Wirtschaftsteil veröffentlicht, ebenfalls die Diskontsätze aus dem Ausland.

Pensionsgeschäfte

Die Bundesbank kann die Geldversorgung auch über sogenannte Pensionsgeschäfte beeinflussen. Bei *Wertpapierpensionsgeschäften* nimmt die Bundesbank Wertpapiere von den Banken „in Pension" und leiht den Kreditinstituten dafür für einen bestimmten Zeitraum Notenbankgeld. Je nachdem, ob die Bundesbank dabei den Zinssatz vorgibt oder die Geldmenge, spricht man von *Zinstender* bzw. *Mengentender* (engl. tender = Angebot).

Bei *Devisenpensionsgeschäften* kauft die Bundesbank Devisen von den Kreditinstituten zu festgelegten Preisen und Rückzahlungsterminen.

Privatdiskonten

Privatdiskonten sind Wechsel einer Gruppe von Banken, die zum Privatdiskont-Handel zugelassen sind. Diese Wechsel müssen der Finanzierung von Außenhandelsgeschäften dienen und haben – wie andere rediskontfähige Wechsel – eine Laufzeit bis zu 90 Tagen. Privatdiskonten sind auf mindestens 100.000,– DM und höchstens 1 Mio. DM ausgestellt.

Freier Geldmarkt

Kreditinstitute können bei der Deutschen Bundesbank nur Diskont- und Lombardkredite bis zu bestimmten Höchstgrenzen aufnehmen. Bei zusätzlichem Kreditbedarf müssen sie den *freien Geldmarkt* in Anspruch nehmen, d. h. sie nehmen gegen Zinsen Kredite auf bei anderen Geldinstituten im In- und Ausland.

Kurzfristiges Geld wird heute vor allem auf dem sogenannten *Euro-Geldmarkt* gehandelt, hauptsächlich an den Finanzplätzen London und Luxemburg. Die Banken tauschen oft ihre vereinnahmten Devisen – vor allem Dollar, sogenannte Eurodollar – nicht bei den Zentralnotenbanken in nationale Währung ein, sondern verleihen sie kurzfristig und relativ zinsgünstig. Die Hauptumsätze werden dabei mit Termingeld auf ein, zwei, drei, sechs oder zwölf Monate gemacht.

Der *Euro-Markt Luxemburg* hat sich aus dem *Eurodollar-Markt* entwickelt. Er ist heute aber weder auf Europa noch auf Dollar beschränkt, sondern ein weltweiter Devisen- und Kapitalmarkt ohne Restriktionen, d. h. die Umsätze und Erträge sind steuer- und abgabenfrei. Luxemburger Banken müssen keine Mindestreserven bei ihrer Notenbank unterhalten und können dadurch ihren Kunden günstigere Kredite einräumen. Außerdem sind Kapitalerträge wie Gewinne und Dividenden für die Kunden steuerfrei. Aus diesen Gründen ist in den letzten Jahren viel deutsches Kapital nach Luxemburg abgewandert.

Geldmarkt-Notierungen, Swapsätze

Die *Geldmarkt-Notierungen* sind wichtig für die gewerbliche Wirtschaft, aber auch für Privatleute interessant, weil die Kreditzinsen oft an den Diskontsatz gekoppelt sind. Besondere Ereignisse werden im redaktionellen Teil des Wirtschaftsteils kommentiert. Weiter veröffentlicht werden die *Swapsätze*.

GELDPOLITIK / Banken passen Konditionen noch nicht an

Bundesbank bietet Zinstender an

HANDELSBLATT, Dienstag, 25.4.1989

fk FRANKFURT. Die Banken und Sparkassen haben am Dienstag mit ihren Konditionen erwartungsgemäß noch nicht auf die vom Zentralbankrat am letzten Donnerstag überraschend erhöhten Refinanzierungskosten reagiert. „Wir beobachten den Markt", hieß am Bankenplatz Frankfurt die Standardformel nach dem wöchentlichen Vorstandssitzungstag. Die Gremien der Deutschen Bank und der Dresdner Bank werden erst am 2.Mai über die geldpolitische Situation nach der Erhöhung des Diskontsatzes auf 4,5 (4) % und des Lombardsatzes auf 6,5 (6) % beraten. Die Bundesbank hat am Dienstag als Anschlußofferte für den auslaufenden „Mengentender" (6 Mrd.DM zum Festzins von 5,8 %) einen „Zinstender" ausgeschrieben. Zugleich signalisierten die Märkte mit aufgelockerten Tagesgeldsätzen von 5,95 bis 6,05 % und unveränderten Terminsätzen, daß sie von der heutigen Tender-Zuteilung keine Zins-Hochsprünge erwarten. Die Bundesbank hat sich nach vielfacher Ansicht mit ihren erhöhten Leitzinsen fürs erste nur einen auf die Spanne zwischen 5 und 6,5 % vergrößerten Handlungsspielraum verschaffen wollen. Mehr Klarheit verspricht man sich vom 2.Mai, an dem für 37,1 Mrd. DM Wertpapier-Pensionen fällig werden.

Quelle: HB

GELDMARKT / Ruhiges Geschäft zum Jahresbeginn

Tageszins wenig verändert

HANDELSBLATT, Donnerstag, 3.1.1991

wag DÜSSELDORF. Bei sehr ruhigem Geschäft zeigte sich der Tageszins am Donnerstag insgesamt wenig verändert. Auch bei den Terminen sprach man von einer „Normalisierung", nachdem die technischen Transaktionen im Zusammenhang mit dem Jahreswechsel abgewickelt sind. Eine leichte Nachwirkung sieht man noch in der recht hohen Inanspruchnahme des Lombardkredits per 2. Januar von 7,5 (6,2) Mrd. DM. Man wartet jetzt auf die Zuteilung beim neuen Doppelzinstender für Wertpapierpensionen der Bundesbank und erhofft meist eine etwas höhere Zuteilung gegenüber den am heutigen Freitag fälligen 38,7 Mrd. DM aus auslaufenden Wertpapierpensionen. Das Ergebnis der Zentralbankrat-Sitzung war erwartet worden und wirkte sich nicht aus.

Die Zentralbankguthaben der Kreditinstitute stellten sich über Neujahr effektiv auf 80,7 (78,1) Mrd. DM und kumulativ auf 72,8 (72,6) Mrd. DM. Tagesgeld wurde am Donnerstag mit 8,45/55 % weiter um den Lombardsatz gehandelt. Der Monat wurde mit 8,90/9,00, zwei und drei Monate mit je 9,20/30, sechs Monate mit 9,35/45 und das Jahr mit 9,40/50 % genannt.

Quelle: HB

→ **Notenbank-Diskont: 6,0, Lombard: 8,0**

Geldmarkt (Sätze für Handel unter Banken): Tagesgeld 7,80–7,90 (7,85–7,95), Monatsgeld 8,10–8,20 (8,10–8,20),
→ Vierteljahresgeld 8,20–8,30 (8,20–8,30).

→ **Fibor:** (Frankfurt Interbank Offered Rate) am 25. Mai: 3 Monate: 8,30; 6 Monate: 8,60.

→ **Privatdiskont:** Lange Sicht (30–90 Tage). 5,55 Geld, 5,40 Brief; kurze Sicht (10–29 Tage) 5,55 Geld, 5,40 Brief.

Quelle: FAZ

Notenbank-Diskont: 6,0	Diskontsatz (= Zinssatz für Diskontkredite) der Deutschen Bundesbank am 25.5.90: 6 %
Lombard: 8,0	Lombardsatz (= Zinssatz für Lombardkredite) der Deutschen Bundesbank am 25.5.90: 8 %
Vierteljahresgeld	Kredite mit 3monatiger Kündigung
8,20–8,30 (8,20–8,30)	Zinssätze für den Handel unter Banken am 25.5.90: 8,2 bis 8,3 % am 24.5.90: 8,2 bis 8,3 % (Spannen abhängig von der Höhe des Kredits und der Bonität der Bank)
Fibor 3 Monate: 8,30	Frankfurt Interbank Offered Rate Zinssatz für kurzfristige Kredite unter Banken mit 3monatiger Laufzeit am 25.5.90: 8,3 % (Durchschnittssatz von 12 ausgesuchten Banken)
Privatdiskont	Wechsel zur Finanzierung von Ein- und Ausfuhren
Lange Sicht (30–90 Tage) 5,55 Geld, 5,40 Brief	Laufzeit des Wechsels: 30–90 Tage Zinssatz für die Wechsel am 25.5.90 beim Ankauf (= Geld): 5,55 % beim Verkauf (= Brief): 5,4 %

Zinssätze

Euro-Geldmarkt: Sätze unter Banken (mitgeteilt von der Dresdner Bank Luxembourg S. A.) **25. 5. 90**
→ (1, 2, 3, 6, 12 Monate) **DM:** 7⅞ – 8⅛, 7⅞ – 8⅛, 8 – 8¼, 8¼ – 8½, 8⅝ – 8⅞; **sfr:** 8⅝ – 8⅞, 8⅝ – 8⅞, 8⅝ – 8⅞, 8⅝ – 8⅞, 8⅝ – 8⅞; **US-Dollar:** 8 – 8¼, 8⅛ – 8⅜, 8⅛ – 8⅜, 8¼ – 8½, 8½ – 8¾; **Pfund:** 14⅞ – 15⅛, 14⅞ – 15⅛, 14⅞ – 15⅛, 14⅞ – 15⅛, 14⅞ – 15⅛; **bfr:** 9¾ – 10, 9¾ – 10, 9⅝ – 9⅞, 9⅝ – 9⅞, 9⅝ – 9⅞; **Gulden:** 7⅞ – 8⅛, 8 – 8¼, 8 – 8¼, 8¼ – 8½, 8⅝ – 8⅞; **FF:** 9½ – 9¾, 9⅝ – 9⅞, 9⅝ – 9⅞, 9¾ – 10, 10 – 10¼; **Lit:** 11½ – 12⅛, 11⅜ – 12, 11⅜ – 12, 11½ – 12⅛, 11¾ – 12⅜; **Ecu:** 9⅞ – 10⅛, 10 – 10¼, 10 – 10¼, 10¼ – 10½, 10⅜ – 10⅝; **Yen:** 7⅛ – 7⅜, 7⅛ – 7⅜, 7⅛ – 7⅜, 7¼ – 7½, 7¼ – 7½

Quelle: FAZ

DM	DM-Kredite unter Banken am Bankplatz Luxemburg am 25.5.90
7⅞ – 8⅛	**Zinssatz** bei Laufzeit 1 Monat: 7⅞ % – 8⅛ %
8⅝ – 8⅞	12 Monate: 8⅝ % – 8⅞ %

Swapsätze

Termine (Swapsätze in Pfennig) 1, 3, 6 Monate (Mittelkurse): **Dollar:** 0,03; 0,06 Abschlag; 0,03 Aufschlag; **Pfund:** 1,61; 4,75;
→ 8,79 Abschlag; **Franc:** 4,5; 13,5; 25,0 Abschlag; **Schweizer Franken:** 8,0; 16,0; 12,0 Abschlag; **Gulden:** 1,0; 2,0; 2,0 Abschlag; **Tendenz:** FF-Deports erhöht.

Quelle: Berliner Handels- und Frankfurter Bank (BHF-Bank)

Quelle: FAZ

Franc	Devisen-Terminhandel in Franc
4,5; 13,5; 25,0	Abschlag(= Abzug) gegenüber den Devisenkassakursen am 2.6.90 bei
	1 Monat: 4,5 Pfennige
	3 Monaten: 13,5 Pfennige
	6 Monaten: 25 Pfennige

7. Terminhandel

7.1 Börsenhandel

Warenbörsen

Für die Bundesrepublik als rohstoffarmes Land ist die Versorgung der Konsumenten, des Handwerks und der Industrie mit Rohstoffen besonders wichtig. Eine lückenlose Versorgung ist – bis auf Krisenzeiten wie die Erdölkrisen 1973 und 1979 – gewährleistet durch den freien Handel an den verschiedenen Warenbörsen. Wichtige Rohstoffe, die nicht an den Weltmärkten gehandelt werden, wie z. B. Kohle und Stahl, sind durch langfristige Verträge abgedeckt. Gehandelt werden an den Warenbörsen alle Waren, die in Standardqualitäten angeboten werden können. Das ist bei Edelmetallen (Gold, Silber, Platin ...) und Nichteisenmetallen (Aluminium, Kupfer, Zinn ...) relativ einfach. Schwerer ist die Standardisierung bei landwirtschaftlichen Produkten wie Getreide und Kaffee. Einige Agrarprodukte, wie z. B. Tabak, eignen sich aufgrund ihrer Qualitätsunterschiede nicht für den Börsenhandel und werden deshalb auf Auktionen versteigert.

Die größten Warenbörsen der Welt sind in Chicago. Am *Chicago Board of Trade (CBOT oder CBT)*, dem sogenannten *Big Board*, wird vor allem Getreide gehandelt und an der *Chicago Mercantile Exchange (CME)* Vieh und Fleisch. Wichtige Warenbörsen sind in New York die *Commodity Exchange (Comex)* und die *New York Mercantile Exchange (Nymex)*, sowie die *London Metal Exchange (LME)*. Der Marktanteil der CBOT liegt über 40 Prozent, der CME bei über 30 Prozent, so daß an den beiden Börsen in Chicago zusammen rund drei Viertel des gesamten Umsatzes in den USA abgewickelt wird. Die Warenbörsen der Bundesrepublik in Bremen, Hamburg und Dortmund für Tabak, Getreide, Futtermittel und Metalle haben keine große Bedeutung. Es sind keine echten Warenbörsen, da nur Preisfestsetzungen stattfinden.

Kassamarkt, Terminmarkt

Die Warenbörse mit sofortiger Lieferung ist der *Kassamarkt (= Cash Market)*, auch *Lokomarkt (= Spot Market)*, genannt. Die Warenproben, z. B. von Getreide, liegen vor und können begutachtet werden. Die Preise, die hier zustandekommen, werden als *Kassa-* oder *Lokopreise* notiert. Daneben gibt es den *Terminmarkt (= Future Market)*. Hier werden Waren auf einen späteren Termin gehandelt, wobei die Waren selber nicht vorliegen. Es werden Kontrakte (= Futures) gehandelt, die für jede Ware genau die Qualitätsstufe, die Mindestmenge und den Liefertermin vorschreiben, zu denen sie geliefert und abgenommen werden muß. Die ausgehandelten Preise sind die *Terminpreise*. Viele Waren werden sowohl am Kassamarkt als auch am Terminmarkt gehandelt. Erdöl wird zu ca. einem Drittel an Spotmärkten – bekannt ist der Spotmarkt Rotterdam – und zu zwei Drittel an Terminmärkten gehandelt. Der Terminhandel bringt für den Käufer und für den Verkäufer gleichermaßen Vorteile. Der Käufer sichert sich im voraus die benötigte Ware zu einem genau festgelegten Preis und kann damit kalkulieren. Umgekehrt weiß der Verkäufer, welchen Preis er für seine Ware in drei, vier oder sechs Monaten erlösen wird und kann seinerseits disponieren.

Entwicklung des Terminhandels

Einen Terminhandel gab es bereits im Mittelalter, als Kaufleute in Venedig und Amsterdam ihre Schiffsladungen verkauften, bevor die Schiffe die Zielhäfen erreichten. In Amsterdam wurde Anfang 1600 neben dem normalen Handel mit Tulpenzwiebeln auch ein Handel auf Termin abgewickelt, wobei die Terminverpflichtungen ihrerseits wieder weitergehandelt wurden. Vor etwa 200 Jahren begannen amerikanische Farmer damit, ihr Getreide bereits vor der Ernte zu verkaufen, um sich im voraus entsprechende Preise zu sichern. Der Handel wurde später auf andere Agrarprodukte und Metalle ausgedehnt und führte 1848 zur Gründung des *Chicago Board of Trade (CBT)*. Die CBT ist die größte Rohstoffbörse der Welt, seit 1982 werden auch Optionskontrakte gehandelt. Die zweitgrößte Warenbörse besteht seit 1874: die *Chicago Mercantile Exchange* (CME).

Optionen, Kontrakte

Es besteht bei Termingeschäften ein grundsätzlicher Unterschied zwischen Optionen (= Options) und Kontrakten (= Futures): Mit einer *Option* erwirbt man das Recht, eine Ware zu kaufen oder zu verkaufen. Dieses Recht muß nicht ausgeübt werden. Man kann auf das Optionsrecht verzichten und verliert die Optionsprämie. Bei einem *Kontrakt* geht man die feste Verpflichtung ein, die Ware zu liefern oder abzunehmen. In der Praxis kann man sich dieser Verpflichtung zur Lieferung oder Abnahme der Ware dadurch entziehen, daß man ein entsprechendes Gegengeschäft abschließt (= Position „glattstellen"). Man muß deshalb heute unterscheiden zwischen

- *reinen Optionsgeschäften* (= Optionen, Options) wie dem Aktienoptionshandel (Stock Options)
- *reinen Terminkontraktgeschäften* (= Futures) auf Waren (Commodity-Futures), Finanztitel (Financial-Futures) wie T-Notes und T-Bonds, Devisen (Currency-Futures) und Indizes zum Beispiel Aktienindexkontrakte (Stock-Index-Futures) auf den Standard & Poor's 500.
- und der Kombination von beiden, *dem Optionshandel auf Terminkontrakte* (= Future-Optionen, Option on Futures). Gehandelt werden Kaufoptionen (Calls) und Verkaufsoptionen (Puts). Beispielsweise hat der Käufer einer Kaufoption das Recht – aber nicht die Pflicht – einen Terminkontrakt zu einem festgelegten Preis (= Basispreis) innerhalb einer bestimmten Zeitspanne vom Verkäufer dieser Kaufoption zu erwerben. Für dieses Optionsrecht zahlt der Käufer dem Verkäufer die sogenannte Optionsprämie.

Gehandelte Waren

In den letzten Jahrzehnten wurden in den Terminhandel auch *Währungen* (Anteil heute ca. 10 Prozent), Finanztitel wie Staatsanleihen (Anteil ca. 40 Prozent) und Börsenindices (Anteil ca. 15 Prozent) aufgenommen, wobei diese „Waren" die reinen Rohstoffe (Anteil ca. 35 Prozent) abgehängt haben. Erfolgreichster Terminkontrakt ist weltweit der Futures Kontrakt auf amerikanische Staatsanleihen (T-Bonds) am Chicago Board of Trade. Es folgen – in der Reihenfolge ihrer Umsätze – Kontrakte auf den Aktienindex Standard & Poor's 500, auf Eurodollar, Gold, Rohöl, Deutsche Mark, Mais, Sojabohnen und Schweizer Franken. Im Gegensatz zu den normalen Terminkontrakten erfolgt die Lieferung bei Index-Kontrakten durch Auszahlung des fälligen Betrages. Eine Lieferung der einzelnen Titel, aus denen sich der Index zusammensetzt, wäre zu umständlich. Der Wert errechnet sich beim Standard + Poor's 500, indem die jeweilige Terminnotierung mit 500,– US Dollar multipliziert wird. Bei einer Notierung von 221,0 Punkten beläuft sich der Kontraktwert auf 110.500 US Dollar.

Neue Terminbörsen

Seit Anfang der siebziger Jahre entstanden weltweit neue Terminbörsen, wie die *New York Futures Exchange (NYFE)*, der *International Monetary Markt (IMM)* in Chicago – heute die bedeutendste Devisenterminbörse der Welt –, in Amsterdam die *European Options Exchange (EOE)*, die *London International Financial Futures Exchange (LIFFE)*, in Paris der *Marché à Terme D'Instruments Financiers (MATIF)*, in der Schweiz die *Swiss Options and Financial Futures Exchange (SOFFEX)*, in Japan die *Tokyo International Financial Futures Exchange (TIFFE)* und 1990 in Frankfurt die *Deutsche Terminbörse (DTB)*.

Die Terminbörsen in Chicago konnten bis jetzt ihre weltweite Vormachtstellung halten, über 80 Prozent aller Kontrakte werden hier abgeschlossen. Es folgen in der Reihenfolge die Börsen in Tokio, Paris und London. An der Londoner *LIFFE* werden seit 1988 auch Terminkontrakte auf deutsche Bundesanleihen gehandelt.

Kampf um Prestige und Milliarden-Einnahmen

Warenbörsen: Franzosen und Holländer gegen Briten

Sbt. **London**

So aufregend wie das Auf und Ab der Preise für Gold, Kaffee, Zink oder Blei ist der Kampf um die wichtigsten Warenbörsen, der zwischen den Briten, Franzosen, Holländern und Belgiern entbrannt ist. London, Paris, Amsterdam und Brüssel möchten die erste Geige spielen, wenn der EG-Binnenmarkt am 1. Januar 1993 voll anläuft. Hier geht es nicht nur um das Prestige. Am Sitz einer großen Warenbörse wird ebenso viel Geld verdient.

Mit schmaler Oberlippe verfolgen die Briten die Versuche der drei Länder, mittels staatlicher Zuschüsse London als europäisches Handelszentrum zu demontieren. Paris, Amsterdam und Brüssel haben die Angel nach der Internationalen Zuckerorganisation und dem Internationalen

Piratenware entlud. Heutzutage addiert sich der Netto-Devisengewinn auf etwa als 350 Mill. Pfund.

Um auch Warenbörsen wie die London Metal Exchange (Kupfer, Zinn, Zink, Aluminium, Nickel und Silber), die London Commodity Exchange (Kaffee, Kakao, Mineralölprodukte, Gummi, Zucker und Wolle), die International Petroleum Exchange und die Baltic Exchange nicht zu verlieren, ist die Thatcher-Regierung selbst bereit, gegen die Prinzipien des freien Marktes zu verstoßen. Zunächst geht es um 750 000 Pfund.

Mit diesem Geld will Whitehall der Zuckerorganisation und dem Weizenrat ein neues Hauptquartier in der Canary Wharf in den Londoner Docklands schmackhaft machen. Die Miete in der City-Dependance die vo- kanad-

Rohstoffe	Börse	Einheit	Ende Juni 1989	Ende Mai 1989	Hoch 1989	Tief 1989
Kupfer	L	£/t	1611,50	1652,50	2007,00	1547,50
Zink	L	$/t	1620,00	1557,50	2113,50	1476,00
Erdöl/Brent	R	$/bl	18,10	18,10	21,90	16,30
Blei	L	£/t	434,25	395,00	449,50	336,50
Aluminium	L	$/t	1810,00	2047,50	2597,50	1802,50
Nickel	L	$/t	12950,00	12675,00	19250,00	10037,50
Gold	L	$/Unze	371,15	363,50	413,60	358,50
Silber	L	cts/Unze	517,40	521,85	621,00	508,60
Platin	NY	$/Unze	496,00	501,15	566,20	483,25
Weizen	C	cts/bu	396,00	387,00	448,62	381,67
Mais	C	cts/bu	266,20	260,55	289,25	249,40
Kakao[1]	NY	$/t	1201,00	1126,00	1655,00	1118,00
Kaffee[1]	L	£/t	1017,50	1204,00	1500,00	1017,50
Zucker	NY	cts/lb	14,25	10,86	14,25	9,41
Sojaöl	C	cts/lb	20,53	21,32	23,78	20,03
Baumwolle[2]	NY	cts/lb	67,80	67,75	69,32	56,13
Schweißwolle	S	cts/kg	-	-	-	-
Kautschuk	L	p/kg	61,50	58,50	64,50	55,50
Indices:						
Moody's (31.12.31=100) New York			1120,6	1080,8	1147,6	1066,2
Reuter's (31. 9.31=100) London			2027,3	2014,2	2035,9	1930,3

[1]Zweite Abladung C = Chicago; L = London; NY = New York; R = Rotterdam; S = Sydney
[2]A-Index-Preis Zusammengestellt von der Commerzbank AG

(Ausschnitt) Quelle: DW

CHICAGO BOARD OF TRADE / Neuer Umsatzrekord

T-Bond- und agrarische Futures dominieren stark

HANDELSBLATT, Mittwoch, 16.11.1988

zz WASHINGTON. Trotz einer Geschäftsabschwächung im September konnte der Chicago Board of Trade (CBOT) in den ersten neun Monaten 1988 mit 107,269 Millionen durchgehandelten Kontrakten einen neuen Umsatzrekord aufstellen.

Der Umsatz liegt um 13,6 % über als im entsprechenden Vorjahresmonat. In den ersten neun Monaten stieg die Zahl der Sojabohnen-Optionen sogar um 201,8 % auf 2,636 Millionen. Bei Mais betrugen die Zahlen im Monatsvergleich 156 372 Optionen (plus 175,5 %) und in den ersten neun Monaten 1,178 Millionen Optionen (plus 125,9 %).

Die Futures auf fünfjährige Treasury-Notes kamen im September auf

(Ausschnitt) Quelle: HB

Premiere in Rotterdam: Die Ölterminbörse startet Handel

Alle 160 Makler-Plätze sind auf Anhieb besetzt worden

htz. **Rotterdam**

Bei der Roefex NV, der neuen Rotterdamer Börse für den Ölterminhandel, läutete am gestrigen Dienstag um 10 Uhr erstmals die berühmte Börsenglocke. Die Computer im nagelneuen Roefex-Börsenraum des Rotterdamer World Trade Centers wurden gestartet. Die ersten Terminkontrakte auf Öl wurden abgeschlossen und verhandelt. „Wir freuen uns auf eine gute Zusammenarbeit mit den anderen Ölterminmärkten in der Welt, namentlich in New York, Singapur und sogar in London, auch wenn wir mit der zuletzt genannten in hartem Wettbewerb stehen werden", hieß es in der Eröffnungsansprache.

Roefex steht für Rotterdam Energy Futures Exchange NV. „Das Interesse für die neue Terminbörse ist überwältigend und weltweit. Wir haben alle 160 Händler-Plätze besetzen können und erhielten mehr als 200 Anmeldungen", meinte der neu ernannte Roefex-Präsident Peter de Jong zur WELT. Mit von der Partie im neuen Öltermingeschäft sind bekannte Namen wie Merrill Lynch, Credit Lyonnais, Tokio Commodity, Wall Street Commodities sowie die deutschen Firmen Veba und Metallgesellschaft.

Verhandelt werden Terminkontrakte in allen Ölqualitäten, in schwerem Heizöl der Topqualität Brent Blend sowie in leichtem Heiz- und Dieselöl. Es gibt drei Kontrakttypen: Den Rotterdamer Crude Oil Futures Contract auf 1000 US-Barrels für schweres Heizöl und zwei Produktkontrakte für leichtes Heiz- und Dieselöl auf je 100 Tonnen. Die Besonderheit des Roefex-Handels liegt darin, daß alle Kontrakte tatsächlich physisch einlösbar sind, also geliefert werden müssen, wenn gewünscht.

Quelle: DW

7.2 Termingeschäfte

Strategien

Die überwiegende Zahl der Termingeschäfte wird heute nicht von Erzeugern und Verbrauchern (= Hedger) abgeschlossen, sondern von Spekulanten (= Trader). Von den ca. 350 Milliarden US Dollar, die täglich rund um die Erde gehandelt werden, sind 85 bis 90 Prozent keine wirklichen Warengeschäfte, sondern lediglich spekulative Transfers. Da Spekulanten nicht an der Ware selbst interessiert sind, ist es für sie egal, ob der Preis der Ware steigt oder fällt. Trader wollen am Preisunterschied verdienen und bedienen sich unterschiedlicher Strategien:

> Wenn sie steigende Preise erwarten, *kaufen* sie eine Ware *auf Termin* (= long position) mit der Absicht, diese zu einem späteren Zeitpunkt zu einem höheren Preis wieder zu verkaufen. Die erzielte Differenz ist ihr Gewinn. Fällt der Preis, machen sie entsprechenden Verlust.
> Wenn sie fallende Preise erwarten, werden Waren *auf Termin leer verkauft* (= short position). Leer-Verkauf heißt, eine Ware zu verkaufen, die man noch gar nicht besitzt, sondern erst später zu einem günstigeren Preis erwirbt. Der Gewinn liegt zwischen dem zuerst erzielten höheren Verkaufspreis und dem später gezahlten niedrigeren Kaufpreis. Steigt der Preis, fällt entsprechender Verlust an.

Abwicklung

Kunden, die eine bestimmte Ware kaufen oder verkaufen wollen, müssen eine Warenmaklerfirma (= Commoditybroker) beauftragen, die den Auftrag an einen Börsensaalhändler (= Floorbroker) zur Ausführung weitergibt. Der Kontrakt wird über ein spezielles Kundenkonto beim Broker abgewickelt. Auf dieses Konto ist nur ein Teil des Kontraktwertes – in der Regel zwischen 10 und 20 Prozent – einzuzahlen. Diese Sicherheitseinlage wird als *Einschuß* oder *Marge* bezeichnet. Börsentäglich wird der Terminkontrakt aufgrund der Schlußkurse bewertet. Ergeben sich dabei Verluste, ist der Kunde verpflichtet, *Nachschüsse* zu leisten, bis die

Anfangsmarge wieder erreicht ist. Erfüllt der Kunde seine Nachzahlungspflicht nicht, muß der Broker die Position „glattstellen“ (= exekutieren). Das geschieht durch umgehenden Verkauf des Kontraktes mit Verlust.

Dazu ein *Beispiel:*
Im Mai wird 1 Kontrakt Gold (= 100 Unzen = ca. 3 kg) auf Dezember für 40.000 $ gekauft. Als Einschuß wird sofort 10 Prozent = 4.000 $ fällig. Folgende zwei Möglichkeiten werden angenommen:

1. Der Goldpreis steigt zwischenzeitlich um 20 Prozent. Dadurch steigt der Kontraktwert auf 48.000 $. Beim sofortigen Verkauf ergibt das einen Gewinn von 8.000 $, das entspricht auf den Einsatz von 4.000 $ einem Gewinn von 200 Prozent.

2. Der Goldpreis fällt in der Zwischenzeit um 10 Prozent. Der Kontraktwert fällt dadurch auf 36.000 $. Das ist ein Verlust von 4.000 $, der umgehend durch einen Nachschuß auszugleichen ist. Kann oder will der Kunde kein Geld nachschießen, wird der Kontrakt sofort vom Broker aufgelöst, d. h. an der Terminbörse verkauft. Der Verlust bleibt dann auf die 4.000 $ beschränkt. Bezogen auf die eingesetzten 4.000 $ ist das ein Verlust von 100 Prozent.

Optionsgeschäfte und Kontraktgeschäfte

Reine Optionsgeschäfte werden in Kapitel 5.2.5 beschrieben. Ein Beispiel für ein *reines Terminkontrakt-Geschäft:*

An der LIFFE in London werden seit 1988 und an der Deutschen Terminbörse (DTB) seit 1990 Terminkontrakte (Futures) auf eine fiktive Bundesanleihe (Bund-Future) mit acht bis zehn Jahren Laufzeit und 6 Prozent Verzinsung gehandelt. Diese „synthetische“ Anleihe gibt es real nicht, ihr fiktiver Kurs kann aber anhand der aktuellen Kapitalmarktrendite errechnet werden.
Ein Kontrakt umfaßt 250.000,– DM Nennwert, wovon 2.500,– DM, d. h. also 1 Prozent, als Einschuß (Margin) geleistet werden müssen. Steigt der Zins am Kapitalmarkt, fällt der Kurs der Anleihe und damit der Wert des Kontraktes, sowie umgekehrt. Je 0,01 Prozent Kursän-

derung der Anleihe werden 25,– DM gewonnen oder verloren. Dieser Betrag wird dem Anleger – im Gegensatz zum Optionsgeschäft – börsentäglich auf seinem Konto verrechnet.

Die Kombination von Options- und Kontraktgeschäften – der *Optionshandel auf Terminkontrakte (Future Optionen, Options on Futures)* – wird am Kauf einer Kaufoption für eine Ware und am Kauf einer Verkaufsoption eines Finanztitels erklärt.

Kauf einer Kaufoption

Am Terminmarkt in Chicago wird im August Zucker auf den Basismonat März nächsten Jahres mit 14 ct/1b (Cent je Pound) gehandelt.

Ein Anleger spekuliert auf Hausse und erwirbt eine Kaufoption, die ihm das Recht einräumt, diesen Terminkontrakt für 14 ct/1b zu erwerben. Der Kontrakt läuft zwei Wochen vor dem 1. März aus. Die Optionsprämie soll der Einfachheit halber 1 ct/1b betragen, auf den Kontrakt (1 Kontrakt Zucker sind 50 long tons = 50 x 2.240 amerikanische Pfund) bezogen sind das 50 x 2.240 lb x 1 ct/lb = 112.000 cents = 1.120 Dollar. Die Gewinnschwelle liegt damit bei 15 ct/1b. Wenn Zucker am Terminmarkt vor März z. B. auf 16 ct/1b steigt, kann der Anleger sich entscheiden, ob er sein Optionsrecht ausübt und den Kontrakt zu 14 ct/1b kauft, oder ob er die Option für 2 ct/1b verkauft. In beiden Fällen erzielt er einen Gewinn von 1 ct/1b (16 ct/1b – 14 ct/1b = 2 ct/1b abzüglich 1 ct/1b Optionsprämie). Auf den Kontrakt bezogen sind das 1.120 Dollar, der Gewinn beträgt 100 Prozent. Notiert der Terminkontrakt am Fälligkeitstag unter dem Basispreis von 14 ct/1b, läßt der Anleger die Option verfallen. Sein Verlust beträgt dann 100 Prozent bzw. 1.120 Dollar.

Kauf einer Verkaufsoption

T-Bonds notieren im März am Terminmarkt New York mit 92 $.

Ein Spekulant, der eine Strategie auf Baisse verfolgt, kauft eine Verkaufsoption auf einen Septemberkontrakt mit dem Basispreis 90 $. Die Optionsprämie beträgt 2 $, für den gesamten Kontrakt 2000 $. Die Notierung für T-Bonds Basis September fällt auf 84 $. Der Spekulant verkauft den Kontrakt für eine Prämie von 6 $, d. h. den gesamten Kontrakt für 6000 $. Abzüglich der ursprünglich gezahlten Prämie von 2000 $ beträgt der Gewinn 4000 $ oder 200 Prozent. Liegt die Terminnotierung am Fälligkeitstag über dem Basispreis, läßt der Spekulant die Option verfallen. Sein Verlust beträgt dann 2000 $ bzw. 100 Prozent.

Risiken

Aus den Beispielen geht hervor, daß mit Termingeschäften nicht nur hohe Gewinne, sondern – insbesondere durch entsprechende Nachschüsse – auch große Verluste erzielt werden können. Warentermingeschäfte sind etwas für Spezialisten und auch die fahren oft riesige Verluste ein, wie z B. im Fall Klöckner und Co KGaA aus dem Jahr 1988. Dem Unternehmen entstanden über 700 Millionen DM Verluste durch Spekulationen mit Rohöl-Terminkontrakten.

Termingeschäfte sollten grundsätzlich nie mit Telefonverkäufern abgeschlossen werden, die in der Regel ausschließlich auf Provisionsbasis bei oft unseriösen Anlagegesellschaften arbeiten und „branchenüblich“ ein Disagio und eine Gewinnbeteiligung von jeweils 15 Prozent verlangen. Der Warenpreis muß also – ohne die normalen Brokergebühren – auf über 30 Prozent steigen, damit der Anleger in die Gewinnzone kommt. In der Vergangenheit wurden Kundengelder auch veruntreut, anstatt sie an den Terminbörsen anzulegen (= Lufttrading). Wenn ein Anleger echtes Risikokapital zur Verfügung hat und damit spekulieren möchte, sollte er sich an eine seriöse Brokerfirma wenden und vorher auch die Kostenfrage klären.

Anleihen-Geschäft per Computer

Londoner Terminbörse ist mit „Bund-Kontrakt“ zufrieden

os. **Frankfurt** (Eigener Bericht) – *Der Ende September 1988 eröffnete Terminhandel mit Bundesanleihen macht der Londoner Terminbörse* Liffe *(London International Financial Futures Exchange) einige Freude. Die erreichten durchschnittlichen 5200 Handelsabschlüsse am Tag seien etwa das, was man sich vorgestellt habe. Für den deutschen Berufs-Wertpapierhandel ist dies hingegen eine bittere Pille, denn die im Entstehen begriffene deutsche Terminbörse (DTB) wird frühestens ab Januar 1990 mit etwas Ähnlichem aufwarten. In der Zwischenzeit kann der Profi an der Liffe bestehende Anlagen gegen Kursveränderungen absichern oder Kursdifferenzen gewinnbringend nutzen. Der kleine Anleger dürfte auf dieser Bühne ein schlüpfriges Parkett vorfinden, ist doch jener Terminhandel nicht ganz einfach zu verstehen und auch nur mit dem Computer abzuwickeln.*

Kern- und Angelpunkt des sogenannten „Bund-Kontrakts“ ist eine Fiktion: Die Londoner Termin-Börsianer tun so, als ob es eine sechsprozentige Bundesanleihe mit einer Laufzeit von 10 Jahren gäbe. Der Kurs dieses künstlichen Gebildes orientiert sich natürlich an den Notierungen billigste Liefermöglichkeit. Wie so etwas in der Praxis funktioniert, zeigt die Liffe an folgendem Beispiel.

Am 3. Februar 1988 war die mit 6,375 Prozent Nominalzins ausgestattete Bundesanleihe bei einem Kurs von 101.30 bzw.

(Ausschnitt) Quelle: SZ

Terminbörse erweitert

FRANKFURT. Die Deutsche Terminbörse (DTB) betritt am 23. November Neuland. Sie startet den Handel mit sogenannten Financial Futures. Dabei handelt es sich um standartisierte und börsengehandelte Finanzterminkontrakte. Rolf-E. Breuer, Vorsitzender des Börsenvorstandes, betonte am Montag in Frankfurt, daß damit der Londoner Börse Geschäft abgenommen werden soll. „Letztlich werden sich London und Frankfurt das Geschäft 50:50 Prozent teilen“, hofft der Börsenexperte. Im einzelnen wird an der DTB künftig jeweils ein Terminkontrakt auf einen Aktienindex (DAX-Future) und auf einen Zinsindex (Bund-Future) gehandelt. Die beiden neuen Instrumente basieren auf dem Deutschen Aktienindex DAX und auf langfristigen 8,5 bis 10prozentigen Bundesanleihen.

Quelle: TV

Die Liffe dominiert beim Euro-DM-Futureskontrakt

ret FRANKFURT. Die London International Financial Futures Exchange (Liffe) scheint das Rennen um die Gunst der internationalen Anlegergemeinde beim neuen Euro-DM-Futureskontrakt gegen die Pariser Terminbörse Matif zu gewinnen. Die Liffe brachte es im Mai auf 92813 Kontrakte; in Paris wechselten während des gleichen Monats 50608 Kontrakte den Besitzer. Allerdings wird aus Paris berichtet, daß sich die Umsatztätigkeit im bisherigen Verlauf des Juni in diesem neuen Kontrakt belebt hat.

Quelle: HB

ROHÖL / Änderungen bei den Andienungsmodalitäten

Neuer Terminkontrakt an der Nymex

HANDELSBLATT, Mittwoch, 23.8.1989

vwd NEW YORK. Am 2. Oktober wird an der New York Mercantile Exchange (Nymex) der Handel mit dem neuen Terminkontrakt auf Rückstandsheizöl aufgenommen. Das gab der Verwaltungsrat der Nymex bekannt. Zuvor hatte die Commodity Futures Trading Commission (CFTC) den neuen Kontrakt Nr. 6 gebilligt. Der Dezember ist der erste Andienungsmonat. Gehandelt werden auch die 15 folgenden Monate. Außerdem wurden einige Änderungen beim Rohölterminkontrakt genehmigt.

Vier ausländische Rohölqualitäten, die gegenwärtig für den Kontrakt angedient werden können, wurden gestrichen, dafür wurde die norwegische Qualität Oseberg neu aufgenommen. Gestrichen wurden Brass River, Ekofisk, Zarzaitine und Saharan Blen. Neben Oseberg können weiterhin Brent und Bonny Light angedient werden. Außerdem müssen die Verkäufer das Rohöl in Cushing/Oklahoma am ersten Tag des Andienungsmonats ausliefern. Die Abnehmer können den Wunsch nach ausländischen Sorten äußern. Die Änderungen müssen noch von der CFTC gebilligt werden.

Der 1000-Barrel-Kontrakt Nr. 6 erlaubt eine Mengentoleranz von ± 5 %. Die Mindestpreisbewegung beträgt 1 Cent je Barrel (10 $ je Kontrakt). Letzter Handelstag für den Kontrakt ist der letzte Handelstag des Monats, der dem Liefermonat vorausgeht.

Quelle: HB

Rotterdamer Energiebörse nimmt Geschäft auf

vwd SINGAPUR. Die Rotterdam Energy Futures Exchange (Roefex) wird am 31. Oktober mit der Einführung von drei Kontrakten das Geschäft aufnehmen. Das gab Roefex-Präsident Ted Westerterp anläßlich der asiatisch-pazifischen Petroleum-Konferenz in Singapur bekannt. Es werden ein Terminkontrakt auf Brent-Rohöl mit einem Kontraktvolumen von 1000 Barrel, ein Benzin-Termin mit einem Volumen von 100 000 t und ein Kontrakt auf schweres Heizöl mit einem Volumen von 100 t angeboten.

Quelle: HB

Kapitalanleger um 140 Millionen betrogen?

WÜRZBURG. Unter dem Verdacht, Tausende von Anlegern betrogen und ihr Kapital von 140 Millionen DM veruntreut zu haben, ist der Geschäftsführer der U.E.S. Gesellschaft für Anlageberatung mbH, Düsseldorf, in Würzburg festgenommen worden. Die dortige Repräsentanz der Gesellschaft war mißtrauisch geworden und hatte Anzeige erstattet. Die U.E.S. hat nach Erkenntnissen der Staatsanwaltschaft Würzburg Kapitalanleger geworben und ihnen Gewinne durch Warentermingeschäfte und mit Aktien versprochen.

Es bestehe der Verdacht, daß die von der Gesellschaft als Gewinne deklarierten Gelder nach dem „Schneeballsystem“ aus den Einzahlungen neu geworbener Anleger stammten.

Quelle: TV

7.3 Deutsche Terminbörse

Optionshandel und Futurehandel

Um den Anschluß an andere Finanzplätze nicht zu verlieren, wurden in der Bundesrepublik 1989 die gesetzlichen Grundlagen geschaffen zur Einführung einer Terminbörse mit *Future Kontrakten* und für den Börsenhandel „ohne Anwesenheit der Börsenteilnehmer", d. h. zur Einrichtung einer Computerbörse. Die *Deutsche Terminbörse* (DTB) in Frankfurt begann Anfang 1990 mit dem *Optionshandel* auf 14 vielgehandelte deutsche Aktien:

BASF, Bayer, Hoechst
Commerzbank, Deutsche Bank, Dresdner Bank
BMW, Daimler, VW
Allianz, Karstadt, Nixdorf, Siemens, Veba

Das Ziel ist, mindestens alle 30 Aktien zu handeln, die den Deutschen Aktienindex DAX bilden. Im Herbst 1990 wurde an der Deutschen Terminbörse der *Future-Handel* auf den Deutschen Aktienindex DAX und auf eine synthetische zehnjährige Bundesanleihe aufgenommen. An der Deutschen Terminbörse sind auch Privatanleger termingeschäftsfähig, wenn die Bank oder Sparkasse den Anleger schriftlich über die Verlustrisiken bei Termingeschäften aufgeklärt hat.

Computerbörse, Market Maker

Die DTB ist eine reine *Computerbörse*. Außer der Schweizer Soffex sind alle anderen bedeutenden Terminmärkte Präsenzbörsen. Der Handel wird von 10.30 bis 15.00 Uhr abgewickelt. Gehandelt wird auf vier Laufzeiten: eins, zwei, drei und sechs Monate, wobei der Verfalltag jeweils der dritte Freitag des jeweiligen Monats ist. Ein gehandelter Kontrakt besteht aus jeweils 50 Aktien. Je Abschluß eines Optionsgeschäfts sind zur Zeit an die DTB 7,– DM abzuführen. Dazu kommen die entsprechenden Spesen der Kreditinstitute, für die es bislang keine einheitliche Regelung gibt. Eine große Privatbank berechnet z. B. zusätzlich 25,– DM je Abschluß. Unter den teilnehmenden Banken haben einige die Funktion von *Market Maker*. Market Maker sind berechtigt und – auf Anfrage von Börsenteilnehmern – verpflichtet für die von ihnen betreuten Aktien für alle Optionsserien verbindliche Geld- und Briefkurse (= Quotes) zu nennen. Dadurch sind ständig Kontrakte handelbar.

Basispreise

Die *Basispreise* sind abhängig vom jeweiligen Aktienkurs. Sie sind je nach ihrer Höhe unterschiedlich gestaffelt, zum Beispiel ... 460 – 480 – 500 – 550 – 600 – 650 – 900 – 1000 – 1100 – 1200 ... DM. Wird eine Aktie zum Kurs von 560,– DM gehandelt, ist der nächstliegende Basispreis 550,– DM. Alle Optionen mit diesen Basispreis liegen in der Fachsprache *„am Geld" (at the money)*. Der nächstniedrigere Basispreis ist 500,– DM. Eine Kaufoption auf dieser Basis liegt *„im Geld" (in the money)*. Der nächsthöhere Basispreis beträgt 600,– DM. Die Kaufoption liegt *„aus dem Geld" (out of the money)*. Gehandelt werden an der Deutschen Terminbörse mindestens diese drei Basispreise: am Geld, im Geld, aus dem Geld.

Clearing-Stelle, Sicherheiten

Zur Deutschen Terminbörse gehört eine *Clearing-Stelle*, über die alle Aufträge abgewickelt werden. Sie tritt bei jedem Optionsbeschluß als Vertragspartner auf, so daß die Geschäfte unter allen Umständen erfüllt werden. Alle Clearing-Mitglieder sind verpflichtet, entsprechende Sicherheiten in Form von Wertpapieren oder Barleistungen und Garantien anderer Kreditinstitute zu hinterlegen. Beim Verkauf von Kaufoptionen müssen – wenn die Aktien nicht im Bestand des Verkäufers sind – Sicherheiten gestellt werden. Die *Sicherheit (= Margin)* wird jeden Tag auf der Grundlage des aktuellen Aktienkurses neu berechnet.

Sie beträgt bei Optionen die „am Geld" und „im Geld" liegen:

> Optionspreis + 10 Prozent des Aktienkurses x 50 x Anzahl der Kontrakte. Bei einem Aktienkurs von 460,– DM und einem Optionspreis von 76,– DM sind das beim Verkauf von zwei Kaufoptionen:

$$\left(76,\!-\ \text{DM} + \frac{460,\!-\ \text{DM}}{10}\right) \cdot 50 \cdot 2 = 12.200,\!-\ \text{DM}$$

Direktanlage-Option

Mit einer *direkten Anlage* kann ein Anleger nur von steigenden Kursen profitieren, bei *Optionen* mit entsprechender Strategie auch von fallenden Kursen. Der Kapitaleinsatz, die Gewinnchancen und das Risiko sind bei beiden Anlageformen sehr unterschiedlich:

direkte Anlage	**Option**
Aktienkurs 300,–	
Kauf von 100 Aktien	Optionspreis 30,– Kauf von 2 Kontrakten à 50 Stück (Kontraktwert 30.000,–)
Kapitaleinsatz	
100 x 300,– = 30.000,–	100 x 30,– = 3.000,–
Aktienkurs steigt auf 360,–	
Wert des Aktienpaketes 100 x 360,– = 36.000,–	Wert des Kontraktes 36.000,–
Gewinn	
36.000,– – 30.000,– Einsatz 6.000,– = 20 %	36.000,– – 30.000,– 6.000,– – 3.000,– Einsatz 3.000,– = 100 %

Im Beispiel ist der Totalverlust (100 Prozent) auf den Kapitaleinsatz von 3.000,– DM begrenzt, wenn die Aktie auf 270,– DM fällt.

Futures

Bei *Futures* kann man weit mehr als den Einsatz verlieren. Außerdem ist der Gewinn des Käufers immer der Verlust des Verkäufers und umgekehrt der Verlust des Käufers der Gewinn des Verkäufers, weil der Käufer bei Fälligkeit den Kontrakt abnehmen muß und der Verkäufer gezwungen ist zu liefern.

Beispiel: Der DAX-Index steht auf 1900 Punkten. Jeder Punkt des DAX entspricht 100,– DM. Ein Kontrakt (= DAX x 100) kostet damit 190.000,– DM.
Bei Kontraktabschluß ist ein Einschuß von 5 Prozent des Kontraktwertes zu leisten = 8.500,– DM.
Steigt der DAX während der Laufzeit des Futures um 10 Prozent, beträgt der Gewinn 19.000,– DM. Bezogen auf das eingesetzte Kapital von 8.500,– DM sind das *224 Prozent.*
Fällt der DAX um 10 Prozent, ist der Verlust auch 19.000,– DM. Verloren sind dann aber nicht nur – wie der Option – das eingesetzte Kapital von 8.500,– DM, sondern es müssen noch 10.500,– DM nachgeschossen werden, um den Verlust auszugleichen. Damit dieser Nachschuß gewährleistet ist, müssen die beschriebenen Sicherheiten gestellt werden.

Options-Strategien

Der Besitzer einer Option hat das Recht, innerhalb einer bestimmten Laufzeit – an der DTB maximal sechs Monate – Aktien zu einem vorher festgelegten Kurs zu kaufen (= Kaufoption, call) oder zu verkaufen (= Verkaufsoption, put). Dabei kann der Anleger vier grundlegende Optionsmöglichkeiten anwenden, die von seiner Kurserwartung abhängen:

- Kauf einer Kaufoption (= long call)
- Verkauf einer Kaufoption (= short call)
- Kauf einer Verkaufsoption (= long put)
- Verkauf einer Verkaufsoption (= short put)

Kauf einer Kaufoption (long call)

Der Basispreis beträgt 550,– DM, die Optionsprämie 50,– DM. Der Käufer erwartet steigende Kurse. Bei einem Kursanstieg über 600,– DM (Basispreis + Optionsprämie) übt er sein Optionsrecht aus und verkauft die Aktien an der Börse. Die Gewinnchance ist unbegrenzt, das Risiko auf die Optionsprämie begrenzt:

Kurs der Aktie am Verfallstag in DM	Gewinn/Verlust je Aktie in DM
450,–	– 50,–
550,–	– 50,–
600,–	± 0,–
650,–	+ 50,–
700,–	+ 100,–

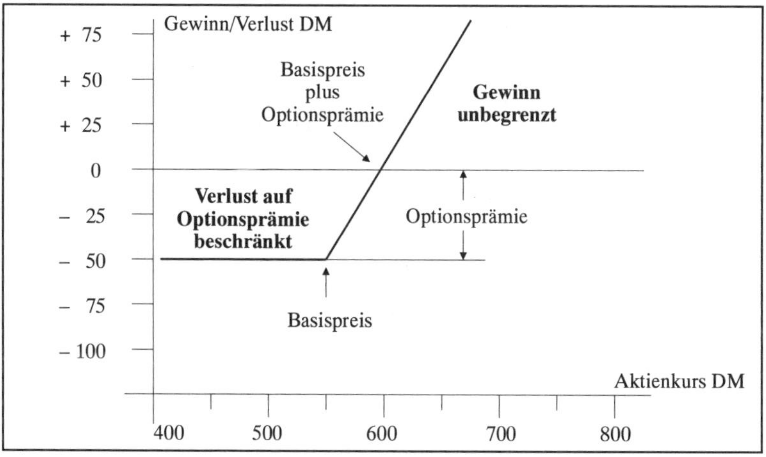

Verkauf einer Kaufoption (short call)

Der Basispreis beträgt 550,– DM und die Optionsprämie 50,– DM. Der Verkäufer – auch *Stillhalter* genannt – erwartet fallende Kurse. Steigt die Aktie auf den Basispreis plus Prämie, fallen Verluste an. Der Verkäufer muß die Aktie dann zum höheren Preis am Kassamarkt kaufen und zum Basispreis liefern. Dadurch ist das Risiko unbegrenzt, die Gewinnchancen auf die erhaltene Optionsprämie begrenzt:

Kurs der Aktie am Verfallstag in DM	Gewinn/Verlust je Aktie in DM
450,–	+ 50,–
500,–	+ 50,–
550,–	+ 50,–
600,–	± 0,–
650,–	– 50,–
700,–	– 100,–

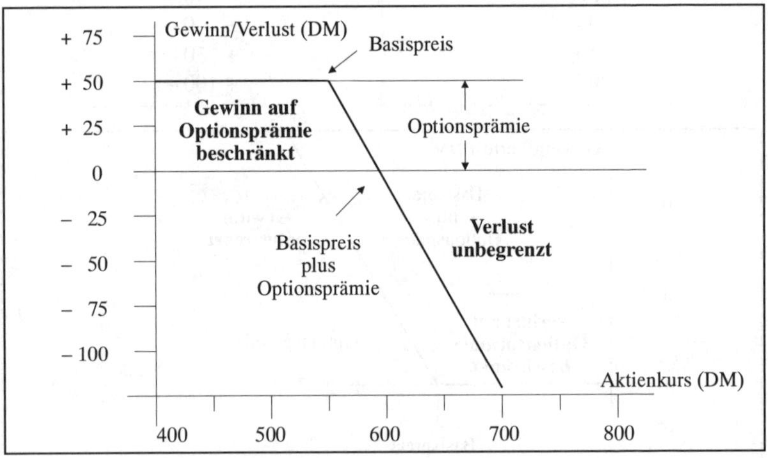

Kauf einer Verkaufsoption (long put))

Der Käufer einer Verkaufsoption erwirbt das Recht, die Aktien bis zum Verfalltermin zum Basispreis zu verkaufen. Der Basispreis liegt bei 550,– DM, die Optionsprämie bei 25,– DM. Der Käufer erwartet fallende Kurse. Fällt der Aktienkurs auf unter 525,– DM, wird er die Aktien am Kassamarkt kaufen und zum Basispreis verkaufen. Das Risiko bleibt auf die Optionsprämie beschränkt, die Gewinnchance ist unbegrenzt.

Kurs der Aktie am Verfallstag in DM	Gewinn/Verlust je Aktie in DM
450,–	+ 75,–
500,–	+ 25,–
525,–	± 0
550,–	– 25,–
600,–	– 25,–
700,–	– 25,–

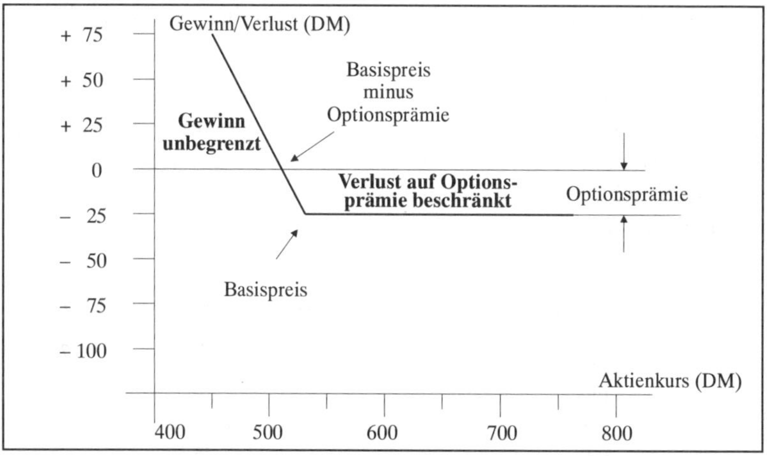

Der Kauf einer Verkaufsoption eröffnet nicht nur die Möglichkeit auf Kursrückgang (à la baisse) zu spekulieren, sondern kann auch Wertpapierdepots gegen Kursverluste absichern. Der Gewinn aus dem Optionsgeschäft kann den Verlust aus dem Kassageschäft ausgleichen:

> Der Kurs einer Aktie fällt von 550,– DM auf 450,– DM. Bei 50 Aktien im Depot beträgt der Verlust 5.000,– DM. Der Gewinn aus dem Optionsgeschäft beim letzten Beispiel betrug 75,– DM, bei 50 Aktien also insgesamt 3.750,– DM. Damit kann der Verlust auf 1.250,– DM begrenzt werden, d. h., er beträgt nur ein Viertel oder 25 Prozent.

Verkauf einer Verkaufsoption (short put)

Der Verkäufer (= Stillhalter) erhält die Optionsprämie und muß dafür die Aktien dem Käufer auf Verlangen zum Basispreis liefern. Der Basispreis beträgt 550,– DM, die Optionsprämie 25,– DM. Der Verkäufer erwartet steigende Kurse, seine Gewinnchance ist auf die Optionsprämie begrenzt. Das Risiko ist unbegrenzt: Fällt der Aktienkurs unter den Basispreis plus Optionsprämie, fallen Verluste an. Damit gewährleistet ist, daß der Stillhalter die Aktie auch liefern kann, muß eine Sicherheit (= Margin) hinterlegt werden.

Die Frage ist, warum beim hohen Risiko des Verkaufs einer Kaufoption und Verkauf einer Verkaufsoption überhaupt Verkäufer (= Stillhalter) auftreten. Die Praxis zeigt, daß 80 Prozent aller Optionen nicht ausgeübt werden. In acht von zehn Geschäften kann also der Stillhalter die Optionsprämie als Gewinn verbuchen.

Kurs der Aktie am Verfallstag in DM	Gewinn/Verlust je Aktie in DM
450,–	– 75,–
500,–	– 25,–
525,–	± 0,–
550,–	+ 25,–
600,–	+ 25,–
700,–	+ 25,–

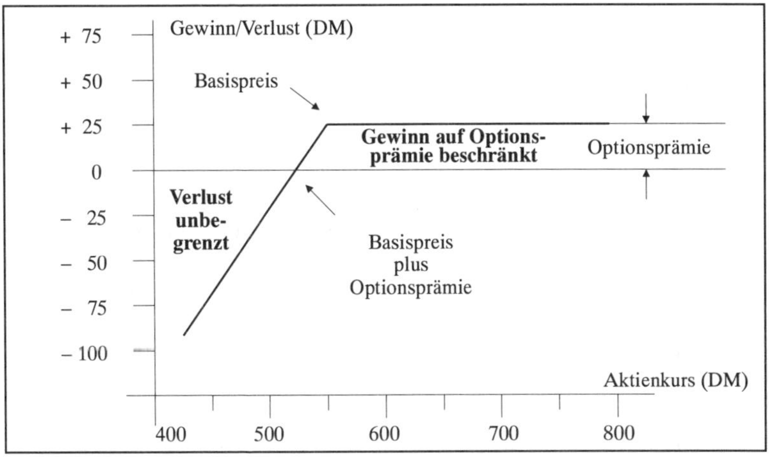

Optionskombinationen

Neben den beschriebenen vier grundlegenden Optionsgeschäften gibt es die Möglichkeit, Optionsgeschäfte zu kombinieren, z. B. den Kauf einer Verkaufsoption *mit dem gleichzeitigen Kauf* einer Verkaufsoption oder den Verkauf einer Kaufoption *mit dem Verkauf* einer Verkaufsoption. Bei diesen Optionskombinationen (= Strangles) derselben Aktie können Basispreis und Laufzeit gleich sein (= Straddle) bzw. Basispreise und (oder) Laufzeiten verschieden sein (= Spread). Dazu zwei Beispiele.

Kauf einer Kauf- und Verkaufsoption

Der Käufer erwartet stark fallende oder steigende Kurse. Große Kursschwankungen sind notwendig, weil zwei Optionsprämien gezahlt werden müssen. Das Risiko ist auf die Optionsprämie begrenzt, die Gewinnchance unbegrenzt.

Kauf	Basispreis	Optionspreis
Kaufoption	600,–	50,–
Verkaufsoption	500,–	25,–
		75,–

Kurs der Aktien am Verfallstag in DM	Gewinn/Verlust je Aktie in DM		
	Kaufoption	Verkaufsoption	Gesamt
300,–	– 50,–	175,–	+ 125,–
400,–	– 50,–	75,–	+ 25,–
500,–	– 50,–	– 25,–	– 75,–
600,–	– 50,–	– 25,–	– 75,–
700,–	+ 50,–	– 25,–	+ 25,–
800,–	+ 150,–	– 25,–	+ 125,–

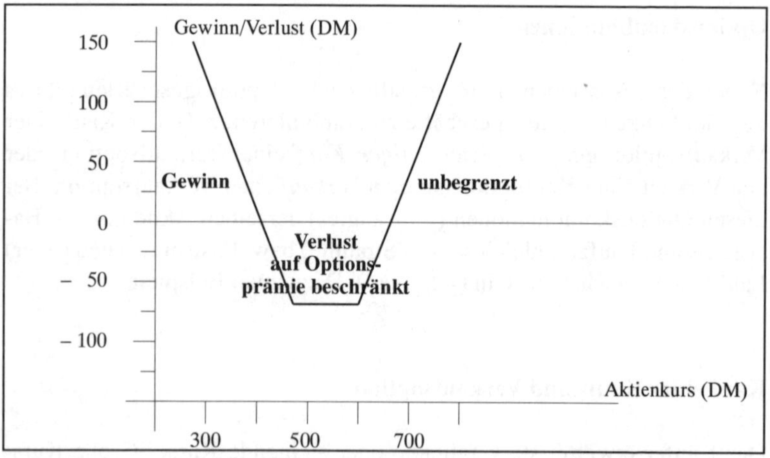

Verkauf einer Kauf- und Verkaufsoption

Der Verkäufer erwartet keine größeren Kursveränderungen. Seine Gewinnchancen sind auf die erhaltenen Optionsprämien begrenzt, sein Risiko unbegrenzt.

Verkauf	Basispreis	Optionspreis
Kaufoption Verkaufsoption	600,– 500,–	50,– 25,– 75,–

Kurs der Aktien am Verfallstag in DM	Gewinn/Verlust je Aktie in DM		
	Kaufoption	Verkaufsoption	Gesamt
300,–	+ 50,–	– 175,–	– 125,–
400,–	+ 50,–	– 75,–	– 25,–
500,–	+ 50,–	+ 25,–	+ 75,–
600,–	+ 50,–	+ 25,–	+ 75,–
700,–	– 50,–	+ 25,–	– 25,–
800,–	– 150,–	+ 25,–	– 125,–

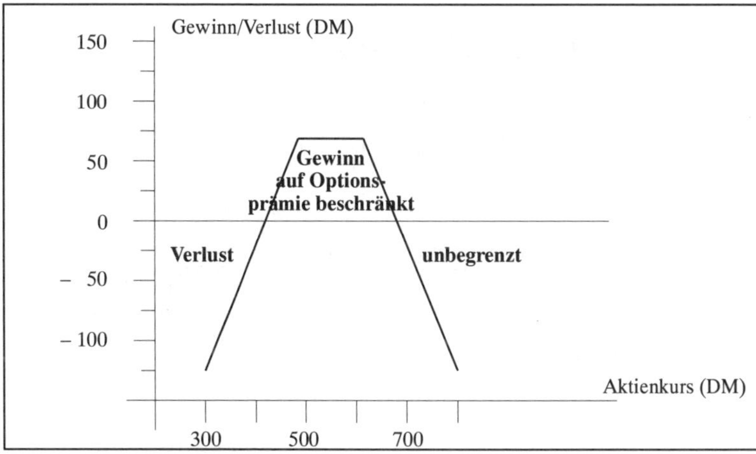

TERMINHANDEL / Stärkung des Finanzplatzes Deutschland

Gesetzesnovelle verabschiedet

HANDELSBLATT, Dienstag, 17.1.1989

uhl BONN. Das Bundeskabinett hat am Dienstag eine Novelle zum Börsengesetz verabschiedet, um die Grundlage für die geplante Deutsche Terminbörse zu schaffen. Bundestag und Bundesrat werden die Vorlage nach dem bisherigen Terminplan bis zur Sommerpause verabschieden, eine Entscheidung, die auch von der Arbeitsgemeinschaft der Deutschen Wertpapierbörsen begrüßt würde.

Die Gesetzesänderung paßt den Begriff „Börsentermingeschäft" an die Entwicklung der Finanzmärkte an, um vor allem „Future-Kontrakte" und das Handeln an der Börse ohne „physische Anwesenheit der Börsenteilnehmer" zu ermöglichen. Durch die Einschränkung des Differenz- und Termineinwands können sich in Zukunft auch natürliche Personen am Options- und Terminhandel beteiligen. Aus Gründen des Anlegerschutzes müssen sie aber ein Informationsblatt über die typischerweise mit Termingeschäften verbundenen Risiken vor oder bei Abschluß des ersten Geschäftes unterzeichnen und diese Prozedur alle drei Jahre wiederholen.

Außerdem soll die Funktion der Kursmakler und der freien Makler durch bessere Aufsicht und mehr Absicherung der erhöhten Risiken gestärkt werden. Zudem wird die Notierung von Wertpapieren in ausländischer Währung oder in einer Rechnungseinheit zugelassen und die EG-Richtlinie über die Anerkennung von Börsenzulassungsprospekten in deutsches Recht umgesetzt.

Quelle: HB

Futures nehmen Gestalt an

VWD, **Frankfurt**

Die Deutsche Terminbörse (DTB) hat nunmehr die Kontraktspezifikationen für Finanzterminkontrakte (Financial Futures) festgelegt. Diese komplexen Finanzinstrumente sollen im Laufe des kommenden Jahres nach den Optionen auf Aktien, mit denen die DTB den Handel im Januar 1990 aufnehmen wird, eingeführt werden. „Mit den gewählten Ausstattungsmerkmalen glauben wir, den Bedürfnissen des Marktes zu entsprechen", sagte Jörg Franke, Geschäftsführer der DTB. Im Hinblick auf die zur Zeit an der Londoner Terminbörse Liffe gehandelten desanleihe mit einer Nominalverzinsung von 6,0 Prozent und einer Restlaufzeit von acht bis zehn Jahren. Geplant ist eine Handelszeit von 8 Uhr bis 16 Uhr. Der Nennwert pro Kontrakt liegt bei 250 000 DM. Die Notierung erfolgt in D-Mark mit zwei Nachkommastellen und bezieht sich auf einen Nominalwert von 100 DM. Der Kontraktwert des DAX-Futures liegt bei 100 DM pro Punkt des DAX. Notiert wird in DM mit einer Nachkommastelle.

Liefermonate für beide Futures-Kontrakte sind März, Juni, September und Dezember. Die Laufzeit beträgt drei, sechs oder neun Mona-

(Ausschnitt) Quelle: DW

BASF			
K1	300-8.5/6.8/7.0/257	**V1**	300-2.2/1.5/1.8/61
	320-1.0/0.9/0.9/27		320-0/0/14.8/0
	340-0.3/0.1/0.2/24		340-35.0/35.0/35.3/5
→ **K2**	280-27.2/26.7/26.7/26	**V2**	280-0/0/4.7/0
	300-10.0/9.0/9.1/148		
	320-2.6/1.5/1.8/211		Quelle: FAZ
K3	280-27.1/27.0/27.0/25		
	300-10.5/9.8/9.9/35		
	320-3.3/2.3/2.9/66		
K4	300-13.0/10.6/11.3/77		
	320-4.9/3.5/4.5/113		
	340-0/0/1.8/0		

K2 280,–	Kaufoption auf BASF Aktien zum Terminmonat Juli 1990 mit dem Basispreis 280,– DM (= Im Geld)
27.2/26.7/26.7/26	Optionspreis an der Deutschen Terminbörse am 5.6.90 Tageshöchstpreis: 27,20 DM/Option Tagestiefstpreis: 26,70 DM/Option Settlementpreis: 26,70 DM/Option Volumen (= Anzahl der gehandelten Kontrakte): 26
Preis:	je Option, je Kontrakt (= 50 Aktien) mal 50
Settlementpreis (= Ausgleichspreis):	zur Berechnung der Margins (= Einschußforderungen) zur Deckung des Risikos aus Stillhaltergeschäften. Wird mit den bei der DTB hinterlegten Vermögenswerten der Bank verglichen. Reichen diese nicht aus, fordert die DTB weitere Einschüsse
Basispreise:	280,– DM: Im Geld 300,– DM: Am Geld 320,– DM: Aus dem Geld

K1: Kaufoption Terminmonat Juni
K3: Kaufoption Terminmonat August
K4: Kaufoption Terminmonat September
V ...: Verkaufsoptionen

Zum Vergleich: Kassa Kurs der BASF-Aktie Börse Frankfurt am 5.6.90: 305,70 DM

Optionen Basisp.	Calls Feb.	März	Apr.	Jun.	Puts Feb.	März	Apr.	Jun.
BASF (211.0–212.0)								
180	–.–	32.8	–.–	–.–	–.–	0.6	–.–	–.–
190	22.0	24.0	26.5	30.2	0.5	1.5	1.7	3.5
200	12.0	15.5	18.5	23.4	1,3	3.4	3.8	6.3
220	1.5	4.5	7.6	12.5	11.0	12.5	13.0	14.5
240	0.6	0.8	2.3	5.5	29.8	30.0	30.8	31.0
	Umsatz: 508; off. Kontr.: 10618				Umsatz: 252; off. Kontr.: 6673			
Bayer (236.0–237.0)								
190	47.0	48.0	–.–	–.–	0.1	0.8	–.–	–.–
→ 200	37.5	38.1	39.0	40.5	0.9	2.1	2.5	5.0
220	18.0	20.9	23.5	27.9	1.2	3.0	3.9	10.4
→ 240	3.5	7.3	10.1	13.0	7.0	10.0	13.0	23.0
260	0.5	1.7	4.0	5.5	24.5	25.0	28.0	38.0
	Umsatz: 1025; off. Kontr.: 11630				Umsatz: 626; off. Kontr.: 10799			
BMW (394.0–397.0)								
340	57.2	60.0	–.–	61.6	0.1	2.0	–.–	11.4
360	37.0	42.0	[illegible]	[illegible]	1.4	5.1	[illegible]	[illegible]

(Ausschnitt) Quelle: SZ

240	Kaufoption (Call) der Deutschen Terminbörse (DTB) am 1.2.1991 für Bayer Aktien zum Basispreis von 240,– DM	
3.5 / 7.3 / 10.1 / 13.0	Optionsprämie für Laufzeit	Februar 1991: 3,50 DM März 1991: 7,30 DM April 1991: 10,10 DM Juni 1991: 13,– DM
200	Verkaufsoption (Put) der Deutschen Terminbörse (DTB) am 1.2.1991 für Bayer Aktien zum Basispreis von 200,– DM	
0.9 / 2.1 / 2.5 / 5.0	Optionsprämie für Laufzeit	Februar 1991: 0,90 DM März 1991: 2,10 DM April 1991: 2,50 DM Juni 1991: 5,– DM

Beispiel für eine Optionskombination:
Verkauf einer Kaufoption *und* Verkaufsoption der gleichen Aktie (Bayer) und gleichen Laufzeit (Juni 1991), aber unterschiedlicher Basispreise.

Ein Anleger verkauft je vier Kontrakte Calls und Puts (1 Kontrakt = 50 Aktien). Als Verkäufer (Stillhalter) erhält er als Optionsprämie für die vier Kontrakte

Kaufoptionen:	13,– DM · 50 · 4	=	2.600,– DM
Verkaufsoptionen:	5,– DM · 50 · 4	=	1.000,– DM
			3.600,– DM

Als Sicherheit hat er ca. 13.000,– DM zu hinterlegen. Liegt der Kurs der Bayer Aktie (Kurs am 1.2.1991: 235,50 DM) am Verfallstermin Juni 1991 zwischen 240,– DM und 200,– DM, hat der Anleger die gesamte Prämie verdient. Einen Verlust hat er zu verbuchen, wenn die Aktie

unter 200,– DM – 13,– DM – 5,– DM = 182,– DM fällt oder
über 240,– DM + 13,– DM + 5,– DM = 258,– DM steigt.

Terminbörsen-Bericht

Tagesbericht von der DTB und dem Frankfurter Optionsmarkt

HANDELSBLATT, 8. 2. 1990

FRANKFURT. Die deutliche Erholung am Aktienkassamarkt an der Präsenzbörse hat am Donnerstag die Geschäftstätigkeit an der Deutschen Terminbörse (DTB) belebt. Gegenüber dem Vortag erhöhte sich die Zahl der Kaufoptionen, während die Verkaufsoptionen rückläufig waren. Allerdings lag die Zahl der Abschlüsse an Optionskontrakten auf die 14 Standardwerte weiter deutlich unter dem Rekordniveau von 29424 vom Montag.

Im einzelnen kamen bis Handelsschluß folgende Umsätze zustande (Anzahl der Kontrakte; zunächst Calls, dann Puts):

Allianz-Holding	24	12
BASF	925	142
Bayer	580	140

Insgesamt wurden an der DTB am Donnerstag 25026 (Vortag: 23218) Kontrakte gehandelt. Davon entfielen 20484 (17608) auf Kaufoptionen und 4542 (5610) auf Verkaufsoptionen. Umsatzspitzenreiter blieb mit weitem Abstand Siemens (7716 Kontrakte), gefolgt von Thyssen (3368) und Volkswagen (2575).

Im Frankfurter Optionshandel an der Präsenzbörse wurden am Donnerstag 3456 Kontrakte (+ 382 gegenüber Mittwoch) gehandelt, entsprechend 179000 (+ 19050) Aktien. Davon entfielen 490 (+ 155) Kontrakte über 25600 (+ 7900) Aktien auf Verkaufsoptionen. Damit hat sich der Anteil der Puts am Gesamtvolumen um 3,28% auf 14,18% erhöht.

Preisentwicklung bei Kaufsoptionen: freundlich bis teilweise fest.

Preisentwicklung bei Verkaufsoptionen: moderate Preisberichtigung nach unten

(Ausschnitt) Quelle: HB

Tagesbericht von DTB und Optionsmarkt

Puts stark gesucht

HANDELSBLATT, Mittwoch, 10.10.1990

HB FRANKFURT. An der deutschen Terminbörse (DTB) sind die Umsätze am Mittwoch im Zuge des schwächeren Aktienmarktes zurückgegangen. Die Put-Call-Ratio an der DTB sprang von 0,79 auf 1,18 und signalisiert damit einen sprunghaft gestiegenen Pessimismus der Marktteilnehmer. Das „open interest", die Anzahl der noch nicht durch ein Gegengeschäft glattgestellten Kontrakte, wird von der DTB für Dienstag mit 251640 Calls und 107358 Puts angegeben.

Insgesamt wurden an der DTB am Mittwoch 24024 (Dienstag: 30275) Kontrakte gehandelt. Davon entfielen 11005 (16897) auf Kaufoptionen und 13019 (13378) auf Verkaufsoptionen. Umsatzspitzenreiter war Siemens mit 5380 Kontrakten vor Volkswagen mit 4896 Kontrakten.

Im Frankfurter Optionshandel an der Präsenzbörse wurden am Mittwoch 341 Kontrakte (-73 gegenüber Dienstag) gehandelt, entsprechend 19100 (-6500) Aktien. Davon entfielen 78 (-33) Kontrakte über 4300 (-2050)

(Ausschnitt) Quelle: HB

7.4 Edelmetallmarkt

Die Märkte für Edelmetall unterliegen eigenen Gesetzen. Das liegt unter anderem daran, daß zum Beispiel Gold und Silber bereits im Altertum sehr begehrt waren, noch heute als wertbeständig gelten und gehortet werden. Gold und Silber sind beliebte Metalle zur Schmuckherstellung und werden in der Technik verwendet zur Herstellung von Zahnkronen und Elektrokontakten. Gold wird von Privatleuten als scheinbar wertbeständige Geldanlage angesehen und von Notenbanken als Währungsreserve verwendet. Allein in den Tresoren der westlichen Länder lagern über 40.000 Tonnen Gold.

Goldmarkt

Im Jahr 1968 wurde der Goldmarkt geteilt in einen *offiziellen Goldmarkt*, der den Notenbanken vorbehalten ist, und in einen *freien Goldmarkt*. Im Januar 1976 wurde der offizielle Goldmarkt abgeschafft. Seitdem kann jede Notenbank Währungsgold aus ihrem Bestand verkaufen oder welches hinzukaufen. Früher wurde der Goldhandel zentral von London aus abgewickelt. Heute gibt es allein in Europa vier weitere wichtige Goldmärkte: Zürich, Luxemburg, Paris und Frankfurt. Der bedeutendste Goldhandelsplatz ist Zürich, über die Hälfte der Umsätze werden hier abgewickelt. Südafrika und die Sowjetunion verkaufen hier rund zwei Drittel ihrer Produktion. Die zweitwichtigste Goldbörse der Welt ist heute Hongkong. Gold-Warenterminbörsen sind in New York und Chicago. Ein Kontrakt Gold entspricht 100 Unzen (= ca. 3.000 Gramm) und erfordert einen Einschuß von 10 Prozent.

An der *Frankfurter Goldbörse* werden Goldbarren mit 1 kg (Feingehalt 999,9) und 12,5 kg (Feingehalt 995) Gewicht gehandelt. Genau wie beim Handel mit Wertpapieren ermittelt der Makler aus Angebot und Nachfrage die amtlich notierten Börsenpreise, die sogenannten *Frankfurter Fixpreise*. Goldmünzen und Goldmedaillen werden an der Frankfurt Börse nicht gehandelt. An den anderen deutschen Börsenplätzen gibt es keine Goldmärkte.

Goldhandel, Münzenhandel

Kreditinstitute verkaufen auch kleine 50, 100 und 500 Gramm *Goldbarren*. Je kleiner der Barren, desto höher liegt der Grammpreis aufgrund der Umschmelzkosten. Hinzu kommen in der Bundesrepublik jeweils 14 Prozent Mehrwertsteuer. Die Mehrwertsteuer ist für den Privatmann verloren, sie kann nur beim privaten Weiterverkauf berechnet werden, nicht bei Rückgabe an die Bank. In Luxemburg wird keine Mehrwertsteuer auf Gold erhoben. Sie wird aber fällig bei Einfuhr in die Bundesrepublik bei Barren und Münzen im Wert über 600 ECU (ca. 1200,– DM). Bis zu dieser Summe gelten beide als „einfuhrumsatzsteuerfreie Mitbringsel".

Münzen sind gesetzliche Zahlungsmittel oder offizielle Nachprägungen. Bekannte Münzen werden an der Pariser Goldbörse gehandelt. In der Bundesrepublik gibt es keine Münzbörsen, die Geschäfte werden von Geldinstituten und Münzhändlern abgewickelt. Man unterscheidet bei den Münzen zwischen *numismatischen Münzen* mit Sammlerwert, wie dem römischen Denar, und *Bankware*, wie dem kanadischen *Maple Leaf*, dem amerikanischen *Eagle* und dem südafrikanischen *Krüger Rand*, die auf der ganzen Welt gehandelt werden. Den Rand gibt es als 1, 1/2, 1/4 und 1/10 Unzenstück (1 Unze = 31,1 g).

Medaillen sind Sondermünzen, die zu bestimmten Anlässen wie Mondlandungen und Olympiaden geprägt werden. Sie werden nicht amtlich gehandelt, der Vertrieb erfolgt über Banken und den Münzhandel. Der reine Gold- oder Silberwert beträgt oft nur 50 Prozent.

Die Bestseller kommen aus den USA und Kanada

HB DÜSSELDORF. 1987 wurden 2008 Tonnen Gold produziert. Bei einem Kilopreis von durchschnittlich 26 000 DM ohne Mehrwertsteuer entspricht diese Menge immerhin einem Wert von gut 52 Milliarden DM. 419 Tonnen kauften private Anleger. Knapp 10 Prozent der Goldnachfrage in aller Welt oder rund 200 Tonnen wurden 1987 für die Prägung von Goldmünzen verwendet.

Fast die Hälfte der Goldmünzen

tierte zwei Olympia-Münzen zu den Sommerspielen in Seoul. Weiterhin im Schatten befindet sich der Krügerrand. Aufgrund von Einfuhrverboten und Boykottmaßnahmen betrug die Münzproduktion Südafrikas 1987 lediglich 600 Kilogramm.

Allerdings ist der Erwerb von Goldmünzen- und Barren nicht die einzige Möglichkeit, in Gold zu investieren. „Moderne“ Varianten der Goldanlage sind Goldzertifik

(Ausschnitt) Quelle: HB

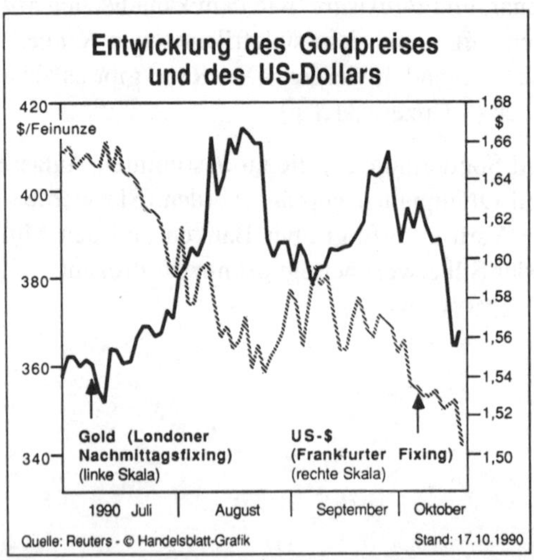

Während sich der US-Dollar am Mittwoch vormittag nur knapp über 1,50 DM behaupten konnte — zum Frankfurter Fixing lag er auf dem Rekordtief von 1,5058 DM —, notierte er am Nachmittag wieder etwas höher. Gold wurde am Nachmittag in London mit 366 $/Feinunze gefixt.

Quelle: HB

7.5 Notierungen und Berichte

Waren- und Terminmarktnotierungen

Alle großen *Tageszeitungen* berichten in ihrem Wirtschaftsteil über die *Waren-* und *Terminmarktnotierungen* der großen Börsen in New York, Chicago und London. Veröffentlicht werden die Börsenpreise der wichtigsten Waren und Rohstoffe. Dabei ist zu beachten, daß die Angaben der Mengeneinheiten, Warenklassen und Währungen bei den einzelnen Börsen unterschiedlich sein können. Kaffee wird zum Beispiel notiert an der Börse

- New York in Cent je Pound (ct/1b)
- London in Pfund Sterling je Tonne (£/t)
- Paris in Französische Franc je 100 Kilogramm (FF/100 kg)

Die Mengeneinheit *bushel* entspricht in England 36,75 Liter, in Amerika 35,23 Liter. *Zusätze*, die verwendet werden wie G und B sind identisch mit denen bei Wertpapiernotierungen. Hinzu kommen noch Abkürzungen für wichtige Vertragsklauseln, die im Welthandelsverkehr verwendet werden. Am meisten verwendet werden

fob free on board (= frei an Bord)
Der Preis beinhaltet Warenkosten einschließlich Transport-, Verlade- und Versicherungskosten bis auf das Schiff. In der Welthandelsstatistik werden als Ausfuhrpreise die fob-Preise aufgeführt.

fas free alongside ship (= frei bis zum Schiff)
Im Warenpreis sind die Transport- und Versicherungskosten bis zum Verladeplatz im Hafen enthalten.

cif cost, insurance, freight (= Kosten, Versicherung, Fracht)
cif- Hamburg heißt, daß der Preis sämtliche Kosten für Fracht und Versicherung bis Ankunft im Hamburger Hafen beinhaltet. cif-Preise gelten in der Welthandelsstatistik als Einfuhrpreise.

Edelmetall- und Münznotierungen

Veröffentlicht werden die Notierungen von den wichtigsten Europäischen Gold- und Silberbörsen. Weiter aufgeführt werden die Schalterpreise für Barren und für die wichtigsten Münzen, sowie Preise für industrielle Verarbeiter, die einer anderen Besteuerung unterliegen.

Waren- und Terminmarktberichte

In den Waren- und Terminmarktberichten wird das Marktgeschehen an den wichtigsten Waren- und Terminmärkten kommentiert. Daneben erscheinen spezielle Berichte über einzelne Märkte wie den Metallmarkt, Kaffeemarkt, Getreidemarkt, Rohölmarkt und über einzelne Terminbörsen.

Feste Edelmetallpreise erwartet

Eine feste Tendenz an den Edelmetallmärkten sagen Londoner Analytiker für dieses Jahr voraus, vor allem mit Blick auf die erste Jahreshälfte. Als wichtigste äußere Einflüsse werden die Schwäche von Dollar und Aktienkursen sowie die Entwicklung in Osteuropa genannt. Dadurch habe sich der Goldpreis in den ersten Wochen bereits von einem Tief von 392 Dollar auf über 415 Dollar je Feinunze erholen können. Die Widerstandslinie von 420 Dollar werde vermutlich bald getestet werden. Für den gesamten Jahresverlauf lauten die Preisschätzungen auf 375 bis 450 Dollar. Der Dollarkurs werde sein Tal wahrscheinlich in der ersten Jahreshälfte durchlaufen. Dies und eine erwartete Belebung der Weltwirtschaft werde Gold nach dem Juni etwas schwächer tendieren lassen. Auch könnten die Bemühungen der Sowjetunion um wirtschaftlichen Anschluß an den Westen den Verkauf von Goldreserven mit sich bringen und das erhöhte Angebot auf den Markt drücken.

Andererseits könnten diese Goldreserven zur Sicherung neuer Kredite eingesetzt werden, so daß ein stabiler Goldmarkt nur im Interesse der Sowjets wäre. Fundamental werden die Aussichten als mäßig hausseterächtig gewertet. Gold biete sich wieder als Anlageinstrument an, und angesichts eines gedrückten Aktienmarkts sowie steigender Produktionskosten werde der Preis bei 375 Dollar eine solide Basis finden. Silber werde Anfang des Jahres von der Stimmung bei Gold sowie von saisonalen Einflüssen bei den Käufen wichtiger Konsumenten profitieren. Ein Preis von 6,00 Dollar oder mehr wird nicht ausgeschlossen. Das reichliche Angebot lasse aber Preissprünge nur kurzfristig zu. Allein die Comex-Bestände von 7 000 Tonnen könnten den Bedarf der Vereinigten Staaten für zwei Jahre decken. Außerdem dürfte die Bergbauproduktion in diesem Jahr durch Inbetriebnahme neuer Blei-/Zinkminen um 8 Prozent zunehmen. Deshalb werde der Preis Ende des Jahres näher bei 5,00 als bei 6,00 Dollar liegen. Platin finde starke Stütze in der wachsenden Nachfrage aus der europäischen Automobilindustrie und der Schmuckherstellung in Japan, so daß die untere Marke bei 475 Dollar je Unze gesehen wird. Der Markt sei aber recht anfällig, berichten die Analytiker. vwd.

Quelle: FAZ

Rohstoffpreise kippen 1990

Forschungsinstitute sehen Ende der Verteuerung am Weltmarkt

MÜNCHEN (dpa/VWD). Die Rohstoffpreise werden im laufenden Jahr erheblich schwächer steigen als 1988. Die Vereinigung europäischer Konjunkturforschungsinstitute (AICE) rechnet mit einer Zunahme auf Dollarbasis im Jahresschnitt um drei Prozent (ohne Energierohstoffe), nachdem die Hausse 1988 ihren Höhepunkt mit plus 24 Prozent erreicht hatte. 1990 werden die Preise nach den Prognosen um sechs Prozent sinken.

Beim Erdöl, das sich 1988 um 19 Prozent verbilligte, erwarten die Institute in diesem Jahr einen Anstieg um zehn Prozent. Die Arbeitsgruppe geht davon aus, daß sich die Versorgungslage bald wieder normalisiert, und rechnet daher für 1990 nur noch [illegible] Plus von zwei Pro- Einer weiteren Preiserhöhung bei Zinn, Zink und Kautschuk stand die Verbilligung bei Aluminium, Kupfer, Blei und Wolle gegenüber. Die Institute erwarten, daß die Nachfrage im Zuge der etwas schwächeren Konjunktur mäßiger als bisher zunimmt. Andererseits seien die Aussichten für ein reichlicheres Angebot günstiger. Nach einem Plus von 26 Prozent 1988 wird bei den Industrierohstoffen jetzt ein Zuwachs um nur noch drei Prozent und für 1990 ein Rückgang um sechs Prozent vorausgesagt. Deutlich billiger dürften in Zukunft vor allem NE-Metalle werden — mit Ausnahme von Zinn, während bei agrarischen Industrierohstoffen, wie beispielsweise Kautschuk und Baumwolle, die Preissteigerungen

(Ausschnitt) Quelle: FR

DEUTSCHER METALLMARKT / Aluminium weiter fest

Derzeit keine klare Linie in der Preisentwicklung

HANDELSBLATT, Montag, 15.5.1989

HB DÜSSELDORF. Ohne klare Linie präsentierten sich in der vergangenen Woche die deutschen NE-Metalle. Während sich bei Kupfer der Preisrückgang verstärkt fortsetzte, stabilisierten sich die Aluminiumpreise auf deutlich höherem Niveau. Die Nachfrage entwickelte sich nach Angaben des Handels zufriedenstellend.

Angesichts der auf Hochtouren lau- auch in der vergangenen Woche deutlich. Die Preise tendierten fester, wobei sich im Wochenverlauf der Aufpreis für prompte Ware (Backwardation) ausweitete. Der Grund für die stabilen Bleipreise dürfte in erster Linie in der Bestandsentwicklung zu suchen sein. Vor allem in den Lagerhäusern der Londoner Metallbörse nehmen die Bestände seit längerem kontinuierlich ab. Da auch die Produzenten kaum noch über Bestände verfügen, schließen Marktbeobachter weiter steigende Preise nicht aus

/Ausschnitt) Quelle: HB

Eröffnung New York

Fallende Dollar-Notierungen sorgten nach der jüngsten Preisschwäche an den **Edelmetallmärkten** für anziehende Kurse, wobei **Platin** wieder ganz besonders von den Käufern gesucht war. Der noch stark überkaufte **Goldmarkt** konnte dabei nur gerinfügig an Boden gewinnen. Die wider Erwarten konstruktiven Zahlen für neue Einfamilienhäuser im November (+9,6 %) ließen den März-**Kupfer**-Termin bis über Widerstand bei 110 anziehen. Obgleich die API-Bestandszahlen positiv für den **Energiebereich** ausgefallen waren, konnte lediglich **Rohöl** davon profitieren, während die **Produkte** in einer technischen Korrekturbewegung zurückgenommen werden mußten. Bei den **tropischen Produkten** handelten **Kaffee** und **Kakao** auf höherem Niveau. **Zucker** dagegen kam unter Verkaufsdruck, da man nach dem spektakulären Anstieg vom Vortag erst einmal Gewinne mitnehmen wollte.

Mitgeteilt von Lit Europe, London.

Quelle: HB

Preise für Heizöl geben deutlich nach

FRANKFURT A. M. (FR). Der Fall der Mineralölpreise an den internationalen Märkten beschert nun auch Heizölkäufern günstigere Einkaufsmöglichkeiten. Bei mittlerer Abnahmemenge wurde der Liter um rund zehn Pfennig billiger.

Die Notierungen in der folgenden Tabelle beruhen auf Angaben von Händlern gegenüber der Frankfurter Industrie- und Handelskammer. Die Preise entsprechen tatsächlich mit Kunden gestern und vorgestern abgeschlossenen Geschäften (in Klammern Vorwoche):

	DM	DM
bis 900 l	69,54—76,72	(—)
bis 1 500 l	63,50—68,17	(—)
bis 2 500 l	59,51—64,30	(69,43—71,93)
bis 3 500 l	56,54—60,99	(67,15—68,97)
bis 4 500 l	55,18—58,71	(66,58—67,03)
bis 5 500 l	54,15—56,89	(64,41—66,58)
bis 6 500 l	53,69—57,57	(—)
bis 7 500 l	53,87—57,34	(—)
bis 8 500 l	56,65—57,11	(—)
bis 9 500 l	—	(64,98—65,21)
bis 12 500 l	52,21—56,43	(63,73)
bis 15 500 l	—	(62,24)

Die am 24. Oktober gemeldeten Preise verstehen sich je 100 Liter einschließlich 14 Prozent Mehrwertsteuer.

Quelle: FR

Edelmetalle und Münzen

Schalterpreise	Ankauf	Verkauf	Ankauf	Verkauf
	1.6.90		5.6.90	
Barrengold 1 kg.........	19520,00	23050,80	19170,00	22651,80
→ Barrengold 10 g	194,60	246,92	191,20	243,05
Britannia bzw. Eagle.	618,50	752,97	607,50	740,43
Maple Leaf bzw. Nugget	618,50	752,97	607,50	740,43
Britannia 1/10..............	64,25	85,79	63,00	84,36
Maple Leaf ¼	159,50	201,21	156,75	198,08
Nugget ½	317,25	386,75	311,50	380,19
Krüger-Rand	595,00	723,90	584,25	711,65
20-Mark-Stück............	163,00	215,46	163,00	215,46
Vreneli	116,50	162,45	114,25	159,89
Philharmoniker	618,50	752,97	607,50	740,43
Sovereign (neu).........	133,75	182,12	131,25	179,27
Barrenplatin 100 g.....	2678,00	3149,82	2651,00	3119,04
Platin Koala	843,00	1018,02	834,25	1008,05
→ Platin Maple Leaf 1/10	85,75	114,86	85,00	114,00
Barrensilber 1 kg	268,00	362,52	266,00	360,24
Silber Eagle...............	—	19,61	—	19,61
Silber Maple Leaf......	—	20,18	—	20,18

Stand 11 Uhr. Quelle: Deutsche Bank.

Für industrielle Verbraucher (ohne MwSt.)				
Gold* p. kg................	19670,00	20230,00	19400,00	19950,00
dgl. verarb.* p. kg.....	—	21220,00	—	29300,00
Feinsilber* p. kg	275,00	283,90	274,00	282,90
dgl. verarb.* p. kg.....	—	296,40	—	295,30
Platin p. g	—	[illegible],35	—	28,[illegible]

(Ausschnitt)Quelle: FAZ

Barrengold 10 g 194,60 246,92	10 Gramm Goldbarren Schalterpreise am 1.6.90 im Ankauf: 194,60 DM im Verkauf: 264,92 DM einschließlich MWSt.
Platin Maple Leaf 1/10 85,75 114,86	Kanadische Platinmünze 1/10 Unze (= 3,11 g) Schalterpreise am 1.6.90 im Ankauf: 85,75 DM im Verkauf: 114,86 DM einschließlich MWSt.

Edelmetall und Münznotierungen

Goldbörsen und Silber Zürich

Gold	Einheit	Währung	4.6.90	5.6.90
Frankfurt	1-kg-Barren	DM p. kg	geschl.	19550,00
→ Frankfurt	12½-kg-B.	DM p. kg	geschl.	19530,00
Luxemburg	Unze	US-Dollar	geschl.	357,85
London	Unze 10.30	US-Dollar	358,75	357,85
London	Unze 15.00	US-Dollar	357,05	358,10
Zürich	Unze 15.00	US-Dollar	geschl.	357,50
Paris	1 kg	Franc	geschl.	65900,00
Silber Zürich	Unze 10.00	US-Dollar	geschl.	5,0590

Quelle: FAZ

Frankfurt	Geldbörse Frankfurt
12½–kg–B.	12½ Kilogramm Barren
geschl. 19530.00	geschl.: Börse geschlossen am 4.6.90 (Pfingstmontag)
	Preis ohne MWSt. am 5.6.90: 19.530,– DM/kg

Waren- und Terminmarktnotierungen

Weizen, Minneapolis		
(ct/bu),Juli	344¾ *	343½ *
September	340½ *	339½ *
Dezember	350½ G*	350½ *
März	356— *	356¼ N*
Weizen, K.-C.(ct/bu)		
→ Hartweizen Kassa ..	372½ *	373— *
→ Hartweizen Juli	332⅜ *	331½ *
Hartweizen Sept.	337— *	337— *
Hartweizen Dez.	351— *	350⅛ *
Hafer, Chic.,(ct/bu)		
Juli	142¾ *	146¼ *
September	151— *	155— *

(Ausschnitt) Quelle: FAZ

Weizen, K.-C.	Weizenbörsen Kansas City
(ct/bn)	Preise in Cent je Bushel (1 Bushel = 1 Scheffel = 37,4 l)
Hartweizen Kassa	Kurs am Kassamarkt für Hartweizen
372½ 373	am 4.6.90: 372½ ct/bn
	am 5.6.90: 373 ct/bn
Hartweizen Juli	Kurs am Terminmarkt für Hartweizen monat Juli
332⅜ 331½	am 4.6.90: 332⅜ ct/bn
	am 5.6.90: 331½ ct/bn

Wolle, Bradf. (p/kg)		
58er Super,ab Lag. .	408— *	408— *
Baumwolle, Bremen		
→ (ct/lb),USA,loco	90— **	91.50 **
Türkei,loco	98.50 **	98.50N**
Baumwolle, NY(ct/lb)		
Nr.2, Juli	80.90 *	81.01 *
Nr.2, Oktober	73.40 *	74.09 *
Nr.2, Dezember	— *	69.55 *
Nr.2, März	70.30 *	70.35 *
Nr.2, Mai	70.35 *	70.70 *
Baumwolle, Liverpool		
(ct/lb) cif Index A	89.75 *	90.50 *

(Ausschnitt) Quelle: FAZ

Baumwolle, Bremen	Baumwollbörse Bremen
(ct/lb), USA, loco	Preis in Cent je Pfund für USA-Baumwolle am Kassamarkt (= Lokomarkt)
90– 91.50	Kurse am 24.5.90: 90 ct/lb am 31.5.90: 91,50 ct/lb

Sojabohnen, Chic.		
(ct/bu),Juli	602— *	592⅜ *
August	607⅜ *	598⅜ *
September	609— *	600⅜ *
November	617— *	606⅜ *
Januar	625⅜ *	617— *
März	637— *	627⅛ *
→ **Sojabohnen,** Rdm.		
($/t) USA Nr. 2,cif		
Oktober	geschl.	244.50 B
November	geschl.	244.50 B
Januar	geschl.	251— B

(Ausschnitt) Quelle: FAZ

Sojabohnen, Rdm.	Sojabohnen Terminbörse Rotterdam
($/t) USA Nr. 2	Preis in US-Dollar je Tonne für USA Sojabohnen Qualität Nr. 2
cif	Preis einschl. sämtlicher Kosten (cost)für Versicherung (insurance) und Fracht (freight) bis Ankunft Rotterdam
Oktober	Terminmonat Oktober 1990
geschl. 244.50 B	Preis am 4.6.90: – (Börse geschlossen, Pfingstmontag) 5.6.90: 244,5 $/Tonne; Brief

8. Statistikwerte und Indizes

Die statistischen *Angaben* liegen heute bereits während der Börse *oder* kurz nach Börsenschluß vor, weil alle Aufträge *über* EDV abgewickelt werden. Ein *Index* (Mehrzahl Indizes) ist ein statistisches Hilfsmittel, mit dem Veränderungen gegenüber einem früheren Zeitpunkt (= Basis 100) in einem Wert aufgezeigt werden können, zum Beispiel der *Preisindex für die Lebenshaltungskosten*.

Börsenindex

Besonders im Börsenwesen wird gerne mit Indizes gearbeitet, weil bei der großen Zahl der börsennotierten Wertpapiere der Überblick über die längerfristige Börsenentwicklung leicht verloren geht. In den USA spielen Aktienindizes eine besonders wichtige Rolle. Sie werden täglich in den Nachrichtensendungen von Rundfunk und Fernsehen verbreitet. *Der Aktienindex der Frankfurter Wertpapierbörse* ist das Kernstück der deutschen Börsenstatistik. Er wird berechnet aus den Kursen aller amtlich gehandelten Aktien. Die eingesetzten Aktienkurse sind dabei die Durchschnittskurse aus den Tagesumsätzen. Im Index sind die Aktien entsprechend ihrem Aktienkapital gewichtet. Für bestimmte Aktiengruppen werden separate Indizes, sogenannte *Branchenindizes*, berechnet.

FAZ-Index

Der *Aktienindex der Frankfurter Allgemeinen Zeitung* umfaßt 100 an der Frankfurter Börse amtlich notierte Aktien. Die Gewichtung der Aktien ist abhängig von der Höhe des Grundkapitals des jeweiligen Unternehmens. Die Aktien mit der höchsten Gewichtung sind Daimler-Benz (12,23 Prozent), Siemens (8,17 Prozent), Allianz (6,97 Prozent), Deutsche Bank (6,32 Prozent) und Bayer (5,51 Prozent). Basis ist der 31.12.1958, der Index wurde aber zwischenzeitlich mehrmals – zuletzt 1985 – aktualisiert. Veröffentlicht wird der FAZ-Index als Gesamtindex und als Branchenindex für zwölf Branchengruppen. Seit 1983 wird der Index weltweit von der Nachrichtenagentur Reuters verbreitet.

Deutscher Aktienindex (DAX)

Ein weiterer und zugleich zeitnaher Aktienindex kam 1988 hinzu: der *Deutsche Aktienindex (DAX)*. Er wurde gemeinsam von der Frankfurter Wertpapierbörse, der Börsen-Arbeitsgemeinschaft und Börsenzeitung als *Laufindex* entwickelt. Der DAX ist aus dem Index der Börsenzeitung abgeleitet und so umgerechnet, daß sich zum Ende des Börsenjahres 1987 ein DAX-Stand von 1000 Punkten ergab. Der DAX wird während der Börsenzeit laufend, das heißt jede Minute, neu berechnet und im Frankfurter Börsensaal auf einer großen Anzeigetafel grafisch dargestellt. Der Index setzt sich zusammen aus den Aktien von 30 deutschen Gesellschaften, die ausgewählt wurden aufgrund großer Börsenumsätze, hohem Grundkapital und breiter Kapitalstreuung. Zusammen repräsentieren die DAX-Werte über 80 Prozent des Börsenumsatzes. Gewichtet werden die Aktien nach ihrem Grundkapital. Folgende Aktiengesellschaften repräsentieren den DAX:

Allianz	Commerzbank
BASF	Continental
Bayer	Daimler Benz
Bayrische Hypobank	Degussa
Bayerische Vereinsbank	Deutsche Bank
BMW	Deutsche Bank
Dresdner Bank	Mannesmann
Feldmühle	Nixdorf
Henkel	RWE
Höchst	Schering
Karstadt	Siemens
Kaufhof	Thyssen
Lufthansa	VEBA
Linde	Viag
MAN	Volkswagen

Dow-Jones-Index

Der wichtigste Aktienindex der Welt ist der *Dow-Jones-Index (DJ)*. Er wurde 1884 von den damaligen Herausgebern des Wall Street Journal Dow und Jones entwickelt. Ursprünglich wurde von ihnen aus 12 Eisenbahnaktien – die damals die wichtigste Aktiengruppe bildeten – der Durchschnittskurs berechnet, um mit Hilfe einer einzigen Zahl die Börsentendenz anzugeben. Im Laufe der Jahre kamen immer mehr Aktien hinzu, so daß der Index 1928 dreigeteilt wurde in den Industrieindex (30 Werte), den Eisenbahnindex (20 Werte) und den Versorgungsindex (15 Werte).

Der *Dow-Jones-Industrieindex* umfaßt die 30 wichtigsten Aktien, die sogenannten „Blue Chips". Der Index wird von Zeit zu Zeit aktualisiert. So wurden 1979 die Aktiengesellschaften Chrysler (Autos) und Esmark (Lebensmittel) wegen schlechter Rentabilität ausgewechselt gegen die erfolgreicheren Unternehmen Merck (Pharma) und IBM (Computer). Der Dow-Jones ist auch heute noch ein ungewichteter Durchschnitt, der während der Börsenzeit laufend berechnet und bekanntgegeben wird. Die größten Rückgänge hatte der Index am „schwarzen Freitag" im Oktober 1929 mit minus 13 Prozent zu verzeichnen und beim Börsencrash am 19.10.1987 mit über 30 Prozent, was einem Kursverlust von ca. 600 Milliarden Dollar entsprach. Der DJ 30 setzt sich aus folgenden Aktiengesellschaften zusammen:

Allied Signal	International Paper
Alcoa	McDonald's
American Express	Merck
AT & T	MM
Bethlemen Steel	Navistar
Boeing	Philip Morris
Chevron	Primerica
Coca Cola	Procter & Gamble
Du Pont	Sears
Eastman Kodak	Texaco
Exxon	USX
General Electric	Union Carbide

General Motors	United Technologies
Goodyear	Westinghouse
IBM	Woolworth

Standard & Poor's 500

Der *Standard & Poor's 500* ist der zweitwichtigste Aktienindex in Amerika. Er setzt sich zusammen aus 400 Industrietiteln, 40 Versorgungstiteln, 40 Finanztiteln und 20 Transporttiteln. Die Aktien dieser 500 Gesellschaften werden sowohl an der NYSE als auch an der AMEX und dem OTC gehandelt. Der Index ist entsprechend der Kapitalisierung der einzelnen Aktien gewichtet. Der Kurs jeder Aktie wird mit der Zahl ihrer umlaufenden Anteile multipliziert, so daß „blue Chips" wie IBM und AT&T ein stärkeres Gewicht erhalten.

Weitere Indizes

Bekannte und im Wirtschaftsteil der Zeitungen oft aufgeführte Indizes sind der *Commerzbank Index* mit 12 Branchenindizes, der *Aktienindex der West LB* mit 13 Branchenindizes, der *Aktienindex der Süddeutschen Zeitung* und der *Index des Statistischen Bundesamtes*, der im Gegensatz zu den meisten anderen Indizes nicht die Aktienkapitalisierung, sondern das freie Aktienkapital berücksichtigt. In Vorbereitung ist zur Zeit – in Anlehnung an den Aktienindex DAX – ein *Rentenindex (REX)*. Weitere wichtige ausländische Indizes sind der *Financial Times Index* aus Großbritannien jeweils für jeweils 30 und 100 Aktien und der *Nikkei-Index* aus Japan.

Waren- und Rohstoffindizes

Wie bei Aktien werden auch für Rohstoffe und Waren Indizes berechnet, um Preisvergleiche anstellen zu können und Trends zu erkennen. Die bekanntesten sind der *Dow-Jones-Index* (Basis 31.12.1974), der *Fi-*

nancial Times-Index für zwölf Waren (Basis 1.7.1952), der *Moodys-Index* der Privatfirma Moodys Investor Service für 15 Rohstoffe (Basis 31.12.1931) und der *CRB-Rohstoffindex* aus den USA. Das zum Verlagshaus Knight-Ridder gehörende Commodity Research Bureau (CRB) berechnet Rohstoffindizes für einzelne Teilmärkte und den Gesamtmarkt.

Wichtige Indizes sind der *Reuters-Index* für 17 Rohstoffe (Basis 18.9.1931), der *VWD-Index* der Nachrichtenagentur Vereinigte Wirtschaftsdienste und der *HWWA-Index* des Hamburger Weltwirtschaftsarchivs. Als Basis dient der Preisdurchschnitt von 1952 bis 1956 mit dem Vorteil, daß kein Preistal oder Preishoch dem Index zugrunde liegt. Der HWA-Index ist ein umfassender Index, da nicht nur die Börsennotierungen eingehen, sondern auch die Preise von Kohle, Öl, Eisen und Stahl. Insgesamt errechnet er sich aus 50 Notierungen von 47 Waren.

Aktienumsätze

Ein weiteres Kernstück der Frankfurter Börsenstatistik sind die Angaben über die Aktienumsätze in

- Stück Aktien
- ausmachende Beträge (= Stückzahl · Kurse)
- Indexzahl (Basis Tagesdurchschnitt 1968 = 100) als Meßzahl für das Geschäftsvolumen (= Kapitalumschlag)
- absoluten Zahlen des Geschäftsvolumens in Millionen DM, ausgegliedert in Aktien und Renten
- Angaben über die Zahl der Aktien, deren Kurse gegenüber dem Vortag gestiegen, gleichgeblieben oder gesunken sind.

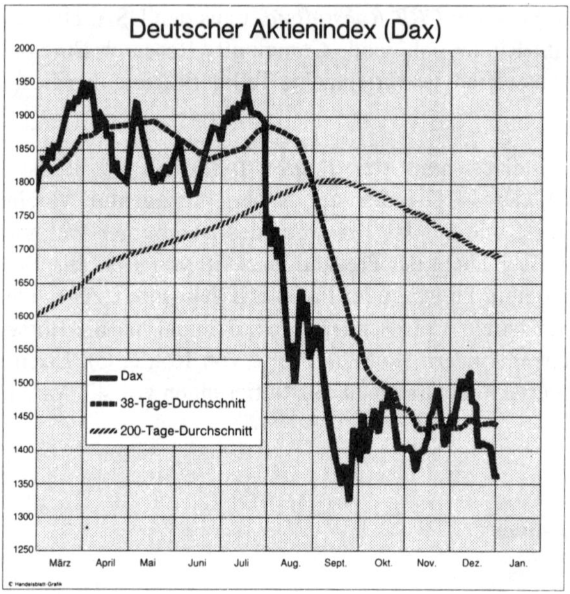

Quelle: HB

TERMINBÖRSE / Performance-Index contra Preisindex

Der Dauerstreit um den „richtigen" Aktienindex

Von FRANZ-JOSEF EBEL

HANDELSBLATT, Montag, 7.8.1989

FRANKFURT. Mit Statistik läßt sich alles und nichts beweisen: Dieses alte Sprichwort scheint auch für die deutschen Aktienindizes zuzutreffen. Eingefleischte Börsianer jedenfalls waren vergangene Woche verblüfft, als der Deutsche Aktienindex (DAX) ein neues historisches Hoch von 1597,88 Punkt-

dendenbereinigung vor. Dabei wird angenommen, daß die Investoren die Dividenden in den jeweiligen Titeln reinvestieren. Es wird also – sozusagen – ein Portfeuille durch den Index nachgebaut. Da die Dividendenrendite bei den „blue chips" bei jährlich rund 3 ½ Prozent liegt, ergibt sich inklusive Zinseszinseffekten innerhalb von drei Jahren ein Unterschied von ungefähr 12 Prozent mit anderen deutschen In-

(Ausschnitt) Quelle: HB

Dax - Aktienindex

→ 1.6.90 (31.5.90) Schluß: 1856.95 (1844.81); Eröffnung: 1852.47; Höchst: 1857.26; Tiefst: 1850.18.

Quelle: FAZ

Deutscher Aktienindex		
1.6.90 (31.5.90)	Schlußindex	am 1.6.90: 1856.95
Schluß: 1856.95 (1844.81)	am 31.5.90: 1844.81	
Eröffnung: 1852.47	Eröffnungsindex	am 1.6.90: 1852.47
Höchst: 1857.26	Höchstindex	am 1.6.90: 1857.26
Tiefst: 1850.18	Tiefstindex	am 1.6.90: 1850.18

Aktien-Indizes

	26.2.	27.2.	28.2.	1.3.	2.3.
Amsterd.¹)	184,20	187,30	187,80	186,30	188,70
Brüssel²)	5568,16	5619,40	5679,33	5727,13	5753,93
Helsinki³)	652,00	651,60	654,20	650,30	648,40
Hongkong⁴)	2872,63	2932,62	2951,98	2933,13	2937,93
Johannesburg⁵)	2957,00	2976,00	3006,00	2983,00	2974,00
Kopenhagen⁶)	363,06	367,35	365,96	362,89	364,91
→ London⁷)	1776,10	1781,50	1781,40	1764,90	1774,20
Madrid⁸)	269,19	272,13	273,41	271,51	271,18
Mailand⁹)	646,73	651,77	655,71	654,50	659,79
New York¹⁰)	2602,48	2617,12	2627,25	2635,59	—
Paris¹¹)	482,94	494,60	497,51	497,79	496,85
Singapur¹²)	1506,56	1535,09	1550,06	1546,05	1551,47
Sydney¹³)	1545,70	1570,40	1575,20	1570,60	1568,20
Tokio¹⁴)	33321,87	33897,95	34591,99	33829,58	34057,56
Toronto¹⁵)	3649,50	3660,30	3686,80	3700,20	—
Wien¹⁶)	645,56	655,51	662,10	662,04	—
Zürich¹⁷)	596,80	603,70	601,30	596,60	600,20

¹) ANP/CBS Gen.; ²) Allg.; ³) Allg.; ⁴) Hang-Seng; ⁵) JSE-Ind.; ⁶) Allg.; ⁷) FT; ⁸) Allg.; ⁹) Allg.; ¹⁰) Dow Jones Ind.; ¹¹) CAC; ¹²) Straits Times; ¹³) Allg.; ¹⁴) Nikkei-Durchschnittskurs; ¹⁵) TSE; ¹⁶) Creditanst.; ¹⁷) Schw. Kredit-Anst.

Quelle: FAZ

London	Börse London
1776,10 1781,50 ...	Financial Times-Index
	am 26.2.90: 1776,10
	am 27.2.90: 1781,50

F.A.Z.-Aktien-Index (31.12.58 = 100)

Höchst 1990: 830,92 am 3. April 1990
Tiefst 1990: 732,71 am 24. Januar

Datum	Gesamt-Index	Durchschnitt 90 Tage	Durchschnitt 200 Tage	Anz. der Index-Akt. höh.	niedr.	unver.
29. 12. 88[1])	549,86	521,28	491,20	35	47	14
29. 9. 89	662,24	639,46	596,16	31	61	8
28. 12. 89	740,93	662,46	627,92	56	34	10
28 2. 90	756,88	708,55	669,63	69	26	5
30. 3. 90	830,15	749,06	692,47	64	30	6
30. 4. 90	766,89	775,67	709,70	32	58	10
→ 28. 5. 90	772,66	784,48	722,74	30	61	9
29. 5. 90	783,99	784,77	723,36	77	14	9
30. 5. 90	781,17	785,19	723,94	38	54	8
31. 5. 90	778,53	785,57	724,52	33	59	8
1. 6. 90	782,21	785,96	725,16	55	33	12

[1]) Aktualisierung zum 29. Dezember 1988

Quelle: FAZ

28.5.90 772,66	FAZ Gesamtindex am 28.5.90:	772,66
784,48 722,74	Durchschnittswert der letzten	
	90 Tage: 784,48	
	200 Tage: 722,74	
30 61 9	Zahl der 100 Index Aktien, die am 28.5.90 zum Vortag	
	höher notierten: 30	
	unverändert notierten: 61	
	niedriger notierten: 9	

Die F.A.Z.-Indizes

Der Aktienindex der F.A.Z. zeigte am 1. 6. (31. 5.) folgende Veränderungen gegenüber dem Vortag: Gesamtindex: 782,21 (778,53), Banken und Versicherungen: 1554,64 (1550,05), eisenverarbeitende Industrie: 390,50 (391,56), Elektroindustrie: 664,95 (662,61), Bau-/Grundstückswerte: 2305,94 → (2337,84), Großchemie: 356,78 (346,58), sonstige Chemiewerte: 681,89 (676,43), Versorgungsaktien: 671,89 (668,40), Auto-Zulieferer: 2473,42 (2475,69), Maschinenbau: 504,10 (504,25), Grundstoffe: 650,43 (651,67), Handel, Kommunikation, Verkehr: 828,80 (826,97), Konsumgüter: 454,54 (451,54).

Quelle: FAZ

Großchemie	FAZ-Branchenindex der Großchemie
356,78 (346,58)	am 1.6.90: 356,78
	am 31.4.90: 346,58

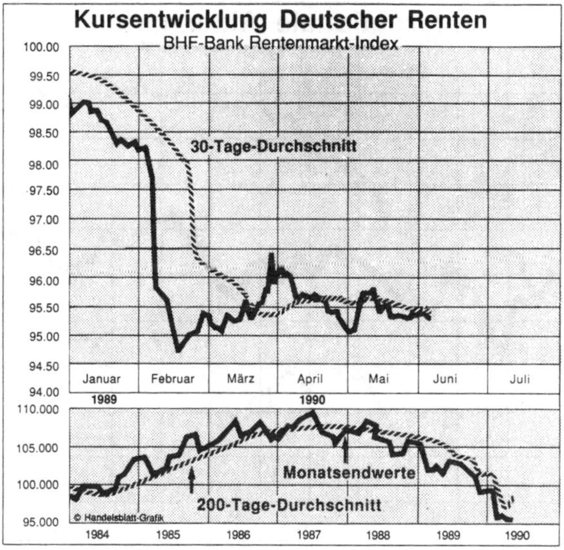

Quelle: HB

DEUTSCHE BÖRSEN / DTB-Simulation verlängert

Rentenmarktindex „Rex" wird im Frühjahr gestartet

HANDELSBLATT, Montag, 18.12.1989

hk FRANKFURT. Neben dem inzwischen gut etablierten „Dax" wird es bald (im Frühjahr) auch einen „Rex" geben: An die Seite des Deutschen Aktienindex tritt ein einheitlicher Indikator für den DM-Rentenmarkt.

Träger dieses neuen Rentenindex mit der Kurzberzeichnung „Rex" sind die Arbeitsgemeinschaft der Deutschen Wertpapierbörsen und die Frankfurter Wertpapierbörse, die für

Diese geht von einem laufzeitenkonstanten Portfolio von „notional bonds" aus, d.h. einem synthetischen Portfolio, dessen Laufzeiten- und Kuponstruktur in regelmäßigen Abständen überprüft wird. Dabei werden der „Rex" und seine Subindizes als gewichtete Durchschnittskurse ermittelt. Als für den Markt repräsentativ wurden lediglich Bundesanleihen und -obligationen gewählt.

Zur Portfolio-Gewichtung des Index sind zehn Laufzeitenklassen (1 bis 10

(Ausschnitt) Quelle: HB

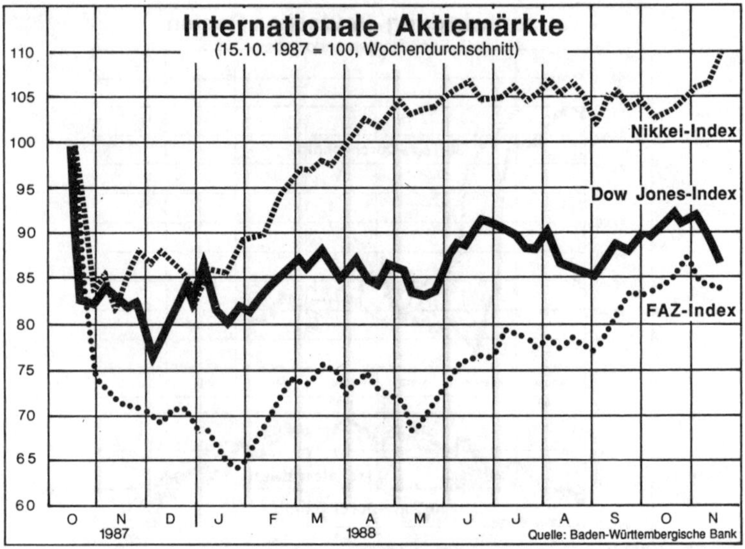

Quelle: HB

STANDARD & POORS 500 / Index wurde modifiziert

Ein Grund für den Kursrückgang ?

HANDELSBLATT, Dienstag, 19.4.1988

vwd NEW YORK. Ein wichtiger, wenn auch nicht zu quantifizierender Grund für den Aktienkursrückgang an der New York Stock Exchange am 14. April um 101 Punkte ist die Veränderung, die in der Zusammensetzung des S+P 500 Aktienindex vorgenommen wurde. Dieser Ansicht ist der Leiter des Analyse-Teams für den Aktienmarkt von Salomon Brothers, Laszlo Birinyi jr. Danach haben Indexfonds als unmittelbare Folge des modifizierten S+P Aktienindex ihre Portfolios entsprechend neu ausbalancieren benen Werte einen solchen von nur 600 Mill. $ repräsentierten. Auf der Basis von indexgebundenen Aktiva von 150 Mrd. $ per Jahresende dürften die Manager von Indexfonds gezwungen sein, nahezu 900 Mill. $ aufzubringen, um die angemessenen Gewichtungen zu erzielen.

Birinyi und dessen Mitarbeiter Keith Miller gehen davon aus, daß diese Anpassung am Donnerstag noch nicht abgeschlossen war und dadurch kurzfristig weiterer Druck auf den Markt ausgelöst werden konnte. Doch habe man es hier nicht mit grundlegenden Marktfaktoren zu tun, so daß

(Ausschnitt) Quelle: HB

Börsenstatistik

Frankfurter Börsenstatistik: Kursindex und Geschäftsvolumen vom 25. 5. (23. 5.); Aktienkursindex der Börse 340,77 (339,88). Kursveränderungen (Zahl der Aktien): 113 (156) höher, 85 (74) unverändert, 86 (54) niedriger. Umsatzindex 18952,47 (29692,79). Geschäftsvolumen (ausmachende Beträge in Millionen DM): Gesamt 6252,12 (10310,46); Renten 3055,18 (4493,56); davon deutsche Renten 2839,10 (4244,64); Auslandsanleihen 216,08 (248,92); Aktien 2991,35 (5328,74); davon deutsche Aktien 2894,78 (5208,95); Auslandsaktien 96,57 (119,80).

Deutsche Börsenstatistik (Angaben in Millionen DM) vom 25. 5. (23. 5.): Gesamtumsatz Aktien 4690,04 (9508,77); davon deutsche Aktien 4261,46 (8188,96); ausländische Aktien 142,72 (189,52); in- und ausländische Optionsscheine 285,86 (1130,29); Gesamtumsatz Renten 4350,36 (6723,60); davon Anleihen Bund, Bahn, Post 3755,41 (6074,56); öffentliche Anleihen (sonstige) 19,84 (26,24); Bankschuldverschreibungen und Anleihen sonstiger Emittenten 54,65 (53,61); Options- und Wandelanleihen 64,00 (69,14); D-Mark-Auslandsanleihen 239,95 (279,38); Währungsanleihen 0,44 (0,24).

Quelle: FAZ

Kursveränderungen (Zahl der Aktien)	Anzahl der Aktien die an der Frankfurter Börse	
113 (156)	höher notierten am	25.5.90: 113 23.5.90: 156
85 (74)	unverändert notierten am	2.5.90: 85 23.5.90: 74
86 (54)	niedriger notierten am	25.5.90: 86 23.5.90: 54
Geschäftsvolumen	Umsatz (Nennwert x Kurswert)	
Renten	an der Frankfurter Börse bei festverzinslichen Wertpapieren (= Renten)	
3055,18 (4493,56)	am 25.5.90: 3055,18 Mio. DM am 23.5.90: 4493,56 Mio. DM	
Gesamtumsatz Aktien	Gesamtumsatz (Stück x Kurswert) in Aktien aller 8 deutschen Börsen	
4690,04 (9508,77)	am 25.5.90: 4690,04 Mio. DM am 23.5.90: 9508,77 Mio. DM	

Aktien-Umsätze

23. 5./25. 5.	alle deutschen Börsen Stück		Abschlüsse	
Aach. u. M. Bet. NA	37954	20614	300	264
AEG	63478	39518	530	304
Allianz-Hold.	51592	24698	458	308
Altana	18190	6306	110	54
Asko	34188	13522	174	116
BASF	298570	163084	1066	858
Bayer	531174	304194	1350	922
Bayer. Hyp. Bank	137790	196712	436	528
→ BMW	118148	92356	520	390
Bayer. Verbk.	73270	37818	322	326
BHF-Bank	24926	20210	210	130
Commerzbank	274254	230164	1190	856
Conti-Gummi	88088	89868	490	458
Daimler	520596	242438	1818	1334
Degussa	58532	95642	338	340
Dt. Babcock St.	103732	61880	734	460
Dt. Babcock Vorz.	50172	9900	272	132
Deutsche Bank	542982	305190	1974	1190
Dresdner Bank	3067752	1931090	990	1300
FAG Kugelfischer	4564	4462	80	70
Feldmühle Nobel	46866	27234	190	160
Henkel	81788	107938	490	508
Hochtief	25976	12092	222	134
Hoechst	265744	122030	1172	698
Hoesch	157564	113678	476	402
Holzmann	20734	12760	366	258
Horten	11370	14998	168	154
Hussel	51032	8842	216	118
IWKA	31666	11076	272	112
Industrieverw.	8414	612	86	12
Kali u. Salz	6004	6168	90	106
Karstadt	43616	21912	386	218
Kaufhof Stämme	48926	46324	288	286

(Ausschnitt) Quelle: FAZ

BMW — Bayerische Motorenwerke AG

118148 92356 — Aktienumsätze an allen 8 deutschen Börsenplätzen
am 23.5.90: 118148 Stück
am 25.5.90: 92356 Stück

520390 — Geschäftsabschlüsse an allen 8 deutschen Börsenplätzen
am 23.5.90: 520
am 25.5.90: 390

Börse New York

Ortszeit	Dow Jones Industr.	Transp.	Versorg.	Stan-poor[1])
26. 4. bis 10.20	2665,32	1136,02	205,80	331,96
26. 4. bis 12.00	2663,51	1134,07	205,55	331,53
26. 4. bis 14.00	2671,40	1138,87	206,11	332,66
→ 26. 4. bis 16.00	2676,58	1139,05	206,61	332,92
27. 4. bis 10.20	2678,60	1138,87	205,86	333,42

[1]) Standard & Poors. 500 (Composite).

Ortszeit	Mio. Stück Umsatz	Anzahl der Titel höher	niedr.	unverä.
26. 4. bis 10.20	33,04	512	501	575
26. 4. bis 12.00	75,77	537	753	521
26. 4. bis 14.00	104,15	640	737	520
→ 26. 4. bis 16.00	142,62	670	778	509
27. 4. bis 10.20	32,11	548	465	540

Ortszeit	Dollar	Fed.[1])	2019[2])	TN94[3])	Gold
26. 4. 10.20	1,6795/05	$8\frac{3}{16}$	95	$98\frac{5}{16}$	371,95
26. 4. 12.00	1,6805/15	$8\frac{3}{16}$	$94\frac{7}{16}$	$98\frac{1}{32}$	371,75
26. 4. 14.00	1,6805/15	$8\frac{3}{16}$	$94\frac{7}{16}$	$97\frac{31}{32}$	371,25
26. 4. letzt	1,6799/01	$8\frac{3}{16}$	$94\frac{13}{32}$	$97\frac{29}{32}$	370,55
27. 4. 10.20	1,6815/25	$8\frac{3}{16}$	$95\frac{1}{32}$	98	371,65

[1]) Fed. Funds (G), [2]) $8\frac{1}{2}$ Treasury Bond (G), [3]) $8\frac{1}{2}$ Treasury Notes (G), für Ausländer nicht registrierpflichtig.

Quelle: FAZ

26.4. bis 16.00	Börse New York am 26.4.90 bis 16 Uhr Ortszeit (= Börsenschluß) Dow Jones Index für
2676,58	Industrie-Aktien: 2676,58
1139,05	Transport-Aktien: 1139,05
206,61	Versorgungs-Aktien: 206,61
	Standard & Poor's Index:
332,92	Stanpoor 500 (500 Aktien): 332,92
26.4. bis 16.00	Börse New York am 26.4.90 bis 16 Uhr Ortszeit
142,62	Aktienumsatz: 142,62 Mio. Stück
670 778 509	Anzahl der Aktien die
	höher notierten: 670
	niedriger notierten: 778
	unverändert notierten: 509

9. Anlageempfehlungen

Spezielle Anlageempfehlungen

Neben den Anzeigen im Anzeigenteil werden in verschiedenen Wirtschaftsteilen – zusätzlich zur normalen Berichterstattung – *spezielle Anlageempfehlungen* gegeben, zum Beispiel:

> in der *Welt* in den Beiträgen „Geld und Anlage“, „Anleger – worauf Sie nächste Woche achten sollten“, „Blick auf die Börse“ im *Handelsblatt* im „Geldticker“, „So wird Ihr Geld verzinst“, „Neue Ermittenten vorgestellt“ und einmal wöchentlich auf der Seite „Für den privaten Anleger“ mit dem „aktuellen Interview“ eines Experten, „Hausse/Baisse-Trends, Hintergründe, Meinungen“ und der Glosse „Der Gnom aus Zürich.“ Einmal im Monat wird ein „Anlegerspiel“ durchgeführt.

Neben diesen wiederkehrenden Empfehlungen werden von allen überregionalen Zeitungen laufend Vergleiche von Anlagen wie Aktien und Renten durchgeführt, Marktstudien von Kreditinstituten, Festgeld-Sätze und Musterdepots veröffentlicht.

Individuelles Depot

Der Anleger sollte beachten, daß es sich nur um „Empfehlungen“ handelt. Er selber muß zu einem optimalen Anlagekonzept kommen aus der Analyse seiner individuellen Situation (verfügbare Mittel, Steuern, Zeitaufwand, Anlage-/Risikomentalität) und seinen persönlichen Zielen (Erwartungen, Zielvorstellungen, Verfügbarkeit). Dabei ergeben sich Zielkonflikte, ausgelöst durch das *magische Dreieck der Geldanlage*:

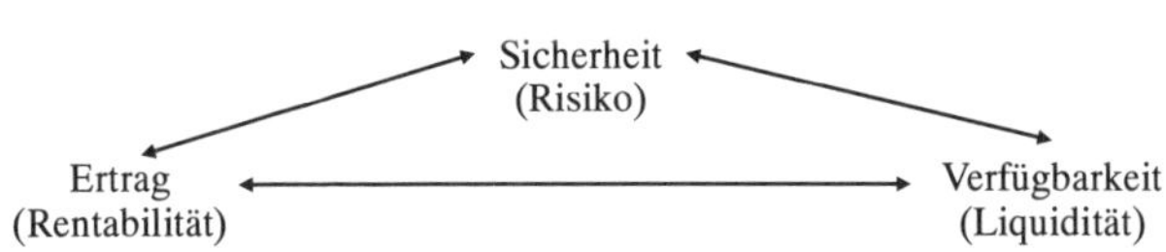

Eine Lösung dieses Zielkonfliktes ist nicht möglich, da z. B. eine hohe Rendite in der Regel ein hohes Risiko beinhaltet und große Sicherheit meistens mit Rentabilitätsverlusten verbunden ist. Der Anleger muß eine persönliche Rangfolge der drei Ziele Risiko, Rentabilität und Liquidität festlegen und ein individuelles Depot aufbauen, z. B. mit 40 Prozent Anleihen, 40 Prozent Aktien, 10 Prozent Gold und 10 Prozent Bargeld (um günstige Chancen wahrzunehmen). Vorsicht ist grundsätzlich geboten bei „einmaligen Geldanlagen", „vertraulichen Tips", telefonischen Angeboten, überdurchschnittlich hohen Renditen und Computersystemen, die die richtige Anlageentscheidung treffen. Auf das hohe Risiko bei Termingeschäften wurde bereits hingewiesen.

Anleger – worauf Sie nächste Woche achten sollten

Maschinenbauaktien

Der Rentenmarkt präsentiert sich in der Berichtswoche in einer weiterhin lustlosen Stimmung. Die Durchschnittsrendite öffentlicher Anleihen stieg von 6,82 Prozent auf 6,93 Prozent. Händler führten hierfür unter anderem die Schwäche des US-Rentenmarktes an. Aber auch Befürchtungen einer Leitzinserhöhung durch die Bundesbank hatten Einfluß auf die Kursbildung.

Dem Zinsanstieg am deutschen Rentenmarkt sind Grenzen gesetzt. Der Zinsabstand zu den USA ist bereits außergewöhnlich gering und die D-Mark tendiert stabil. Die Preisauftriebstendenzen verringern sich.

Der Rentenmarkt wird außerdem durch den Absatz inländischer Rentenwerte gestützt, d[illegible] von Ja- [illegible] Schering, IVG, SAP) geben dem Markt Würze.

Die Daten aus der Wirtschaft deuten auf ein anhaltend robustes Wachstum bei mäßiger Preisentwicklung hin. Die Gewinne der Unternehmen können 1989 und 1990 im zweistelligen Prozentbereich zunehmen. Aus fundamentaler Sicht bleibt das Umfeld für den deutschen Aktienmarkt daher weiter günsig. Auch die Bewertung nach dem KEV weist generell auf einen intakten Aufwärtstrend hin.

Von der monetären und markttechnischen Seite sind aber zwischenzeitlich immer wieder Belastungen einzukalkulieren. So ist mit Zinsermäßigungen in nächster Zeit kaum [illegible] Auf de[illegible]

(Ausschnitt) Quelle: DW

GELD UND ANLAGE

Der aktuelle Tip: Nicht blindlings auf den derzeitigen Hausse-Zug an der deutschen Börse aufspringen, warnt die Commerzbank AG, Frankfurt. Da viele Titel bereits recht teuer geworden seien, sollten Anleger streng selektiv und flexibel vorgehen. Kaufenswert erscheinen der Commerzbank von den Standardwerten Veba, Daimler, Mercedes und VW. Zu favorisieren seien auch Bauwerte DLW, Dyckerhoff Zement, Glunz.

Renditen: Das Bundesfinanzministerium erhöht ab Montag die Renditen für Bundesobligationen und Finanzierungsschätze. Für die fünfjährige Bundesobligation mit einem Nominalzins von 6,75 Prozent der Ausgabekurs auf 99,40 (99,[illegible]) Prozent zurück[illegible] [illegible] können jeweils bis zu vier Aktien zum Vorzugskurs von je 122 DM erwerben. Dies entspricht der Hälfte des Börsenkurses vom 5. September 1989. Die Aktien sind für das Geschäftsjahr 1988/89 voll dividendenberechtigt.

Thüga: Die Aktionäre der Thüga AG, München, können ihr Bezugsrecht aus der Kapitalerhöhung um 50 Mill. auf 200 Mill. DM in der Zeit vom 15. bis 29. September 1989 ausüben. Auf je drei alte Aktien kann eine neue zum Preis von 150 DM bezogen werden.

Allianz: Salomon Bros Inc., Frankfurt, emittiert 100 000 Optionsscheine, die zum Kauf von Aktien der Allianz AG Holding berechtigen. [illegible] [illegible]heine kosten

(Ausschnitt) Quelle: DW

Blick auf die Börse

Kurze Verschnaufpause

Die deutsche Aktienbörse steuerte in dieser Woche knapp unterhalb der Jahreshöchstkurse. Für Zurückhaltung sorgten die Spekulationen über Zinserhöhungen der Bundesbank, die labile Verfassung des Rentenmarktes sowie fester Dollar, meint die **Commerzbank**.

Nach Ansicht der Bank sind ungeachtet der Verschnaufpause in den letzten zwei Wochen die Vorzeichen für eine Fortsetzung des Auftriebs am deutschen Aktienmarkt günstig. Mit besonders hohen Ertragszuwächsen könne der Einzelhandel sowie die Bauwirtschaft, Elektroindustrie und Maschinenbau rechnen

sumwerte zurückbleiben. Als Einzelwert empfiehlt der Dienst die Veba-Aktie zum Kauf. Denn im ersten Halbjahr verbesserte sich das Veba-Ergebnis um 19,7 Prozent.

Eine Kaufempfehlung für holländische Aktien gibt die **DG Bank.** Sie führt als Argument die niedrige Börsenbewertung holländischer Titel an. Mit einem durchschnittlichen Kurs-Gewinn-Verhältnis von 10 Prozent seien die Aktien sogar preiswerter als viele deutsche Standardwerte. Besonders interessant: Der Versicherer Stadt Rotterdam, der Pharma-Großhändler Mediopharma, die im Umweltschutz tätige Norit sowie der Medienkon-

(Ausschnitt) Quelle: DW

Aus Börse und Kulisse

Es gibt keinen Zweifel mehr: Der Stahlboom dauert länger als erwartet und wird auch im laufenden Geschäftsjahr die Kassen der stahlproduzierenden Unternehmen klingeln lassen. Ob Stahlaktien allerdings auch 1989 die Spitzenposition der Kursgewinner halten werden, ist keineswegs sicher. Dennoch haben mutige Anleger damit begonnen, ihre durch Gewinnrealisationen abgeschmolzenen Positionen in Stahlaktien vorsichtig wieder auszubauen. Die Käufer bezweifeln, daß die Gewinnschätzungen für 1989, die teilweise von rückläufigen Erträgen je Aktie ausgehen, angesichts des guten Stahlgeschäfts lische Broker bei ihnen immer noch eine Kursreserve von rund 15 Prozent.

Als noch heißer gelten Kauftips für **KHD**. Ein Papier, das in jüngster Zeit ebenfalls gegen den Strom geschwommen ist. Hintergrund sind Gerüchte über eine unmittelbar bevorstehende Übernahme durch ein US-Unternehmen. Genannt wird in Börsenkreisen Navistar International, früher International Harvester. Zwar hat Alfred Herrhausen, Sprecher der Deutschen Bank, noch im vergangenen Monat Verkaufsüberlegungen hinsichtlich des im Besitz von Klöckner & Co befindichen KHD-Pakets

(Ausschnitt) Quelle: DW

Anleger auf dünnem Eis

Von INGO NARAT

FRANKFURT. „Die Börsianer klammern sich im Moment an jeden Strohhalm, der ihnen geeignet erscheint, die eingetrübte Stimmung aufzuhellen", kritisiert Walter Heinemann vom Bankhaus Merck Finck. Mit vielen anderen Analysten ist er sich in der Beurteilung der aktuellen Lage einig: Die Börse versucht Boden unter die Füße zu bekommen, von einer Trend wende kann aber noch keine Rede sein. Als Gründe werden immer wieder die anhaltend hohen Zinsen, der schwache Dollar und die rückläufigen Unternehmensgewinne in wichtigen Industriebereichen genannt. Was die Börse jedoch nicht davon abhielt, in dieser Woche einer freundlicheren Stimmung Platz zu machen. Karl-

Heinz Ebeling von der Hamburgischen Landesbank zählt sich ebenfalls zu den Bankern, die sich schon recht früh in diesem Jahr dem überschwenglichen Optimismus entgegen- ten: Im Prinzip muß man auch

Spielraum bis 1 500, maximal 1 600 Punkte. Anlagestrategsich setzt er auf Standardtitel. Wenn die gedämpfte Zinssenkungsspekulation anhalte, würde er Finanztitel bevorzugen und favorisiert Deutsche Bank und Allianz. Daneben hält er Bauwerte — allen voran Bilfinger und Holzmann — weiter für attraktiv. Auch Konsum- und Elektrotitel stehen auf seiner Prioritätenliste ganz oben. Erste Wahl sind für ihn Siemens und unter den kleineren Werten Villeroy & Boch, Jean Pascale, Bijou Brigitte oder Spar.

Nahtlos einreihen kann sich Peter Siegmund von der Bayerischen Vereinsbank in die durchgehend vorsichtige Einschätzung der deutschen Börse: „Mangelnde Gewinndynamik bei den Unternehmen und die fehlende Zinssenkungsphantasie werden dafür sorgen, daß auch bei einer deutlichen Erholung der Kurse spätestens bei 1 550 bis 1 600 Dax-Punkten der Dekkel drauf ist". In seiner Anlagestrategie setzt er an den unterschiedlichen Gewinnperspektiven für die einzelnen Branchen an. Einen kräftigen Schub erwartet er für den Konsum- und Einzelhandelssektor: „Da gibt es noch positive Überraschungen". Als Beispiel nennt er Karstadt, bei denen die Bayern-Banker gerade die Gewinnschätzungen für 1990 nach oben revidieren. Die neue Zahl wird irgendwo zwischen 25 DM und 30 DM liegen, nachdem im Vorjahr nur 17,50 DM erreicht wurden. Einen spürbaren Anteil daran sollen die Umsätze der Versandhaustochter Neckermann haben: „Das DDR-Geschäft konnte sehr schnell angekurbelt werden".

In Sachen Gesamtmarkt legt der Merck Finck-Analyst aber noch einmal den Finger auf die offene Wunde:

(Ausschnitt) Quelle: HB

AKTIEN / BV stellt EG-Musterdepot vor

Europa'92 als Anlagemotiv – Impulse durch Binnenmarkt

HANDELSBLATT, Donnerstag, 26.10.1989

ina FRANKFURT. BV Financial Management in München hat für alle „Europa'92"-Fans ein Musterdepot zusammengestellt. Es enthält Standardwerte der europäischen Aktienmärkte, die nach Meinung der Analysten vom Binnenmarkt profitieren sollten. Positv durchschlagen wird er in ihren Augen unmittelbar auf die Finanz-, Konsumgüter-, Freizeit- Telekommunikations- und Automobilbranche.

Erst 1992 ist das anvisierte Jahr für

dann besonders die Verbraucher freuen, bleibt ihnen doch mehr in der Kasse.

Und dieses „Mehr an Kasse" sollte auch auf die Aktienmärkte durchschlagen: BV sieht als Profiteure vor allem die Konsumindustrie und den Handel. Mit indirekten Wachstumseffekten rechnet sie auch im Investitionsgüter- und Dienstleistungsbereich. Hier die Branchengewinner in der Einschätzung der Analysten:

- Finanzdienstleistungen: Liberalisierung der Finanzmärkte kommt den Banken und Versicherungen zugute;
- Konsumgüter: Erhöhte Kaufkraft und eine breiteres Angebot führen zu höherer Nachfrage;
- Freizeitbranche: Zusätzliche Einnahmen durch verstärkte Geschäftsreisen und erhöhten Tourismus;

senden Umstrukturierungen und bei der Integration von Akquisitionen bzw. bei der Durchführung von Fusionen aufweisen konnten.

Europa-Aktien

(von BV Financial Management, München) *

Branche	Titel
Automobil	BMW (D, 9,7), Fiat (I, 7,2)
Bau/Bauzulieferer	Saint Gobain (F, 7,3), Pilkington (GB, 7,3)
Chemie/Pharma	Henkel (D, 15,1), BASF (D, 6,6), Novo-Nordisk (DK, 10,1) Glaxo (GB, 11,4), Smithkline-Beecham (GB, 12,5)
Elektronik/ Telekommunikation	Siemens (D, 10,9), CGE (F, 12,0) Cable & Wireless (GB, 12,8), Telefonica (S, 10,9)
Finanzen	Allianz (D, 34,7), Deutsche Bank (D, 6,6), Generali (I, 30,9)
Freizeit/Reise	Wagons-lits (B, 18,6), Accor (F, 19,7)
Konsum	BSN (F, 12,8), L'Oreal (F, 14,5), Unilever (NL, 10,9)
Maschinenbau	Linde (D, 16,4), MAN (D, 16,2)
Medien/Verlage	Reuters (GB, 18,7), Elsevier (NL, 13,6)
Rohstoffe/Energie	Royal Dutch (NL, 8,4)

* In Klammern: (Heimatbörse, Kurs/Gewinnverhältnis 1990 geschätzt)

(Ausschnitt) Quelle: HB

DEUTSCHE AKTIEN / Bankwerte als „preiswert“ eingestuft

Orientierungshilfen für Anleger

HANDELSBLATT, Donnerstag, 12.1.1989

vwd FRANKFURT. Überwiegend positiv sind die meisten Prognosen für den deutschen Aktienmarkt 1989. Die Hamburgische Landesbank geht in der fundamentalen Bewertung der Branchen und einzelnen Aktien weiter und qualifiziert in „preiswerte“, „bezahlte“ und „teure“ Titel. Das seien aber nur Orientierungshilfen.

Als „bezahlt“ werden von der Hamburgischen Landesbank die Branchen Chemie, Elektro/Elektronik und Versorgung, Banken und Versicherungen, Fahrzeuge und Maschinenbau, Montan und NE-Metalle bezeichnet, als „teuer“ Bau/Baustoffe, Textilindustrie sowie Warenhäuser und Brauereien. Aber auch innerhalb der Branchen wird differenziert: BASF, Hoechst und Bayer erscheinen im Chemiebereich als „preiswert“, weil hier der kapitalisierte Ertrag je Aktie mit 463 DM, 500 DM und 507 DM weit über dem aktuellen Börsenkurs liegt. Dagegen sind Schering, Wella, Beiersdorf und Henkel „teuer“.

In der insgesamt mit „bezahlt“ qualifizierten Branche Fahrzeug- und Maschinenbau reihen die Banker BMW, Daimler, Volkswagen-Stämme sowie Continental und Phoenix als „preiswert“ ein, weil auch hier das kapitalisierte Ergebnis je Aktie weit über dem aktuellen Börsenkurs von rund 760 DM liegt. Dagegen erscheinen die Papiere von MAN, KHD, Linde, Mannesmann und Orenstein & Koppel unter „teuer“ sowie IWKA und Deutsche Babcock unter „bezahlt“.

„Preiswert“ stufen die Fundamentalanalysten auch die deutschen Bankaktien ein, und zwar Deutsche Bank, Dresdner Bank, Commerzbank, Bayerische Hypotheken- und Wechsel-Bank und auch Bayerische Vereinsbank, während die Versicherungen Allianz und Colonia unter „teuer“ geführt werden.

Quelle: HB

BÖRSE IRLAND / Experten: Chancen für Außenseiter

„Grüne Insel“ lockt nicht nur die Anleihen-Fans

HANDELSBLATT, Donnerstag, 22.2.1990

ina FRANKFURT. Was hat Dublin außer James Joyce noch zu bieten ? Man muß nicht auf Anhieb darauf kommen, daß die Hauptstadt des Inselstaates eine Börse beheimatet. Irische Anleihen waren zwar unter Fondsmangern wegen der attraktiven Verzinsung immer schon gefragt, doch von Aktien auf der Grünen [illegible]

ändern könnte. Dann kämen auch die internationalen Fondsmanager nicht mehr an Irland vorbei.

Wer das Abenteuer Irland wagen will, hat mit der Auswahl der Aktien recht wenig Probleme. Am Hauptmarkt in Dublin werden nur 48 Gesellschaften geführt und allein die fünf Größten vereinen über 50 % der Marktkapitalisierung auf sich. Die Namen der Gesellschaften (Branche, Marktkapitalisi[illegible] in Mrd [illegible] [illegible]GV auf

(Ausschnitt) Quelle: HB

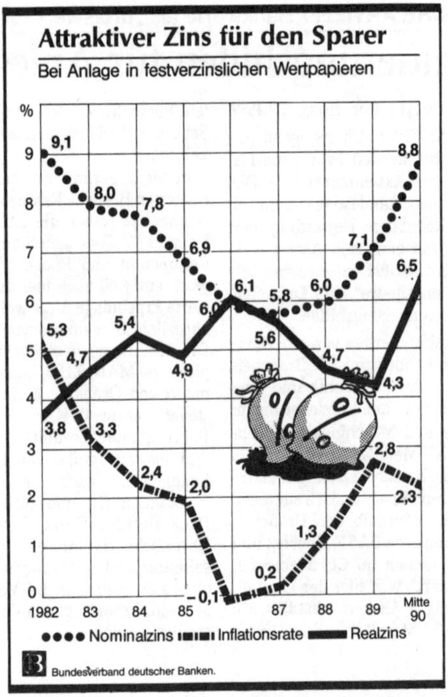

Quelle: HB

Festgeld-Sätze

(1 Monat, in Prozent)

	ab 10 000 DM	ab 50 000 DM	ab 100 000 DM	ab 500 000 DM
Bankhaus Gebr. Bethmann	5,50	5,75	6,00	7–7,25
Berenberg Bank	–[1])	–[1])	6,00	–[2])
Berliner Bank	5,88	6,13	–[2])	–[2])
Hamburger Sparkasse	4,20	4,20	6,20	6,70
Merck, Finck & Co.	5,00	5,50	6,38	–[2])
Trinkaus & Burkhardt	–[1])	6,13	–[2])	–[2])
Kölner Stadtsparkasse[3])	5,75 (6,0)	6,25 (6,5)	6,25 (6,5)	6,5 (6,75)
Frankfurter Sparkasse	5,40	5,70	6,15	–[2])
Landesgirokasse Stuttgart	5,25	5,50	6,00	6,25
Frankfurter Volksbank	5,00	5,50	6,00	6,50
Wiesbadener Volksbank[3])	5,7 (6,0)	6,2 (6,4)	6,5 (6,7)	6,8 (7,0)

[1]) Keine Festgelder in der jeweiligen Größenordnung.
[2]) Keine Angaben, oft Hinweis auf Verhandlungsmacht des Kunden.
[3]) In Klammern: Gültige Sätze ab 1. Januar 1990.

Quelle: HB

10. Anzeigenteil

Anzeigengeschäft

Der redaktionelle Teil der Zeitungen wird durch den *Anzeigenteil* ergänzt. Die Zeitungsverlage sind finanziell auf das Anzeigengeschäft angewiesen. Über 50 Prozent ihrer Einnahmen beziehen überregionale Zeitungen aus dem Anzeigengeschäft. Die Anzeigeneinnahmen sind die wirtschaftliche Basis der Zeitungsverlage. Ohne Anzeigen würden die Tageszeitungen doppelt so teuer werden.

Inhalt

Ein großer Teil der Anzeigen in den überregionalen Zeitungen steht im engen Zusammenhang mit dem Wirtschaftsteil und bietet dem interessierten Leser zusätzliche Wirtschaftsinformationen. Unternehmen werben in Anzeigen für ihre Produkte, Dienstleistungen und stellen sich selbst dar. Kommunen schreiben ihre Investitionen aus und werben um Industrieansiedlungen. Kreditinstitute und Anlagegesellschaften bieten Kapitalanlagen und Beteiligungen an. In Immobilienanzeigen werden entsprechende Objekte von Eigentumswohnungen bis zu Fabriken angeboten. Im Stellenmarkt, der besonders den Umfang der Wochenendausgaben der überregionalen Zeitungen erheblich ausweitet, suchen Unternehmen Fach- und Führungskräfte.

Besonders die *Finanzanzeigen* sind für den Leser des Wirtschaftsteils informativ. Aktiengesellschaften laden zu Hauptversammlungen ein, veröffentlichen ihre Geschäftsberichte, Bilanzen und Dividenden. Angezeigt werden auch Aktien- und Anleiheemissionen, Firmenübernahmen und Fusionen. Einen besonderen Umfang nehmen die mehrseitigen Finanzprospekte ein, die nach dem Börsengesetz veröffentlicht werden müssen.

Finanzanzeigen

Sears, Roebuck and Co.

Chicago, Illinois

— **Wertpapier-Kenn-Nummer 869 830** —

Dividendenbekanntmachung

Die Gesellschaft schüttet für das **IV. Quartal 1990 eine Dividende in Höhe von US-$ 0,50** je Stammaktie aus; anspruchsberechtigt sind diejenigen Aktionäre, welche am **3. Dezember 1990 (record date)** im Aktionärsregister der Gesellschaft eingetragen sind; **Zahlung erfolgt ab 2. Januar 1991.**

Nach den Bestimmungen des Revisionsprotokolls vom 17. September 1965 zum deutsch-amerikanischen Doppelbesteuerungsabkommen wird das Recht der USA zur Erhebung der Quellensteuer (withholding tax) auf 15% beschränkt.

In der Bundesrepublik Deutschland werden für Steuerinländer die Dividendeneinkünfte nach dem jeweiligen Tarif besteuert. Die einbehaltenen 15% withholding tax werden auf Antrag auf die deutsche Einkommen- und Körperschaftsteuer angerechnet.

Für die an der Frankfurter Wertpapierbörse in Miteigentumsanteilen an einem von der Deutscher Auslandskassenverein AG, Frankfurt am Main, ausgestellten Inhaber-Sammelzertifikat lieferbaren Stammaktien wird die darauf entfallende Dividende nach Eingang den berechtigten Miteigentümern vergütet; sämtliche Zahlungen an die Miteigentümer erfolgen nach Maßgabe der jeweils geltenden Devisenvorschriften in Deutscher Mark, es sei denn, daß rechtzeitig vor Fälligkeit Zahlung in US-Dollar verlangt wird.

Frankfurt am Main,
im November 1990

Im Auftrag
Dresdner Bank
Aktiengesellschaft

Union Bank of Finland Ltd

DM 300.000.000,–

Anleihe mit variablem Zinssatz von1990/2000

– WKN 489 799 –

Gemäß § 2 der Anleihebedingungen geben wir bekannt, daß der Zinssatz für die Zeit vom 22. November 1990 bis 22. Februar 1991 (92 Tage) auf 9% p. a. festgesetzt wurde. Auf den Zinsschein zu einer Teilschuldverschreibung über nom. DM 10.000,– werden DM 230,–, auf den Zinsschein zu einer Teilschuldverschreibung über nom. DM 250.000,– werden DM 5.750,– gezahlt. Die Zinsen werden am 22. Februar 1991 fällig.

Frankfurt/Main, im November 1990

COMMERZBANK
AKTIENGESELLSCHAFT

Kubota

KUBOTA CORPORATION

Osaka, Japan

Dividendenbekanntmachung

Der Board of Directors der Gesellschaft hat für das Geschäftsjahr vom 1. April 1990 bis zum 31. März 1991 die Ausschüttung einer **Zwischendividende in Höhe von Yen 2,75 je Aktie** im Nennwert von Yen 50,– beschlossen.

Dividendenberechtigt sind diejenigen Aktionäre, die am 30. September 1990 im Aktionärsregister der Gesellschaft eingetragen waren. Die Auszahlung erfolgt ab 10. Dezember 1990.

Die Dividende unterliegt für nicht in Japan ansässige Personen grundsätzlich einer Quellensteuer von 20%, für in der Bundesre-

Österreichische Länderbank Aktiengesellschaft

Wien

Hinweisbekanntmachung

Der Zwischenbericht der **Österreichische Länderbank Aktiengesellschaft, Wien,** für das Geschäftsjahr 1990 kann bei der **Dresdner Bank Aktiengesellschaft, Volkswirtschaft, Firmenarchiv, Postfach 11 06 61, 6000 Frankfurt am Main,** angefordert werden.

Frankfurt am Main,
im November 1990

Im Auftrag
Dresdner Bank
Aktiengesellschaft

TRINOVA

Trinova Corporation

Maumee, Ohio

Hinweisbekanntmachung

Die Quartalsberichte der **Trinova Corporation, Maumee, Ohio,** für das I. und II. Quartal 1990 in englischer Sprache können bei der **Dresdner Bank Aktiengesellschaft, Volkswirtschaft, Firmenarchiv, Postfach 11 06 61, 6000 Frankfurt am Main,** angefordert werden.

Frankfurt am Main,
im November 1990

Im Auftrag
Dresdner Bank
Aktiengesellschaft

Taisei Corporation

Tokio, Japan

— Wertpapier-Kenn-Nr. 863 440 —

Die Gesellschaft hat beschlossen, für das Geschäftsjahr 1990/91 je Stammaktie eine

Interimsdividende in Höhe von Yen 4,00
zahlbar ab 10. Dezember 1990

auszuschütten. Dividendenberechtigt sind diejenigen Aktionäre, die am 28. September 1990 (Stichtag) im Aktionärsregister der Gesellschaft eingetragen waren.

Der Dividendenabschlag wurde an der Frankfurter Wertpapierbörse, Frankfurt am Main, bereits am 25. September 1990 vorgenommen.

Dividendenzahlungen an in Japan nicht ansässige Aktionäre unterliegen grundsätzlich einem Quellensteuerabzug von 20%. Den in der Bundesrepublik Deutschland ansässigen Miteigentümern am Sammelzertifikat des Deutschen Auslandskassenvereins Aktiengesellschaft, Frankfurt am Main, wird die Dividende von ihren Depotbanken nach Eingang der Yen-Beträge unter Abzug des aufgrund des deutsch-japanischen Doppelbesteuerungsabkommens ermäßigten Quellensteuersatzes von 15% gutgeschrieben. Die Gutschrift erfolgt in Deutscher Mark, sofern nicht rechtzeitig vor Fälligkeit Gutschrift in Yen verlangt wurde.

Bei Bestehen eines entsprechenden Doppelbesteuerungsabkommens mit Japan kann auch für Aktionäre in anderen Ländern die Dividendengutschrift unter Abzug eines ermäßigten Quellensteuersatzes erfolgen.

München, im November 1990

Im Auftrag der Taisei Corporation

BAYERISCHE VEREINSBANK
Aktiengesellschaft

(Ausschnitt) Quelle: HB

Quelle: HB, DW, SZ, FAZ

Verzeichnis der Abkürzungen

1. Abkürzungen im Textteil

amerik.	=	amerikanisch
bzw.	=	beziehungsweise
ca.	=	circa
d.h.	=	das heißt
engl.	=	englisch
evtl.	=	eventuell
ital.	=	italienisch
lt.	=	laut
Mio.	=	Millionen
Mrd.	=	Milliarden
MWSt.	=	Mehrwertsteuer
usw.	=	und so weiter
z.B.	=	zum Beispiel

2. Abkürzungen der Quellenangaben

DW	=	Die Welt
FAZ	=	Frankfurter Allgemeine Zeitung
FR	=	Frankfurter Rundschau
HB	=	Handelsblatt
Reuter	=	Nachrichtenagentur Reuters
SZ	=	Süddeutsche Zeitung
TV	=	Trierischer Volksfreund
vwd	=	Vereinigte Wirtschaftsdienste

Stichwortverzeichnis

H

J

K